U0454787

上市公司管理会计案例解析

徐莉萍 编著

湖南大学出版社
·长沙·

图书在版编目（CIP）数据

上市公司管理会计案例解析/徐莉萍编著. —长沙：湖南大学出版社，2023.12
ISBN 978-7-5667-2745-9

Ⅰ.①上⋯　Ⅱ.①徐⋯　Ⅲ.①上市公司—管理会计—案例—研究生—教材
Ⅳ.①F276.6

中国版本图书馆 CIP 数据核字（2022）第 220415 号

上市公司管理会计案例解析
SHANGSHI GONGSI GUANLI KUAIJI ANLI JIEXI

编　　著：徐莉萍	
责任编辑：刘雨晴　谢　颖	
印　　装：长沙市雅捷印务有限公司	
开　　本：787 mm×1092 mm　1/16	印　张：22.25　字　数：420 千字
版　　次：2023 年 12 月第 1 版	印　次：2023 年 12 月第 1 次印刷
书　　号：ISBN 978-7-5667-2745-9	
定　　价：59.00 元	

出 版 人：李文邦
出版发行：湖南大学出版社
社　　址：湖南·长沙·岳麓山　　　邮　编：410082
电　　话：0731-88822559（营销部），88821691（编辑室），88821006（出版部）
传　　真：0731-88822264（总编室）
网　　址：http://press.hnu.edu.cn
电子邮箱：presschenjh@hnu.edu.cn

版权所有，盗版必究

图书凡有印装差错，请与营销部联系

序 言

管理会计人才培养与评价体系的有效性需要在资本市场中得到检验，其与企业价值提升休戚相关。

高端管理会计服务的标准，表现在企业在资本市场或走向资本市场的过程中，即通过提升管理会计服务水平，激发企业的各种创新活力，深化企业的社会责任担当，使企业经营效率飞速提升，让企业得到市场高度认可，给企业带来整体价值增值，促进企业高速可持续发展。只有这样的标准，才能扭转社会的不正确认知倾向，即提升财务会计人才待遇会增加企业成本的错误观点。也只有这样的标准，才能从外部促进会计人才职业发展环境的优化，从内部凸显会计人才在企业经营管理服务中的支撑作用。

在知识更新过程中，案例是最好的表率。随着社会经济的高速发展和国内外环境的变化，如国内市场的竞争压力、国际市场的发展威胁，企业的跨业经营、跨业重组愈发频繁，造成全球股权市场对优良企业及其资产的争夺异常激烈，企业仅仅依靠传统的财务会计、管理会计与成本会计等知识经验做判断，无法满足当前企业发展中盈利模式创新与风险控制的要求。同时，保持企业可持续发展需要企业具有不可复制的核心能力，这一能力就体现在高管团队整体的战略控制能力与知识水平上。所以，在提升上市公司管理团队核心能力的过程中，既要有顺势而为的变革，也要有推倒重来、自我革命的创新。如果我们有的放矢地从管理会计知识体系框架出发，从多战略视角系统梳理市场对会计人才的各种能力要求，可能会使会计人才的知识体系及经验总结更加完备。

该书所有案例都是资本市场上市公司的真实案例，其结构框架与知识要点一一匹配，精准收集上市公司的相关数据，可谓用心良苦。新世界格局、国家创新创业机制、智能制造新高度、区域经济发展战略定位等变化，都要求企业、行政事业单位、会计师事务所，以及各类市场参与者等提供跨知识体系、跨学科门类的高水平的综合服务。而该书通俗易懂，企业、行政事业单位、会计师事务所，以及各类市场参与者等均可将其作为参考读物。希望该书在高端管理会计人才建设与培育上发挥重要促进作用，本人乐为之序。

伍中信

2022 年 8 月

前　言

　　本书根据企业高端管理会计的服务需求，匹配管理会计学的整体框架，重点捕捉资本市场中上市公司的行为逻辑，并以提出问题、回答问题的形式，以知识点的归纳与总结为主干，通过案例生动地呈现企业发展中的难点与痛点，以及解决难点与痛点问题的理论与方法。本书共包括 7 个专题，14 个上市公司案例。7 个专题分别为，企业价值观：社会责任与内部审计；企业核心能力：企业重组与借壳上市；企业战略成本管理：作业成本法与作业成本管理；技术经济一体化：质量成本与安全成本；企业绩效评价：财务基础与战略基础；企业激励机制：员工持股与管理层收购；事项会计：拓展商业报告语言与业财融合。本书涉及的上市公司包括新五丰（600975）、尖峰集团（600668）、恒康医疗（002219）、大洋电机（002249）、沃华医药（002107）、联想集团（00992，HK）、三一重工（600031）、中国电信（601728）、华天酒店（000428）等。

　　本书旨在通过案例解析，有针对性地培养管理会计人员的如下能力和素养。专题一，培养政治家、社会活动家与企业家的社会责任视野。高端管理会计人员在把握国内外行业规则规律的条件下，首先是企业内控制度的制定者，其次是内外组织协调的调解专家，再次是处理消除企业危机的责任前哨。专题二，培养全方位融资、并购重组、组织变革等资源整合能力。高端管理会计人才在把握国际国内上市公司信息披露规则的条件下，还需要具备以下能力：一是保持企业战略定力的融资能手，二是识别交易对手价值的重组并购能手，三是帮助企业精打细算的好当家。专题三，培养调整产业链、价值链、作业链的企业战略成本管理能力。高端管理会计人才要在把握行业企业价值链成本数据的条件下，设计与修正企业作业链，加强创新投入，进行企业基于作业成本法（ABC）的精细化作业管理。专题四，培养突破企业痛点的技术经济一体化管理能力。

高端管理会计人才要有对产品质量与安全生产的管理能力，产品质量与安全生产是企业可持续发展的定海神针，是战略、战术与经营等技术投入的综合管理结果。专题五，培养基于战略基础的企业价值评估能力与基于财务基础的企业绩效评价能力。重点培养高端管理会计人才在企业预算管理与绩效评价方面的能力。专题六，培养建立有效企业激励机制的能力。重点培养高端管理会计人才在企业高管股权激励、员工持股计划与管理层收购等方面的能力。专题七，培养高端管理会计人才拓展商业报告语言与业财融合的智能化会计服务能力。

感谢参与编著人员龚光明、蒲丹琳、杨艳、刘桂良与王宇峰。同时，感谢湖南大学工商管理学院的大力支持。

徐莉萍

2022 年 8 月

目　次

企业价值观：
社会责任与内部审计

案例一

新五丰智能猪舍融资租赁模式下环境成本管理蜕变之路

【案例背景】

受新冠疫情的影响，运输活畜禽的车辆不再享受鲜活农产品运输"绿色通道"政策，迫切需要发展本地化智能生猪养殖。案例以上市公司新五丰的融资租赁养殖模式和生猪养殖智慧模式为背景，养殖企业作为承租方，因采用融资租赁模式，有规避外部污染治理责任而将其推向土地出租方的可能，这与企业可持续发展价值观不符。为约束这一行为，在论证了新五丰智能猪舍融资租赁模式下保障大消费民生、实现乡村振兴和为农民带来增收的企业社会责任正效应基础上，一方面界定了融资租赁养殖模式下环境成本承担主体的问题，另一方面帮助企业将价值观和道德规范融入环境成本管理行为之中，增强企业社会责任，增加环境成本投入，并帮助企业获取竞争优势。

【学习目的】

案例在对关于禁养区划分、污染物排放和粪污资源化利用等约束政策，关于猪肉保供稳价、猪场规模化升级贷款补贴、生猪预算投资等激励政策，以及价值观和道德规范下企业社会责任承担相关理论等系统梳理的基础上，以上市公司新五丰智能猪舍融资租赁模式和生猪养殖智慧模式为背景，指出企业存在环境责任免责的可能性，提炼出新五丰在企业社会责任管理及环境成本管理中的漏洞及其问题。帮助学生了解强化企业外部环境成本管理的内部化约束机制、环境成本的分类，并构建一套比较完善的环境成本管理框架，对环境信息披露报告模式等进行丰富与完善。

【知识要点】

企业社会责任；环境成本管理；融资租赁

【案例正文】

2020年12月27日，冷雨伴随着大风在新五丰董事长办公室的窗外呼啸，金总正盯着战略委员会送来的一份报告，报告汇总了近年来生猪养殖行业的污染处罚事件。2017年广州就曾对张某承包土地非法搭建猪棚进行养殖造成环境污染，判处赔偿村民委员会土地恢复原状费用35万余元和环境经济损失441万余元；2019年9月余庆县湘余生猪养殖场因养殖粪污渗漏进入地下水环境被罚款10万元，该养殖场负责人谭某某被处以7日行政拘留。同时，报告还汇总了关于禁养区划分、污染物排放和粪污资源化利用等约束政策。

受新冠疫情的影响，同时随着运输活畜禽的车辆不再享受鲜活农产品运输"绿色通道"政策的发布，大量中小生猪养殖企业由于经营业绩不佳退出行业。新五丰能否借助智能猪舍融资租赁模式创新进行全产业链扩张，是机会也是挑战。扩张发展的首要难题在于：新五丰在新型养殖模式下需要积极平衡好经济效益和社会效益、环境效益的关系，在增加企业社会责任支出、进行有效的环境成本管理的同时，要主导或参与行业发展的智能猪舍融资租赁模式的环境保护标准体系建设，并形成新五丰引领畜禽养殖智能猪舍行业发展新模式，推广融资租赁的社会责任及环境成本管理新经验。

一、初识新五丰——新五丰企业背景介绍

（一）企业简介

湖南新五丰股份有限公司成立于2001年，于2004年在上海证券交易所挂牌交易，是湖南省国资委下辖的唯一一家生猪养殖行业的骨干企业。自2004年上市以来，新五丰共进行了三次融资：2012年10月27日，新五丰进行股权融资，投资方有中国农业银行和中国农业科学院饲料研究所；2016年10月19日，新五丰通过战略融资引入私人资本轻盐创投和高新创投；2020年12月16日，新五丰定向增发10.3亿元，投资方有兴湘投资控股、湖南粮油集团、湖南现代农业集团和湖南建工。至此，新五丰的前十大股东中仅有长沙新翔股权投资合伙企业（有限合伙）不具备国资背景，持股占比0.43%，湖南省国资委作为最终控制和实际受益人持有新五丰36.59%的股份。作为一家国有控股上市公司，新五丰注重企业社会价值的实现，并将社会责任融入公司发展愿景和工作格局中。2020年8月，公司在"第14届中国上市公司价值评选"中荣获"中国上市公司社会责任奖"。

公司主营业务为生猪养殖，从 2001 年以来，除了在内地进行生猪养殖销售活动，新五丰公司也从事向港澳地区销售生猪的业务。随着生猪养殖行业的不断发展，新五丰公司逐渐推进全产业链发展的战略目标，新五丰公司不断完善自己的生猪产业链，涵盖饲料、原料贸易、种猪、商品猪、屠宰、冷链、物流、生猪交易、冷鲜肉品加工及销售、养殖设备等生猪全产业链。截至 2020 年 12 月 31 日，公司拥有总资产 22.29 亿元，净资产 15.01 亿元，2020 年度公司实现营业收入 27.24 亿元，净利润 2.83 亿元，收盘价 8.04 元，市值 52.48 亿，动态市盈率 15.33％。

（二）行业分析

截至 2020 年底，国内上市的生猪养殖企业主要包括温氏股份（300498）、牧原股份（002714）、雏鹰农牧（002477）、新希望（000876）、正邦科技（002157）、天邦股份（002124）、大北农（002385）、海大集团（002311）、金新农（002548）、新五丰（600975）。

2018—2020 年，我国养猪行业先后受到非洲猪瘟和新冠疫情的冲击。新冠疫情对行业生产的影响短期难以消除，有资金、技术和管理实力的企业不断以重金投资养猪业，以求快速扩大产能来抢抓新冠疫情造成影响的窗口期，谋求未来在行业格局占有一席之地。大型饲料、养殖企业集团大力投资生猪养殖业，在我国生猪出栏量增加以及养殖规模化程度提高的过程中，发挥着重要作用。如表 1.1 所示，2019 年温氏、中粮、牧原等大型企业均有扩建养殖规模的规划。根据《中国农业展望报告（2020—2029）》，与基期（2017—2019 年 3 年平均值）相比，未来 10 年，猪肉产量年均增速 1.9％。展望后期产量增速将明显放缓并趋稳，2029 年生猪出栏 73 918 万头，猪肉产量达 5 972 万吨，分别较基期增长 14.3％和 18.6％。

从发展趋势看，环保问题关乎整个社会的文明进程，生态文明建设将不断推进，因环境问题暂时与养猪生产产生的矛盾，将在更长时间内被消化。禁养区域的划定将更加规范，部分大型养殖饲料企业集团正积极布局华南、西南等区域产能。大型农牧企业集团加大了对生猪产业链的投资，不断新建种猪饲料养殖屠宰加工的大型一体化项目。2020 年有众多的楼房养猪项目落地，涉及温氏股份、牧原股份、京基智农、傲农集团、扬翔农牧、立华股份、天兆猪业等，初步统计楼房生猪养殖量已超过 1 000 万头。其中牧原股份南阳内乡肉食综合体项目的全球最大单体出栏量为 210 万头。对于如此集中的养殖量，环保将是其项目发挥效率的巨大挑战。在未来 5—10 年中，一体化企业的生猪出栏量及在全国所占比重将快速上升，我国生猪的规模化养殖水平也将持续提高，预计2021年底国内生猪养殖规模化水平将超过60%。

表 1.1　2016—2020 年中国大型养殖集团生猪出栏量及未来发展规划　（单位：万头）

企业名称	2016 年	2017 年	2018 年	2019 年	2020 年	规划目标	规划年份
温氏股份	660	1 904.17	2 229	851.66	954.55	7 000	2027 年
中粮集团	171.2	222.6	255	198.5	210	1 000	2025 年
牧原股份	311	723.74	1 101	25.33	1 811.5	6 000	2021 年
天邦股份	58	101.42	216.97	245	307.78	3 000	2022 年
正邦集团	227	342.25	554	578.4	955.97	2 000	2021 年
新希望六和	116.69	239.96	255	355	829	7 000	2022 年
海大集团	32.17	46	70	74	98	400	2021 年
唐人神集团	14.06	54.4	68.06	83.93	102.44	1 000	2030 年
傲农生物	10.7	21.86	42	40	134.63	600	2022 年
合计	1 600.82	3 656.4	4 791.03	4 451.82	5 403.87	28 000	——

（三）环境成本

湖南省是全国生猪生产大省，生猪养殖为传统优势产业，自 1997 年其产值超过粮食种植以来，已发展为全省农村经济第一大产业。生猪规模养殖活动的效果具有二重性：一方面，提高了生猪出栏率和满足了市场需求，对农户脱贫致富、地方经济发展、农村经济繁荣起到了积极作用；另一方面，在规模化、标准化生猪养殖方式下，大量废弃物的集中排放，造成了严重的环境污染，包括水体污染、空气污染、土壤污染等。随着养殖规模的不断扩大，生猪养殖导致的环境污染呈现总量增加、程度加剧、范围扩大的趋势。

环境成本是环境污染和生态破坏造成的经济损失，是环境影响的货币化，也是衡量环境污染程度的重要指标。早期的环境成本研究主要集中在钢铁、化工、有色金属等重污染行业和大中城市，随着农业、农村环境问题日益严峻，环境成本问题范围逐渐扩大到农业领域。环境成本价值量的评估方法是以实物量核算为基础估算各种环境污染和生态破坏造成的货币价值损失，主要有污染治理成本法与污染损失法两种，前者基于"防护"的角度来计算为避免环境污染所支付的成本，后者基于"损害"的角度计算环境污染带来的种种损害，根据评估方式和评估程序的不同，又可以细分为直接市场法、机会成本法、防护费用法、人力资本法、资产价值法等诸多方法。

二、遇山穷水尽——新五丰深陷发展困境

（一）疫情冲击生猪跨省运输

2018 年 8 月，中国辽宁省确诊第一例非洲猪瘟疫情，随后，河南、江苏、浙江、安徽、黑龙江等省份先后出现疫情。为防止非洲猪瘟疫情扩散蔓延，2018 年 8 月 31 日，农业农村部发布了《关于切实加强生猪及其产品调运监管工作的通知》，要求发生疫情的省份暂停生猪调出本省，关闭省内所有生猪交易市场；有 2 个及以上市发生疫情的省，暂停该省所有生猪产品调出本省。随着疫情数量越来越多，2018 年 9 月 11 日，农业农村部再次发布了《关于进一步加强生猪及其产品跨省调运监管的通知》，要求与发生非洲猪瘟疫情省相邻的省份暂停生猪跨省（自治区、直辖市）调运，并暂时关闭省内所有生猪交易市场。非洲猪瘟疫情对我国生猪养殖业造成了较大影响，主产区长期深度亏损，养殖场（户）补栏消极，生猪产能持续下降。据农业农村部监测，2018 年 12 月，全国生猪存栏同比下降 4.8%；能繁母猪存栏同比下降 8.3%，连续 3 个月跌幅超过 5% 的预警线。

2019 年底新冠疫情的暴发，使生猪跨省调运制度再次收紧。2020 年 11 月 30 日起，中南六省（区）（广东、福建、江西、湖南、广西、海南）全面禁止非中南区的生猪（种猪、仔猪除外）调入，中南各省（区）之间原则上不进行生猪（种猪、仔猪除外）跨省（区）调运。当区域内生猪及生猪产品供给不足或突发紧急情况时，在特定条件下，可启动生猪"点对点"调运，直线距离原则上不超过 1 000 千米。国家统计局发布数据显示，2018—2020 年我国养猪行业由于受到非洲猪瘟和新冠疫情的冲击，生猪出栏量逐年下降，2018 年生猪出栏 69 382 万头，同比下降 1.2%；2019 年生猪出栏 54 419 万头，同比下降 21.6%；2020 年全国生猪出栏 52 704 万头，比 2019 年减少 1 715 万头，同比下降 3.2%。

（二）环保法律制度愈发严格

随着生猪养殖和环境保护矛盾的日益凸显，一系列针对养殖行业的环保政策法规不断出台，如 2014 年，《畜禽规模养殖污染防治条例》正式施行，要求根据环境承载能力和污染防治要求，合理布局畜禽养殖生产，加大畜禽养殖污染防治和综合利用的扶持力

度；2016 年，国务院印发《"十三五"生态环境保护规划》，提出 2017 年底前关闭或搬迁禁养区畜禽养殖场（小区），全国各地陆续划定禁养区，大量高污染、低效率的中小散户被清退；2018 年 1 月 1 日起新修订的《中华人民共和国环境保护税法》实施，改征收"排污费"为"环保税"，规定规模猪场存栏生猪达到 500 头就要缴纳环保税。在环保高压下，生猪养殖的环境治理成本明显增加，猪场建设环保投入占总投入的比重由 20%增加至 40%～50%，每头出栏生猪分摊成本将增加至 30～50 元。

在愈发严格的环保制度下，新五丰在 2016—2021 年多次因污染物排放问题受到处罚。2016 年 5 月 23 日，天心种业湘潭分公司外排污水中氨氮超过排放标准限值 4.1 倍、悬浮物超过排放标准限值 7 倍等行为违反《中华人民共和国水污染防治法》第四十九条，被湘潭环境保护局处以 7 210 元的罚款。无独有偶，2017 年新五丰再次因环境污染收到处罚。2017 年 5 月 11 日，永州分公司排放的经过处理的畜禽养殖废水，经永州市冷水滩区环境监测站现场监测，监测报告显示所排放的畜禽养殖废水超过国家水污染物排放标准，违反了《畜禽规模养殖污染防治条例》第二十条和《中华人民共和国水污染防治法》第四十九条的规定，被永州市冷水滩区环境保护局要求立即停止排放养殖废水，并罚款 1 万元。2021 年 4 月 21 日，新五丰衡南分公司和湘乡分公司因污染物排放超标，被当地生态环境局各处以 10 万元的罚款。

（三）环境成本管理水平较低

虽然目前新五丰对环境成本有一个较明晰的定义，每年也对环境成本的各项指标进行统计和分析，并在企业年报及可持续发展报告中进行披露，但在会计上的反映却不清晰。除对于可资本化的环境成本支出通过折旧或摊销的方式予以补偿外，公司将大部分与环境有关的支出在实际发生时直接计入期间费用，其中通常将与企业日常经营活动有关的环境预防、维护或治理的环境支出与其他费用合并到管理费用中；对于罚款支出或其他偶发支出，则归入营业外支出，这些成本支出都是通过与当月收入相匹配来进行补偿的。例如，公司在 2020 年财务报表中将环保及排污费计入管理费用项目中，不单独对环境成本进行确认和计量。

新五丰环境成本管理限于排放污染物不超过国家规定的标准进而不会受到环境保护部门的惩罚，但这一理念显然与国企应该承担的社会责任不完全符合。企业经营过程中带来的环境成本不仅仅局限于受到处罚的成本，那些虽未达到惩罚标准却给周边带来影响的污染物所造成的社会福利损失也应当是企业所应承担的环境成本和社会责任。

三、寻柳暗花明——新五丰积极寻求转机

(一)融资租赁转型就地养殖

2009 年我国农业还处于初级发展阶段,机械化水平低,农民群体庞大。新五丰公司自 2009 年起一直采用"公司+农户"养殖模式,使生猪产能得到了快速扩张。"公司+农户"养殖模式是指公司将种猪的育肥环节以合同的方式,交给签约农户进行饲养,并在生猪达到出栏期后,按照约定的合同价由公司进行回购,期间农户不用承担任何风险。种猪的育肥场所由与公司签约的农户自行筹建,并必须达到一定养殖标准。新五丰公司在创立初期采用轻资产养殖模式,更为适应我国 2000 年到 2010 年国内养殖规模化率较低且农户群体庞大的特征。采用"公司+农户"的轻资产模式,公司可以将育肥舍的投建分散给农户来执行,大幅降低了初期投入的资金压力。不仅如此,由公司统一提供优质猪苗、统一提供饲料、统一提供技术服务、统一提供生猪回收,具有快速扩充产能、建设周期短、灵活性强、发展速度快的优势。

近年来,我国城镇化水平逐年提高,农村人口逐步向城市转移,农村劳动力资源不足,"公司+农户"的扩张模式受到制约,生猪行业的整合速度明显加快,一体化养殖的企业比较优势逐步凸显,生猪养殖企业在人均资源不足的现状下走向高效集约成了主流趋势。2019 年新冠疫情的暴发导致生猪跨省调运不再享受"绿色通道"政策,这一转变更加速了养殖企业向从生猪饲养到肉品提供的一体化养殖模式转型发展。2019 年,新五丰在原有的"公司+农户"的模式之下,不断增加资金预算,对存量的规模猪场进行升级改造,融入科技元素,同时借助融资租赁的模式在多个省份布局规模养殖场以及智能猪舍,大大提升了公司在种猪育肥阶段的养殖标准。2021 年 12 月 16 日,新五丰发布关于公司向关联方租赁母猪场及育肥场的公告。公告显示,新五丰与新化县久阳农业开发有限公司(以下简称"新化久阳")签署《租赁母猪场协议书》。该猪场为楼房养猪模式,与传统的平层养殖相比,楼房养殖具有占地面积较小、减小环保压力、方便管理的优势。新化久阳作为新五丰一期产业投资基金企业(有限合伙)的参股单位,为新五丰开展租赁养殖提供资金支持。从新五丰公司的总体战略布局来看,基于防疫、管理优化以及智能化的考虑,公司的生猪养殖在逐步增加自繁自养模式的比重,进而实现新五丰公司在生猪育肥阶段的严格管控、防疫标准化以及猪舍的智能化建设。

（二）响应政策发展生态养殖

2019年9月4日，自然资源部办公厅发布《关于保障生猪养殖用地有关问题的通知》，通知表示生猪养殖用地作为设施农用地，按农用地管理，不需办理建设用地审批手续。2019年9月5日，农业农村部办公厅发布《关于加大农机购置补贴力度支持生猪生产发展的通知》，通知中明确要求优化农机购置补贴机具种类范围，支持生猪养殖场（户）购置自动饲喂、环境控制、疫病防控、废弃物处理等农机装备。2019年9月10日，国务院办公厅印发《关于稳定生猪生产促进转型升级的意见》，文件指出要加快构建现代养殖体系，大力发展标准化规模养殖，积极带动中小养猪场（户）发展，推动生猪生产科技进步，加快养殖废弃物资源化利用，加大对生猪主产区支持力度。

为大力发展生态养殖标准化生猪产业，创新精准扶贫举措，巩固脱贫攻坚成果，助力乡村振兴战略，2020年12月18日，新五丰与慈利县人民政府、湖南新林农牧科技有限公司签订了《慈利县标准化生猪产业扶贫项目投资协议》。协议中承诺将建成20个标准化养殖单元发展全产业链生猪产业，年出栏60万头生猪。建设资金规模约6亿元，经营性资金规模约6亿元，项目总投资约12亿元。2021年4月16日，新五丰与古丈县人民政府、德宝恒嘉签订了《环保生态农业养殖供应链项目合作投资协议》。该项目由德宝恒嘉负责投资建设，新五丰负责投资运营，总计投资10亿元。

（三）信息技术促进智慧养殖

新五丰按照生猪养殖标准化、自动化、智能化、工业化要求，不断加大落后产能的改造和标准化、智能化新工艺母猪场和专业育肥场的建设，提升公司养殖设施水平，增强行业竞争力。2020年，先后对惠州、韶山长丰、浏阳永安猪场进行智能化提质改造，使人均饲养商品猪头数大幅提高。会同高校、设计院和设备服务商的技术力量，制定了不同规模条件下新五丰标准化智能化母猪场和育肥场的工艺模式，大大提升了新五丰养殖工艺水平。新五丰标准化、智能化养殖模式的优势在于新五丰对照养殖过程中的八个方面，设计了猪舍供水、供电、供料、环控、视频监控、报警、粪污清理、数据管理等八大系统，有利于猪场实现非瘟防控、节本增效及养猪生产的精确化，整个养猪生产过程实现高度智能化，大力加强生物安全保障。新五丰还创新开展智能化养殖技术理论探索和工程建设试点，利用大数据、人工智能和物联网平台，实现"设备自动化、生产标准化、控制中心化、操作无人化、预警处理及时化"，养猪效率大幅提升，开创养殖行业的新业态。2020 年 10 月 29 日，新五丰智能化养殖技术工程凭借技术含量高、创新性强等突出优势，荣获"十大创新工程"荣誉称号。

2021 年 4 月 16 日，新五丰与华为、中南智能联合签约智慧养殖项目合作协议，率先推动生猪板块数字化转型，三方在达成加强推动数字化转型共识的基础上，形成优势集成与互补，提高生产效益和水平，以实现互利共赢为目的，将在现代农业行业范围内就智慧养殖进行全方位的合作，打造智慧养殖示范项目。项目将搭建适合养殖场的数字化底座平台和 IOC 展示平台，完成驾驶舱建设、各类数据信息的展示，实现环境设备和数据的状态检测、监控和预警，探索生物安全防疫、AI 养殖管理的应用。本次项目的签约，有利于三方实现优势互补，通过智能化监测、精准营养配方技术，降低生产成本、提高生猪养殖质量，大力推动生猪养殖产业的健康和可持续发展，同时为打造国家级技术创新平台和实施"三高四新"战略注入强劲科技动力。

四、望前路漫漫——新五丰环境成本管理总结与展望

低碳经济是现如今气候变暖背景下人类生存的必然选择，也是一场涉及国家权益、生产模式、生活方式和价值观念的全球性革命。而碳排放量无疑是生猪养殖业环境现状最直接、最基础的衡量数据，低碳养殖的理念便是源自于此，如今更是成为中国科学养猪、实现生猪养殖业可持续发展的关键内容。

自十八大以来，习总书记将生态建设纳入中国特色社会主义事业的总体布局中，强调实现经济、政治、文化、社会、生态文明建设"五位一体"全面发展，生态环境保护被放在前所未有的重要地位。2020 年第七十五届联合国大会上，习总书记提出"二氧化碳排放力争于 2030 年前达到峰值，努力争取 2060 年前实现碳中和"。2020 年 12 月，中央经济工作会议把做好碳达峰、碳中和作为 2021 重要的工作任务。

《2006 年 IPCC 国家温室气体清单指南》指出，畜禽养殖的碳排放主要源于两个部分：一部分是畜禽肠道发酵甲烷的排放量，即在饲养中的碳排放；另一部分是畜禽粪便管理系统中的甲烷、氧化亚氮的排放，也就是粪尿处理过程中的碳排放。由此可知，生猪养殖碳排放量是指从仔猪到出栏所要产生并排放到大气中的甲烷、氧化亚氮等温室气体换算成二氧化碳当量的总和。简言之，养殖者在养殖过程中的任意一个决策、行为，都可能影响到生猪的碳排放情况。小组同学一致认为，碳排放控制将会在公司未来环境成本管理中占据重要组成部分。

调研小组的同学们不仅以翔实的数据和资料出色地完成了调研报告，而且同学们表示从发展趋势看，环保问题关乎整个社会的文明进程，生态文明建设将不断推进，环境成本与生猪养殖之间不仅存在短期矛盾，还需要更长时间阶段的研究和探讨。同学们准备努力学习成本管理相关知识，随时做好下次调研的准备！

【讨论题】

1. 在疫情背景下，新五丰在实现企业扩张过程中会面临机遇还是挑战？请简要分析。

2. 新五丰在实现生猪养殖模式转变后污染物处理的压力增加还是减小了？新五丰可以采取何种措施有效应对这一变化？

3. 融资租赁模式下的环境成本承担主体是谁？为什么会有这种选择？请结合企业社会责任回答。

4. 你觉得新五丰在环境成本管理方面还有哪些痛点需要优化？请简要说明理由和改进方案。

5. 2020 年 12 月，中央经济工作会议把做好碳达峰、碳中和作为 2021 年重要的工作任务。而生猪养殖企业作为碳排放的重点来源，碳排放控制将会在新五丰未来环境成本管理中占据重要组成部分，公司应该采取什么措施应对挑战？

【案例说明书】

一、案例背景

(一) 新五丰基本情况

湖南新五丰股份有限公司成立于 2001 年 6 月 28 日，主要业务是给港澳供应活猪，是内地最大的活猪出口商之一。公司自成立后发展良好，获得国家和省政府的一致好评，是中国第二批农业产业化国家重点龙头企业和湖南省战略性新兴产业百强企业。新五丰于 2004 年 6 月 9 日在上交所上市，证券代码为 600975，成为最大的生猪养殖国有控股上市公司。随着生猪养殖行业的不断发展，新五丰公司逐渐推进全产业链发展的战略目标，新五丰公司不断完善自己的生猪产业链，涵盖饲料、原料贸易、种猪、商品猪、屠宰、冷链、物流、生猪交易、冷鲜肉品加工及销售、养殖设备等生猪全产业链。

截至 2020 年 12 月 31 日，公司拥有总资产 22.29 亿元，净资产 15.01 亿元，2020 年度公司实现营业收入 27.24 亿元，净利润 2.83 亿元。

新五丰股份有限公司为湖南省人民政府国有资产监督管理委员会下辖的唯一以生猪产业为主业的国有控股上市公司，是农业产业化国家重点龙头企业、湖南农业优势特色产业 30 强企业等。近年来，新五丰在不断扩张生猪养殖规模时，也不断地进行生猪养殖模式的升级创新，从传统的规模化养殖到"公司＋农户"的养殖模式，再到"租赁养殖"模式以及到现在的"智慧养殖"模式。新五丰秉持"高标准、严要求""创新驱动、转型升级"的理念向成为湖南最大、中国最有特色的生猪养殖产业链企业的目标而奋斗。随着环保政策愈加严格，生猪养殖业与环境保护间的矛盾也愈发尖锐，新五丰环境污染治理费用大幅增长，影响了公司的经济效益。在 2017 年、2018 年以及 2021 年，新五丰都因污染物排放超标违反了环境保护管理条例的规定，受到生态环境局的处罚。自十八大以来，习总书记将生态建设纳入中国特色社会主义事业的总体布局中，强调实现经济、政治、文化、社会、生态文明建设"五位一体"全面发展，生态环境保护被放在前所未有的重要地位。为响应政策号召，推动可持续发展的进程，新五丰急需构建一套完善的环境成本管理体系，促使企业实现经济效益和环境效益的双赢。

（二）宏观背景

1. 政治环境

生猪养殖规模化率（出栏 500 头以上规模养殖比重）大幅提升，单体养殖规模不断扩大。21 世纪初中国生猪养殖业主要以小户散养为主，2000 年中国生猪养殖规模化率仅为 9.69％，且在较长时间内增速始终较为缓慢。而为应对 2006—2008 年猪肉价格的大幅波动（沈银书，2012），中国政府密集出台了《国务院关于促进生猪生产发展稳定市场供应的意见》《关于促进规模化畜禽养殖有关用地政策的通知》《中共中央关于推进农村改革发展若干重大问题的决定》等诸多文件，将提升生猪养殖规模化率作为稳定生猪生产、保障猪肉产品充足供给的重要政策抓手。在相关支持政策的推动下，2007 年前后中国生猪养殖规模化率实现了快速增长，至 2010 年规模化率增加了 2.61 倍，达到 34.96％。2010 年出台的《农业部关于加快推进畜禽标准化规模养殖的意见》及 2016 年出台的《全国生猪生产发展规划（2016—2020 年）》持续为生猪养殖规模化率的提升提供了政策支持，这一阶段生猪养殖规模化率稳步提升。2018 年 8 月首次在中国暴发的非洲猪瘟疫情对生猪养殖业造成了巨大冲击，导致生猪存栏下降 20％左右，中央政府为稳定生猪生产，促进生猪产能尽快恢复，出台了《关于稳定生猪生产促进转型升级的意见》等诸多支持政策，再次将规模养殖场作为了重点扶持对象。与此同时，个别地方政府为完成猪肉自给率目标，纷纷依托规模养殖企业进行生猪产能恢复。由此，中国生猪养殖规模化率再次进入了快速提升期，2019 年生猪养殖规模化率达到 53.00%，同比增长了 3.9 个百分点。

2018 年非洲猪瘟暴发之前，相关政策对生猪养殖业的支持相对较少，主要集中在良种补贴、政策性保险、防疫补贴、粪污无害化处理设施建设补贴等方面（刘晓锋，2015）。而为应对非洲猪瘟疫情的冲击，尽快实现生猪生产的恢复，以及生猪养殖业的转型升级，相关部门密集出台了多项政策，从金融、财政、土地等多个方面对生猪养殖业给予了较为全面而有力的支持。除少数贷款贴息等临时性政策外，大多数政策均在国务院办公厅印发的《关于促进畜牧业高质量发展的意见》中得到了进一步的强化。这些生猪生产支持政策将为实现生猪养殖业的高质量发展提供坚实的政策保障。

2. **经济环境**

国民经济稳定增长。2020 年国内生产总值达到 1 015 986 亿元，首次突破百万亿大关，人均 GDP 约为 1.05 万美元。预期居民可支配收入仍将增长。随着收入水平的提高，居民对优质安全猪肉的需求将不断增强，城镇和农村居民人均食品支出稳步增长。

低碳、环保成为基本国策，经济发展方式转型。低能耗、低排放、环保成为经济发展的方向，自主创新、产业升级主导经济发展方式转型。畜牧业规模化、产业化也实现快速发展。2020 年受疫情的影响，全国生猪出栏 52 704 万头，比上年减少 1 715 万头，下降 3.2%，第四季度降幅比前三季度收窄 8.5 个百分点。同时，2020 年全国猪肉产量 4 113 万吨，比上年减少 142 万吨，下降 3.3%，第四季度降幅比前三季度收窄 7.4 个百分点，说明生猪养殖企业正不断加快复产速度和复产规模，中国猪肉产量正平稳向好发展。

从地域分布来看，受劳动力资源、饲料资源以及消费市场的导向，中国生猪养殖主要集中在长江流域、中原和两广地区。2020 年商品猪出栏前十大省份合计出栏量占全国出栏总量的 59.72%。其中，湖南省是全国商品猪出栏量第二大省份，全年共出栏商品猪 4 658.9 万头，占全国出栏总量的 8.84%。

中国是全球猪肉消费第一大国，猪肉是中国居民最主要的副食品，猪肉消费长期占肉类消费比重 60% 以上。因防控新冠疫情和非洲猪瘟的需要，多地冷库关停，冻品下架，猪肉流通速度变缓，消费水平下降。2020年中国猪肉消费总体数为4 206万吨，同比下降了5.6%，人均猪肉消费为29.9千克，同比下降了5.9%。2020年猪肉进口达近年来峰值，猪肉进口达280万吨，同比增长32.7%。

3．社会环境

近十年来，中国的生猪养殖，基本完成了从农户分散经营向规模化、集约化和专业化经营的演变和发展。分析最近十年国内生猪养殖发展的轨迹可以看出，中国的生猪养殖发展模式主要是借鉴欧美模式，即集约化程度越来越高，大型规模的猪场所占比重越来越大。

2001年，全国年出栏1 000头以上的规模猪场占全国规模猪场总量只有20%左右，至2010年已经达到34.5%，而且规模化养殖的比重仍然在快速增长，截至2020年规模化猪场的出栏猪已达到总量的56.8%。湖南的生猪养殖发展的步伐和趋势与全国基本一致，规模化养殖以年出栏3 000～10 000头为主，而且在发展的速度上还略快于国内平均水平。据统计，湖南2018年出栏生猪5 993.7万头，2019年出栏生猪4 812.9万头，2020年出栏生猪4 658.9万头。近年来，湖南相继有新五丰、正虹集团、唐人神、鹏都农牧等养殖业龙头企业上市，由养殖大省逐渐向养殖强省跨越。

规模化养殖发展面临的主要问题和发展瓶颈在于生猪规模化养殖在提高生产效率、降低生产成本和提供优质畜禽产品的同时，也由于生产的过分集中没有过多的土地消纳畜禽粪便资源而对生态环境造成负面影响。集约化畜禽养殖场也对附近居民的生产、生活和健康带来了很大的影响，针对畜禽养殖场污染的投诉也呈逐渐上升的态势。养殖污染的问题日益突出，养殖粪污的处理成了养殖业的发展瓶颈。

资料显示，2020年全国畜禽粪便年产生总量为30.4亿吨，畜禽养殖业产生的废弃物对环境造成了巨大压力。根据2020年6月9日，国家生态环境部、国家统计局联合国家农业农村部发布《第二次全国污染源普查公报》公布的数据显示，2017年全国畜牧养殖业造成的水污染物排放量中化学需氧量1 000.53万吨，氨氮11.09万吨，总氮59.63万吨，总磷11.97万吨。这些废弃物实际处理不当会导致畜禽粪便进入水体，导致水体富营养化。在部分地区，畜禽养殖业正逐渐成为当地水体最大的污染源。

然而，随着生活水平提高，健康、安全的消费观念更加深入人心，大众的环保意识逐渐增强，低碳、低污染、环境治理理念越来越得到推崇。

4．技术环境

随着农业产业化技术水平迅速提高，带动中国养殖业技术取得长足发展。畜禽养殖技术、农产品冷藏与加工设备技术、饲料生产技术、肥料开发与生产技术快速发展，农业产业化水平大大提高；循环经济、环保技术逐渐兴起并得到广泛应用。环保治理技术与循环利用技术的进步为农业产业化的发展提供了坚实的技术条件基础。

湖南省政府提出"转方式、调结构、抓改革、强基础、惠民生"的总体工作思路，将坚持不断扩大内需、突出转变发展方式、加快发展现代农业、推进试验区建设和区域协调发展等一系列工作作为重点。基建投资重点向"三农"、科技、节能环保、自主创新、技术改造等领域和欠发达地区倾斜，重点加强薄弱环节建设；促进传统产业优化升级、培育和发展战略性新兴产业、推进产业集群发展、增强自主创新能力、大力推进节能减排；继续稳定粮食生产、建设现代农业，充分发挥龙头企业在建设现代农业中的主力军作用，大力发展现代养殖业，提高标准化养殖水平，确保生猪产业平稳发展，推进农村建设；推进城镇化建设和长株潭试验区改革步伐。低能耗、低排放、环保成为经济发展的方向，自主创新、产业升级主导经济发展方式转型。

5. 小结

通过对我国生猪养殖业所处的宏观环境进行 PEST 分析，发现生猪养殖业的发展呈现出以下特征：一是持续提升生猪养殖业规模化水平是发展的必然趋势，为此我国制定了生猪生产支持政策，为实现生猪养殖业的高质量发展提供了坚实的政策保障。二是除2019 年受到非洲猪瘟疫情冲击，全球生猪生产有所回落外，我国生猪生产总体呈现攀升态势，生猪出栏、猪肉产量持续增长，猪肉消费水平持续提升。三是环境保护方面，提倡种养结合。自 2014 年起，《畜禽规模养殖污染防治条例》等一系列规划、文件先后出台，对畜禽养殖粪污处理等相关行为做了更加严格的规范和要求。在相关政策推动下，生猪养殖场（户）环保意识日益增强。四是生猪养殖企业具有较高生猪饲养技术水平，始终重视技术水平提升。积极实施疫病净化，重视生物安全建设。

（三）行业分析

我国现存的生猪养殖模式主要有两种，一种是温氏股份、新五丰等企业的"公司＋农户"的模式，另一种则是以牧原股份为代表的自繁自养模式。具体来看，温氏股份作为第一种"公司＋农户"模式中的佼佼者，1986 年在国内首创"公司＋农户"模式中的分散养殖模式，合作农户的养殖规模均在年出栏量 50 头～1 万头。该模式下，公司将种猪的育肥环节以合同的方式，交给签约农户进行饲养，并在生猪达到出栏期后，按照约定的合同价由公司进行回购，期间农户不用承担任何风险。至于种猪的育肥场所，则由与公司签约的农户自行筹建，并必须达到一定养殖标准。该模式的发展和推广也深受业界的认可，许多养殖企业纷纷效仿，作为后起之秀的新五丰也是如此，其在借鉴已有经验的情况下，2009 年开始重点推行"公司＋农户"的养殖模式，为其实现快速的扩张提供了可能。而以牧原公司为典型代表的自繁自养模式则与之截然不同，该模式下，生猪的养殖场所、育种育肥的过程、养殖人员等都由企业自身承担，因而其对于企业的资金有一定程度的要求。

两种养殖模式并无优劣之分，只是在轻重资产、管理等方面的侧重有所不同。其实这两种模式最大的区别就在于育肥阶段的投建和运营上。首先从猪舍的投建来看，牧原股份所代表的重资产养殖模式由于生猪育肥舍所需场地面积占整个养殖场的一半以上，在初期投入阶段，对公司的资金需求较高。新五丰的轻资产模式将育肥舍的投建分散给农户来执行，大幅降低了初期投入的资金压力。同时，新五丰所代表的轻资产模式，在国内养殖规模化率较低，而市场上符合条件的农户群体庞大的情况下，模式推广复制比较容易。因而，近几年来新五丰规模的扩张速度非常之快。其次，在环境保护方面，对于牧原股份这种大规模一体化的养殖模式而言，猪场污染需要统一集中处理，难度和成本都较高。而对于新五丰这类养殖模式而言，分散在各地的中小规模养殖场对环境的污染较小，处理难度低；此外，育肥场的初期投建和后期运营均由农户负责，而猪场粪污主要产生于育肥阶段，因此采用该模式所需要承担的环保压力能够大幅缓解，处理成本也会大幅下降。

从杜邦分析的角度对新五丰、温氏股份、牧原股份等公司进行分析，可以明显看出由于生猪养殖企业采用不同的养殖模式，导致了结构数据的差异性，如表 1.2 所示。

表 1.2   新五丰、温氏、牧原股份等公司 2020 年杜邦分析表

公司名称	指标名称		
	ROA（%）	权益乘数	ROE（%）
新五丰公司	14.65	1.48	21.68
温氏股份	10.25	1.69	17.32
牧原股份	34.61	1.86	64.37

数据来源：年报等公开资料整理。

从 2020 年公开数据来看，以"公司＋农户"模式为核心的温氏股份、新五丰的高 ROE 是由高总资产周转率所决定的，而以自繁自养模式为核心的牧原股份的高 ROE 则是由于高杠杆率的撬动所形成的。但实际上，还是由生猪养殖企业的养殖模式决定的。

新五丰、温氏股份等公司将育肥环节的利润给予养殖农户，从而换取了轻资产高周转率的服务型的生产经营模式，就这种服务型模式而言，企业会拥有更高的资本回报率；而牧原股份则以重资产的模式，换取了生产的稳定性和全局优化的管理能力，进而带来更高的利润率、更低的社会资源依赖性以及可复制性，其运营过程中的高杠杆率更多是公司不断对外扩张规模的一种手段与工具。

（四）制度背景

1. 环保政策宽松期

2001年《畜禽养殖业污染物排放标准》的出台，首次明确规定了畜禽养殖业污染物排放标准，提出了"减量化、无害化和资源化"的总原则，并规定："畜禽养殖业应积极实现污染物的资源化"，标志中国生猪养殖"绿色时代"的到来。随后，《畜禽养殖业污染防治技术规范》《畜禽养殖污染防治管理办法》等进一步强调了对畜禽养殖污染防治实行综合利用优先，资源化、无害化和减量化的原则。

2. 环保政策收紧期

"十一五"期间有关部门制定了《畜禽场环境质量及卫生控制规范》《畜禽粪便无害化处理技术规范》《畜禽养殖业污染治理工程技术规范》这三个与畜禽环境、粪便处理相关的技术规范。细化沼气补贴政策，推广"统一建池、集中供气、综合利用"的沼气工程建设模式，发展养殖场大中型沼气工程、养殖小区集中供气沼气工程，鼓励畜禽养殖规模化、粪污利用大型化和专业化，发展适合不同养殖规模和养殖形式的畜禽养殖废弃物无害化处理模式和资源化综合利用模式，去污染防治措施应优先考虑资源化综合利用。发布《第一次全国污染源普查方案》，形成《污染源普查技术报告》（于2011年出版）标定畜禽排污系数。畜禽养殖业环保约束从定性向定量研究转变，步入新的历史阶段。

3. 环保政策密集期

2012年《全国畜禽养殖污染防治"十二五"规划》系统总结分析了中国畜禽养殖污染防治现状、问题和面临形势，为各地开展畜禽养殖污染防治工作提供了科学指导，中国畜牧业环境污染防治进入新的发展阶段。2013年，针对畜禽养殖的环保约束达到峰值，国务院出台了第一部专门针对畜禽养殖污染防治的法规文件《畜禽规模养殖污染防治条例》，明确畜牧业发展规划应当统筹考虑环境承载能力以及畜禽养殖污染防治要求，合理布局，科学确定畜禽养殖品种、规模、总量，同时，明确了禁养区划分标准、使用对象、激励和处罚办法。《大气污染防治行动计划》（简称"大气十条"）提出加强农村生态环境建设，减少农村和城乡接合部大气污染物排放；《水污染防治行动计划》（简称"水十条"）提出要科学划定畜禽养殖禁养区，关闭或搬迁禁养区内的畜禽养殖场和养殖专业户，对京津冀、长三角、珠三角等区域提出更高的节能环保要求。2015年农业部出台了《关于促进南方水网地区生猪养殖布局调整优化的指导意见》，细化要求主产县要制定生猪养殖区域和禁止建设畜禽养殖场及养殖小区的区域，引导生猪养殖向非超载区转移。

4. 环保政策爆发期

"十三五"伊始，习近平总书记在中央财经小组第十四次会议讲话中明确表示"力争在'十三五'时期，基本解决大规模畜禽养殖场粪污处理和资源化问题"。国务院制定了《"十三五"生态环境保护规划》，并发布《畜禽养殖禁养区划定技术指南》，确保不合规的畜禽养殖户关停并转的顺利实施。"十三五"时期是中国生猪产业转型升级的关键时期，农业部以《全国生猪生产发展规划（2016—2020年）》出台实施为契机，进一步加强对生猪生产发展的扶持和引导，健全绿色发展为导向的政策框架体系，强化监测预警，加强科技支撑，推动生猪生产转型升级，促进生猪产业持续健康发展。《土壤污染防治行动计划》（"简称土十条"）的发布与"十二五"期间的"大气十条""水十条"相呼应，完善了对于污染防治行为总规划，要求明确合理确定畜禽养殖布局和规模，强化畜禽养殖污染防治。《控制污染物排放许可制实施方案》《第二次全国污染源普查方案》《畜禽粪污资源化利用行动方案（2017—2020年）》《农业部、财政部关于做好畜禽粪污资源化利用项目实施工作的通知》《种养结合循环农业示范工程建设规划（2017—2020年）》以及《国务院关于印发打赢蓝天保卫战三年行动计划的通知》等文件相继出台，深化落实了生猪养殖环保优先的理念。2018年非洲猪瘟疫情暴发，同时受到环境保护和生猪生产周期的影响，猪肉供给严重收紧，生猪产业面临严峻挑战。政府制定了《应对非洲猪瘟疫情影响做好生猪市场保供稳价工作的方案》《国务院办公厅关于稳定生猪生产促进转型升级的意见》等保障生猪供需的政策，制定了《农业农村部办公厅关于加大农机购置补贴力度支持生猪生产发展的通知》《关于做好种猪场和规模猪场流动资金贷款贴息工作的通知》等补贴、贷款相关政策，制定了《关于对仔猪及冷鲜猪肉恢复执行鲜活农产品运输"绿色通道"政策的通知》《关于进一步规范畜禽养殖禁区划定和管理促进生猪生产发展的通知》等运输、规范禁养区的环境保护相关政策，将畜禽养殖环境规制推向高潮。

5. 小结

从历史脉络角度来看，中国环保政策划分为宽松期、收紧期、密集期和爆发期四个阶段。从发展趋势看，环保问题关乎整个社会的文明进程，生态文明建设不断推进，环保政策颁布更加密集，制度标准更加完善。在环保与疫情的双压下，中国环保政策将精准定位、持续稳定和风险可控放在首位，深入推进农业面源污染防治、完善农业面源污染防治政策机制、加强农业面源污染治理监督管理。

二、文献综述与理论背景

（一）文献综述

1. 企业的社会责任

在二十世纪二十年代前，企业的经营只追求自身利益的最大化，企业只愿意进行能产生财务效益的经济活动。英国学者 Oliver Sheldon（1923）首次提出"企业社会责任"的概念，指出企业在自身生产经营的同时需要满足内外部各人员和组织的需求，不能只以经济利润为经营目标，而应该考虑社会责任，并认为企业社会责任应该包括道德因素。在企业社会责任概念推出之后，学术界陆续研究出许多观点，推动企业社会责任的研究，其中 Howard R. Bowen（1953）在《商人的社会责任》中指出现代企业应该承担企业社会责任，明确了企业管理者是企业社会责任的实施者，对于企业承担的社会责任是自愿的，为了实现经营目标，企业管理者选择主动承担社会责任对企业经济发展有利，企业履行社会责任时应重点关注利益相关者的利益诉求。

2. 畜禽粪污环境污染及治理行为的研究

随着我国社会经济的迅速发展，环境污染问题越来越突出。因为农业生产等而产生的农业面源污染包括水、土壤、大气等资源的污染，严重影响了社会经济的持续发展和人民生活。赵玉杰、师荣光等（2004）分析了农业环境污染造成的损失，将其划分为：农业生物污染损失、人体伤害造成的损失、农业资源损失、控制污染物扩散及治理污染所需费用四部分。一些学者基于畜禽粪污量与作物养分需求量之间的相对大小关系，对各地区耕地畜禽粪尿负荷污染风险进行了评价，并由此提出进行总量控制的政策建议；养分的挥发、损耗、土壤供氮能力、灾害对作物养分需求的影响等情况相继被纳入测算体系之中（沈根祥等，1994；陈天宝等，2012；邱乐丰等，2016）。

解决畜禽养殖粪污污染的方式主要有工业净化和资源化利用（肥料化、能源化、饲料化利用）两大类（Dumontb et al.，2013）。早期研究主要侧重于研究如何运用税收、财政补贴等手段促使养殖场（户）采用工业净化的方式对粪污排放进行治理（Shortle et al.，1986），但由于监管机构与养殖场（户）间的信息不对称，以及农业面源污染的特殊性，监管机构难以对畜禽养殖粪污污染实施时刻监督，进而实施以地定养，开展种养结合成为了解决粪污污染问题的最佳途径（Segerson，1988）。同时，研究发现实施种养结合还有助于增强养殖场（户）的范围经济，实现生产要素的高效利用，并通过多元经营极大降低农业经营风险（Peyraud et al.，2010；Dumotn et al.，2013）。养殖场（户）粪污处理的行为、意愿方面，相关研究认为养殖场（户）的环保行为主要受到心理特征、认知特征以及政策因素等的影响。其中，养殖规模常被视为关键影响变量（潘丹，2015）。随着研究的深入，养殖场（户）的心理特征逐步受到重视，风险偏好越高的养殖场（户）越倾向于进行设施、设备等固定资产的投资，进而有利于提升粪污治理效果（王桂霞等，2017）。认知特征主要包括环境污染事实认知，如生猪粪污污染对于生猪生产、周边环境以及人体健康的影响程度的认知；以及环境损失认知，如对于自己不采取环保行为而遭受相关处罚的可能，或是采取某项环保行为对自身经济效益影响的预期（张郁等，2016；王建华等，2019）。政策特征主要包括政策宣讲、执行情况，以及对相关技术的推广情况，尤其是加强对相关环保政策的宣讲可极大促进养殖场（户）环保意愿向着行为转化（赵俊伟等，2019）。此外，社会舆论和行业监督对于提升养殖场（户）的粪污处理意愿也有着积极作用（王建华等，2019）。政策效果分析方面，中国政府从 2001 年起就陆续出台多种政策对畜禽养殖粪尿排放进行管理，常见的有命令强制、经济激励和说服教育三类政策工具，其中命令强制类政策具有明确的目标及行为准则，见效迅速，但执行、监督成本较高；经济激励类政策主要通过影响企业的成本收益预期，以解决养殖排放过程中的外部性问题（李冉等，2015）。由于重惩罚轻物质激励的命令强制手段难以有效提升农户开展废弃物资源化利用的意愿（赵会杰等，2021），因此对养殖户建设沼气池、使用有机肥及进行土地流转消纳养殖排放等环保行为进行补贴的经济激励政策，已成为中国政府激发农户环保意愿的主要措施（Zhang et al.，2014）。王德鑫等（2015）通过效率测算，认为从总体来看环保政策不仅有利于环境保护，还促进了生产效率的提高。虞祎（2012）运用 OLS 回归分析论证了中国生猪养殖区域变迁过程中存在的"污染天堂假说"，即生猪养殖企业将从环保严格的地区向环保宽松地区转移，并认为这种转移不可持续且会对转入地区带来巨大的威胁。污染防治技术及其经济效益测算方面，钟珍梅等（2012）运用能值理论对沼气工程的效益进行了对比分析，认为与没有沼气工程的生猪养殖场相比，沼气工程能带来经济、生态效益的提升。从实地调研结果来看，农村户用沼气能够为农户节省 40% 以上的能源花费，且有利于减少污染、促进农户身体健康（Wang et al.，2007）；但规模养殖企业的沼气工程在多数情况下都难实现经济效益（刘畅等，2014）。

3. 畜禽养殖环境成本管理的研究

在环境成本管理方面，加拿大学者 Daan（2006）和中国学者柯树林（2021）将环境成本管理按照事前、事中和事后三部分进行分析，而张杨、王剑虹（2010）将环境成本管理分为事前规划和事后处理。但谢东明和王平（2013）基于战略控制思想，阐述了企业环境成本管理的整个作用过程，认为应把事前控制作为环境成本管理的重点，尽量避免控制滞后，促使环境总成本中没有损害成本和治理成本，只有控制成本。此外，冯巧根（2011）提出企业要结合自身的情况和特点，构建适合自身的环境成本管理信息系统，提高企业环境成本确认、计量与披露的科学性，从而提升企业的环境成本管理水平。张劲松等（2015）认为企业在环境成本管理方面存在以下问题：忽略了材料购买、销售环节所产生的环境污染；与环境成本计量、控制、绩效评价有关的管理效果不佳；缺乏单独的环境成本责任控制中心。全赛飞和张光玥等（2015）从战略角度出发，分析了价值链在环境成本战略控制中的应用，并阐述了两者之间的协调性，同时又提出企业在不同的发展阶段、地区、行业，需要实施侧重点不同，具有差异性和实用性的环境成本管理策略。李文兴等（2016）在前人的研究基础上，认为企业实施环境成本管理可以从四个方面来进行，即作业成本管理、产品生命周期、物质流成本核算以及实施环境成本管理激励评价。冯圆（2016）认为环境成本管理是环境经营的重要组成部分，以排污成本为主的企业，其环境成本管理需要注重组织、环境与经济效益的有机统一。张倪（2018）认为将环境成本管理完成情况纳入公司绩效考核的重要指标中，可以提高公司部门积极性。曹玉萍（2019）、于梦涵（2019）提出企业独立核算环境成本有利于进行环境成本管理，应该将环境成本的独立核算重视起来。李冠红（2020）认为"物质流—价值流"分析方法有助于企业明确投入的成本去向和价值的形成过程，进而帮助企业发现环境成本的可改善点和物料流动过程中可改进的地方。

在畜牧业环境成本管理方面，朱有为、段丽丽（1999）提出畜牧业可持续发展依靠于研究推广粪便无害化处理和畜禽粪便综合利用技术。孟祥海（2014）提出应该从源头上控制畜牧业的环境污染，建立缜密的畜禽养殖场环境准入机制，严格遵守养殖场的环境影响评价制度。由于畜禽饲料中有机微量元素高于无机微量元素，含有铜、铁、锌等元素添加量，景莉（2017）提出应该完善畜牧产业链，加强畜牧业药物的审批标准。贾锦芳（2018）从微观会计的角度对环境成本进行管理和控制，建立规范的环境成本管理责任中心和科学的环境成本会计核算体系。尚剑虹（2018）则提出要解决畜牧业发展中存在的问题，必须强化监督能力和管控措施。随后，李文欢、王桂霞（2018）认为解决环境污染问题除了加大财政支持力度，还应鼓励农户积极参与治理环境污染。董红敏等（2019）提出了种养结合法，该方法是将养殖粪便与污水混合储存后作为液体肥料进行农田利用，是破解畜牧养殖业粪污污染、践行可持续发展理念的重要举措。王璐瑶（2020）以规模化畜牧养殖羊为例，利用产品生命周期法将羊的整个生命周期进行分析和管理，同时核算羊养殖过程中的环境成本，分阶段开展环境成本的管控工作，需要将羊在出生后不同阶段所耗费的成本进行计算。

（二）理论背景

1. 环境经济学理论

环境经济学将环境看作"经济—环境"大系统的一部分，纳入了传统经济学的分析框架之中。环境为人类社会提供两个方面的服务，从而创造价值。一是为人类提供资源产品，如空气、水、能源等；二是容纳人类社会的废弃物，如废水等。当环境中的物质或能量被过度消费，产生的废弃物超过了环境的吸收、转化、再生能力时，就会造成环境中有效物质或能量的损失。

环境承载理论对人类社会活动是否造成环境中有效物质或能量的损失进行了说明。承载力原本指某一地基对其上建筑物的负重强度，属于物理学概念，后被广泛运用于环境经济学之中。唐剑武等（1998）认为环境承载力是环境系统对物质或能力进行吸收、转化、再生的直接体现，反映了环境系统对经济系统支持能力的阈值，环境承载量与环境承载力之比则常被用于反映一个地区生态环境与经济社会发展的协同程度。

通过环境成本测算，可对环境中的有效物质或能量的损失程度进行定量分析。徐光达等（2014）对环境成本进行了较为全面的定义：由于经济活动造成环境污染而使环境服务功能下降，产生的资源耗减成本、环境降级成本、并由此增加的环境治理和环境保护支出。环境成本的测算方法常用损失补偿法和治理成本法，损失补偿法通过计算污染造成的经济损失来反映环境成本，治理成本法通过计算消除这种污染的成本来反映环境成本。损失补偿法测算结果较为准确，但受客观条件限制时常难以获取相关数据；治理成本法测算的结果一般偏小，但结果容易获得，当污染损失难以准确测算时，一般选择治理成本法进行测算（朱朦，2016）。本研究基于环境经济学相关理论，对生猪粪污污染所致环境成本进行测算。

2. 外部性理论

外部性是某个经济主体在采取某项行为，为自身获取经济效益的同时，对另一个经济主体产生的一种外部影响，而行为主体却不对这种外部影响进行相应的索取或支付。这将导致市场价格无法提供准确的行为信号，最终造成供给不足或供给过量的不利影响。外部性具体又可分为正外部性和负外部性，正外部性指经济主体的行为对另一个经济主体产生了有益的影响，却不能获得相应回报，这将导致私人边际收益小于社会边际收益，致使产品供给小于社会最优产量；负外部性指经济主体的行为对另一个经济主体产生了有害的影响，却不必对此进行补偿，这将导致私人边际成本小于社会边际成本，致使产品供给大于社会最优产量。生猪养殖产生的畜禽粪污对外部环境造成了严重的影响，却很少对此进行相应的补偿，存在明显的负外部性。受此影响，养殖场（户）倾向于扩大生猪饲养规模，并最终对周围环境造成严重污染。

3. 博弈理论下的利益相关者决策理论

博弈论是一种在特定条件下研究多人谋略和决策的理论。研究博弈论就是要预测博弈的结果，这一结果通常用收益（或效用）来描述。在博弈的过程中，每一参与者（可能是个人或者团体）选择的策略都是针对其他参与者所选择策略的最优策略，每个参与者都希望自身利益尽可能最优。博弈者之间联系紧密，既相互制约又相互依存，经常会换位思考，猜测他人可能选择的行动，然后再决定自己的行动。所以竞争贯穿于博弈的整个过程。下面对博弈论几个基本概念下定义。

（1）参与者：参与者是博弈过程中的决策主体，也叫参与人或局中人。参与者选择使自身的利益最大化的行动，参与者可以是国家、组织、团体、个人、集团等，只有两个参与者的博弈现象叫"两人博弈"，多于两个参与者的博弈称为"多人博弈"。

（2）信息：参与者在博弈过程中掌握的相关信息，包括其他参与者的行为、决策等。这些信息对参与者非常重要，每个参与者都需要在决策前观察和了解其他参与者的行动，从而决定自身所采取的最优策略。

（3）策略：参与者对其他参与者的行动做出的反应。这种反应即行动方案，每个参与者都有一个实际可行的完整的行动方案，所以方案不是某个阶段的，而是指导整个行动的方案，规定参与者该采取什么行动方案以应对其他参与者的博弈行为。

（4）收益：参与者在特定的环境下博弈产生的期望效用。通常表现为输赢、盈亏、得失等。参与者的战略选择一般取决于其他参与者的战略选择，最后得出结果是决策组合函数或一个信息集等。

（5）次序：博弈的各参与者有先后之分，且一个参与者要做出不止一次的决策选择，就出现了次序问题，其他信息相同但是次序不同，博弈就不同。

（6）均衡：博弈论中，所有参与者的最佳策略组合。比如在供求关系中，某一商品市场如果在某一价格下，想以此价格买入商品的人都可以买到，并且想卖的人均能卖出即为均衡；均衡是博弈论中的最重要的一个基本概念，在不同类型、不同条件下又会形成不同的均衡概念，比如纳什均衡等。

利益相关者理论内涵。利益相关者的概念一直以来是学者们讨论的热点。最早的界定由斯坦福研究院的学者于二十世纪六十年代提出，他们认为利益相关者就是企业失去其支持就无法生存的利益群体。可见，早期的界定只是给出了思考的方向且考虑的角度是狭义的。

伊戈尔·安索夫提出，股东、供应商、管理人员、分销商、普通员工等利益相关者对企业的诉求不同，甚至相互之间存在冲突，企业必须考虑到这个问题才能使制定目标得以实现。此时的定义已经拓展了利益相关者的范围。1984年，弗里曼出版了《战略管理：利益相关者方法》一书，该书对利益相关者的界定最具有代表性，指出利益关者应该由"受企业实现目标过程影响的人"与"能影响企业目标实现的人"这两类人构成。这个定义使得利益相关者涉及的范围得到了进一步的扩展，指导大家从广义的角度对利益相关者进行研究。这个时候的利益相关者，不仅是指股东、客户、债权人、职工、竞争者、供应商等直接与企业有交易来往的团体，也包括政府、居民、新闻媒体、社区、社会团体等间接与企业有往来联系的群体。在明确界定了利益相关者之后，另一重大理论问题是各利益相关者通过何种渠道参与并影响企业治理。企业的生存和发展与任意一类利益相关者都息息相关，所以，利益相关者必然会对企业的经营决策产生影响。这种影响不仅仅产生于债权人、投资者等主要提供资金的人，同样也会受到社会公众、政府等其他群体的约束。因此，企业在其生存与发展的过程中不能只将股东等单个利益团体的需求纳入考虑之中，而是应综合考虑各个利益相关者的诉求。这种要求也能推动企业更好地履行社会责任。此外，各类型的利益相关者对企业的要求也存在差异，对企业环境成本管理决策与执行都存在影响。

（三）小结

本节首先对企业的社会责任相关研究成果进行梳理，整理了国际国内关于畜禽粪污环境污染及治理行为的研究，展示了畜禽养殖环境成本管理的研究成果，在此基础上，分析了对畜禽养殖环境成本进行补偿的理论依据，结合博弈理论阐述了企业利益相关者环境成本管理的作用机理。研究结果显示：畜禽养殖业生产过程中产生的废水、粪便和温室气体、恶臭气体等污染物，给环境造成损害，形成需要由社会来负担和消化的外部环境成本。畜禽养殖者需要承担起粪污环境污染治理的社会责任，更好地实现畜禽养殖业环境效益与经济效益的统一，促进产业发展与环境保护的协调，在当前我国乡村振兴生态农业的大政策背景下，实现畜禽养殖业和农村环境保护共同发展。

三、企业环境成本管理中存在的主要问题

（一）环境成本信息缺失

1. 环境成本核算未考虑融资租赁模式下的外部环境成本

环境成本是一个动态拓展的概念，当公司的经营模式有了新变化，出现了新问题，与之对应的环境成本核算范畴也要更新、拓展。2019年，新五丰在原有的"公司＋农户"的模式之下，借助融资租赁的模式在多个省份布局规模养殖场以及智能猪舍。目前融资租赁模式下的环境成本核算没有明确的制度要求，在界定融资租赁养殖模式下环境成本承担主体的问题上缺乏经验指导，只能通过在实践中摸索、总结来不断完善。融资租赁模式下环境成本对应的成本对象的不确定性造成企业在环境成本核算中有关环境成本信息缺失，从而导致无法计量融资租赁下发生的成本。

2. 环境成本管理核算体系不完善

新五丰对环境成本有一个较明晰的定义，每年也对环境成本的各项指标进行统计和分析，并在新五丰年报及可持续发展报告中进行披露。但在会计上的反映却不清晰，除对于可资本化的环境成本支出通过折旧或摊销的方式予以补偿外，公司将大部分与环境有关的支出在实际发生时直接计入期间费用，其中通常将与企业日常经营活动有关的环境预防、维护或治理的环境支出与其他费用合并到管理费用中；罚款支出或其他偶发支出则归入到营业外支出，这些成本支出都是通过与当月收入相匹配来进行补偿的。例如公司在2020年财务报表中将环保及排污费计入管理费用项目中，不单独对环境成本进行确认和计量。2020年第七十五届联合国大会上，习总书记提出"二氧化碳排放力争于2030年前达到峰值，努力争取2060年前实现碳中和"。2020年12月，中央经济工作会议把做好碳达峰、碳中和作为2021年重要的工作任务。碳排放成本核算从世界范围

来看还处于萌芽阶段，研究还比较少。目前，新五丰对环境成本的核算还停留在最基本、最原始的几个成本指标上，完全忽视了低碳经济因素的影响，未能将环境成本核算的内容扩展到碳排放的各项成本上来。

(二) 环境成本控制低效

长期缺少控制环境成本的规章制度，使得环境成本控制长期处于低效状态，企业环境成本控制流于形式。究其原因，是企业无法摆脱自身局限性，重经济、轻环境，忽视了环境成本控制的重要意义。这样不仅会破坏生态环境，而且会阻碍可持续发展的进程。环境成本控制低效的表现如下。

1. 环境成本控制大多采用事后控制

目前新五丰在环境成本控制方面偏重事后处理，即在污染发生后企业设法予以清除，并把各种支出计入环境成本。由于缺少事先的计划安排，在出现问题后再去补救，不仅受到社会舆论影响，不利于企业形象，而且还会受到政府部门的惩处。事后控制法由于缺乏预见性，显得很被动。这使得环境成本的控制见效甚微，不利于企业的可持续发展。这种滞后性的控制效果不明显，在生产工艺流程既定的情况下，环境成本降低的空间不大。

2. 环境成本控制只重视生产环节

仅针对生产过程的环境成本实施管理，忽视了原材料采购、产品设计、生产、销售及消费领域的产品生命周期管理，因此无法提供完整的环境成本信息，模糊了环境成本发生的动因。另外，产品生产、销售环节也没有切实地控制好环境成本，这种做法不仅不能达成环境效益和企业利益共同发展的目标，还不利于企业履行应尽的责任和义务。

3. 环境成本控制思想落后

传统的环境成本控制基本思想是通过避免环境成本的发生来达到降低环境成本的目的，只要企业的污染行为不受到社会的严厉处罚，污染行为仍将继续，造成大量环境成本转嫁给社会。传统的控制模式往往导致企业只关注眼前的局部利益，相对消极地降低环境成本，不利于企业的可持续发展。

(三) 管理绩效无法全面反映

企业环境管理绩效指的是企业在生产经营过程中由于环境保护、节约资源和治理污染等管理活动而取得的环境效益和效果。从更广的意义上来说，企业环境绩效包括企业为自身以及社会生态环境保护所做出的所有贡献。因此，准确地评价企业的环境绩效十分重要。为了更好地评价企业的环境成本管理绩效，亟须建立一套可比性和操作性都很强的绩效评价指标体系。企业环境成本管理绩效评价是企业环境成本管理工作的核心问题之一，但到目前为止，尚未建立起科学实用的评价指标体系，这在一定程度上影响了企业实施环境成本管理的积极性。

我国企业绩效评价采用传统的评价方法，主要评价企业的盈利能力、偿债能力和发展能力。2009年底国资委颁布了《中央企业负责人经营业绩考核暂行办法》，自2010年起对中央企业全面实施经济附加值（EVA）考核。此办法的颁布要求企业构建EVA财务分析系统，全面引入EVA管理体系，建立以EVA为核心的财务评价指标体系。该办法强调业绩考核应按照可持续发展和科学发展观的要求，促使企业不断增强资源能源节约、生态环境保护和安全无公害生产的意识，不断提升企业核心竞争能力和可持续发展能力。但是，上述评价指标仍然没有充分反映节能减排、低碳降耗方面的情况，没有充分体现企业在低碳经济发展过程中对环境效益和资源效益的积极追求。因此，构建完善的企业环境成本管理绩效评价体系，需要改革传统财务评价体系，建立符合生态发展的企业环境成本管理绩效评价模式及其相应的指标体系，同时结合激励机制的实施效果进行综合评价。

四、完善企业环境成本管理的对策

（一）完善环境成本核算

1. 环境成本确认和计量

在对公司环境成本进行确认时，应识别出与环境问题相关的、产生成本或费用的一系列事项，并判断其是否与环境负荷的降低有关。环境成本的确认包括了法规性确认以及自主性确认这两种基本类型。在实施法规性确认时应考虑两个方面：一是为达到《环境空气质量标准》（GB 3095—2012）、《环境影响评价技术导则总纲》（HJ 2.1—2011）等环境保护法规的要求而发生的费用，包括为实现这些环保标准而发生的环保设备投资支出及营运费用等；二是与国家实施经济手段相关的排污费、资源税等。另外，公司还可以根据以预防为主的原则制定环境目标，主动预防和治理污染，由此形成自主性确认。

在判断属于环境成本时需同时遵循以下两个条件：第一，该项交易或事项与公司的环境保护活动相关；第二，该项交易或事项引起了公司经济利益的流出。另外，能否确认为环境成本，还需符合两类标准：一是从理论上要求的确认标准，即它应满足可定义性、可计量性、相关性和可靠性的要求；二是从实务上要求的确认标准，即以权责发生制为确认原则来划分资本性支出与收益性支出。环境成本有资产流出、资产损耗和负债增加三种表现形式。

内部环境成本的计量方法主要包括全额计量法、差额计量法、比例分配法。全额计量法是指直接根据历史成本数据，取得与生产经营活动相关的环境成本的一种计量方法，例如公司支付的排污费、环境监测费用、污染赔偿费、环境管理成本等的计量。差额计量法一般用于计量某一投资项目中的环保投资额与生产投资额的差额，例如公司配备的具有节能减排效果的生产设备、采购的具有环保功能的材料等。比例分配法一般适用于因公司的环境项目成本支出与经营项目成本支出互相混合而难以确定各自金额的情况，可以采用按一定的比例来分配项目总成本，例如公司在计量由各类养殖间的生产活动引发的清理与回收废弃物等成本时通常使用比例分配法。

目前，关于外部环境成本的计量还没有一套公认、可靠的方法体系，也难以有相关的环境经济业务票据作为核算的依据，但生态文明制度建设要求将外部环境成本内部化处理，积极探索科学恰当的环境成本计量方法。目前，市场价值法是被认可的一种计量方法，根据污染物对环境产生不良影响的价值来确定外部环境成本，即通过评估和测量公司排放污染物导致的环境负荷量及环境负荷的单位成本来核算环境成本。然而，使用这种方法时需要综合利用多种学科领域的研究成果，中国在这方面的研究还不够深入，可借鉴欧盟使用的 Extern－E 法以及美国使用的 EX－MOD 法。现值法和公允价值法可作为计量资源环境使用成本的通用方法，还可综合利用机会成本、生产率变动等方法衡量环境污染损害价值。

2. 充分披露环境成本信息

为了使环境成本管理更加高效，核算环境成本仅仅是第一步，只是打好基础，最关键的一步是根据核算结果找出降低环境成本的途径。因为核算出的结果如果不进行对比联系，就只是单个数据，只包含某个环境项目发生额是多少这层意义，这些数据之间的内在联系以及能够提供给企业环境成本管理何种依据都无从知晓。同时企业的环境成本大多是依靠财务报表而得知，因此，为实现环境成本的真正可控，更加规范地处理环境问题，新五丰应寻找方法披露环境成本信息，为企业环境成本管理提供一个正确方向。

企业环境成本的信息披露基于服务信息使用者的原则，根据不同的内外信息使用者，可以把环境信息的披露分为对外披露和对内披露。其中，对外披露应当遵循历史会计信息披露原则，可以在企业的报表中单独披露环境成本，比如在利润表中的成本项目栏里增加环境成本这个科目，从而使得信息使用者可以更直观地了解到当前的环境成本信息，给未来的决策提供一定依据。对内披露则以满足企业经营者信息需求为出发点，因此可以更为直观地依据所设立的会计科目来单独编制企业环境成本报告，从而归集反映企业的环境成本信息，更好地服务于企业的经营决策。对新五丰企业来说，环境成本披露主要是对内披露。所以，根据上文对新五丰企业环境成本会计科目的设置建议，结合企业实际，采取了单独编制环境成本报告的形式，将环境成本报告作为重要附表进行披露，根据环境成本的不同类型分别披露本期和上期的实际发生额，同时反映不同环境成本在环境总成本中的比重，细分占比较大的项目。这样编制的环境成本报告，有利于企业管理层纵向横向拓展分析。对比分析不同期报告，寻找不同项目发生额增减变化，分析不同环境成本的比重变化，并对其进行相应的改进来降低环境成本。环境成本报告可反映实际的资源耗费和各项环境费用及其与上年的差异，揭示环境成本升降趋势，为分析各项环境成本增减变动提供依据。利用环境成本报告，为环境成本管理提供及时可靠有效的环境成本信息，帮助企业在进行环境相关决策或是预算时有一定数据支撑。

（二）优化环境成本控制

在当今激烈的社会竞争环境下，企业想要生存下来就必须开源节流，必须加强成本控制，将环境成本支出降到最低，以提高企业的自身生存力。环境成本控制的优化实施，节约了资源，提高了生产力，同时会对社会做出更多的贡献。

1. 基于生命周期法的环境成本控制

（1）生命周期成本法原理。

生命周期成本法是一种根据产品的生命周期来计算各个阶段所需成本的方法。生命周期成本法是指从最初产品的研发、试产到该产品淘汰停产的整个过程中，对所有成本支出进行精细划分、定性分析和定量计算来管理成本的方法。环境成本管理一直都是企业成本管理的重点，企业为了创造更大的效益，就需要在产品的整个生命过程各个不同阶段及时考虑对环境造成的影响及成本开支，采取最优的方案将这个过程中发生的成本支出降到最低。因此，一个企业环境成本管理的好坏直接关系到它的生存和发展。

从企业（生产者）的角度来看，产品的生命周期成本由以下几个阶段成本支出组成：可行性研究、设计、试验、投放、销售、使用、报废、回收等。它包括这些阶段所发生的一切成本费用支出，可概括归类为生产者成本、消费者成本和社会责任成本三大部分。产品生命周期成本构成如图1.1所示。

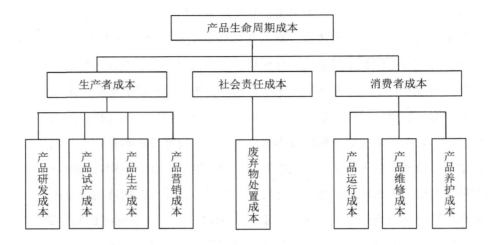

图1.1　产品生命周期成本构成

（2）生命周期成本法在环境成本控制中的运用。

企业通过在环境成本控制中有效地运用生命周期法，可以大大减少对环境的负面影响。企业在日常的生产制造过程中会产生环境成本，产品生产过程中从选料、加工制造、产品包装、使用产品到报废与回收利用的整个生命周期都有环境成本的产生。企业运用生命周期法，分析产品生命周期的不同阶段对环境造成的破坏，可以采用相关环境成本的控制方法和控制内容如表1.3所示：

表1.3　环境成本控制方法与内容

生命周期阶段	环境问题	控制方法	控制内容
选原料	饲料、猪种选用导致破坏当地生态、产生污染物	选择绿色无污染饲料	优选绿色有机饲料，减少对环境的污染
		选择合适的供应商	对供应商进行资质调查和信誉度调查后，建立合作关系
		内部合作	环保部门监控采购过程，提供相关环保标准，重在各部门相互配合
加工制造	废水、废气、废渣排放	生产过程注意卫生	使用最新智能检测技术，专业人员进行操作，减少生产环节废弃物排放
		生产达标环保产品	合理使用资源，节约能源，减少对外部环境的污染，对产生的废弃物二次利用

续表

生命周期阶段	环境问题	控制方法	控制内容
产品包装物	产生废弃物	绿色有机包装	使用有机易处理可降解的简单包装，对包装物二次利用
废弃物处理	破坏环境	生态有机利用	对粪便等废弃物进行无害化处理，将有机肥还田

2. 基于作业成本法的环境成本控制

（1）作业成本法原理。

作业成本法是一种以作业为基础，通过对所有作业活动进行动态追踪，根据各项作业耗费情况将成本进行合理分配的一种成本计算方法。其原理就是成本对象消耗作业，作业消耗资源。它将资源的成本分配到作业中，然后将成本分配到产品与服务。作业是成本计算的核心和基本对象。产品成本或服务成本是全部作业的成本总和，是实际耗用企业资源成本的终结。作业成本法原理如图 1.2 所示。

图 1.2　作业成本法原理

（2）作业成本法在环境成本控制中的运用。

企业管理部门通过运用作业成本法加强对环境成本的控制，尽可能提高产品的盈利能力，操作如下：

一是借助规模效应来提高必要作业的效率。如加大规模，各种设备使用率达到满负荷，企业生产力达到峰值。企业规模越大，产品越多，如果设立的污染治理系统规模很大，可以使污染治理系统的成本有更多的分配对象，从而提高污染治理过程中的作业效率。

二是消除低附加价值的作业。企业首先找出低附加价值的作业，之后采取适当的方法加以消除。如选择有实力、信誉佳、背景好的供应商或者从产品源头上选择环保无污染的原材料，从而减少实施检验这一作业环节。

三是提高完成作业的效率和改善无附加价值作业。如严格管理生产经营过程中排放的废气物，做到废气物达标排放，减少治理和处罚的支出。

四是作业之间进行比较，选择最佳作业。如产品制造过程中，不同的产品可能需要不同的作业，由此产生的成本就会有所差异。企业需要将作业之间的环境成本和其他成本进行权衡对比，选择成本最低的作业方案。

(三) 建立健全绩效评价指标体系

1. 绩效评价模式

环境成本管理绩效评价是指在进行成本核算时,企业不仅要核算传统意义上生产成本,而且要进行环境成本的核算,加强环境成本管理工作。由于企业的环境成本管理工作不同于一般的经营管理活动,其效益并不能以未来经济利益的流入为唯一标志,需要兼顾环境效益、资源效益与经济效益三者之间的关系,这就使得环境成本管理绩效评价有其独特之处。实现在投入环境成本的同时取得相应的环境效益、资源效益和经济效益是企业环境成本管理的目标。企业通过对经济效益、环境效益和资源效益这三者分层次设置相应的评价指标,采用模糊综合评价方法,可以得出企业环境成本管理绩效的最终评价结果。企业环境成本管理绩效评价模式如图 1.3 所示。

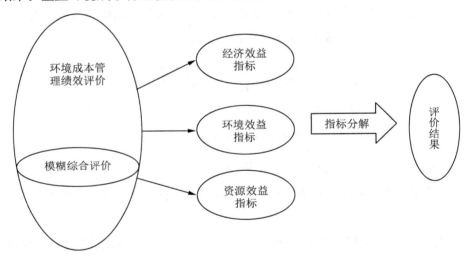

图 1.3　企业环境成本管理绩效评价模式

(1) 经济效益指标。

企业是以盈利为目的而从事生产经营活动的经济组织,在进行环境成本管理工作时,理所当然要考虑经济效益。经济效益评价指标通常包括经营效益指标、消耗效果指标、资金占用效果指标等。因此,可以选取环境投资报酬率、环境成本投入比率和环境成本损失率这三个指标来评价企业的经济效益。

(2) 环境效益指标。

企业开展环境成本管理工作的重要目标是提高企业的环境效益,在评价环境效益时要考虑企业对废物的处理情况和污染物排放比率是否降低。在发展生态经济的大趋势下，还需要考虑企业的减排能力和节能降耗情况。因此，可以选取节能降耗率、污染物排放率和固体废物处理率这三个指标来评价企业的环境效益。

（3）资源效益指标。

提高资源效益是企业环境成本管理要实现的又一个重要目标，追求资源效益就要节约使用资源和综合利用资源。通过实施环境成本管理，企业一方面能节约大量的资源和能源，另一方面通过对原材料等物质的综合利用，可以变废为宝，为企业创造价值。因此，可以选取用水节约、耗电节约、饲料节约和物资综合利用这四个指标来评价企业的资源效益。

2. 绩效评价指标体系

在生态农业环境下，企业要进行环境成本管理绩效评价，需要建立一套符合企业实际情况的指标体系，其范围包括企业经济效益、环境效益和资源效益。有关企业经济效益、环境效益和资源效益的指标有很多，本案例将选取各效益层面具有代表性的指标。具体的指标如图 1.4 所示。

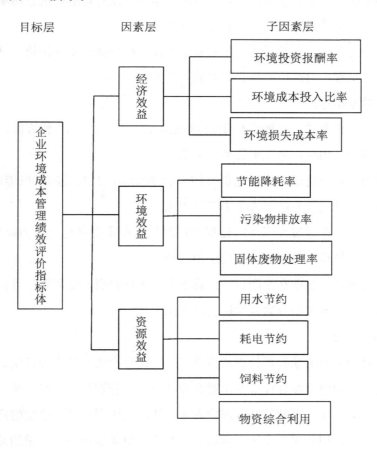

图 1.4　企业环境成本管理绩效评价模式

（1）经济效益指标。

①环境投资报酬率。它是企业环境投资所增加的年利润与环境投资总额的比值。这一指标反映了每一单位的环境成本投资所带来的企业年度利润或年均利润的增加数额。

②环境成本投入比率。它是企业环境成本与生产产品总成本的比值。对于企业的产品总成本而言，环境成本所占的比率越高，企业未来生产经营过程中出现潜在风险的可能性会越大。

③环境损失成本率。它是企业环境损失成本与环境成本的比值。这一指标反映了企业环境成本中承担损失部分的成本比率。

（2）环境效益指标。

①节能降耗率。即（原单位产品耗能耗材量－现单位相同产品耗能耗材量）/原单位产品耗能耗材量。节能降耗率是反映企业节约能源降低消耗程度的指标。

②污染物排放率。它是企业污染物排放量与生产产品总量的比值。污染物排放率指标反映的是企业单位产品排放污染和废弃物的数量。

③固体废物处理率。它是固体废物处置量与固体废物生产量的比值。这一指标反映了企业生产经营过程中对产生的废弃物的处置能力。

（3）资源效益指标。

①用水节约。企业通过各种管理手段加强用水管理，调整用水结构，改进用水方式，提高水资源的使用率，避免水资源的浪费。

②耗电节约。企业通过淘汰耗电量高的大功率设备，尤其是降低电能的间接损耗，采用节能设备、每日电量分配等方法来节约用电。

③饲料节约。企业通过生产生猪过程中饲料的定期定量供应，努力降低饲料消耗，利用智能监控、智能投放等方法来节约使用饲料。

④物资综合利用。企业在生产运营过程中为了不使物资资源闲置，寻找替代使用的办法，对原材料、机器设备等物资加以合理利用。

3. 绩效评价方法

企业环境管理领域的绩效评价方法主要有平衡记分卡法、层次分析法、模糊综合评价法等，本案例采用模糊综合评价方法对企业环境成本管理效果进行评价。模糊综合评价法是一种以模糊数学为基础的综合评价方法。该评价法把对某一事物的定性评价转化为相应的定量评价，即对受到多种因素影响和制约的对象做出一个定量的总体评价。它的特征是对评价对象的各个因素进行分析比较，以评价因素最优的为评价基准，若采用十分制，则其评价结果为十分，其余偏离评价基准的因素分别依据其与最优因素的差距，分析得出相应的评价值。它适用于解决各种存在不确定性的问题，能帮助人们较好地解决难以量化的、具有一定模糊性的问题。

对企业环境成本管理绩效开展评价工作，首先要有一个环境成本管理绩效评价的模式及其相应的指标体系，然后通过专家打分构建符合一致性条件的判断矩阵，之后对各个子因素进行评价，将子因素评价值与子因素权重之积进行累加得出评价结果。由于环境成本管理绩效的总体评价以及子因素的评价都是相对而言的，人们对受到各个因素影响的复杂事物很难给出精确的判断，而是给出具有一定模糊性的判断，因此可以选取模糊综合评价法来进行评价。先确定每项指标的评分标准，再将企业环境成本管理评价中各项指标与该指标评分标准中的要求逐一核对，得出该指标的最佳得分。在确定了指标评价得分 A_i 与指标权重系数 W_i 之后，将其值代入下列的矩阵计算方程即可得出各项指标的综合得分。

$$F = A \times R = (A_1, A_2, \cdots, A_n) \times \begin{bmatrix} W_1 \\ W_2 \\ \cdots\cdots \\ W_n \end{bmatrix}$$

首先分析子因素层，通过专家组评分得出因素层各指标的值，然后构造判断矩阵，计算出权重系数，两者所构成的矩阵相乘，即可计算得出企业环境成本管理最终的绩效评价结果。

【参考文献】

[1] 宾幕容，周发明. 生猪规模养殖环境成本控制研究 [M]. 北京：中国农业出版社，2017.

[2] 中国畜牧兽医年鉴编辑委员会. 中国畜牧兽医年鉴 2019 [M]. 北京：中国农业出版社，2019.

[3] 孟祥海，刘黎，周海川，等. 畜禽养殖污染防治个案分析 [J]. 农业现代化研究，2014，35（05）：562-567.

[4] 陈岩锋，谢喜平. 我国畜禽生态养殖现状与发展对策 [J]. 家畜生态学报，2008，29（05）：110-112.

[5] 陈萌萌，肖红波. 畜禽环保政策对生猪养殖规模化的影响 [J]. 中国畜牧杂志，2021，57（08）：275-278.

[6] 农业农村部市场预警专家委员会. 中国农业展望报告（2020—2029）[M]. 北京：中国农业科学技术出版社，2020.

    本案例资料来源于新五丰官方网站、相关新闻报道以及学术论文等。此外，本案例撰写团队还对新五丰进行了实地调研。在此感谢各位媒体工作者和新五丰各位领导为本案例提供的支持，同时，感谢参与案例撰写的成员，他们是申皓、叶馨宜、江霞、林敏菁、谢烨飞。特别感谢肖立新、张萌、孟祥海、宾幕容、陈岩锋、陈萌萌等，为案例撰写提供了线索与参考资料。

案例二

供应链内部审计能否为尖峰药业实现价值增值？

【案例背景】

2013 年中国内部审计协会修订的《中国内部审计准则》对内部审计定义的新定位，标志着我国的内部审计正式从传统的查错防弊型审计向增值型审计发展，内部审计逐渐将价值增值作为其重要目标。同时，医药企业价值链高技术、高风险、高收益的特征，使得在价值链理论视角下构建供应链审计增值框架，以解决由公司内部审计工作与价值链管理的不足与缺陷而造成的内部审计作用小、管理水平低、企业业绩增长慢等问题显得尤为重要。

【学习目的】

通过对本案例的学习，掌握增值型内部审计、供应链审计、流程优化的相关知识，理解增值型内部审计以及供应链审计的相关问题，了解价值链、作业链中供应商的选择以及销售渠道的优化问题。

【知识要点】

增值型内部审计；供应链审计；内部控制

【案例正文】

小豪是浙江某大学审计专业在读硕士研究生，2015年6月开始在浙江尖峰集团下属尖峰药业（600668）进行为期4个月的实习。导师要求先进入内部审计部门实习1个月，再进入采购、生产、研发、销售等各部门实习2个月，然后再回到内部审计部门1个月，以撰写内部审计管理建议报告作为实习成果呈报给导师与企业。在实习过程中，小豪以内部审计视角观察了由采购、生产、研发、销售等各环节构成的尖峰药业公司价值链活动，掌握了公司价值链内各环节之间的联系，以及公司与客户、供应商之间的价值链关系，并取得了为进一步分析各价值链环节的价值与成本信息。小豪在尖峰药业几个月的实习工作中，发现内部审计在企业中地位较低、目标不明、职能界限模糊，同时发现公司在供应链环节上存在一些问题。小豪认为，内部审计作为企业组织的一个职能部门，其管理活动目标是否可以增加"供应链审计"，以提高内部审计在组织中的地位，让内部审计活动成为一种让人看得见的价值增值活动，并拟以此撰写实习报告。

一、企业概括与行业比较

（一）企业概括

在实习前，小豪对尖峰集团进行了一个初步的了解。浙江尖峰集团股份有限公司是由金华市人民政府国有资产监督管理委员会实际控制的国家大型企业，公司以水泥起家，在60年的发展历程中，不断进行内涵提升和外延扩张，先后涉足了多个行业，现在逐步形成了以水泥和医药为主，健康产业、国际贸易、物流、电缆等业务为辅的结构，着力培养健康品业务板块，保持并完善互补型的相对多元化业务框架。公司自1993年上市以来，一直围绕"创新管理强执行，抓住机遇促发展"这一经营方针开展工作，取得了较好的经营业绩。2014年实现营业收入22.57亿元，同比增长4.91%，实现归属母公司所有者净利润2.83亿元，同比增长40.41%，截至2014年末公司总资产为37.62亿元，比年初增长17.38%，归属母公司所有者权益为20.61亿元，比年初增长18.64%。

浙江尖峰药业是尖峰集团下属全资子公司，历来注重科研平台的建设，尖峰药业及其子公司拥有二个院士专家工作站、三个博士后科研工作站，尖峰药业多条生产线已通过新版《药品生产质量管理规范》（简称GMP）认证并取得了《药品GMP证书》；金华医药、尖峰大药房总部及其门店都顺利通过新版《药品经营质量管理规范》（简称GSP）认证，并取得了《药品GSP证书》；DPT项目被列入金华市重大科技专项项目，其制备方法及用途获得了专利保护；醋氯芬酸缓释片项目获金华市科学技术奖二等奖。截至 2014 年底该公司总资产 95 436.34 万元，归属于母公司所有者净资产 28 429.61 万元，2014 年度实现营业收入 101 124.44 万元、营业利润 6 236.56 万元、归属于母公司所有者的净利润 5 096.38 万元。尖峰药业拥有天津尖峰天然药物研究开发公司一个研发公司，金华秋滨、金西两个制药厂和金华市医药公司、金华尖峰大药房连锁有限公司、浙江尖峰药业销售有限公司等四个销售公司。

除此之外，在实习的过程中小豪还根据实际情况，总结出了尖峰药业的价值链，如图 2.1 所示。

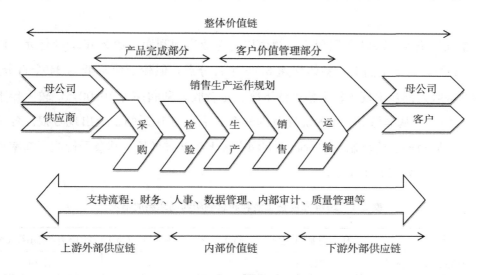

图 2.1　尖峰药业价值链

由上图可知，内部价值链是公司产品的完成部分，即从采购原料开始，通过检验、生产、销售、运输直至送到客户手中的过程。外部供应链又分为上游外部供应链和下游外部供应链。尖峰药业的下游外部供应链主要涉及销售部门对医药公司的管理工作和销售部门客户的服务工作。这条供应链不仅是一条连接供应商到客户的物料链、信息链、资金链，更是一条增值链，物料在供应链上因生产、销售、运输等过程而增加其价值，给公司带来收益。采购作为供应链上的一个重要节点，连接了内部和外部供应链，对保证尖峰药业价值链的顺畅运作意义重大。

（二）行业比较

小豪为了熟悉和了解尖峰药业所处的医药行业现状，查阅了相关报道。据中国财经网 2014 年 12 月 29 日报道，2014 年，全国医药行业产值增速预计为 13% 左右，低于以往 20% 以上的高速增长。从 2013 年下半年起，我国医药工业总产值增速持续放缓。2014 年，受医保控费、招标延缓、新版《药品经营质量管理规范》以及《药品生产质量管理规范》审批检查改造等影响，行业增速较往年明显下滑，业界认为，这一趋势仍将继续。中国产业信息网 2015 年 6 月一篇名为《2015 年中国医药行业发展趋势分析》的文章则总结道，过去十年，中国医药行业大致经历了 2004—2010 年依靠政策红利的高速增长期，以及 2011—2013 年政策变局加剧行业分化的多空交织期，直至 2014 年，随着医改进入深水区，行业政策出现了不同以往的变化，上市公司分化加剧，新业务新模式不断涌现，产业并购风起云涌，医药行业正式进入新常态——一个挑战与机遇并存的新时期。

根据统计快报，2014 年医药工业规模以上企业实现利润总额 2 460.69 亿元，同比增长 12.26%，高于全国工业整体增速 8.96 个百分点，但较上年降低 5.34 个百分点，与主营业务收入同步出现了较大幅度的下降；主营收入利润率为 10.02%，较上年下降 0.07 个百分点，基本稳定。纳入统计范围的企业中，约 10% 的企业出现亏损。各子行业中，化学原料药、化药制剂主营收入利润率较上年略有增长，其余子行业利润率均较上年有所下降，如表 2.1 所示。

表 2.1　2014 年医药工业利润总额和利润率完成情况

行业	利润总额（亿元）	同比（%）	利润率（%）	2013 年利润率（%）
化学药品原料药制造	311.82	12.32	7.35	7.29
化学药品制剂制造	733.92	16.07	11.64	11.24
中药饮片加工	105.25	8.36	7.04	7.52
中成药制造	597.93	9.29	10.30	10.66
生物药品制造	321.84	11.82	11.70	11.93
卫生材料及医药用品制造	152.39	10.51	9.17	9.58
制药机械制造	18.26	5.17	11.49	12.13
医疗仪器设备及器械制造	219.29	12.57	10.27	10.45
医药工业	2 460.69	12.26	10.02	10.09

数据来源：国家统计局。

随着新版 GMP、GSP 等管理办法的实施，行业门槛将显著提高，未来的竞争对手实力也将更强大，公司的医药工业和商业都面临着行业竞争加剧带来的风险。随着我国医疗卫生体制改革的不断深入，国家正在酝酿放开药品价格，药品价格面临着下降的风险。新药研发是一项周期长、投资大、风险高的工作。对新药研发项目决策分析不足、国家政策变化等都可能直接导致项目研发失败，对公司长期发展产生影响。在竞争愈发激烈的医药工业和商业市场上，虽然尖峰药业公司采取如抓紧金西生产基地的后续建设、GMP 认证工作，凭借技术创新和销售网络的优势等措施努力在市场上争取到了一定的行业地位和细分市场的份额，但是，尖峰药业与行业领导者之间不论是规模还是生产效率都存在着较大的差距，见表 2.2 尖峰药业与上海医药集团股份有限公司 2014 年医药产品收入与成本对比表。

表 2.2　尖峰药业与上海医药集团股份有限公司 2014 年医药产品收入与成本对比表

	医药工业（尖峰）	医药工业（上海医药）	医药商业（尖峰）	医药商业（上海医药）
营业收入（万元）	29 524.81	1 110 343.37	73 099.82	853 766 892.11
营业成本（万元）	13 462.97	563 508.15	68 583.78	796 535 158.93
毛利率（%）	54.4	49.25	6.18	6.70
营业收入比上年增减（%）	11.43	3.69	11.43	16.71
营业成本比上年增减（%）	6.63	3.3	11.64	17.34
毛利率比上年增减（%）	2.05	0.19	−0.18	−0.5

二、尖峰集团内部审计目标及其组织架构的变迁

（一）国家审计职能延伸背景下，成立监察审计室（1993—2002 年）

1985 年国务院发布第一个关于内部审计的法规《国务院关于审计工作的暂行规定》，其后，审计署颁布《审计署关于内部审计工作的若干规定》（1985）和《审计署关于内部审计工作的规定》（1989），明确指出国务院和县级以上地方各级人民政府各部门、大中型企事业组织，应当建立内部审计监督制度，使内部审计有了较快的发展。在接下来很长的一段时间内，内部审计的定位是国家审计监督的基础，是国家审计职能的延伸。

随着尖峰集团上市的成功以及业务的拓宽与发展，管理层次和经营业务日趋复杂化、多元化，面对经济环境和经营条件的变化，国资委以及企业最高管理者已无法像过去那样对经营管理状况进行经常性的直接监督检查，不得不依靠各级管理人员所做的口头报告或是呈送的各种信息资料，这些间接获得的信息是否真实可靠，企业既定的方针政策和决策指示是否有效地贯彻执行，各级管理部门和生产经营单位的财务状况和经营

成果究竟如何，国家和企业财产是否安全完整，国资委和管理者对诸如此类的问题显示出极大的疑虑和关注。由于雇用外部审计人员不能像他们期望的那样对企业的经营管理和财务状况做出经常性的分析检查，且费用较高。于是尖峰集团借政府政策的推动以及上市的时机，在上市前就逐步设立内部审计机构（监察审计室），采用最初的巡回审计形式，以揭示在会计记录中可能存在的错误，核实分公司财务状况和经营成果的真实性。此时，尖峰集团的内部审计机构（监察审计室）并不是独立存在的，而是设在财务部，目标也仅仅在于查错防弊，保护企业及国有资产的安全。

（二）规范发展，从财务部门独立成立审计部门（2003—2009 年）

虽然，从 1994 年新中国第一部《审计法》颁布开始到 1995 年审计署首次修订的《审计署关于内部审计工作的规定》，再到 1998 年我国引入国际注册内部审计师考试，这一时期内部审计环境逐步完善，内部审计作为国家审计辅助力量的职能在退化，但是，包括尖峰集团在内的众多国家控股的企业中的内部审计仍未能真正从国家审计附属中脱离出来。直至 2003 年修订的《审计署关于内部审计工作的规定》和《内部审计基本准则》的出台，明确提出内部审计的职能是"监督和评价"，内部审计机构的领域拓宽到任何组织，标志着内部审计真正从国家审计附属中脱离出来。加上 2001 年美国安然事件的爆发以及集团控制跨度加大的问题更为突出，总公司深感由此带来的如何保护企业资产、增强内部会计控制问题的严重性，尖峰集团因此加快了内部审计制度的优化以及职能机构的改革，更为重要的是思考如何对子公司实行有效的管理控制。

在此阶段，审计目标逐步由查错防弊转向了评价和检查企业的内部控制。内部审计范围由企业的会计记录、财务报表扩大到整个企业内部控制系统，内部审计的功能除了传统的验证核实以外，还增加了合规性检查、评价两大功能。内部审计师通过对企业内部会计控制和内部管理控制进行经常性的监督与检查，发现其中的薄弱环节，并提出改进的措施，这为管理部门改善企业经营管理提供了一种间接的服务。同时，尖峰集团对内部审计部门的组织模式进行了改进，见图 2.2。

总经理领导下的组织模式使内部审计更接近经营管理层，能直接为日常经营决策服务，随时可以发挥内部审计作为一个管理过程的作用，在公司内部控制体系中更好地发挥监督、评价、咨询、控制功能，这种模式下内部审计的重点是经营审计，以及限于总经理对董事会财务责任的审计。这种模式有利于实现内部审计以提高经营管理水平，从而为企业争得最大利润，提高经济效益，同时，也保持了审计的独立性和较高的组织地

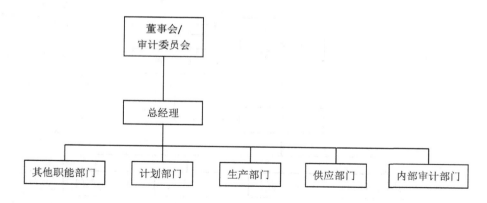

图2.2　尖峰集团总经理领导下的内部审计组织模式

位。然而，总经理领导下的组织模式履行职责有其局限性，主要表现在实行下审一级的管理体制，难以对公司总部财务和总经理的受托管理责任进行独立的监督和评价，难以对经理层的违法乱纪和滥用职权进行监控。

（三）勇攀高峰，成立业绩管理部门下设内部审计部门（2010年至今）

企业的最高管理部门对如何合理地利用企业资源、提高经营效率、及时发现管理部门在经营方针和策略等方面出现的问题都更加关心，他们希望内部审计师不仅能经常不断地检查企业的内部控制系统，保证企业的方针政策能在各职能部门得到贯彻执行，而且能对企业的整个业务经营活动进行全面的检查与评价。同时还要对包括总经理在内的企业管理部门的工作成绩进行全面的审查、分析和评价。这样，内部审计人员需要经常地直接对企业的经营活动以及相应的管理部门的工作进行监督和检查，作出评价，提出解决的办法和改进的措施。

尖峰集团最新版《内部审计管理制度》中将内部审计定义为公司内部的一种独立客观的监督、评价和咨询活动，通过对经营活动及内部控制的适当性、合法性和有效性进行审查评价和提出建议，促进公司运行的效率和效果的改善，帮助达成公司发展目标，实现公司健康发展。根据制度规定，尖峰集团应该设立审计室，在董事会设立的审计委员会的直接领导下独立开展内部审计工作，并向董事会及审计委员会、监事会和高级管理层提交内部审计工作报告，汇报工作开展情况及审计中的重要问题，见图2.3。

从内部审计机构设置的原则上看，这种模式比较科学、有效，其理由可归纳为以下方面：一方面，内部审计的独立性和权威性较高。董事会是企业的主要领导机构，故在其领导下的内部审计机构能够较好地体现它的相对独立性和权威性，从而为内部审计工

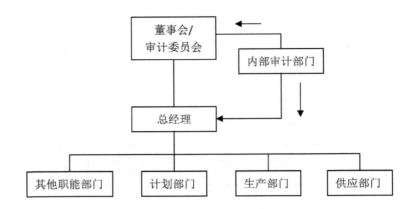

图 2.3　尖峰集团制度设定的董事会领导下的内部审计组织模式

作的顺利开展奠定良好的基础；另一方面，有利于保证在现代企业制度下内部审计功能的发挥。传统的审计理论多强调和偏重于内部审计的监督功能，忽视了内部审计的评价和咨询功能。从西方现代内部审计工作的发展来看，其重心已转移到评价和咨询功能的发挥，这同样也是我国内部审计的发展趋势。在这种组织模式下，内部审计机构的审计业务，主要发挥监督职能；而其作为行政机构时，则承担评价、服务等职能，以更好地实现内部审计促进"改善经营管理、提高经济效益"作用的发挥。但是这种组织模式只满足了公司治理中相关要素一方的需求，未满足管理层的直接需求。小豪在尖峰集团官方网站看到的公司组织结构见图 2.4。

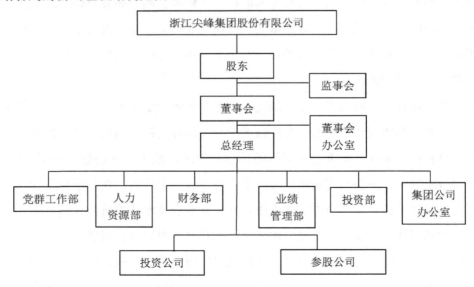

图 2.4　尖峰集团现行组织框架图

我们从这一组织机构图中并没有看到内部审计部门，根据尖峰集团的财务总监介绍，集团的内部审计部门设在业绩管理部门，主要为管理者服务，同时也适时对董事会负责。这种被称为双重领导的组织模式符合内部审计履行报告责任的需求，与公司治理相关要素更加紧密，能够一定程度上解决内部审计存在的问题。但是，制度与现状的不同反映了集团相关建设的滞后。同时，虽然此时集团内部审计更注重企业经济效益的评价和检查，协助本企业各部门的工作人员有效地履行各自的职责，内部审计的功能由保护性向建设性发展，但是实际执行过程中，集团仍以专项审计、流程合规审计为中心，未将价值增值作为内部审计目标，这是尖峰内部审计建设的一大缺陷。

三、引入价值增值目标构建企业供应链审计增值框架

2014 年新版 GSP 在实施认证过程当中，一大批经营管理水平较低的医药企业纷纷倒闭，正是行业风险的不断升级，加大了医药企业对抵抗外界风险的能力要求。而医药企业的价值链往往具有鲜明的高技术、高风险、高收益特征。同时，2013 年中国内部审计协会修订的《中国内部审计准则》对内部审计定义的新定位标志着我国的内部审计正式从传统的查错防弊型审计向增值型审计发展，内部审计逐渐将价值增值作为其重要目标。因此，小豪认为，医药集团公司的增值型内部审计必须明确企业具体活动中每项活动所具有的价值和潜在风险，并且公司的价值增值不仅要关注单个环节，也要关注价值链的整体情况，更要关注供应链的优化。

小豪在四个月的实习生活即将结束的时候，探索性、创造性地提出内部审计增值的"价值链观"并将其运用到尖峰药业中，并提出构建一个以内部审计流程、内部审计对象以及内部审计增值方式三个维度为基础的尖峰药业公司内部审计增值框架，以达到增加组织价值的目标。

（一）完善内部审计流程

增值型内部审计必须坚持"以风险导向为基础"的审计模式并按照系统化、规范化的方法实施审计过程，其具体流程按照"了解企业目标、熟悉风险管理环境、确定风险事项、风险评估，根据初步风险评估的高低确定审计对象并制定年度审计计划、根据进一步的风险评估制定项目计划，审核确定风险管理对象、风险沟通、后续审计"思路来开展。

(二) 拓展审计对象与范围

供应链内部审计应该将组织的一系列价值创造、价值增值活动和相应的业务流程作为主要的审计对象，通过内部审计的确认和咨询功能参与构建、优化组织的价值链，改进增值作业的效率，提高关键流程的管控水平，以实现企业的价值增值。在开展此审计的过程中，审计的内容应围绕企业供应链控制环境、供应链风险评估、供应链控制活动、供应链监督、供应链信息与沟通等五个要素开展，审计的业务活动要涵盖各个环节，并且注重采购和供应业务以及销售和物流配送等企业供应链的主要环节。

(三) 确定内部审计参与构建价值链的价值增值方式

内部审计可以通过帮助企业把握可能的机会以增加效益、减少支出或避免可能的损失的方式来增加公司的价值，也可以通过提高审计的效率降低审计成本以节约公司支出帮助企业增加价值。内部审计帮助企业增加价值的方式可以分为直接增加价值和间接增加价值。直接增加价值就是内部审计可以通过促进增收节支创造直接的有形价值；间接增加价值就是通过促进规范管理、完善制度、堵住漏洞，帮助企业改善组织的运营和完善公司的治理来间接地增强公司的控制力和执行力，最终提高经济效益，实现企业价值和股东财富的最大化。由图2.5可以看出，内部审计对企业流程的优化属于增加价值的范畴，参与构建价值链是一种直接的价值增值方式。

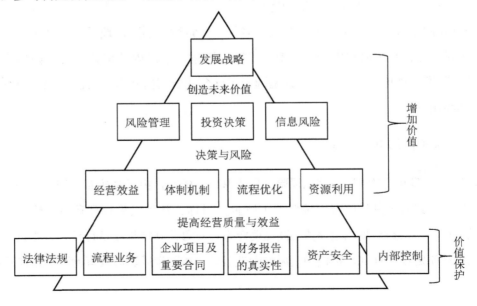

图 2.5 企业价值模型

四、尖峰药业供应链审计后优化方案

价值链内部审计与传统的内部审计的最大区别在于，传统的内部审计只关注问题的查找以及处理或者说处罚，而很少分析问题产生的原因，也很少提出有效的预防措施、整改建议等。而价值链内部审计不但要关注"问题是什么"，了解企业的经济运行状况，还要清楚"问题原因何在"，即分析产生这种问题的原因，最终回答"如何解决问题"，即根据问题的提出与分析，提出规范企业经营管理、增加企业价值、促进企业发展的有效建议。在注重审计监督的同时，更加重视审计工作的服务功能，做到审计监督与服务功能的完美结合，将审计目标与企业经营管理目标统一起来。

提出一个整体的增值框架以后，根据价值链分析结果，小豪针对所发现的采购与销售供应链上的问题及时进行取证，与有关人员进行充分的交流和沟通，全面掌握企业总体状况，并结合行业领导者的先进管理经验，有针对性地提出有效的可操作的审计意见和增值建议，认为应该从加强供应商的管理与合作并优化采购流程、优化销售渠道两大方面实现通过供应链审计促进管理水平提高和实现企业价值增值的目标。

（一）加强供应商的管理与合作并优化采购流程

小豪在秋滨制药厂实习时发现，一直以来，尖峰药业始终重视的是以自身的技术优势去进行销售市场的开拓，采购工作一直被认为是辅助性的工作，附属于生产、销售、财务等工作流程。采购目的仅仅是为了配合生产，没有充分意识到采购对公司产品质量提高和原料药生产价格影响的意义。反映出来的问题主要在以下两方面：缺乏系统和全局的观念，没有意识到建立与供应商的合作伙伴关系对发挥公司竞争优势的促进作用；缺乏对公司内部流程工作的有效管理。针对公司采购管理中存在的问题，提出以下两个策略来加强采购管理，通过这两个策略的实施，希望改善尖峰药业参与市场竞争的劣势，规避外部环境带来的威胁，进而提升竞争力并增加企业价值。

一是加强供应商的管理与合作策略。为了适应快速多变的市场需求，供应链上的各个企业越来越强调自身的核心能力，对非核心生产资源则通过供应链从供应商处获取。对此，尖峰药业的传统做法是倾向于一种原料来自多个供应商，感觉这样能形成供应商之间的相互竞争压价从而获得较低的采购价格，还能防止由于独家供应导致供应中断风险。而运用供应链管理的思想则是减少供应商的数量，并与优秀的供应商建立互信、互利、互助的长期稳定合作伙伴关系。

二是采购流程优化策略。华东公司传统采购流程是一项复杂的活动,它包括从企业生产、销售计划到制定物料清单、提出采购申请、供应商选择、发送并确认采购订单、验收入库、支付货款等环节,除了专门的采购部门以外,还需要其他部门的介入与配合,这些部门不仅包括企业内部的生产车间、技术质量部、质检科、财务部、仓库等,还包括企业外部的供应商。在这个过程中,不同阶段的任务要由来自不同部门的人员完成,有了这些人员的积极配合才能保证采购流程的顺利完成。不仅如此,在传统采购流程下,华东公司在采购时还需要在多个供应商之间进行来回的价格谈判,最后以价格为最重要的考虑因素,选择价格最低的供应商签订合同。订单确认后,采购方等待供应商交货、验收货物并付款。如果订单更改,等待采购员的将是又一轮的讨价还价。如果产品发生质量问题,将通知供应商调换、退货或索赔,手续十分烦琐,见图 2.6。

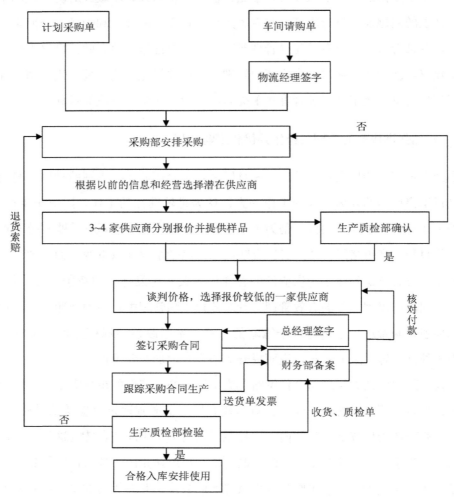

图 2.6 尖峰药业的传统采购流程

　　面对迅速变化且难于预测的客户需求，我们发现尖峰药业对客户需求的响应越来越迟缓和被动。虽然传统采购过程在控制上是严密的，但由于分工过细，环节太多，导致采购总成本高居不下，流程信息沟通传递上存在困难。其弊端主要表现为：采购审批环节多导致采购低效；各部门的本位主义与信息流动的低效使内耗增加，内部组织成本上升；过多的采购环节延长了采购周期，降低了公司整体的运作效率和响应客户需求的能力；与供应商松散的供需关系，导致原料采购的质量控制难度大。因此，根据发现的上述问题，以行业领导企业的采购流程作为参考，小豪尝试为尖峰药业构建一条优化采购流程，见图 2.7。

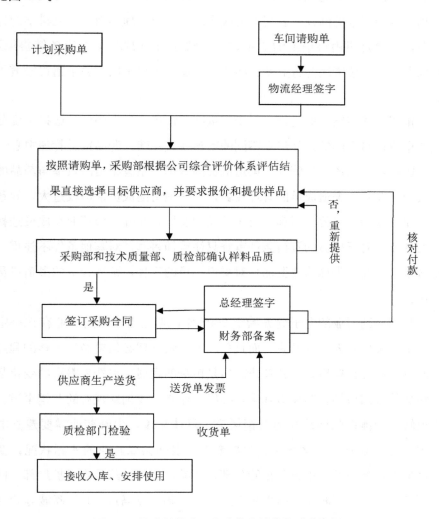

图 2.7　供应链模式下尖峰药业的优化采购流程

（二）优化销售渠道

结束工厂实习后的一个月里，小豪在尖峰药业的下属销售公司担任会计助理。慢慢地，小豪逐渐掌握了尖峰药业的两种主要销售模式：一是直销渠道，即通过连锁药店销售的方式将公司的医药产品直接销售给市场上的消费者；二是分销渠道，又分为中间商买断区域经销权和经销制渠道模式。随着对销售模式的深入了解，小豪也逐渐发现尖峰药业在销售渠道上存在一系列的问题，如：一些代理商或者经销商，经常也代理其他的药品，有的片区经理为了完成规定的销售任务，采取下设渠道结构的方式，导致公司的渠道通路出现结构混乱的问题；公司渠道成员的选择与管理不当，缺乏科学的标准；渠道层级过多，导致公司销售渠道的成本过高；缺乏医药 B2C 电子商务销售渠道模式。针对这些问题，小豪参考医药行业龙头的销售渠道，提出了以下关于销售渠道优化的几点建议。

第一，销售通路与结构的优化。对于产量高、市场容量大的药品选择深度分销营销与扁平化的渠道；对不同的药品建立不同的渠道模式；建立药品渠道管理中心。

第二，医药销售渠道成员管理。渠道成员的管理关系着渠道的效率与药品的销售情况，目前尖峰药业对于渠道成员的管理较弱，一些渠道的成员话语权过大，导致尖峰药业处于一个比较被动的局势，不利于公司的长期发展，此外尖峰药业在成员选择上存在过于草率的现象，对于成员的资格条件审查只注重销售额，对其他条件不注重，导致渠道管理不科学。因此，尖峰药业要加强对渠道成员的管理，选择合适的渠道成员并做好激励与评价。

第三，我国医药行业的电子商务始于 2005 年，但是由于医药行业存在一定的特殊性，如药品本身关系着人体的健康，而且药品的质量管理必须要经过严格的程序，导致我国的医药电子商务营销模式受到禁止。但是市场的发展、消费者需求的变化都要求尖峰药业要转变传统的市场营销渠道观念，尖峰药业必须要创新现有的营销渠道，从实体的营销渠道转变到虚拟的网络化的营销渠道。具体来说，尖峰药业需要建立电商事业部，负责尖峰药业电子商务业务的运营与推广。根据尖峰药业的实际状况，新设置的 B2C 电子商务事业部包括：渠道开拓管理部、药品规划部、药品市场扩展部、网站运营维护部、客户服务部。同时应该与京东好药师、天猫、亚马逊、1 号商城等知名电商合作开发电子商务渠道。

五、供应链内部审计能否为尖峰药业实现价值增值？

浙江尖峰集团股份有限公司以水泥起家，在 50 年的发展历程中，不断进行内涵提升和外延扩张，先后涉足了多个行业，现在逐步形成了以水泥和医药为主导，以通信、商贸等为补充的多元经营格局。虽然，小豪在尖峰药业的几个多月的实习工作中，发现内部审计在企业中地位较低、目标不明、职能界限模糊，同时发现公司在供应链环节上存在一些问题。但是小豪认为供应链内部审计能够为尖峰药业实现价值增值。

【讨论题】

1. 国内外内部审计目标经历了一个怎样的发展？

2. 内部审计价值增值目标的实现途径有哪些？

3. 试述内部审计与内部控制、预算管理、企业监督的组织边界。

4. 试讨论尖峰集团可以从哪些方面来实现内部审计自身的价值增值。

5. 基于本案例，你能得出有关增值型供应链的哪些启示？

6. 2018 年《审计署关于内部审计工作的规定》中对于国有企业新增了建立总审计师制度这一内容，这对尖峰集团供应链内部审计管理层面治理结构有何影响？

【案例说明书】

1. 国内外内部审计目标经历了一个怎样的发展？

（1）西方国家内部审计大体经历了 3 个发展阶段。

第一阶段：20 世纪 20—40 年代的财务审计阶段。

随着现代企业规模日益壮大，经营管理跨度增大，经营地点日益分散，一年一度的外部审计已无法满足企业管理者的需要，迫切需要不从事经营管理活动的专职内部审计人员进行审查和评价，从而促使现代企业内部审计的迅速发展。这一阶段内部审计的内容主要是进行财务审计，审计目标是查错防弊。

第二阶段：20 世纪 50 年代—20 世纪末的经营审计和管理审计形成和发展时期。

随着现代经济和科学技术的迅速发展，市场需求发生了巨大的变化，促使企业竞争日益加剧，为了提高企业的市场应变和竞争能力，必须强化内部经济管理和内部控制，这就迫使内部审计的内容在传统的财务审计的基础上，不断地向以审查和评价企业经营管理活动为重点的经营审计和管理审计拓展，其审计范围已拓展到内部控制、职能部门分工、企业素质、经营管理决策、资源利用效果、计划方案等各个方面，并针对其经济性、效率性和效果性提出建设性的审计评价和建议。

第三阶段：21世纪至今的战略审计阶段。

如今，国际内部审计的发展正实现着"两个转变"：一是内部审计正由管理保障（即管理会计）向风险保障转变；二是由被动审查向主动提出解决问题的方向转变，这两个转变使内部审计作用更具前瞻性、建设性。

（2）我国内部审计发展的历程。

第一阶段：1983—1993年，内部审计初步建立阶段。

1983年，国务院批准了审计署《关于开展审计工作几个问题的请示》，首次提到了内部审计监督问题；1985年，国务院颁布《国务院关于审计工作的暂行规定》，其中第十条明确规定"国务院和县级以上地方各级人民政府各部门，应当建立内部审计监督制度，根据审计业务需要，分别设立审计机构或审计人员"；1987年7月，国务院转发了审计署《关于加强内部审计工作的报告》；1988年国务院颁布了《中华人民共和国审计条例》，其中第六章对内部审计作了较全面的规定；1989年审计署发布了《审计署关于内部审计工作的规定》，这是我国第一部关于内部审计的部门规章。这一阶段，通过行政法规确立了内部审计的基本制度，促使我国内部审计走上了依法审计的轨道。

第二阶段：1994—2002年，内部审计立法进一步完善阶段。

1994年8月颁布了《中华人民共和国审计法》，其中第二十九条明确规定："国务院各部门和地方人民政府各部门、国有的金融机构和企业事业组织，应当按照国家有关规定建立健全内部审计制度。"从而在法律上确立了内部审计制度，同时也为进一步完善内部审计工作提供了法律依据。1995年7月审计署首次修订了《审计署关于内部审计工作的规定》，促进了内部审计的发展。为了适应我国加入WTO的新形势和内部审计发展的需要，1998年经审计署批准，中国内部审计学会更名为中国内部审计协会，使其成为对行政机关、企业、事业单位和其他组织的内部机构进行行业自律管理的全国性社会团体组织。2001年中国内部审计协会开始实行国际上通行的行业自律管理，推动我国内部审计逐步走向职业化。

第三阶段：2003年至今，内部审计法规体系全面建立健全阶段。

2003年3月审计署颁布了《内部审计基本准则》，标志着我国内部审计走上法制化、规范化的轨道。审计署党委书记、审计长胡泽君在2018年1月12日审议通过并签署了《中华人民共和国审计署令第11号》，与此同时，还颁布了修订的《审计署关于内部审计工作的规定》，在 2003 年的基础上增加了内部控制与风险管理的内容。

2. 内部审计价值增值目标的实现途径有哪些？

（1）内部审计部门要参与公司治理，评价并改进企业的治理程序。

内部审计是公司治理结构的重要组成部分，公司治理结构是企业内部审计的对象，二者是密切相关的。内部审计人员参与公司治理实际是指内部审计人员按照一定的审计程序，对企业的经营目标、决策程序、投资过程和投资结果等进行评价。目的在于说明公司治理的过程是否科学、有效，公司治理的结果是否尽如人意，还存在哪些需要改进的地方等，以推动企业依法经营管理，帮助企业尽可能多地获得投资收益，帮助企业完成各项治理目标，从而实现价值增值。

（2）有效评价并促进企业改善内部控制。

企业的内部控制制度建立在一定的控制环境中，其目标是合理地确保企业经营的效率、财务报告的可靠性。这就要求内部审计人员对企业现有内部控制的健全有效性进行不断地评价，以发现其中存在的问题并及时加以改进和完善，使其趋于健全、有效。其普遍的方法是内部审计人员与被评价单位管理人员组成一个小组，管理人员在内部审计人员的帮助下，对本部门内部控制的恰当性和有效性进行评价，然后根据评价和集体讨论来提出改进建议并出具报告，由管理者实施。国际上新兴的一种审计方法（CSA）是由加拿大的海湾资源公司研究并完善推广的内部控制自我评价系统，目前在美国、加拿大等西方国家普遍应用。2005 年，宝钢集团公司尝试了该内部控制自我评价方法，实施主体是设备工程事业部下的三个业务单元（物资贸易部、备件贸易部和设备工程贸易部）。

（3）评价并改进企业的风险管理过程。

在激烈的市场环境中，现代企业面临的风险无处不在，存在于生产经营管理的各个环节，因此，对于任何企业来说，风险管理都是其经营过程中的核心内容。企业想获得的收益越高，所承担的风险就越大，对风险管理的要求就越高。风险管理是企业管理层及相关人员的一项主要职责，应当通过建立完善的风险管理体系及风险管理程序来管理企业的风险。内部审计人员主要是通过对企业事前、事中、事后的风险审查，从而全过程控制和管理企业风险，帮助企业规避可能出现的风险和减少损失，为企业增加价值。

（4）不断创新审计手段、加大非现场审计力度，降低审计成本。

内部审计应贯彻成本效益原则，使其工作成本小于其为企业带来的效益。同时，内部审计还应遵循效率原则，而提高内部审计效率和效益的有效方法就是不断创新审计手段，加大非现场审计力度。随着我国企业改革的不断深入、信息技术的高速发展以及经营活动中不确定因素的不断增加，非现场审计工作已越来越引起内部审计部门的高度重视。目前大多数企业存在内审人员数量与企业规模、业务量的非对称性矛盾、扁平化管理以及风险防范的内在要求等诸多因素，客观上要求企业内审部门加大非现场审计力度。同时，电子化建设的飞速发展为非现场审计工作在技术上的突破与创新提供了新的平台。当前，非现场审计工作可以按照以下步骤来展开：①落实专人，明确职责，为非现场审计进行组织准备；②创新手段，设计开发审计软件，实现审计手段电子化；③为非现场审计进行资料上的准备；④利用审计软件，依据预定的程序和方法来分析、评价和检测企业的经营状况、风险管理和控制现状及其发展趋势；⑤随机抽取非现场审计样本进行现场复核，以评估其准确性；⑥向相关权力机构、管理层报告非现场审计结果，提出审计整改和处理意见。非现场审计工作的广泛开展，必然带来审计工作效率的提高和审计成本的大幅缩减，从而实现内部审计的增值目标。

3. 试述内部审计与内部控制、预算管理、企业监督的组织边界。

内部审计与内部控制：

（1）目标不同。内部控制是建立相互制约的管理关系，目的是改善经营管理；内部审计是对各种业务进行评价，判断是否合规。

（2）手段不同。内部控制手段主要有环境控制、风险评估、活动控制、信息与沟通、监督等；内部审计主要手段是查证、函证、抽样、座谈、调查等。

（3）关注点不同。内部控制的关注点是管理流程、制度和岗位约束、制度的有效性、关键岗位等；内部审计的关注点是各项指标完成情况、异常财务现象、财务规范性等。

（4）对象不同。内部控制的对象是整个企业的各个环节；内部审计是相关环节和财务相关信息。

内部审计与预算管理：

全面预算管理的本质是一种权力控制管理，预算本身不是目的，而是为了"控制"，将企业资源加以整合优化，使资源消耗最小，资源利用效率最高，企业价值最大化。内部审计是一种独立、客观的确认和咨询活动，目的在于为机构增加价值并提高机构的运作效率，它采取系统化、规范化的方法对风险管理、内部控制及治理程序进行评估和改善，从而帮助机构实现其目标。可见，全面预算管理与内部审计作为企业内部管理控制的手段，统一于企业价值最大化的目标。二者的整合——全面预算管理审计的实施，必将有利于更好地监督和评价全面预算管理行为。

内部审计与企业监督：

内部审计是企业监督的工具之一，能够从财务的角度对企业的状况进行评估，提出改进意见。

4. 试讨论尖峰集团可以从哪些方面来实现内部审计自身的价值增值。

（1）关注企业经营业绩，提高经济效益。

对于关注企业经营业绩、提高经济效益，内部审计可从经营管理审计、经济效益审计入手，以提升被审计单位的经营管理水平、提高经济效益，从而为企业增值。

经营管理审计是以计划、组织、决策和控制等管理职能为对象进行审计，对各种经营管理职能的健全性和有效性进行评估，以及考查管理水平的高低、管理素质的优劣以及管理活动的经济性和效率性，并针对管理中存在的问题提出改进建议和意见。经营管理审计的主要特点包括：以提高经营管理绩效为目标，既注重对现有绩效的评价，更注重为提高企业经营管理水平提出切实可行的建设性意见。

经济效益审计重点关注企业在一定时期内经济活动的真实有效性，评价被审计单位经济效益的高低，分析经济效益不好的原因，提出改进措施与建议，以促进改善经营管理，增收节支，提高经济效益。

（2）控制投资支出，防范企业风险。

企业为了发展壮大，会不断进行投资以扩大再生产，在信息化程度高而且市场竞争激烈的情况下，企业面临的风险也越来越大。内部审计为了控制好投资，防范企业风险，应积极开展投资审计和风险管理审计，以把好投资使用关，防范控制企业风险。

投资审计应从两方面来开展，首先是投资决策是否可行、科学，是否符合国家产业发展政策，是否对企业发展有利，是否能为企业创造价值。如不符合国家产业政策，投资后会形成亏损，审计经过评估后就要提出不应投资的建议，从源头上控制住投资。其次，对可行性报告进行论证后，要对建设的项目进行招投标、合同、项目施工、预结（决）算等全过程跟踪审计，层层把好投资使用关，防止虚假不实和高估冒算，以减少投资支出。

风险管理就是通过风险预警、识别、评估、分析、报告和规避等，控制和降低风险，防止风险转化为损失。风险管理审计则通过了解组织的各项业务及流程，评价企业的风险管理体系设计是否健全、合理，运行是否正常、有效，找出企业风险管理体系的薄弱环节，指出其控制缺陷，并提出改进建议，提出风险管理的控制措施，帮助企业改进风险管理与内部控制体系，规避经营过程中可能出现的风险损失，从而为企业增加价值。从防范企业内外风险角度来看，企业风险主要包括信息风险、税务风险、投资风险、安全事故风险、环保风险等。如安全事故风险的防范，企业可以对资产的安全性进行审计，通过对自有资产的安全隐患检查、出租资产的安全责任界定以及隐患排查，以及承租资产的安全检查，彻底评估安全隐患程度并及时采取整改措施降低风险。

（3）提升企业发展质量，护航战略决策。

在为企业提高经济效益、防范经营风险后，内部审计应向评审企业发展质量和发展战略的方向发展，主要是通过主题审计、公司战略审计等为企业的有效发展和未来可持续发展发挥作用。

主题审计就是在对企业进行深入调研的基础上，通过大量的信息，对企业进行诊断，并与同类企业进行对比分析，找出企业的发展优势和短板，评价企业的发展质量，形成综合性报告，为企业管理决策层提出增值建议，促进企业的健康、有效的发展。

战略审计是关注企业发展方向的审计，以被审计企业的战略管理活动为对象，在分析企业外部环境和内部条件的基础上，通过搜集、整理和分析相关的证据，全面、系统地评价企业的经营思想和经营方针，就公司的规划、目标提出建议。内部审计发展到高级阶段就是对公司战略产生影响，对战略的监督能够帮助管理层减少战略决策的不确定性和失误、缩小战略执行过程中的偏差、降低经营风险并提升经济效益。

总之，从内部审计金字塔模型可以看出，审计可以通过往金字塔尖的发展而转型，从价值保护、提高经营业绩、关注风险到战略发展一步步为企业创造更高的价值。

5. 基于本案例，你能得出有关增值型供应链的哪些启示？

增值型供应链审计是随着供应链管理理论的不断发展和供应链实践的不断深入而逐步发展变化的。基于上述增值型供应链审计的案例，我们可以得出如下启示。

（1）基于价值链视角的增值型供应链审计主要是在风险分析与评估的基础上，开展风险管理和绩效评价。重点内容在于风险识别、风险评估和风险管理控制。供应链审计不仅强调监督，更关注评价和控制，强调审计的增值性。在执行以增值评价为重点的供应链审计时应检查企业与供应链相关的经济活动和其他管理活动的合理性，发现供应链业务中的非增值性活动，并提出改进意见，提出有效的建议以确保相关流程的有效性，确保企业业务活动的效率和效益。

（2）基于价值链视角的增值型供应链审计使得非财务指标和财务指标一样重要，关注供应链的长期发展和短期效益的有效组合，注重指标之间的平衡。供应链是从供应商的供应商到客户的客户,甚至包含竞争对手在内的复杂网络,是一个开放的、边界模糊的复杂系统。在进行基于价值链视角的增值型供应链审计项目时,要遵循关键性、实用性、全局性、动态性、针对性、系统性、科学性以及发展性等原则。

(3)基于价值链视角的增值型供应链审计应该能够恰当地反映供应链整体运营状况以及上下节点企业之间的运营关系,而不是孤立地评价某一供应商的运营情况,把评价的对象扩大到供应链上的相关企业,以保证企业在内外绩效评价上达到一致。

(4)基于增值绩效评价为重点的供应链审计注重组织的未来发展性,加强绩效管理的前馈性。

(5)以增值绩效评价为目的的供应链审计范围大,难度高,对审计人员要求较高,需要内部审计人员熟悉业务、了解行业情况、掌握多方面的审计方法和技术。因此审计人员要加强自身的学习,不断更新知识,提升专业素质,此外也要不断学习新的审计方法和技术,结合被审计单位情况开展经济效益审计。

6. 2018年《审计署关于内部审计工作的规定》中对于国有企业新增了建立总审计师制度这一内容,这对尖峰集团供应链内部审计管理层面治理结构有何影响?

《审计署关于内部审计工作的规定》第二章第六条规定:国有企业应当按照有关规定建立总审计师制度。总审计师协助党组织、董事会(或者主要负责人)管理内部审计工作。同时明确下属单位、分支机构较多或者实行系统垂直管理的单位的内部审计机构对全系统内部审计工作负有指导和监督职责。

在2018年《审计署关于内部审计工作的规定》未颁布前,由于缺少设置总审计师的政策依据,尖峰药业作为国有企业一直沿用"一总三长"的传统管理层治理结构,审计机构负责人不能进入领导班子,造成审计无法参与企业管理层重大决策的研究和决定。审计无法发挥事前监督和事中介入的作用,自然也就无法参与、渗透、深入到企业生产、经营的全过程之中,影响供应链审计的广度和深度。我国建立总审计师制度对健全公司治理结构从而推进国有企业内审制度的发展起着关键作用。

内部审计增值目标的实现离不开其在一个单位组织架构中的权力制衡功能,总审计师制度的实施,将内部审计作用研究由具体业务流程层面转向企业治理层面,这不但会扩大内部审计作用范围和提升权威性,更有利于完善支撑内部审计治理体系。总审计师制度的建立可以加强企业的内部控制,内部审计工作的有效运行在改善经营管理、完善公司治理中起着十分重要的作用。

尖峰药业设计总审计师的职责大致包括以下几个方面:

（1）参与公司指标制定与绩效考核，参加"三重一大"的评审，参与内部控制的制度建立及执行评估，参与经营风险评估。

（2）组织建立和完善内部审计监督体系、审计制度，组织制定审计工作中长期战略发展规划。

（3）督促、指导内部审计机构加强审计监督工作，并对审计工作质量负总责。

（4）组织领导内部审计机构制定年度审计工作计划，并督促实施。

（5）审定公司内部审计报告，负责组织审计成果运用的落实和检查工作。

（6）负责协调外部审计机构的审计工作。

【参考文献】

[1] 窦超，袁满，陈晓. 政府背景大客户与审计费用——基于供应链风险传递视角 [J]. 会计研究，2020（03）：164-178.

[2] 薛爽，耀友福，王雪方. 供应链集中度与审计意见购买 [J]. 会计研究，2018（08）：57-64.

[3] 方红星，张勇. 供应商/客户关系型交易、盈余管理与审计师决策 [J]. 会计研究，2016（01）：79-86＋96.

[4] 刘德运. 内部审计帮助企业增加价值——一个框架 [J]. 审计研究，2014（05）：108-112.

[5] 闫学文，刘澄，韩锟，等. 基于价值导向的内部审计评价体系研究：理论、模型及应用 [J]. 审计研究，2013（01）：62-69.

[6] 何卫红，赵佳. 内部审计研究述评：2003—2009 [J]. 审计研究，2011（01）：57-62.

[7] 倪良辉，许宝，杨凤，等. 价值链视角下企业内部审计增值路径探析 [J]. 审计月刊，2011（05）：47-48.

[8] 李凤华. 基于价值链剖析管理审计之增值功能 [J]. 审计月刊，2006（08）：13-14.

[9] 殷晓红，陈世辉. 浅谈我国内部审计存在的问题及对策 [J]. 中国内部审计，2006（10）：44-45.

[10] 谷永优. 新旧内部审计工作规定比较 [J]. 审计观察，2003（5）：25.

[11] 董儒慈，李振声. 审计法的颁布开创了内审工作新局面 [J]. 审计理论与实践，2000（3）：37.

本案例资料来源于尖峰药业公司官网、新闻报道以及学术论文等。感谢叶馨宜、林敏菁等为本案例提供的支持，同时，感谢参与案例撰写的成员，他们是沈创豪、徐小慈等。特别感谢杨选举、陈志、詹一萍、宋璐璐、何帅、尹维劼、许江波、焦枫等，为案例撰写提供了线索与参考资料。

企业核心能力：
企业重组与借壳上市

案例三

恒康医疗并购的野蛮成长之路

【案例背景】

恒康医疗自 2013 年启动战略转型，通过并购医院涉足医疗服务领域，2013 年、2014 年和 2015 年公司分别并购了 4 家、4 家和 2 家医院，至 2015 年年末已拥有 8 家二级甲等医院，公司总市值由 2013 年年初的 61.01 亿元飙升至 2015 年 7 月停牌前的 281.72 亿元，发展态势迅猛。但与此同时，公司遇到了返售 2 家医院、信息披露涉嫌违规等重重风波。短期内并购多家医院、收益与风险并存的恒康医疗并购的野蛮成长之路引发人们对并购对象和并购风险的思考。疯狂并购给恒康医疗带来了高额商誉，从 2012—2017 年，恒康医疗年报中披露的商誉逐年增长。几年之内，恒康医疗的经营业绩翻了几番，规模也在不断扩大，但在 2018 年，常年盈利的状况发生了改变，企业出现了净亏损 13.88 亿元，2019 年持续亏损 24.98 亿元，恒康医疗因此被 ST。

【学习目的】

正确地选择并购对象、敏锐地识别并准确地分析并购风险，都是企业迅速纵向成长的必经之路。通过对本案例的学习，了解并掌握如何选择并购对象、如何识别和防范并购风险。

【知识要点】

商誉减值；对赌协议；企业并购

【案例正文】

一、恒康医疗背景介绍

（一）公司简介

2001 年 9 月 30 日由阙文彬注册成立的甘肃独一味生物制药股份有限公司于 2008 年 3 月 6 日在深圳中小板块市场挂牌上市（证券简称：独一味，证券代码：002219）。2014 年 1 月 3 日，公司发布公告将公司更名为"恒康医疗集团股份有限公司"（以下简称"恒康医疗"）。

2008 年公司上市之初，恒康医疗主要从事药品的生产和销售，其主导产品独一味胶囊已占据市场领先地位。2008 到 2012 年，"独一味"系列药品的营业收入占总营业收入的平均比例为 70.26％，其中，在 2011 年该比例高达 79.97％，"独一味"系列药品无疑是公司的"顶梁柱"。2013 年恒康医疗开始涉足医疗服务领域，2015 年年末公司医疗服务的营业收入占总营业收入的比例达到 56％，而药品类的收入所占比例则降至 31％。

在鼓励医疗服务行业发展的政策纷纷出台、医药行业整合的势头只增不减的大背景下，在规避产品单一风险、推动公司沿产业链纵向发展的驱动下，恒康医疗从以传统的药品制造为核心转型为"药品制造＋医疗服务"两轮驱动，并于 2015 年基本实现了以"肿瘤诊疗、高端妇产"为重点的大专科、强综合的阶段性产业布局，成为业务范围覆盖中药材种植、医药制造、医药流通和医疗服务的全产业链医药医疗公司。

（二）行业背景

2009 年 3 月，中共中央、国务院向社会公布了《关于深化医药卫生体制改革的意见》（以下简称"新医改"），国家加大支出推进基本药物体系建设，健全完善基层医疗卫生体系。新医改对城镇居民医保和新型农村合作的补助标准的提高促进了医药消费市场的进一步发展。2010 年 5 月，国务院公布了《关于鼓励和引导民间投资健康发展的若干意见》，该意见明确提出鼓励民间资本参与发展医疗事业。在政策的指引下，龙头药企之一的复星医药成为民营医院的首批"淘金者"，该公司在 2011 年至 2013 年相继收购国内 5 家民营医院资产。

2013 年 9 月，国务院印发了《关于促进健康服务业发展的若干意见》（以下简称

《意见》）。《意见》提出，将大力发展医疗服务，提倡多元化办医，鼓励多种形式投资医疗服务业。2013 年 12 月，《关于加快发展社会办医的若干意见》发布，明确表示卫生规划要为社会办医留足空间，允许社会资本参与公立医院改制。公立医院改革、社会资本办医再度成为卫生医疗领域的重头戏。业内人士指出，在经过医改的铺垫后，医疗服务领域的"国退民进"将进入发展期，意味着民营医疗迎来了黄金投资期。在此背景下，为了谋求长远的竞争力，截至 2014 年初，包括通策医疗、信邦制药、金陵药业在内的 16 家上市公司纷纷涉足民营医院。

二、急速扩大版图：多家二甲医院收入囊中（2013—2014 年）

（一）高价开启并购之路

2013 年 1 月 10 日，恒康医疗并购位于成都的平安肿瘤医院 85％收益权，成功进军医疗行业。6 月 6 日，全资子公司四川永道医疗投资管理有限公司（以下简称"永道医疗"）以 1 500 万元和 2 500 万元的自有资金分别并购了德阳美好明天医院有限公司 100％股权和资阳健顺王体检医院有限公司 100％股权，溢价率分别为 313％和 57％。6 月 27 日，子公司永道医疗以 8 000 万元的自有资金并购了蓬溪健顺王中医医院有限公司 100％股权，与前几次并购相比，该次并购溢价率最高，达到了 713％。2014 年 2 月 10 日，子公司永道医疗以 6 000 万元的自有资金并购了邛崃福利有限公司 100％股权，溢价率为 217％。公司并购德阳医院、资阳医院、蓬溪医院和邛崃医院时均与交易对方签订了保证收益的对赌协议。

恒康医疗在介绍德阳医院、蓬溪医院和资阳医院时，都提及了一个人——王健忠。工商档案信息显示，王健忠是以上三家医院的法定代表人。三家医院的成立时间均在 2010—2012 年左右，且均在并购前已完成改制工作，其中蓬溪医院在被并购前夜由非营利性医院变更为营利性医院。"王健忠"究竟是何许人？为何其名下医院会受到恒康医疗的多次青睐？一名医疗投资界人士分析，恒康医疗在刚介入医疗领域时，比较青睐四川省内盘子小的标的，恰好王健忠旗下布局的医院都具有这个特点，再加上与同一个并购主体谈判也可以省下不少麻烦。

（二）并购标的选择发生变化

2014 年 4 月 10 日，公司以 1.27 亿的自有资金并购了大连辽渔医院 100％股权，溢价率为146％。辽渔医院是集医疗保健和康复预防为一体的综合性二级甲等医院，是大连医科大学、辽东医学院等多所高等医学院校的教学医院，是大连湾地区医疗救治中心。6月25日，公司以1.2亿的自有资金并购了萍乡市赣西医院75％的股权并通过增资最终取得赣西医院80％股权，溢价率为197％。赣西医院是集医疗、教学、科研、预防、保健为一体的国家二级甲等综合性现代化医院，是湘东地区规模最大的医疗救治中心。8月20日，公司通过非公开发行股份募集资金以50 277.5万元并购瓦房店第三医院75％的股权，溢价率为269％，并且该并购行为构成了重大资产重组。作为辽宁省最大的民营医院，瓦房店第三医院是集医疗保健、教学科研、危重抢救、康复预防为一体的现代化大型综合性二级甲等医院，并逐渐实现创三级甲等医院的目标。

在并购资阳医院后，公司发现该医院存在规模较小、管理难度大的问题。为此，恒康医疗提高了并购标准，要求并购标的要在二甲以上，且在当地有长期的品牌沉淀，年营业收入不低于1亿元，投入产出比不低于10％。据经济观察网2015年10月17日报道，恒康医疗董事长段志平称："恒康医疗转型之初，由于大公立医院难以收购，民营医院数量较少，公司就重点关注收购标的规模、口碑，以及在某一方面的医疗技术水平较好的医院。通常一个县里规模最大、口碑最好的医院是县人民医院，但并购可能性几乎为零，因此恒康医疗就把眼光放在当地第二大、第三大医院上，力争通过努力做到第一。"

此外，据恒康医疗2014年的年报披露，公司立志于未来成为"药品制造＋医疗服务"的大型医疗集团。在医疗服务领域方面，公司短期内将优先布局二、三线城市区域，以"大专科小综合"的二甲医院为主，同时优先考虑并购肿瘤专科医院，中长期会在北京、上海、广州、深圳等一线城市布局高端肿瘤专科医院。

"目前各大知名的肿瘤医院为了让床位'转起来'，一些病人术后两天就让出院了，而这一部分病人回家显然是不利于术后的休养和治疗的，尤其是需要放化疗的病人，现在没有一个宽松的环境提供给病人。我们切入了这一部分细分市场，让肿瘤患者在大医院进行诊断，然后在民营医院进行放疗、化疗，以缓解国有大医院医疗资源紧缺的问题。"恒康医疗董秘金振声在接受中国经济时报记者采访时说，"还有一部分是定位在高端的肿瘤治疗，比如大连瓦房店地区并没有专科的肿瘤医院，而瓦房店第三医院虽然是二甲医院，但其在规模、进口设备和环境等方面早就超出了三甲的标准，所以针对瓦房店第三医院要引进国外先进的肿瘤治疗技术和人才，在肿瘤治疗研究上加大投入。在瓦房店还有恒康医疗的大连国际肿瘤医院，这个医院建成后可以接纳病人的辐射面会更大。"

三、并购之路出现坎坷：并购风险浮出水面（2015—2016年）

（一）疯狂并购态势不减

进入2015年，恒康医疗的并购步伐并没有停歇。6月18日，公司以自有资金17 231.6万元并购了盱眙县恒山中医医院74.92％的股权，溢价率高达1 856％。盱眙县恒山中医医院为恒康医疗近年来并购的最贵的医院。10月13日，公司发布公告称，拟以现金并购崇州二院改制完成后的崇州二医院有限公司72.61％股权。与盱眙县恒山中医医院相同，崇州二院也是一家二级甲等医院。对于所并购的医院，段志平称："崇州二院的资产非常优良，未来方向也将是肿瘤专科领域。"11月18日，公司以自有资金2 700万元并购广安福源医院有限责任公司30％的股权，溢价率为251％，并单独向福源医院增资1.2亿元。增资完成后，恒康医疗持有福源医院70％的股权。2015年，恒康医疗的医疗板块收入达6.64亿元，占当期总营业收入的56％，而药品类的收入则降至31％，医疗服务收入已经占主营业务收入的一半以上，医疗转型成果斐然。公司已发展成覆盖中药材种植、医药制造、医药流通和医疗服务的全产业链医药医疗企业，最大限度地发挥业务协同效应，有利于增强公司的核心竞争力。

2013—2015年，恒康医疗负责收购医院的高管们足迹踏遍53个地州市，行程涉及100多个县。截至2015年底，公司已拥有8家二甲医院，据经济观察报记者报道，段志平称，集团计划在2016年年底前将床位数扩张至2万张。2016年，恒康医疗保持并购态势。5月，与徐征先生、兰考县人民医院、兰考堌阳医院、兰考东方医院（以下简称"三家医院"）签署了《合作框架协议》，协议约定在正式合作前徐征先生负责将三家医院整体改制为公司法人，变更为营利性医疗机构；公司拟受让徐征先生及其他股东持有的三家医院改制后的有限公司100％的股权。

（二）并购风险浮出水面

虽保持着密集并购的态势，但公司在2015年的并购之路似乎并不顺利。2015年4月20日，恒康医疗将两年前并购的德阳医院和邛崃医院以原并购价出售给原转让方。公司在收购上述两家医院时与原出让方签订了对赌协议，原出让方给予了三年期的业绩承诺，但两家医院交出的业绩不及承诺的三分之一。尽管存在现金补偿机制，但仍需要增加大量投入去逐步改变这两家医院的现状，存在极大的不确定性，所以恒康医疗主动放弃原本应获得的 2014 年度数百万元现金补偿以回售方式解决问题。据每日经济新闻报道，邛崃医院一不愿具名的中高层人士直言，医院纳入上市公司后，还是以前的管理团队在运作，董事长也还是此前的出让方代表王健忠。"上市公司收购后，没有引进什么设备。唯一的变化就是门诊楼部分楼层加装了围栏和窗户。"恒康医疗 2014 年半年报对该项装修也有说明：在长期待摊费用一栏，公司花费了 162.80 万元用于邛崃医院装修。然而这一花费并没有令医院业绩有所改善。邛崃医院 2014 年的评估利润、承诺利润、实际利润分别为 519.08 万元、1 100 万元、385.99 万元（审计前数据），承诺利润与实际完成利润差距较大。对此，恒康医疗也坦承，公司在收购之初对医院经营比较乐观，导致一些变故未预计到。

返售 2 家医院带来不小的损失，仅利息收入恒康医疗便损失近 500 万元。虽然为了规避潜在的财务风险和经营风险，恒康医疗在并购医院时经常与交易方签订对赌协议，但是对赌协议似乎并没有完全发挥它的作用。除德阳医院和邛崃医院外，恒康医疗并购的其他医院也普遍存在业绩不达标的情况。2015 年业绩承诺完成情况见表 3.1。

表 3.1　2015 年业绩承诺实际完成情况表　　（单位：万元）

公司名称	承诺期间	承诺指标	承诺金额	实际完成金额	未完成金额
瓦三医院	2015 年度	利润总额	9130	9 625.67	—
赣西医院	2015 年度	净利润	2100	2 255.51	—
蓬溪医院	2014.6.1—2015.5.31	净利润	2 200	1 832.65	367.35
资阳医院	2014.6.1—2015.5.31	净利润	650	234.13	415.87

数据来源：《恒康医疗股份有限公司董事会关于相关方 2015 年业绩承诺完成情况的说明》。

2015 年 7 月 8 日，恒康医疗因筹划重大对外投资事项开始停牌。在庆幸躲过了 2015 年下半年 A 股的深度回调的同时，持有恒康医疗股票的小股东们也在为手中的股票何时复牌焦虑不止。截至 2016 年 6 月 20 日，公司股票尚未复牌，公司也没有发布股票复牌时间的明确消息。停牌将近一年，何时复牌成为舆论关注的焦点，据莲花财经报道，小散户面对长期不复牌的现状表示："生活各方面都要钱，家里积蓄本就不多，现在撑了十个多月，已经无以为继了。"面对账户被锁盘十余月，一位小散户甚至表示"家要散了"，一时之间股民们在网上抱怨不止。长期的停牌也为恒康医疗带来不小的风险，"停牌股最大的风险就是恢复交易后出现补跌。"南京私募基金经理李先生表示。

2016 年 2 月 2 日晚，恒康医疗发布公告称恒康医疗及公司董事长、控股股东、实控人阙文彬分别收到证监会《调查通知书》，因公司信息披露涉嫌违反证券法律法规、公司控股股东及实控人阙文彬涉嫌违反证券法律法规，证监会决定对公司及阙文彬进行立案稽查。恒康医疗还称，如公司触及深交所规定的重大信息披露违法情形，股票交易将被实行退市风险警示。而就在 2 月 1 日，深交所针对公司日前披露的并购崇州二院草案发出问询函，质问重组案中提前支付的 1.1 亿元"诚意金"师出何名，是否符合商业惯例，是否涉嫌损害上市公司利益或涉嫌变相提供财务资助等。

四、野蛮并购之路通向光明还是黑暗？

2012 年，为了通过收购培育有竞争优势的项目、使公司快速进军医疗服务行业、布局公司的产业多元化发展，恒康医疗设立了子公司永道医疗。2013 年，公司启动战略转型（示意图见图 3.1）。初涉医疗领域、并购民营医院的大幕徐徐拉开。

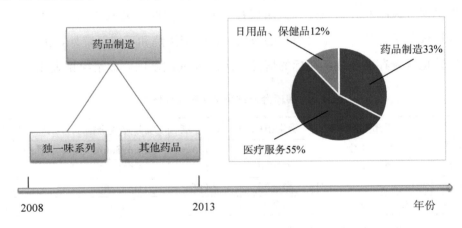

图 3.1　恒康医疗战略转型示意图

表 3.2　恒康医疗近年综合能力指标表

项目		2014 年度	2015 年度	2016 一季度
投资与收益	基本每股收益（元）	0.417 5	0.185 4	0.038 5
	每股净资产（元）	1.656 9	1.970 6	2.008 8
	净资产收益率—加权平均（%）	28.78	11.94	1.93
	扣除后每股收益（元）	0.406 4	0.148 2	0.032 56
偿债能力	流动比率（倍）	1.13	2.56	2.72
	速动比率（倍）	1.01	2.42	2.55
	应收账款周转率（次）	2.37	2.47	0.59
	资产负债比率（%）	44.20	20.45	19.29

续表

项目		2014 年度	2015 年度	2016 一季度
盈利能力	净利润率（%）	37.53	27.39	19.38
	总资产报酬率（%）	16.96	9.70	1.52
经营能力	存货周转率（%）	2.75	5.62	1.91
	固定资产周转率（%）	2.83	1.70	0.34
	总资产周转率（%）	0.45	0.35	0.08
资本构成	净资产比率（%）	53.99	77.97	79.09
	固定资产比率（%）	14.68	23.32	22.96

至 2015 年，恒康医疗基本实现了以"肿瘤诊疗、高端妇产"为重点的大专科、强综合的阶段性产业布局，成为业务范围覆盖中药材种植、医药制造、医药流通和医疗服务的全产业链医药医疗公司。据公司 2015 年年报，公司当期实现营业收入达到 118 172.82 万元，同比大增 72.35%；利润总额 40 054.02 万元，同比增长 37.96%，实现归属于上市公司股东的净利润为 32 362.63 万元，同比增长 25.76%。而该年行业平均收入增长率为 31.01%，净利润平均增长率 16.49%。恒康医疗通过内生式发展、外延式并购，取得了优于行业平均水平的业绩。恒康医疗今年综合能力指标表见表 3.2。

此外，图 3.2 展示了恒康医疗 2014—2015 年的收盘价波动情况。2015 年 7 月 8 日，公司股票因筹划重大对外投资事项而停牌，截至 2016 年 6 月 20 日，已停牌超过 11 个月。

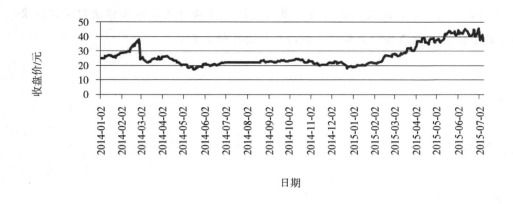

图 3.2　恒康医疗收盘价波动图（2014—2015 年）

自 2013 年启动战略转型以来，公司密集并购多家民营医院，已拥有 8 家二甲医院，医疗服务收入已在主营业务收入中占比过半。"随着公司转型，恒康医疗就一直在朝着大医疗集团迈进，近两年来通过不断的并购，已经渐渐形成规模，再随着公司还专供肿瘤诊疗，一旦医疗市场完全打开形成，公司不仅在西部，乃至全国都将具备较强竞争力。"一位熟悉恒康医疗的业内人士在接受每日经济新闻采访时说道。但是，野蛮的并购之路也带来了不少"麻烦"。瑞银证券曾指出，恒康医疗快速切入医疗服务领域，持续布局，一方面表现出了较强的决心以及优秀的执行力；另一方面公司布局的医院地域分布较为分散，且同时涉及了综合医院以及专科医院，缺乏共性，这对公司的整合能力提出较大挑战。此外，返售医院、信息披露涉嫌违规等风波一波未平一波又起。上海证券报表示，随着公司及实控人陷入立案稽查风波，崇州二院重组事宜是否会因此生变，值得继续关注。

【讨论题】

1. 结合现行企业经营状况，论证恒康医疗自 2013 年起实行并购的背景和主要动因是什么？

2. 企业并购在上市公司经常发生，在选择并购对象时，需要考虑哪些因素？

3. 恒康医疗与王健忠多次交易，请谈谈多次与同一交易方交易的利与弊及市场反应。

4. 选择并购对象时，恒康医疗预期其能带来协同效应，那么签订对赌条款的原因是什么？签订对赌条款能保证协同效应的产生吗？

5. 请结合风险的分类谈一谈恒康医疗并购中遇到哪些风险，并结合所学知识，为恒康医疗防范并购风险提供一些意见。

6. 请结合制度要求，谈谈自己对公司因信息披露涉嫌违反证券法律法规被证监会立案稽查的看法。若该违法行为核实，公司将会面临什么后果？

【案例说明书】

一、基础知识

1. 并购对象的选择

并购对象的选择是一个理智的、科学的、严密的分析过程，如何在纷繁复杂的市场中寻找到合适的并购对象，是企业并购决策中的首要问题。

第一，并购企业的战略在并购对象选择中发挥至关重要的作用，并购对象必须符合并购企业发展战略的要求，在影响并购成败的因素中，并购对象是否符合主并企业整体战略要求是并购成败的最关键因素。一般而言，实施横向一体化战略的企业，往往把位于产业链同一层次的企业作为潜在并购对象，其并购对象往往选择与主并企业构成竞争关系的企业。而实施纵向一体化战略的企业，其并购对象往往选择与主并企业存在产业链上下游协作关系的企业。

第二，并购对象与并购企业间需要有很强的价值链的互补性。因为企业的竞争优势主要来源于价值链上的各个价值活动本身和价值活动之间的联系这两个方面，所以企业要通过并购获得竞争优势，就要提高价值活动本身或者优化价值活动之间的联系，即并购对象的选择要充分考虑到价值链的互补问题，分析并购双方的优势与不足，包括财务经济、市场营销能力、市场分布状况、生产能力、产品质量、产品销售量、技术潜力等，要以提升企业价值链竞争能力为依据，做到优势互补，扬长避短。

第三，并购对象必须满足并购方资源能力约束限制。对并购方而言，有没有能力吞下并购对象，主要取决于其自身的实力。主并企业的两方面资源能力约束与并购对象的选择密切相关。一方面是主并企业人力、财力、物力状况，即并购方在管理人员的输出、资金实力及筹措资金的能力、原材料、设备等方面能否适应并购的需要。主并企业人、财、物拥有状况直接决定了目标企业的规模和实力。另一方面，主并企业所拥有的"软实力"，即主并企业所拥有的核心资源或核心竞争能力是实现并购后整合的关键资源，也是企业并购后协同效应的源泉。比如，一般而言，并购管理能力较强的企业在选择并购对象时，往往会选择规模较大、综合实力较强的并购对象，而且这些并购事件往往不太受到并购对象地域分布的限制。因此，培养并购的核心能力时，经验丰富的团队、适当的工具、能够有效利用合作伙伴都是关键成功因素。

第四，并购对象预期所能带来的协同效应。协同效应是对并购对象进行价值评估和判断的重要依据。如果两公司合并后的价值大于合并之前两公司单独价值之和，则视为实现了协同效应，在判断目标公司所能够实现的并购协同效应时，应该从收入协同效应、成本协同效应、降低风险效应、融资效应四个方面加以衡量。收入协同效应应注重分析并购双方客户、市场、渠道、产品等方面的资源共享和交叉销售带来的收入机会增加的可能性。如改进客户访问、补充配送渠道、丰富产品线以及增加市场份额等。在测算企业间并购整合的成本协同效应时，不应仅仅识别企业间并购所带来的直接成本降低，比如通过规模经济带来的成本降低、削减重复的工作或成本、资源和设备的利用效率提升带来的成本节约等，更主要的是应该关注隐性成本系统效应，即并购双方通过相互的学习和知识传授所带来的"经验曲线"效应等。降低风险效应则是由于并购方在客户、资产、产品线以及地理区域方面的差异，往往会分散经营过程中所产生的风险，这种风险的分担，往往可以通过并购的方式来实现。并购所产生的融资效应往往体现在并购后的目标企业资本结构的改善，通过财务状况的改善继而带来并购目标绩效的改进。

并购对象的选择是一个较为缜密的理性分析过程，是一个基于主并企业战略发展目标的选择和匹配过程。并购目标的选择一般应遵循以下步骤：第一步，对主并企业所处外部环境进行分析和判断，明确企业所处的经济周期、产业周期、产业结构、行业技术特征、行业竞争态势等；第二步，应该对主并企业自身所拥有的资源和能力进行准确的分析和把握，以明确价值链基础上的资源和能力拥有状况；第三步，在外部环境分析、内部资源甄别的基础上，明晰公司发展战略，同时围绕公司发展战略目标，以提升公司核心竞争能力为基础，制定公司的并购战略；第四步，对并购目标企业和主并企业进行价值链互补性评估，主要包括对人力资源、技术、采购在内的支持活动以及生产、销售在内的基础活动的互补程度加以判断；第五步，在价值链互补分析的基础之上，从收入、成本、分散风险和融资效应四个方面分析运用并购目标带来的潜在协同效应对并购对象进行综合评价和选择。

2. 并购风险分类

并购风险分为并购前的风险、并购中的风险和并购后的风险。

并购前的风险，是指由于并购前对战略决策、宏观政策和法律以及投资决策方面的信息掌握不够充分而导致的风险，主要风险形式如下：

第一，战略选择风险。战略选择风险来自两个方面：一是动机风险；二是信息不对称风险。

第二，体制风险。在我国，国有企业资本经营过程中相当一部分企业的并购行为，都是由政府部门强行撮合实现的。尽管大规模的并购活动需要政府的支持和引导，但是并购行为毕竟是一种市场化的行为。政府依靠行政手段对企业并购大包大揽不仅背离市场规则，而且往往还会给企业并购带来风险。

第三，法律风险。各国政府都制定了一系列的法律法规，以规范和监管各企业在并购活动中的行为。我国目前还没有统一的《企业并购法》，有关并购的规定在《中华人民共和国公司法》《中华人民共和国证券法》《上市公司章程指引》《上市公司收购管理办法》等中有所体现。由于我国相关法律法规不完善，在某种程度上给企业并购埋下了法律隐患。

第四，投资风险。企业并购是一项直接的对外投资。一般都需要较多的资金投入，其目的是取得预期的回报。企业并购后能否产生协同效应，能否取得预期投资收益，会受许多因素的影响，其结果具有不确定性，这种不确定性构成企业并购的投资风险。

并购中的风险，是指并购过程中对应该支付的价格、资金来源和支付方式方面运作不合理而导致的风险，主要风险形式如下：

第一，估价风险。由于我国资产评估行业处于发展阶段，在评估的技术或手段上尚不成熟，这种误差可能更加明显。此外，资产评估部门也有可能在多方干预或自身利益的驱动下不顾职业道德，出具虚假的评估报告。

第二，融资与支付风险。一般而言，并购行为需要大量的资金支持。企业无论选择哪种融资途径，都存在着一定的融资风险，如果收购方在收购中所付代价过高，可能会导致企业在收购活动后，资本结构恶化，负债比例过高，付不出本息而破产倒闭。

并购后的风险，是指并购活动完成后对整个企业集团的经营管理和各方面的整合没能达到预期效果而产生的风险，主要风险形式如下：

第一，经营风险。经营风险是指企业并购后，无法使得整个企业集团产生预期的协同效应，难以实现规模经济与优势互补，或者并购后规模过大而产生规模不经济，未能达到预期目标而产生的风险。

第二，整合风险。整合风险主要包括企业并购后，在经营、生产和技术上不能达到预定的协同效果而导致的风险，这种风险容易导致破产；企业并购后，在人事、制度和文化上不能按照预先设计的并购规划有效整合，使得新老企业运行相互抵触，产生内耗，从而拖累优势企业带来的风险。

3. 并购风险防范措施

并购前的风险防范措施包括：

第一，明确并购的战略目标，进行行业战略形势分析和竞争战略形势分析。行业战略形势分析主要是考察企业有关行业的结构、趋向、长期利润潜力和长期吸引力。通过对信息、材料的整理分析，发现行业经营特征、确认本行业企业的关键成功因素，把握整个行业的发展趋势。竞争战略形势分析是对总体战略形势分析的深化，重点分析现存的竞争力量及其强度、主要竞争对手在行业中的相对地位和竞争地位，并预测主要竞争对手下一步的打算。这一分析对于企业并购决策的意义在于，可以为企业并购的产业选择、成本的预测、并购成功的把握估计等提供理论依据。

第二，充分了解宏观政策。对宏观经济的关注，主要包括经济景气度和经济周期等方面。经济景气度的研究包括宏观经济的研究和行业波动的分析。经济周期的研究是宏观经济研究的主要内容，经济周期处于不同的阶段，企业并购的成本和成功率也不一样。通常在一个经济周期的启动初期和调整末期，企业并购的成功率相对大些，成本也相对较低。

第三，认真研究相关法律法规及政策。及时掌握新的政策，对企业并购也相当重要，企业并购必然要受到法律法规的限制，只有研究有关法律依法办事才能减少诉讼方面的麻烦，提高并购的成功率。

第四，建立科学的风险管理机制。在并购过程的每个阶段都要建立由风险预警、风险监测、风险评价、风险控制和风险防范组成的完整体系，在风险管理的人员组织、操作程序、管理手段、运行制度等方面要有严格的保障，使企业并购活动的每个环节都处于可控状态，将各种潜在的风险消灭在萌芽状态。尤其是企业在进行多元化经营为目的的混合并购中要保持清醒的头脑，对新进入的行业一定要做到心中有数，有把握后才可以实施并购，避免盲目进入新领域而进退两难，背上沉重的包袱。

并购中的风险防范措施包括：

第一，定价风险防范。在企业并购中，定价包含两个基本步骤：一是对目标企业进行价值评估，二是在评估价值基础上进行价格谈判。在并购对象价值评估中存在两个方面的风险：一是来自目标企业的财务报表，二是来自评估过程和评估方法的采用。为了防止在评估过程中可能出现的价值风险，并购方同时也需要对并购对象进行独立的价值判断，重点针对预期现金流的估计和风险贴现系数的计算，尤其是要对协同效应价值及其来源进行分类预测。一旦评估价值偏离真实价值太大，就会使得其后的价格谈判建立在一个不公平的基础上，为并购后的整合和预期价值实现埋下隐患。此外，当并购双方所掌握信息的完全程度相差较大时，可能导致价格谈判严重背离公正，产生谈判风险，所以应该在价格谈判过程中进行信息不对称性风险控制。

第二，融资风险防范。并购方在选择并购融资工具时需要考虑两个方面内容：一是现有融资环境和融资工具能否为企业提供及时、足额的资金保证；二是哪一种融资方式的融资成本最低而风险最小，同时又有利于资本结构优化。融资的风险控制的主要方法落脚于自有资金约束条件下的最优融资结构设计。从根本上讲，融资风险控制最终表现为以融资成本为主题、以债务杠杆为标尺的资金来源数量结构和期限结构的匹配关系。

第三，支付风险防范。并购究竟选择哪一种支付方式，需要经过风险收益的权衡。从理论上来说，并购方可以通过分析不同支付方式的支付成本和支付边界确定合适的支付方式的支付极限，进而分散即期风险并化解潜在风险。然而，现实中的并购交易不是由并购方单方面设计完成的，需要经过并购双方的一致同意，最终的支付方式是由并购双方基于各自的利益和风险权衡而达成的一致妥协。因此，现实的支付风险控制需通过混合支付结构设计来完成。

并购后的风险防范措施包括：

第一，人事整合。如何处理好并购后的人事问题是并购企业管理层首先需要考虑的问题。一般可以选派适宜的被并购企业主管人员、及时与并购后的人员沟通和进行必要的人事调整。

第二，文化整合。在整合前首先需要对两个企业的文化进行比较分析，保留并购对象企业文化的优势和长处，并予以吸收和借鉴。

第三，管理整合。将两个企业的管理模式相比较，吸取双方的优势，将并购双方的管理模式与内部管理制度有机融合。

第四，经营整合。经营整合过程中一个十分重要的方面就是供销整合，它是并购协同效应最为直接的实现途径。在供销策略上要从整体利益出发进行调整和安排。对于并购对象原来的供应商和客户应通过各种有效途径向其说明公司的经营思想和政策的稳定性，使他们消除顾虑继续与企业合作。

二、问题分析

1. 结合现行企业经营状况，论证恒康医疗自 2013 年起实行并购的背景和主要动因是什么？

可以从企业内部环境和外部环境两个方面来思考这个问题。就恒康医疗自身的发展状况而言，从事药品生产和销售的恒康医疗已占据了市场的领先地位，已具备扩展业务的能力，并且进行战略转型也利于它规避产品单一的风险。而并购正是符合恒康医疗战略转型的要求。就恒康医疗所处的行业而言，由于鼓励社会办医、支持医疗服务行业发展的相关政策的出台，并购已成为医药行业近年来的大势所趋。

2. 企业并购在上市公司经常发生，在选择并购对象时，需要考虑哪些因素？

第一，并购对象是否符合本企业整体战略要求。第二，并购对象与并购企业间需要有很强的价值链的互补性。第三，并购对象必须满足并购方资源能力约束限制。第四，并购对象预期能带来协同效应。可以以这四个方面为基础发散思维。

3. 恒康医疗与王健忠多次交易，请谈谈多次与同一交易方交易的利与弊及市场反应。

多次与同一交易方交易，有利于缩短谈判的时间、提高谈判的效率、降低并购的复杂性等等，可以为恒康医疗带来一定的便利。但是，同一交易方的多个企业可能存在很大的共性，并购多个类似的企业会为并购方带来一定的隐患。若其中某一个并购对象存在管理或经营上的缺陷，则可以推断其他来自同一交易方的并购对象很可能存在相似的缺陷。

4. 选择并购对象时，恒康医疗预期其能带来协同效应，那么签订对赌条款的原因是什么？签订对赌条款能保证协同效应的产生吗？

对赌协议是并购方与出让方在达成并购协议时，对于未来不确定的情况进行的一种约定。如果约定的条件出现，并购方可以行使一种权利，对赌协议实际上就是期权的一种形式，通过条款的设计保护并购方的利益。签订对赌协议似乎不一定能保证协同效应的产生。恒康医疗反售德阳医院和邛崃医院就是很好的一个例子，虽然签订了对赌协议，但两家医院并没有完成他们的业绩承诺，导致恒康医疗面临不小的损失。

5. 请结合风险的分类谈一谈恒康医疗并购中遇到哪些风险，并结合所学知识，为恒康医疗防范并购风险提供一些意见。

结合并购风险的分类和恒康医疗的并购之路，可以从以下几点入手：并购前的战略选择风险、投资风险、法律风险，并购中的估价风险，并购后的经营和整合风险等等。纵观恒康医疗的整个并购之路，风险与收益并存。从战略转型的恰当性、信息披露涉嫌违规、高溢价并购、并购后的返售等事项中都能发现相应的并购风险。为了防范并购风险，恒康医疗可以进行行业战略形势分析和竞争战略形势分析、充分了解宏观经济政策和相关法律规范、在定价中采取信息不对称的风险控制、对并购对象进行管理整合和经营整合等等。

6. 请结合制度要求，谈谈自己对公司因信息披露涉嫌违反证券法律法规被证监会立案稽查的看法。若该违法行为核实，公司将会面临什么后果？

根据以往其他公司的经验发现，信息披露违规不算是什么大问题，即使查实，其处罚一般也就是责令公司改正违法行为，给予警告，并处以罚款，再严重一点就是公开谴责而已。《证券法》一百九十七条规定"信息披露义务人未按照本法规定报送有关报告或者履行信息披露义务的，责令改正，给予警告，并处以五十万元以上五百万元以下的罚款；对直接负责的主管人员和其他直接责任人员给予警告，并处以二十万元以上二百万元以下的罚款。发行人的控股股东、实际控制人组织、指使从事上述违法行为，或者隐瞒相关事项导致发生上述情形的，处以五十万元以上五百万元以下的罚款；对直接负责的主管人员和其他直接责任人员，处以二十万元以上二百万元以下的罚款。信息披露义务人报送的报告或者披露的信息有虚假记载、误导性陈述或者重大遗漏的，责令改正，给予警告，并处以一百万元以上一千万元以下的罚款；对直接负责的主管人员和其他直接责任人员给予警告，并处以五十万元以上五百万元以下的罚款。发行人的控股股东、实际控制人组织、指使从事上述违法行为，或者隐瞒相关事项导致发生上述情形的，处以一百万元以上一千万元以下的罚款；对直接负责的主管人员和其他直接责任人员，处以五十万元以上五百万元以下的罚款。"可以看出即使核实了公司信息披露的违法事实，也不会对公司造成实质性的影响。

可以衡量该行为对公司带来的利弊，并结合公司的发展战略进行思考。

【参考文献】

［1］王茵田，黄张凯，陈梦."不平等条约？"：我国对赌协议的风险因素分析［J］.金融研究，2017（08）：117-128.

［2］刘超，徐丹丹，郑忱阳.商誉、高溢价并购与股价崩盘风险［J］.金融监管研究，2019（06）：1-20.

［3］袁敏.并购风险计量初探——以蓝色光标为例［J］.财务与会计，2016（21）：37-39.

［4］胡雪峰，吴晓明.医药企业并购战略对企业绩效的影响——基于我国上市企业数据的实证分析［J］.世界经济与政治论坛，2015（02）：147-160.

［5］高翀，孔德松.并购中的业绩承诺条款与股价崩盘风险［J］.经济与管理研究，2020，41（07）：77-93.

［6］刘金赫.我国企业并购的财务风险问题研究［J］.东南大学学报（哲学社会科学版），2016，18（S1）：42-43.

［7］秦米源.并购前的尽职调查与风险防范［J］.广西社会科学，2013（02）：64-67.

［8］雷丽萍.企业并购的风险及防范［J］.企业经济，2010（04）：25-27.

本案例资料来源于恒康医疗公司官网、新闻报道以及学术论文等。感谢叶馨宜、江霞等为本案例提供的支持，同时，感谢参与案例撰写的成员，包括程梦婷等。特别感谢吴绵强、田珍珍、郭琳等，为案例撰写提供了线索与参考资料。

案例四

大洋电机的高价并购案谁更划算?

【案例背景】

　　大洋电机2014年业绩出色,但是在光鲜的财务报表数据之后却暗藏危机:空调用电机作为公司拳头产品在家电行业不景气的背景下难以持续发展,同时公司在新能源汽车电机方面的研发能力和经营状况都不尽人意。此时并购新能源汽车电机行业领先者——上海电驱动成为了实现战略转型的突破口。最终,大洋电机以1 057%的超高溢价率并购了上海电驱动。那么在这场备受关注和争议的高价并购案中,谁才是最大的赢家呢?

【学习目的】

　　通过对本案例的学习和讨论,掌握企业并购的相关理论知识,理解并购中如何评估企业价值,以及如何实现协同效应,同时学会分析企业并购对利益相关者的影响。

【知识要点】

　　企业价值评估;协同效应;利益相关者

【案例正文】

一、大洋电机的隐形危机

2015 年伊始，大洋电机股份有限公司的会议室里，高层们互相祝贺，庆祝上一年出色的业绩表现。公司的营业收入以及每股利润自 2012 年欧债危机以来，一直稳步上升，在 2014 年取得了新成就。当公司上下都沉浸在"胜利"的喜悦中时，唯有董事长鲁楚平低头不语，若有所思。

（一）大洋电机简介

大洋电机，全称是中山大洋电机股份有限公司，坐落于广东省中山市，创办于 2000 年，于 2008 年在我国 A 股上市，属广东省高新技术企业和百强民营企业，是微特电机的专业研发、制造及提供商。

公司主要从事微特电机的开发、生产和销售，主要产品有风机负载类电机、洗衣机电机、直流无刷及高效节能智能电机，产品广泛应用于家电、汽车、摩托车、电机机车、面包机、自动控制等行业，产品除供应给国内的一些著名企业外，40％以上的产品出口美国、欧洲、中东等 20 多个国家和地区。

2008 年以来，大洋电机依托资本市场，进一步拓展主营业务，市场份额不断增加，行业影响力也日益增加。截止到 2015 年 12 月 31 日，在竞争者数量达到 900 多家的电机行业，大洋电机的市场份额达到了 1.1％，位列行业第三，如表 4.1 所示。

表 4.1　2015 年微电机行业主要上市公司经营状况及市场占有率统计表

上市公司	营业收入（元）	电机业务收入（元）	占比（％）	市场份额（％）
卧龙电气	9 473 632 174.40	6 605 852 836.80	69.728 8	2.89
湘电股份	9 500 412 439.87	6 292 242 544.27	66.231 3	2.75
大洋电机	4 912 229 877.49	2 526 561 046.25	51.434 1	1.10
金龙机电	3 033 641 868.62	1 441 338 697.85	47.511 8	0.63
佳电股份	1 505 026 292.12	1 268 484 896.45	84.283 2	0.55
江特电机	892 846 984.41	739 075 545.68	82.777 4	0.32
通达动力	858 213 626.98	435 843 677.87	50.785 0	0.19
中电电机	276 366 551.91	247 992 264.34	89.733 1	0.11

续表

上市公司	营业收入（元）	电机业务收入（元）	占比（%）	市场份额（%）
信质电机	1 508 324 941.41	129 689 147.61	8.598 2	0.06
中际装备	121 409 937.40	52 158 753.77	42.960 9	0.05

注：行业收入总额 22 876 747.80 元。

数据来源：Wind 数据库。

（二）大洋电机的发展困境

董事长鲁楚平翻看了近几年的年报发现，虽然公司上一年的整体业绩表现出色，但是电机行业的细分市场众多，在这些细分业务中还是存在许多让人不安的因素。一方面，大洋电机的王牌产品是空调用电机，而家电产品行业属于中低端电气行业，一直以来都是竞争激烈的红海。行业生命周期也显示家电行业正从成熟期向衰退期发展，鲁董事长对该行业未来的发展心存担忧。另一方面，公司虽有意向新能源汽车电机这一细分市场发展，但是由于科研力量的不足导致一直无法掌握核心技术，在这一细分市场的表现总是不尽人意。

1. 细分业务表现不佳

第一，公司在空调用电机业务方面前景堪忧。如表 4.2 所示，该细分市场的销售增长率呈下降态势。

表 4.2   空调用电机业务毛利率

年份	收入（元）	成本（元）	毛利率	销售增量率
2011	1 829 860 000.01	1 470 522 700.02	19.64%	—
2012	1 866 732 408.07	1 550 897 486.87	16.92%	2.0%
2013	2 143 599 857.24	1 740 302 460.94	18.81%	14.8%
2014	2 236 864 499.73	1 795 639 091.86	19.73%	4.4%

第二，公司在新能源汽车电机业务方面的表现亟待提升。2014 年，公司进一步加大在新能源车辆动力总成系统产业的投入，目前公司已设立大洋电机新动力中山技术中心、大洋电机新动力北京技术中心、大洋电机底特律研发中心（BOT 公司），在产品研发方面取得了一些成绩。2014 年，公司新能源车辆动力总成系统实现营业收入 9 946.47 万元，毛利率达到 24.92%。但是目前该业务板块的销售额占公司整体业绩的比例较小，随着国内新能源汽车行业的快速发展，公司该业务板块的销售收入及盈利能力必须

要有更大的提高才行。

2. 科研实力不足

公司的员工学历结构中，具有研究生及以上学历的员工占比在行业中处于较低水平，见表 4.3 所示。

表 4.3　研究生及以上人数占公司总人数比例

年份	公司总人数	研究生及以上	比例
2011	7 206	19	0.26%
2012	7 450	29	0.39%
2013	7 810	41	0.52%
2014	8 657	46	0.53%

与大洋电机相比，行业龙头卧龙电气 2014 年公司员工中研究生人数占比达到了 2.8%。在科技创新是第一生产力的今天，鲁董事长深深地感觉公司帐下无将的担忧。

看完公司的报表，报表数据一定程度上印证了鲁董事长的忧虑。

(三) 谋求新出路

看到鲁董事长的忧心忡忡的样子，市场部的欧阳经理仿佛猜到了董事长的心事，他拿出自己早已经准备好的调查报告，起身在会议上发言。欧阳经理说："2014 年，我们公司的确取得了令人欣喜的成绩，但是我们更应该居安思危，看到未来的挑战，反省当下的不足。"接着，欧阳经理逐一阐述自己的观点。

1. 电机市场总体规模较大

2003 年以来，电机行业总体规模不断增大，且依旧处于递增态势，见图 4.1 和图 4.2。

从图中可以看出，电机市场的总体规模较大，市场具有良好的发展前景。基于线性回归模型理论，以及国家的"一带一路"倡议和《中国制造 2025》发展规划，欧阳经理认为电机行业在未来会持续发展，预测行业资产总额将在 2016 年达到 1 900 亿元，同时行业利润总额将达到 200 亿元。

因此大洋电机没有必要转型于其他市场，只需要在电机行业的细分市场中做好权衡。

2. 电机细分市场分析

(1) 家电市场去库存压力大，增速放缓。根据中国家用电器协会 2015 年 2 月 6 日

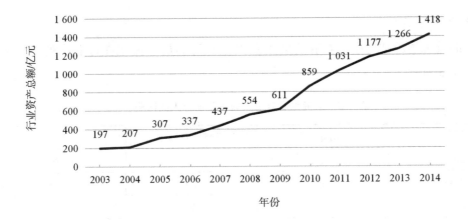

图 4.1 电机行业资产总额

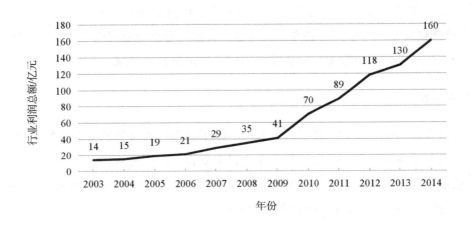

图 4.2 电机行业利润总额

发布的年度运行情况显示，2014 年，我国家电行业保持整体稳定增长态势，但产品销售量增速放缓。

　　行业产量库存仍处高位。纵观近几年的生产情况，2014 年部分产品产量出现下降，但全年产量仍处在历史高水平。2014 年，家电内销市场低迷，大部分家电产品销量增长缓慢，大家电行业深陷负增长困境；行业库存压力明显加大，空调器产量增长却达到了 11%，空调器的工业和商业库存合计约 2 500 万台，高出正常年景 800 万台，家电产成品资金占用升至历史高点。

　　行业处于深度调整期。2015 年初发布的中经家电产业景气指数报告显示，2014 年家电行业景气度稳中略降，四季度中经家电产业景气指数为 96.3 点，较上季度略降

0.1 点；家电产业预警指数降至代表行业运行正常的"绿灯区"与代表运行偏冷的"浅蓝灯区"的临界线。

（2）产业政策支持，新能源汽车市场发展迅猛。我国颁布了一系列鼓励新能源汽车发展的产业政策，明确新能源汽车产业为战略新兴产业。新能源汽车已成为我国实现汽车产业结构升级和转型、扭转我国汽车工业后发劣势的有效突破口。国务院 2013 年 8 月发布《关于加快发展节能环保产业的意见》，意见要求加强驱动电机及核心材料、电控等关键零部件研发和产业化；在北京、上海、广州等城市每年新增或更新的公交车中新能源汽车的比例达到 60% 以上。2014 年 1 月国家发布《关于进一步做好新能源汽车推广应用工作的通知》，通知内容包括补贴政策于 2015 年 12 月 31 日到期后，中央财政将继续实施补贴政策；纯电动乘用车、插电式混合动力（含增程式）乘用车、纯电动专用车、燃料电池汽车 2014 年和 2015 年的补助标准从原来的在 2013 年标准基础上下降 10% 和 20% 调整为下降 5% 和 10%。在税收政策方面，新能源汽车也收到国家大力扶持。从 2014 年 9 月 1 日至 2017 年 12 月 31 日，对购置进入工信部、国家税务总局发布的《免征车辆购置税的新能源汽车车型目录》的新能源汽车免征车辆购置税。

在国家产业政策的支持下，近年来我国新能源汽车产业的发展取得了显著的成效。根据中国汽车工业协会发布的数据，2014 年我国共有 300 多款新能源汽车新车型上市，2014 年 12 月生产新能源汽车 2.72 万辆，创造了全球新能源汽车单月产量最高纪录。2014 年，新能源汽车销售 7.48 万辆，同比增长 325%，其中纯电动销售 4.50 万辆，插电式混合动力销售 2.97 万辆。2015 年一季度，我国新能源汽车销量达到 2.65 万辆，同比增长 280%。我国新能源汽车的市场成长前景非常广阔。

最后，欧阳经理总结道："公司现阶段应该做的是将主营业务重心转移到电机行业的新兴细分市场当中去，新能源汽车就是很好的选择。然而鉴于我们公司在新能源汽车电机市场方面表现不尽人意，我认为可以通过并购相关技术成熟的公司，以获得新技术和研发力量。"

鲁董事长连连点头，并询问欧阳经理有没有值得考虑的目标公司。欧阳经理变得支支吾吾："有，上海电驱动，只……只是，溢价率比较高。""有多高？""1 057.12%！"

二、行业之星——上海电驱动

（一）上海电驱动发展历程

在 2013 年 4 月 19 日举行的 2012 年度上海市科技奖励大会上，上海电驱动股份有限公司总经理贡俊从市领导手中接过"青年科技杰出贡献奖"的证书。2年前，作为上海市科技进步一等奖项目"高密度永磁电机项目"的第一完成人，由于在外地他错过了领奖。这一次，作为青年科技杰出贡献奖的首批入选者，45岁（获奖年龄上限）的他笑称自己"恰巧赶上了末班车"。在业内，贡俊被称为新能源汽车设计的"心脏"。

1996年，上海提出5年内淘汰燃油助动车、用电动自行车取代的计划，贡俊所在的研究小组得到8万元研究经费，开始研究"2个轮子的电机"。几年下来，一套适用于电动自行车的电机控制技术已日趋完善。然而，由于科研院所在体制、功能等方面的限制，这项技术并没有得到很好推广。贡俊觉得，如果换一种机制，或许能"柳暗花明"。就这样，2001年，33岁的贡俊被"赶下海"。同年，国家成立电动汽车重大专项，由于技术的相通性，贡俊被有关领导点名"应战"，这也成为他从研究"2个轮子"到研究"4个轮子"的契机。

从那以后，贡俊在新能源汽车电机行业越战越勇，先后创立多家公司，在行业的影响力也是水涨船高。2008年7月8日，由上海升安能驱动科技有限公司（由贡俊于2008年6月创立）、上海安乃达驱动技术有限公司（由贡俊于2001年12月创立）、宁波韵升股份有限公司、宁波韵升投资有限公司和北京中科易能新技术有限公司共同建立上海电驱动有限公司，贡俊占股55%，为实际控制人。公司专门从事研发、生产和销售乘用车和商用车新能源汽车的驱动电机系统。凭借着核心技术的支持，上海电驱动在新能源汽车电机领域中突飞猛进，成为当之无愧的龙头企业，国内市场占有率达30%以上，产值连续两年实现翻番。

2013年8月19日，时任上海电驱动董事长的贡俊在接受解放日报记者采访时表示：我国丰富的稀土资源（永磁电机的主要原材料）和低廉的人力成本，会使世界各国的电机设计都聚集到此。因此他料定，全球汽车界一流的跨国公司都考虑把他们的新能源汽车电机放到中国来做。同时，贡俊还透露，公司正在上海国际汽车城新能源汽车零部件产业园区进行新能源汽车驱动电机系统生产建设项目，该项目估计需要总投资约4亿元人民币，完成后可以实现新能源汽车驱动电机系统年产能18万台（套），预计年产值将超过10亿元人民币。

同年，驱动电机成为科技部《电动汽车科技发展"十二五"专项规划》的重点内容，我国政府鼓励企业发展高效电机、电力电子集成和机电集成技术。上海电驱动响应政府号召，主动申请并承担"十二五"863计划中《电动汽车用驱动电机全产业链关键技术研究》的课题，重点研究上游关键零部件和元器件关键技术，以填补国内空白。

（二）行业之星的身价

事业蒸蒸日上的贡俊不断收到大企业的橄榄枝，希望将贡俊以及他的上海电驱动收至麾下。那么，这家年轻的公司，在市场以及各大买主眼里究竟值多少钱呢？大洋电机在提出正式收购申请之前做了一系列尽职调查。

2015 年 3 月，大洋电机聘请上海东洲资产评估有限公司（下称东洲评估）对上海电驱动股份有限公司进行公司价值评估。东洲评估认为由于目前资本市场中不存在足够数量的与标的资产相同或相似的可比企业及交易案例；或虽有交易案例，但无法获取该交易案例的市场信息、财务信息及其他相关资料，不具备使用市场法的必要前提，因此本次评估不适宜采用市场法。本次评估采用资产基础法及收益法两种方法对上海电驱动 100％股权的价值进行评估，并在综合考量不同评估方法和初步评估结论合理性的基础上，最终选取收益法作为本次预估结论。

东洲评估以 2015 年 3 月 31 日为评估基准日，对上海电驱动 100％股权采用收益法预估结果作为标的资产的预估值，预估值为 350 000 万元，较上海电驱动未经审计的归属于母公司股东权益账面价值 30 247.45 万元，增值 319 752.55 万元，增值率为 1 057.12％。

如此之高的增值率让大洋电机的调查员心生疑虑。因为收益法是将公司未来收益现金流折现后反映当前的价值，因此大洋电机的调查员对上海电驱动的未来收益现金流进行了进一步调查。

根据东洲评估出具的《企业价值评估报告书》显示，结合上海电驱动的历史收益情况，其未来的收入现金流如表 4.4 所示。

表 4.4　上海电驱动未来现金流预测表

年份	营业收入（千万）	增长率（％）	企业自由现金流（千万）
2015	1 040	73	77
2016	1 560	50	28
2017	2 240	44	45
2018	3 210	43	163
2019	4 470	39	266
2020	5 370	20	435
2021	6 000	12	557
2022 及以后	6 000	0	634

调查员为了判断评估结果的合理性，着重对 2015 年营业收入预测进行合理性分析，如表 4.5 所示。

表 4.5　上海电驱动营业收入预测合理性分析表

营业收入影响因素	具体情况
政策	2015 年 4 月，国家新出台了《关于 2016—2020 年新能源汽车推广应用财政支持政策的通知》，提出对于续驶里程大于 6 公里的新能源纯电动客车按其单位载质量能量消耗量、续驶里程及车长给予 2.4～60 万元补贴，对于续驶里程大于 50 公里的新能源插电式混合动力（含增程式）客车按续驶里程、车长给予 4～30 万元补贴
销量	2015 年上海电驱动所配套乘用车车型的良好市场表现将带动其乘用车驱动电机系统销售收入的增长。已批量化的车型奇瑞 eQ、奇瑞 QQ 将继续保持稳步增长；长安逸动、东风小康在 2014 年推出市场后，获得了较好的市场反应，今年产销量将处于爬坡期；同时，知豆 2、东南菱悦 V5、力帆物流车等多款新车型也将实现批量和小批量生产

经过分析，大洋电机的调查员认为东洲评估的评估结果合理。不禁要感叹，当初注册资本只有 6 615 万元的上海电驱动，在不到十年的时间里成长成一个市值 35 亿的"航空母舰"，成为名副其实的行业之星。

三、大洋电机的抉择

听完欧阳经理对上海电驱动基本情况的介绍，鲁董事长将这一提案递交董事会，董事会上大家进行了进一步的讨论和研究。

（一）并购动机

1. 高溢价原因分析

上海电驱动预估值为 350 000 万元，较股东权益账面价值 30 247.45 万元，增值率为 1 057.12%。鲁董事长结合欧阳经理的报告，认为如此之高的溢价率，其主要原因是标的公司账面净资产不能全面反映其真实价值，上海电驱动所在行业良好的发展前景以及其显著的行业影响力、强大的研发实力、丰富的客户资源、优质的产品质量将为企业价值带来巨大溢价。具体体现在如下三个方面：

（1）行业发展空间大。我国政府高度重视新能源汽车产业发展，并出台了一系列政策鼓励新能源汽车的生产与消费。未来随着我国新能源汽车购置成本逐步降低、充电设施日渐完善以及产品性能不断优化，到 2020 年有望实现《节能与新能源汽车产业发展规划（2012—2020 年）》中提出的纯电动汽车和插电式混合动力汽车累计产销量超过500 万辆的目标。而上海电驱动作为新能源汽车关键零部件驱动电机系统的主要企业之一，其未来的市场规模也将随着新能源汽车产业快速发展。

（2）客户资源优势。上海电驱动拥有完整的产品系列，下游应用领域广泛，包括混合动力汽车、纯电动汽车及燃料电池汽车等各类节能与新能源汽车。经过多年的发展，上海电驱动积累了丰富客户资源，客户主要包括宇通客车、北汽福田、中通客车、恒通客车、金龙客车、安凯客车、上海申沃、上海万象、上海申龙、上汽集团、一汽集团、长安汽车、奇瑞汽车、江淮汽车、华晨汽车、吉利汽车等国内知名整车制造企业。

（3）行业口碑良好。上海电驱动采用国际质量体系要求组织产品生产，并制定了系统的质量控制措施，对生产过程中的每个环节进行严格的管理和检验，以保证产品质量，让客户在使用中获得最大的质量和安全保障，在行业中树立了良好的品牌形象，确立了行业中的领先地位。

2. 谋求高新技术

在掌门人贡俊的带领下，上海电驱动通过多年的技术积累已获得专利技术 15 项，具备新能源汽车驱动电机及其总成系统的整体研发实力，通过对电机及其控制器进行的集成设计开发，提高了产品的功率密度和系统性能。此外，上海电驱动在电机集成优化设计、电机控制器功率集成设计、驱动电机控制策略优化、驱动电机系统专业工艺等驱动电机系统的核心技术领域拥有较强的技术竞争优势。

因此，董事会表示，如果并购提案通过，上海电驱动在被收购之后将保留原有的管理团队以及科研团队，贡俊将继续留任上海电驱动的董事长，同时成为大洋电机的董事。

最终，经过对各方面的深入研究，董事会通过了该并购提案，并于 2015 年 6 月 2日与上海电驱动股东签订购买资产协议，6 月 16 日公布并购预案。2016 年 1 月 4 日，双方签订《资产交割确认书》，并购交易正式完成。

（二）并购效果

一直以来，大洋电机在做好家电电机产业的基础上，加快实施产业转型升级与资源整合，已形成家电及家居电器电机、新能源汽车驱动电机系统和汽车旋转电器三大业务板块。三大业务板块中，新能源汽车事业板块发展较快，但发展速度一直低于预期。大洋电机是想通过本次并购，补齐新能源汽车事业这一短板，提升公司综合竞争能力。

1. 业务结构优化

在国内新能源汽车产业快速发展的大背景下，并购新能源汽车驱动电机系统领域具有一定行业经验、专业技术积累及先发优势的企业，是实现快速布局并全面介入新能源汽车领域的有效途径。本次交易完成后，大洋电机新能源汽车事业板块的营业收入将得到迅速提升，业务结构将进一步优化，见图 4.3，形成三大业务板块齐头并进、全面发展的良好局面。

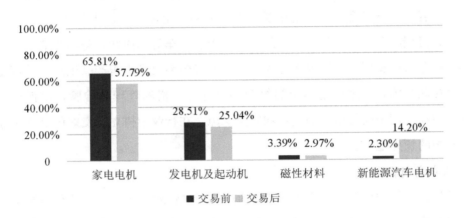

图 4.3   交易前后主要业务销售收入占比变动情况

2. 经营业绩提升

成功并购上海电驱动后，进一步推进新能源车辆动力总成系统的批量生产及新能源车辆运营平台使用，使其成为公司新的利润增长点。表 4.6 截取自大洋电机 2016 年第一季度报告。

表 4.6   2016 年第一季度大洋电机经营业绩情况

	本报告期	上年同期	增减
营业收入	1 348 172 409.94 元	1 065 178 449.96 元	26.57%
净利润	74 778 630.07 元	53 733 902.48 元	39.16%
毛利率	24.80%	20.08%	4.72%

此外，第一季度报中还对 1 月至 6 月的经营业绩情况进行了预测。预计净利润较上年同期增幅区间会在 17 742.78 万元～22 178.48 万元，变动幅度 20%～50%。

3. 提振股价

图 4.4 是截取了大洋电机 2015 年 2 月 26 日至 2015 年 7 月 24 日的股价波动情况。

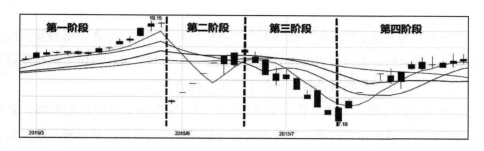

图 4.4　大洋电机股价波动情况

（1）第一阶段：2015 年 2 月 26 日至 2015 年 3 月 19 日。大洋电机于 2015 年 2 月 26 日公布 2014 年年报，业绩喜人，加之大洋电机有意并购上海电驱动的消息传出，两大利好信息推高股价，股价从 14.45 元涨至 19.15 元。2015 年 3 月 19 日，公司开始并购事项，公司股票停牌。

（2）第二阶段：2015 年 6 月 16 日至 2015 年 6 月 25 日。2015 年 6 月 16 日大洋电机公布并购预案，同日股票复牌，股价从 9.58 元（并购发行新股）快速拉升至 16.67 元。

（3）第三阶段：2015 年 6 月 25 日至 2015 年 7 月 7 日。1057% 的溢价率让市场有所犹豫和质疑，空头开始压制多头，股价跌至近两年的最低点——7.18 元。

（4）第四阶段：2015 年 7 月 7 日至 2015 年 7 月 18 日。事实证明，并购是有利于大洋电机长远发展的，公司在并购过程中实现了协同效应，大大增加公司的综合竞争力。

四、展望未来

2016 年 6 月 16 日，腾讯财经刊登了一篇来自香港群益证券的行业研究报告，报告标题为《大洋电机：收购上海电驱动，成为新能源车用驱动电机新旗舰》，报告还首次对大洋电机的评级给予强力买入建议。对于本次并购对公司未来的影响，鲁董事长在接受采访时表现得信心十足，他认为并购上海电驱动可以快速提高公司在新能源汽车动力总成领域的研发和产业化实力，未来的新能源汽车动力产业一定会成为公司支柱产业之一，公司持续盈利能力和公司价值也将得到进一步提升。

五、回望

大洋电机并购上海电驱动后，始终专注于电机行业及其相关配套应用领域。依托在建筑及家居电器电机行业多年积累的电机及电控技术经验和优势，抓住国家新能源汽车行业发展的契机，在汽车零部件行业进行了积极的战略布局。

2021年12月28日，大洋电机公布"领航计划一期"员工持股计划草案，公告显示，公司高度重视战略新兴产业应用技术及前沿基础技术的研发，多年来不断开展技术创新，完善战略布局，在节能环保、产业升级大方向的指引下，不断加大对产品的研发投入，并在国内外设立了研发中心，使公司技术一直走在行业的前沿，研发量产的相关产品在行业内处于技术领先地位。公司在快速发展过程中，吸引了行业高层次人才、国家重大项目总体专家组专家以及地方学科带头人或领军人才在内的众多技术人才持续加盟。此次员工持股计划的参加对象为公司新能源汽车电驱动动力总成系统及氢燃料电池系统业务（含下属子公司）的核心研发人员。

此前大洋电机高价收购上海电驱动，步入新能源电机领域的战略布局使大洋电机不断加大对新能源汽车动力总成系统业务的投入，大洋电机在并购上海电驱动等汽车关键零部件企业后在国内率先成功地跨入了新能源汽车动力总成系统行业。近年来大洋电机通过股权投资、战略合作、产学研等多种方式延伸到氢燃料电池及其关键零部件行业，形成了包括电机、电控、电池在内的完整的新能源汽车动力总成系统，并逐步构建完善的电机行业产业链，实现了产业的转型升级。

【讨论题】

1. 请从宏观环境和行业环境的角度，分析大洋电机如何选择并购标的。

2. 企业价值评估的方式有哪些？简要介绍不同方法的特点和适用情况。

3. 并购的协同效应使双方达到"共赢"，实现协同效应需要考虑哪些因素？

4. 本并购案涉及众多利益相关者，如大洋电机、上海电驱动、贡俊、中小股东等等，你认为谁是最大的获利者？

5. 试用SWOT分析法分析大洋电机并购新能源汽车电机领域龙头企业上海电驱动后大洋电机的发展前景。

【案例说明书】

1. 请从宏观环境和行业环境的角度，分析大洋电机如何选择并购标的。

（1）宏观环境分析。

在"一带一路"倡议的引导下，我国越来越多的电机制造企业开始走出国门，将过剩的产能向国际输出。政府也出台了一系列支持性政策保证电机产品在国内国际市场中的需求，比如电机制造业在《国民经济和社会发展第十三个五年规划纲要》中被定为重点发展对象之一。

同时，社会技术的革新，也对电机制造企业提出了更高的要求。工业和信息化部在《电机能效提升计划（2013—2015 年）》中提出：到 2015 年，实现电机产品升级换代，50％的低压三相笼型异步电动机产品、40％的高压电动机产品达到高效电机能效标准规范；累计推广高效电机 1.7 亿千瓦，淘汰在用低效电机 1.6 亿千瓦，实施电机系统节能技改 1 亿千瓦，实施淘汰电机高效再制造 2 000 万千瓦。2015 年 11 月 25 日湖南省经信委下发《关于做好 2016 年度省技术改造节能创新专项资金项目申报工作的通知》，通知中显示节能创新专项资金项目包括电机能效提升项目。

（2）行业环境分析。

通过行业周期分析，电机行业整体处于成熟期，但细分行业的情况各不相同。参考本案例正文第一节中的"（三）谋求新出路"。

结合宏观环境和行业环境分析，大洋电机应该在新能源汽车电机这一子行业中寻找合适的并购对象，上海电驱动便是合适的并购标的。

可以提供其他答案，如使用 PEST 模型、波特五力模型来分析，言之有理即可。

2. 企业价值评估的方式有哪些？简要介绍不同方法的特点和适用情况。

根据《资产评估准则——企业价值》（中评协〔2018〕38 号），注册资产评估师执行企业价值评估业务，主要有分析收益法、市场法和成本法（资产基础法）三种基本方法。

市场法：市场法是指将评估对象与参考企业、在市场上已有交易案例的企业、股东权益、证券等权益性资产进行比较以确定评估对象价值的评估思路。适用于存在与被评估企业资产规模、所处发展阶段、主要业务等情况相近的上市公司。

分析收益法：分析收益法是预计估价对象未来的正常净收益，选择适当的报酬率或资本化率、收益乘数将其折现到估价时点后累加，以此估算估价对象的客观合理价格或价值。适用于被评估企业未来收益期和收益额可以预测并可以用货币衡量，同时获得预期收益所承担的风险也可以量化的情况。

资产基础法：资产基础法即成本法，它是以评估基准日市场状况下重置各项生产要素为假设前提，根据委托评估的分项资产的具体情况，选用适宜的方法分别评定估算各分项资产的价值并累加求和，再扣减相关负债评估值，得出股东全部权益的评估价值。实际应用中，资产基础法可能采用收益法计算的长期投资的股权价值，还可能采用市场法计算固定资产价值。资产评估师对同一评估对象评估时，应当针对不同类型的资产，及所使用数据的质量和数量，考虑不同评估方法和初步价值结论的合理性。

3. 并购的协同效应使双方达到"共赢"，实现协同效应需要考虑哪些因素？

（1）规模经济。

通过并购可以产生规模经济效应，具体表现为随着生产规模扩大，单位产品所负担的固定费用下降从而导致并购双方收益率的提高，实现双赢。

（2）市场占有率和竞争力。

通过并购行业内优秀企业，获取其市场份额，增强并购双方整体的市场竞争力，削弱竞争对手。同时保障市场需求，提高自身议价能力，从而增加整体效益。

（3）技术互补。

2009年起，大洋电机开始涉足新能源汽车产业，通过近几年的不断投入和积累，已取得一定成果。在技术研发和生产力方面，大洋电机拥有三个研发中心和三个大型生产基地。而上海电驱动为国内新能源汽车驱动电机系统行业中为数不多的拥有自主研发设计能力的企业之一，且凭借多年的深耕细作，其在先发地位、持续创新、客户资源、产品质量等方面确定了较强的竞争优势。因此，并购双方在生产资源和技术资源方面完成互补，实现协同效应。

（4）企业管理。

管理协同效应主要指的是协同给企业管理活动在效率方面带来的变化及效率的提高所产生的效益。如果协同公司的管理效率不同，在管理效率高的公司与管理效率不高的另一个公司协同之后，低效率公司的管理效率得以提高，这就是所谓的管理协同效应。比如，并购双方通过并购达到节省管理费用、提高企业运营效率、充分利用过剩的管理资源等目的。

（5）财务状况。

考虑并购是否达到财务协同效应，即并购在财务方面给协同公司带来收益，具体可能表现为：财务能力提高、内部现金流更加充足、资金流向更有效益的投资机会、筹集费用降低等等。

可考虑其他因素，言之有理即可。

4. 本并购案涉及众多利益相关者，如大洋电机、上海电驱动、贡俊、中小股东等等，你认为谁是最大的获利者？

这个问题是一个开放性问题，可根据各自的理解作答。本案例说明书以"贡俊"为例，认为其是最大的获利者，原因如下：

贡俊在业内被称为新能源汽车电机设计的"心脏"，其带领的团队拥有很强的核心技术研发能力。2001年，贡俊开始在新能源汽车电机行业创业，先后创立多家公司。经过十多年的奋斗，他所创立的上海电驱动已成为业内领先的新能源汽车驱动系统解决方案供应商，市场占有率超过30%，同时越战越勇的他在行业的影响力也是水涨船高。

但是，随着科研力度的加大和企业的发展，资金的限制成了贡俊以及企业的发展瓶颈。于是，谋求新的资金来源成为贡俊进一步发展的突破点，鉴于当前上市融资苛刻条件的限制，选择被大型上市公司收购是一个合适的途径。2015年3月，大洋电机向贡俊发出了收购意向，经双方的研究和协商，大洋电机愿意支付超高的并购对价。更重要的是本次并购可以给并购多方带来协同效应：对于大洋电机而言，其急切需要贡俊及其团队的核心技术和研发能力；对于上海电驱动，它也需要大洋电机的资金支持以保证自己生产中心和研发中心的建设；对于贡俊个人而言，被大洋电机收购之后，不仅可以保留上海电驱动的管理团队和科研队伍，同时还成为大洋电机的董事，是一笔只赚不亏的买卖。因此，我们认为贡俊是本次高价并购案的最大获利者。

可以提供其他答案，言之有理即可。

5. 试用SWOT分析法分析大洋电机并购新能源汽车电机领域龙头企业上海电驱动后大洋电机的发展前景。

家电产品行业属于中低端电气行业，一直以来都是竞争激烈的红海，行业生命周期也显示家电行业正从成熟期向衰退期发展，供应商与购买者的议价能力较强，替代品威胁较大。大洋电机在收购上海电驱动前就已步入新能源汽车驱动领域，但由于没有足够的经验，大洋电机的新能源业务一直没有起色。而上海电驱动成立之初就专注于新能源汽车驱动系统，包括电机和控制器。收购前两家的关系属于同行业竞争关系，收购后两家公司在多方面都实现了合作共赢。

近年来，国家频频出台新能源领域的支持政策，鼓励新能源汽车行业发展。在新能源汽车技术不断进步和各政策支持的情况下，新能源汽车的产销率不断增加。2014年中国新能源汽车销量74 763辆，同比增长324%，2014年中国新能源汽车产量78 499辆，同比增长348%。新能源车驱动系统主要是由电机及其控制器组成，电机驱动系统是新能源汽车的核心部件，随着新能源汽车销量不断扩大，电机系统市场产值将不断提升，市场前景十分广阔。而上海电驱动成立之处就专注于新能源汽车驱动电机系统领域，在行业中处于领先地位，电机领域已接近世界水平。其突出的技术研发水平在行业内获得了广泛的认可，已与多家整车制造企业和商用车动力集成系统生产厂商建立了良好的合作关系。

此次并购后，新能源汽车驱动电机系统行业领先者强强联手，大洋电机将自身强大的规模化生产能力与上海电驱动先发的技术研发优势相结合，在研发、供应链管理、生产组织、客户资源等方面实现了协同效应优势。在研发资源上，大洋电机拥有三个技术研发中心、两个国家级实验室并设立博士后工作站。上海电驱动检测中心为国家机动车产品质量监督检验中心加盟实验室。两者研发资源的整合有助于保持技术领先地位；在供应链管理上，电机驱动系统成本中材料占比较高，双方整合后可以提高对供应商议价能力。此外大洋电机零件生产制造能力强，上海电驱动部分外购材料可以由大洋电机完成，实现集团内自主制造，提升毛利率；在生产组织协同方面，大洋电机有较强的规模化生产组织能力，上海电驱动的工艺技术水平领先。并购后两方在生产组织、生产工艺上形成优势互补，有助于进一步提高生产效率和产品质量；在客户资源方面，大洋电机和上海电驱动有部分相同客户，双方存在一定竞争，并购后可以减少互相竞争，增加对客户的议价能力。

大洋电机收购上海电驱动后，公司规模不断扩大，公司日常管理工作难度趋增，同时监管部门对上市公司的规范要求也日益提高和深化，公司不仅需要在原有基础上进一步加强管理，同时更要关注新增业务以及新增子公司能否在合规的基础上良好融入公司体系，从而实现整体健康、有序地发展。公司于 2015 年开始介入新能源汽车运营平台业务，并在 2016 年涉足氢燃料电池行业。要实现新业务的快速推进，促进公司新能源汽车动力总成系统业务的发展，对公司运营人才储备和管理能力提出了新的要求。从氢燃料电池汽车以及氢燃料电池相关产品在国际市场的产业化过程来看，未来氢燃料电池汽车在国内可能将经历一段较长的推广期，市场容量及市场发展速度存在一定的风险。同时，政策的支持吸引着越来越多的企业进入新能源领域，竞争对手的加入存在潜在的威胁。此外，大洋电机高价并购上海电驱动形成了巨大的商誉，如果未来宏观经济、市场环境、监管政策变化或者其他因素导致该并购资产未来经营状况未达预期，公司将存在商誉减值的风险，对公司的当期损益将造成不利影响。大洋电机收购上海电驱动后的 SWOT 分析，如表 4.7 所示。

表 4.7　大洋电机收购上海电驱动后的 SWOT 分析表

优势 （Strengths）	1. 研发资源优势：研发资源整合有助于保持技术领先地位 2. 供应链管理优势：提高供应商议价能力，提升产品毛利率 3. 生产组织优势：提高生产效率和产品质量 4. 客户资源优势：提高对客户的议价能力 5. 行业地位优势：两者强强联合，坐稳行业龙头
劣势 （Weaknesses）	1. 管理工作难度劣势：管理公司规模扩大导致管理工作难度趋增 2. 商誉减值劣势：高价收购上海电驱动形成较大的商誉，存在商誉减值的风险
机遇 （Opportunities）	1. 政策机会：国家对新能源汽车的大力支持 2. 发展空间机会：电机驱动系统为新能源汽车核心部件，市场空间大
风险 （Threats）	1. 业务推广不确定性威胁：推广氢燃料电池业务推广期长，市场容量和市场发展速度存在一定不确定性 2. 潜在竞争对手威胁：新能源领域吸引大量企业进入，存在潜在的威胁

【参考文献】

[1] 周绍妮，文海涛. 基于产业演进、并购动机的并购绩效评价体系研究 [J]. 会计研究，2013（10）：75-82＋97.

[2] 陈仕华，卢昌崇. 企业间高管联结与并购溢价决策——基于组织间模仿理论的实证研究 [J]. 管理世界，2013（05）：144-156.

[3] 唐兵，田留文，曹锦周. 企业并购如何创造价值——基于东航和上航并购重组案例研究 [J]. 管理世界，2012（11）：1-8＋44.

[4] 梁美健，吴慧香. 考虑协同效应的并购目标企业价值评估探讨 [J]. 北京工商大学学报（社会科学版），2009，24（06）：96-99.

[5] 郑莉，王文岩. 浅析协同效应对公司并购价值评估的影响 [J]. 商业时代，2010（07）：55-56＋93.

本案例资料来源于大洋电机官网、上海电驱动官网、巨潮网、新闻报道以及学术论文等，并且参考了刘志远教授编写的《高级财务管理》。感谢林敏菁、叶馨宜、谢烨飞等为本案例提供的支持，同时，感谢参与案例撰写的成员谢冰等。特别感谢吴憩棠、王怡洁、冯毅、张玉荣等，为案例撰写提供了线索与参考资料。

案例五

沃华医药并购康辰药业：是增加协同效应还是潜在利益输送？

【案例背景】

在上市公司中，同一实际控制人旗下的子公司之间的关联并购频繁发生。2017 年，沃华医药收购其"兄弟公司"康辰药业，并签订高业绩承诺的对赌协议来支撑高达 6 倍的溢价，将资产转移至实际控制人独资的投资公司。该案例重点探讨在企业关联并购中，并购动机不纯，存在以利益输送为目的的并购可能。

【学习目的】

通过该案例的学习和讨论，掌握企业价值评估理论与方法及其标的方对赌协议对企业价值评估的影响。高业绩承诺的对赌协议能大幅增加交易对价估值，这可能会成为大股东损害小股东利益、进行利益输送的新手段，也可能会形成上市公司高额的并购商誉。在了解对赌协议相关概念和内容后，进一步学会辨识企业并购是增加协同效应，还是潜在利益输送。

【知识要点】

关联并购；利益输送；对赌协议

【案例正文】

赵丙贤是沃华医药与康辰药业的同一实际控制人。2015 年 7 月 16 日，赵丙贤通过控股公司沃华医药出资 18 145.80 万元，收购康辰药业 51％股权。沃华医药以收益法为基础确定康辰药业并购溢价高达 621.3％，而当时所在行业并购平均溢价为 100.3％。两公司签订了针对康辰药业三年净利润的难以完成的高业绩对赌协议，2015 年，康辰药业也只是刚刚达到业绩承诺要求。赵丙贤通过此次高达 6 倍的溢价并购将资产转移至自己独资的投资公司，引起了投资者们的广泛热议。

一、公司简介

（一）沃华医药

山东沃华医药科技股份有限公司（以下简称"沃华医药"）是一家心脑血管领域的中成药公司，于 2007 年 1 月 24 日在深圳证券交易所挂牌上市（002107）。沃华医药目前拥有 144 个中成药品种，涵盖 15 个中成药剂型，主导品种心可舒片是受独家保护的国家中药二级保护品种，2014 年销售收入为 2.8 亿元，占公司收入比重为 89％，品种较单一。

1991 年，赵丙贤与其妻子陆娟共同创立北京中证万融投资公司（以下简称"中证万融"）分别占 80％和 20％的股权。中证万融是一家专注于医药行业的投资公司，目前已投资沃华医药、世纪盛康、康辰药业等医药公司。中证万融持有沃华医药 50.27％的股份，因此，赵丙贤间接持有沃华医药 40.22％的股份，为沃华医药实际控制人。

（二）康辰药业

辽宁康辰药业有限公司（以下简称"康辰药业"）是一家 2004 年 4 月 30 日建成的现代化中药制药领域的国家高新技术企业，公司主要研发骨质疏松领域领先中药，主导产品骨疏康颗粒占其收入的 80％。

2010 年 9 月 9 日，康辰药业原股东（康辰股份和刘建华）将其所持 1 280 万元的注册资本转让给中证万融。2010 年 9 月 21 日，中证万融认购新增的 400 万元注册资本。自此，中证万融共持有 1 680 万元注册资本，占有康辰药业 70％的股权。2015 年 3 月 23 日，中证万融又将其持有的 70％股权 1 680 万元全额转让给赵丙贤，股权变更及股东出资情况如图 5.1 所示。其中，青岛康济生投资有限公司（以下简称"康济生"）系中证万融 2013 年 3 月 18 日成立的 100％控股子公司，赵丙贤担任执行董事兼总经理。

二、并购历程

（一）资金来源

2007 年 1 月，沃华医药采用网下向询价对象询价配售和网上向社会公众投资者定价发行相结合的方式发行人民币普通股（A 股）股票

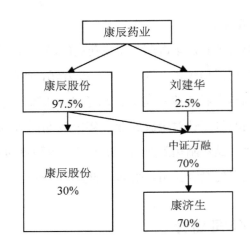

图 5.1   康辰药业股权变更图

1 800 万股，每股发行价为 10.85 元，募集资金净额 17 907 万元。2008 年 8 月，沃华医药向特定对象非公开发行人民币普通股（A 股）股票 1 200 万股，每股发行价格为人民币 22.76 元，募集资金净额 26 162 万元。发行股票后公司实际控制人仍为赵丙贤。2015 年 7 月 15 日，沃华医药宣布终止 2008 年非公开发行募投项目中的口服液 GMP 车间建设项目、胶囊剂 GMP 车间项目、颗粒剂 GMP 车间项目、膏剂 GMP 车间项目以及首次公开发行募投项目中的营销网络建设项目，并将上述非公开发行中终止项目募集资金 12 574.54 万元以及首次公开发行中终止项目募集资金 2 900.00 万元，合计 15 474.54 万元用于收购康辰药业股权。表 5.1 为募集资金原承诺与变更后项目情况表。

表 5.1   募集资金原承诺与变更后项目情况表　　　　　　　（单位：万元）

变更后的项目	原承诺项目	原项目承诺投资总额	原项目实际投资总额	变更后项目拟投入募集资金总额	合计
收购康辰药业 51％股权项目	口服液 GMP 车间项目	4 949.56	1 572.43	3 377.13	12 574.54
	胶囊剂 GMP 车间项目	4 652.95	1 604.88	3 048.07	
	颗粒剂 GMP 车间项目	4 461.28	1 550.16	2 911.12	
	膏剂 GMP 车间项目	4 892.21	1 653.99	3 238.22	
	营销网络建设项目	2 900.00	0.00	2 900.00	2 900
合计	—	18 956.00	6 381.46	15 474.54	15 474.54

（二）交易过程

2015 年 7 月 8 日，沃华医药发布《重大事项停牌公告》，公司于当日开市起停牌，开始筹划重大事项，事项为公司拟变更部分募集资金投资项目并使用部分自有资金收购目标公司股权；2015 年 7 月 15 日，沃华医药召开第四届董事会第十九次会议及第四届监事会第十七次会议，审议通过《关于变更部分募集资金投资项目实施方式并使用部分自有资金收购相关资产暨关联交易的议案》；2015 年 7 月 16 日，沃华医药发布《重大事项复牌公告》，公司于当日复牌，并披露了《拟股权收购涉及的辽宁康辰药业有限公司股东全部权益价值评估项目评估报告》《关于变更部分募集资金投资项目实施方式并使用部分自有资金收购相关资产暨关联交易的公告》《关于收购辽宁康辰药业有限公司51％股权的可行性研究报告》等一系列公告；2015 年 9 月 18 日，康辰药业完成工商变更登记，并购计划实施完毕。表 5.2 为沃华医药此次并购过程中公布的一系列公告。

表 5.2　并购过程中的一系列公告

公告日期	公告名称	公告内容
2015.07.08	《重大事项停牌公告》	公告停牌
2015.07.16	《拟股权收购涉及的辽宁康辰药业有限公司股东全部权益价值评估项目评估报告》	康辰医药价值评估
2015.07.16	《国都证券股份有限公司关于公司变更部分募集资金投资项目实施方式并使用部分自有资金收购相关资产的核查意见》	保荐机构同意沃华医药募集资金使用情况及变更事项
2015.07.16	《辽宁康辰药业有限公司审计报告》	康辰药业财务报表的审计报告
2015.07.16	《关于变更部分募集资金投资项目实施方式并使用部分自有资金收购相关资产暨关联交易的议案》	披露并购使用资金来源
2015.07.16	《第四届董事会第十九次会议决议公告》	审议通过《关于变更部分募集资金投资项目实施方式并使用部分自有资金收购相关资产暨关联交易的议案》
2015.07.16	《关于收购辽宁康辰药业有限公司51％股权的可行性研究报告》	并购康辰药业的可行性分析
2015.07.16	《重大事项复牌公告》	公告复牌
2015.09.18	《关于股权收购公司完成工商变更登记的公告》	康辰药业完成工商变更登记

（三）并购估值

2015 年 7 月 16 日，沃华医药发布了亚洲（北京）资产评估有限公司对康辰药业股东全部权益在 2015 年 5 月 31 日的市场价值评估报告。经交易各方协商，最终，以收益法评估价值为基础，协商确认康辰药业 51% 股权交易作价为 18 145.80 万元，增值额 15 598.15 万元，增值率 620.76%。

同时，沃华医药与转让方签订对赌协议，暂付 90% 的交易价款，交易对方承诺康辰药业 2015—2017 年三年净利润分别不低于 1 189 万元、1 845 万元、2 428 万元。如果康辰药业实现业绩承诺，剩余 10% 的价款在出具 2017 年度审计报告后支付；如果实际净利润未达到上述承诺的净利润，以剩余未支付的 10% 股权转让款项补足净利润差额，补足后剩余款项支付给转让方，不足以补足部分，由转让方按协议签署时所持康辰药业的股权比例以现金形式补足。

（四）并购结果

公司通过变更 2008 年非公开发行股票及 2007 年首次公开发行股票的部分募集资金投向并使用部分自有资金用于收购康辰药业 51% 股权，交易价格为 18 145.80 万元。康济生投资公司及康辰股份公司分别将持有的股份中 35.7% 和 15.3% 的股份转让给沃华医药。并购完成后，康辰药业由沃华医药实际控制。并购完成后康辰药业股权结构如表 5.3 所示。

表 5.3　并购完成后康辰药业股权结构

股东名称	出资额（元）	控股比例（%）
山东沃华医药科技股份有限公司	12 240 000	51.0
青岛康济生投资有限公司	823.2	34.3
康辰医药股份有限公司	352.8	14.7
合计	24 000 000	100

本次交易是关联股东之间同一控制下的控股合并。截至 2015 年 9 月 17 日，上市公司实际控制人赵丙贤的持股比例为 70%；本次交易完成时，赵丙贤的持股比例从 70% 下降至 54.7%，仍为公司的最终控制人。根据《企业会计准则第 20 号——企业合并》，该交易是同一控制下的企业合并，构成关联交易。

（五）并购效应

表 5.4 是沃华医药 2011—2016 年的财务数据。根据沃华医药 2016 年第一季度财务报表显示，净利润同比下降 25.44%，其他财务指标也略有下降，协同效应的增强并不明显。

表 5.4　沃华医药 2011—2016 年财务数据　　（单位：万元）

指标	2016.6.30	2016.3.31	2015	2014	2013	2012	2011
营业收入	27 576.06	13 170.43	46 892.37	31 530.80	25 559.78	20 960.68	14 902.86
营业成本	6 950.31	3 462.76	12 963.20	8 395.12	5 552.24	4 578.15	3 459.79
营业利润	3 060.05	2 044.50	7 821.52	2 864.61	903.54	602.16	446.26
利润总额	3 262.76	2 051.23	8 548.79	3 654.92	1 062.43	834.52	744.20
净利润	2 555.5	1 776.88	8 192.84	3 654.80	1 062.13	834.04	743.28
流动资产	34 318.24	35 669.19	34 627.54	43 529.80	40 016.29	38 685.57	40 870.54
固定资产	21 109.72	21 333.01	21 489.84	18 040.64	18 679.73	19 358.93	19 916.00
所有者权益	54 030.64	56 502.77	54 725.89	63 174.48	60 503.56	59 441.43	58 607.39
资产负债率	12.19	16.38	18.10	5.52	6.20	7.66	5.83

表 5.5 是康辰药业 2012—2016 年的财务数据，2015 年公司营业收入与上年同期增长 20.21%，净利润同期增长 29%，而同年医药制造业整体营业收入同比增长 9.4%，利润同比增长 11.9%；中成药行业收入增长 5.86%，利润增长 9.15%。2015 年康辰药业收入与利润增速比同行业高出许多，但对比与前两年利润增速，下降明显。

表 5.5　康辰药业 2012—2015 年财务数据　　（单位：万元）

指标	2012.12.31	2013.12.31	2014.12.31	2015.1—5 月	2015.12.31	2016.6.30
总资产	5 064.39	5 789.48	6 354.88	6 911.41	8 639.07	9 305.42
总负债	2 136.30	2 252.81	1 891.81	1 916.01	2 172.67	2 260.66
营业收入	5 186.20	6 463.05	7 505.61	3 350.30	9 022.49	5 018.45
净利润	374.81	608.58	926.40	532.33	1 195.86	578.36
净利润增长率	—	62.37	52.22	—	22.53	—

图 5.2 是中成药行业 2010—2015 年每月的净利润同比增长率，可以看到，每年 3 月都是中成药行业发展的低谷期，增速为全年最低，说明每年 3 月中成药行业的销售情况并

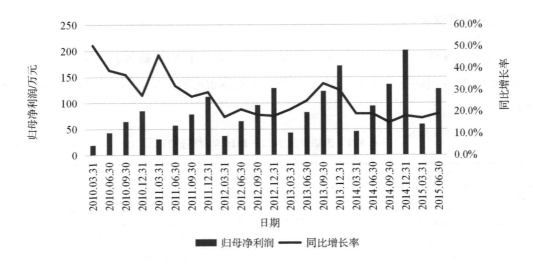

图 5.2　中成药行业 2010—2015 年分月净利润同比增长率

不好。从并购前后康辰药业的净利润数据来看，前五个月净利润为 532.33 万元，平均每月 106.47 万元，后 7 个月实现净利润 663.53 万元，平均每月 94.79 万元。在经历三月销售低迷的情况下，康辰药业被并购后平均每月净利润还低于前五个月平均每月净利润，说明此次并购事件在 2015 年下半年并没有给康辰药业利润的增长带来实质性影响。

三、并购引发关注的焦点

（一）并购前劣迹与股权变动

1. 公司劣迹斑斑

（1）实际控制人赵丙贤被控转移夫妻共有财产。

2010 年 4 月，陆娟以受到家暴为由，将赵丙贤诉上法院要求离婚，这桩案件一直拖到 2013 年才解决。在陆娟向法院呈上的事实中称赵丙贤自 2010 年起便有计划地大规模向外转移财产。2010 年 5 月 19 日，赵丙贤通过其亲信创立了北京特格特管理咨询有限公司（以下简称"特格特"），当月 28 日采用伪造陆娟签字、变造文件等方式办理虚假转让手续将旗下"本杰明""仁海维"等多家公司股权零对价无偿转移至"特格特"。2013 年 5 月 30 日，赵丙贤被北京市海淀区人民法院判定采用非法手段，通过设立特格特公司恶意转移夫妻共有财产，并被证明北京中证万融投资集团有限公司涉嫌提交虚假材料，取得公司变更登记。

(2) 沃华医药财务总监被网上追逃。

2013年2月28日，赵丙贤实际控制的西安世纪盛康药业有限公司（以下简称"世纪盛康"）原始股东杨帆、舒满平和吴芳对赵丙贤进行了实名举报，称赵丙贤指使时任世纪盛康财务总监的王炯将账册和会计凭证等证据转移，并通过中证万融多次挪用、抽逃公司注册资金和企业资金共5 400万元。2013年12月4日，陕西省西安市户县公安局经侦大队以"妨害对公司、企业管理秩序"为名对王炯进行网上追逃。值得注意的是，根据沃华医药2014年年报显示，王炯并未受到该事件影响，依旧担任沃华医药公司董事、财务总监一职。

(3) 沃华医药被控业绩造假。

2013年11月24日，《证券市场周刊·红周刊》刊登一篇名为《沃华医药财务数据疑点多，过亿货币资金或不实》的文章，怀疑公司货币资金不实，巨额资金流向不明，并指责其隐瞒人力成本支出金额，虚增利润。对此，沃华医药第二日临时停牌一天，并发布澄清公告。2013年12月8日，该杂志又刊登了一篇《沃华医药回应财务疑点圆说难，涉嫌人为操纵业绩》，认为该公司的解释表面看似合理，实则又凸显出了其他更多的问题和财务疑点。按照公司的回应，利息收入核算当属违规，定期存款和利息结算之间也存在矛盾。

2. 并购标的（康辰药业）股权的频繁变动

自2002年4月30日至本次并购评估基准日2015年5月31日，康辰药业经历了多次股权变动，包括三次股权转让及两次增资。

2010年9月9日，康辰药业在第二次增资及股权转让后，中证万融首次出现在康辰药业股东列表中，出资1 680万元，占股70%。就在并购评估基准日的前2个月，2015年3月23日，中证万融将其持有的70%股权1 680万元全额转让给赵丙贤控制的子公司康济生，并于4月21日完成工商登记。如此突然的几次频繁股权转让，给这次并购蒙上了一层面纱。

（二）并购中高溢价与高对赌

1. 并购溢价异常

从康辰药业的股权变动来看，本次交易之前的转让与增资价格都没有任何溢价。在本次并购中，股东全部权益账面价值为4 995.4万元，以成本法为基础确定的康辰药业股东全部权益的市场价值评估值为10 968.38万元，增值额5 972.98万元，增值率

119.57％；而以收益法为基础的市场价值为 36 005 万元，增值额 31 009.60 万元，增值率 620.76％。最终，并购双方决定以收益法评估结果为最终结果，确定并购作价。距离最后一次股权转让仅仅 4 个月的时间，康辰药业交易作价高达 6 倍的溢价，是该次并购备受争议的焦点。

2. 形同虚设的业绩对赌协议

在并购估值的过程中，交易双方承诺康辰药业 2015—2017 年三年净利润分别不低于 1 189 万元、1 845 万元、2 428 万元。以康辰药业 2014 年净利润 926.40 万元为基础，相当于要求 2015 年、2016 年、2017 年净利润增速至少分别达到 28.35％、55.17％、31.6％。2015 年康辰药业实现净利润 1 195.86 万元，达到承诺标准。2016 年康辰药业的净利润为 15 689 664.53 元，2017 年的净利润额为 28 561 791.82 元，三年的业绩对赌合计数恰好完成，超出业绩目标值少数，像是设计后的数据，饱受业内人士的质疑。在业绩承诺条款中，交易方只以交易价格的 10％，即 1 814.58 万元作为抵押，即使康辰药业不能完成业绩对赌，也只需补足净利润差额，这对于 15 598.15 万元的估值增值额来说，无疑只是影响甚微的一部分。究竟签订的业绩对赌协议是投资者权益的保障，还是只是用来增加 6 倍交易作价的手段就不得而知了。

（三）并购后股价暴跌

2014 年 12 月至 2015 年 6 月，沃华医药股价从 9.26 元/股涨到 51.31 元/股，区间涨幅 346％，远超于同期上证指数涨幅 77.26％。2015 年 7 月 8 日，沃华医药宣布停牌，并于 7 月 16 日复牌。复牌后股价在短短 2 个月内便下跌了将近 50％，截至 2016 年 6 月 26 日，收盘价为 15.15 元。

对于沃华医药公布的并购利好，股民们却并不买账。有股民发帖《沃华医药只是老赵前期投入其他几个药厂的套现平台》说："从 6 月 30 日之前的股东股份变化可以看出，前十名股东无一增仓，只有不断减仓的。沃华医药是并购资产不假，但只是把前期他投入其他药厂的资产通过注入上市公司变现而已，并且都是高价卖给上市公司！老赵套现了，也未见增持，可见这个价位他看来也没有价值！老赵称作巴菲特，意思是自己前期投入几个药厂卖给上市公司赚钱比较多，而不是给股民创造价值！"股民们都纷纷质疑沃华医药股东发布利好，一直在套现，半个月净流出 10 个亿。2015 年 3 月 25 日新华网报道，沃华医药公布高送转方案，此时涨幅已有 290％。在 3 月 19 日除权除息后的四个交易日里，连续三天报收涨停。但在 3 月 24 日的涨停板上，资金流出迹象明显，全天共有 1.1 亿元巨资净流出。交易龙虎榜显示，买卖前五均为券商所在营业部席位，合计净卖出 8 558.46 万元。

对于这一年时间沃华医药股价过山车似的变化，有股民怀疑是齐鲁证券在炒作股价。根据龙虎榜数据，2015 年 1 月 15 日至 2015 年 7 月 6 日，沃华医药曾 11 次登上龙虎榜，其中齐鲁证券每次都在买入或卖出金额最大的前五名中，这段时间总计买入 7 157.51 万元，卖出 36 808.64 万元，差额为 29 651.13 万元。

四、结语

在企业并购潮如火如荼进行的同时，不少"兄弟公司"间的关联并购被披上"增加协同效应"的华丽外衣，掩盖的却是利益输送的隐患。控股股东常常通过控制关联并购达成利益输送的目的，这种隐蔽的获利方式最终侵害的是广大中小股东的利益。沃华医药并购康辰药业的目的是否真像赵丙贤面对媒体所说的那样是"增强协同效应"，还需要我们仔细斟酌。

【讨论题】

1. 什么是关联方与关联并购？在此基础上探讨关联并购的一般税务处理方法。

2. 根据康辰药业以往的业绩状况加以分析，你认为它能完成对赌协议吗？

3. 公司价值评估有哪些方法？请你评价沃华医药对康辰药业的价值评估结果。

4. 你认为本次并购的目的是增加协同效应还是潜在利益输送，为什么？

5. 请你从内部治理和外部监管等角度，思考能够通过哪些方式减少公司利用关联并购进行潜在利益输送。

【案例说明书】

一、基础知识

1. 对赌协议

Valuation adjustment mechanism（VAM）最初被翻译为"对赌协议"沿用至今，但其直译"估值调整机制"更能体现其本质含义。签订对赌协议，通过条款的设计，可以有效保护投资人利益，激励被投资企业创造企业价值。收购方（包括投资方）与出让方（包括融资方）在达成并购（或者融资）协议时，如果出现某一种情况投资者能享有一定的权利，或者出现另一种情况融资者能享有一定的权利，对赌协议就是对于未来不确定情况的一种带有附加条件的价值调整协议。由此可见，其本质就是期权的一种。

对赌协议常常运用于并购交易，被当作一种风险控制工具，主要用来应对下列问题：第一，购买方与被购买方由于信息不对称对标的企业的真实价值存在一定估值偏差；第二，尽管标的企业的管理层或是企业重要的职工对于企业兼并之后的整合尤其关键，然而在兼并之后往往很难保留他们；第三，即使在企业并购后他们能够顺利留在企业，也会产生如何激励他们，使并购活动可以产生协同效应的问题；第四，重组整合后限制业务链同业竞争问题。

对赌协议主要由三个要素构成：对赌协议主体、条件、评判标准。实施主体是发起并购和被并购的公司，实际运作中通常还会加入提供过桥资金的并购基金。对赌条件通常是以股权或现金来测算估值方面的偏差，从而可以合理设计对赌中的业绩要求。评判标准是考察合并后绩效、是否按照对赌协议行权的重要依据。

2. 利益输送

利益输送指通过地下通道转移资产的一种经济活动行为，即实际控制企业的股东或其他关联方利用控制权将企业利润转移到自己手中，以满足自己利益需求从而侵占企业的少数股东和企业外部相关人员利益的行为。学术界根据输送的方向不同将利益输送行为分为两种，一是输入行为，即指"支持"，大股东将优质资源及利润输入给上市公司；二是输出行为，即指"掏空"，大股东通过操纵上市公司将上市公司的优质资源及利润输出给自己。本案例中提取的利益输送行为指的是输出行为，即大股东的"掏空"行为。据此，本案例将利益输送定义为上市公司大股东利用控制权操纵上市公司，将上市公司利润及优质资源输出给自己的行为。

利益输送的方式主要有以下几种形式：

第一，现金股利。上市公司派发现金股利，这可能是在侵占上市公司利润，控股股东以分配现金股利的方式达成对自身或特定股东的利益输送目的，这种行为直接侵害中小股东的利益。

第二，资金占用。2001年，在证监会和经贸委对上市公司的普查中发现，控股股东侵害上市公司利益的手段中，大股东占用公司资金是最为常见之途径，这也是目前公司治理中最为突显的重大问题。

第三，并购重组。李增泉等（2010）通过长期对我国上市公司的收购案例的研究，得出大股东在控制企业经营时会出于对企业未来长期利润的考虑，通过并购重组将优质资源输送给上市公司用以支持上市企业的进一步发展。然而，贺建刚等（2004）发现，上市公司业绩越好时，大股东越倾向于利用控制并购方案使上市公司利益输送至企业外部的大股东手中。

第四，关联交易。关联交易是我国上市企业最常用的利益输送手段，通过控制关联交易的交易价格、交易时间和付款方式等因素，控股股东可以根据企业及自身的需要借助于关联交易完成"支持"或"掏空"的目的。Peng、John Wei、Yang（2011）证实了控股股东会根据企业业绩的好坏去改变利益输送的方向，业绩良好时倾向于从企业内部输出利润，业绩困难时倾向于输送利益至企业。刘峰等（2004）通过对五粮液案例中关联交易行为的剖析，证实了通过现金股利、资产交易等方式，大股东与五粮液上市公司之间进行的利益输送行为。朱德胜（2010）对现金股利的研究发现，随着持股比例变化，控股股东在是否以现金股利作为利益输送手段的选择上存在差异。

二、问题分析

1. 什么是关联方与关联并购？在此基础上探讨关联并购的一般税务处理方法。

（1）关联方。

《企业会计准则第 36 号——关联方披露》第三条规定：一方控制、共同控制另一方或对另一方施加重大影响，以及两方或两方以上同受一方控制、共同控制或重大影响的，构成关联方。

中国沪深两地证券交易所颁布的《股票上市规则》和中国证监会颁布的《上市公司信息披露管理办法》中对关联方的界定则更有操作性，不仅将关联方进一步分为关联法人和关联自然人，还把"可能造成上市公司对其利益倾斜"的潜在关联人也纳入到了关联方的范畴，较好地贯彻了《企业会计准则》中对于关联方关系的判断应该遵循"实质重于形式"这一原则。

根据《上海证券交易所股票上市规则》（2023.8）第 6.3.3 条规定，具有以下情形之一的法人（或者其他组织），为上市公司的关联法人（或者其他组织）：①直接或者间接控制上市公司的法人（或者其他组织）；②由前项所述法人（或者其他组织）直接或者间接控制的除上市公司、控股子公司及控制的其他主体以外的法人（或者其他组织）；③关联自然人直接或者间接控制的、或者担任董事（不含同为双方的独立董事）、高级管理人员的，除上市公司、控股子公司及控制的其他主体以外的法人（或者其他组织）；④持有上市公司 5％以上股份的法人（或者其他组织）及其一致行动人。

《上海证券交易所股票上市规则》（2023.8）第 6.3.3 条还规定，具有以下情形之一的自然人，为上市公司的关联自然人：①直接或者间接持有上市公司 5％以上股份的自然人；②上市公司董事、监事和高级管理人员；③直接或者间接地控制上市公司的法人（或者其他组织）的董事、监事和高级管理人员；④本款第①项、第②项所述人士的关系密切的家庭成员。

（2）关联交易。

关联交易又称"关联方交易"或"关联人士交易"，指企业关联方之间的交易。《企业会计准则第 36 号——关联方披露》第七条规定：关联方交易是指关联方之间转移资源、劳务或义务的行为，而不论是否收取价款。该准则第八条同时规定了构成关联交易的十一种情形，包括：①购买或销售商品；②购买或销售商品以外的其他资产；③提供或接受劳务；④担保；⑤提供资金（贷款或股权投资）；⑥租赁；⑦代理；⑧研究与开发项目的转移；⑨许可协议；⑩代表企业或由企业代表另一方进行债务结算；⑪关键管理人员薪酬。

关联交易由于交易双方存在着控制与从属的关系，因此双方地位在实质上可能并不平等。研究发现，关联交易（尤其是非公允的关联交易）由于它具有两面性、隐蔽性等特点，加之外部制度环境的不完善（La Porta，2000），而成为上市公司进行盈余管理、利益输送和侵犯中小股东利益（Ryngaert et al.，2012）的重要手段。通过大量异常的关联交易，控股股东能将公司资源源源不断地转移至自己手中，导致公司业绩恶化（Jian et al.，2004）。

就结果而言，关联交易这种经济行为具有双面性。一方面，它可以节约企业寻找进行交易的对象和谈判的时间，节约了企业的成本；但是，另一方面它也容易成为美化企业财务报表的工具，关联交易的非公允性使得难以发现的交易越来越多。

（3）关联并购。

关联并购是关联交易的一种特殊形式，指发生在上市公司与其控股股东、董事及他们控制的其他成员公司之间的兼并收购行为，交易双方存在关联关系，因而兼具关联性和同属管辖性双向属性（李增泉等，2005）。其中，并购一般是指兼并和收购，是企业为了达成企业长期的财务方面的目标和确保企业可以实现其战略目标而进行的以被并企业的控制权为并购标的的交易和活动。

从并购方式来看，上市公司的关联并购多数集中于上市公司与其母公司之间或与母公司下属其他自子公司之间的并购，通过资产股权的置换、收购和转让等过程来完成。常见方式有上市公司将不良资产转让给关联公司、上市公司获得关联公司的优质资产、托管经营、合作投资以及相互持股。

从并购结果来看，关联并购一方面可能会沦为大股东转移利润、掏空资源的工具，引发利益侵占行为，另一方面，关联并购也可能因其具有独占性的信息优势而增强信息传递效应，促进资源有效配置，带来协同效应。

在本案例中，沃华医药并购康辰药业属于关联股东之间同一控制下的控股合并。截至 2015 年 9 月 17 日，上市公司实际控制人赵丙贤的持股比例为 70％；本次交易完成时，赵丙贤的持股比例从 70％下降至 54.7％，仍为公司的最终控制人。根据《企业会计准则第 20 号——企业合并》（以下简称《企业合并准则》），该交易是同一控制下的企业合并，构成关联交易。

（4）税务处理。

企业并购涉及企业所得税、个人所得税、增值税及其附加（其中增值税附加主要包括城市建设维护税、教育费附加、地方教育附加、文化建设事业费等，本案例忽略增值税附加的税务处理）、土地增值税、契税、印花税等相关税费，其中企业所得税税务处理最为复杂。但房产税、车船税、耕地占用税、城镇土地使用税等税费不受企业并购的影响，延续征收。

税法所界定的企业合并与《企业合并准则》所界定的企业合并不尽相同。具体说来，《财政部 国家税务总局关于企业重组业务企业所得税处理若干问题的通知》（财税〔2009〕59 号，以下简称"财税〔2009〕59 号"）所界定的企业合并相当于《企业合并准则》所界定的吸收合并和新设合并，而《企业合并准则》所界定的控股合并相当于财税〔2009〕59 号文所界定的股权收购，即《企业合并准则》所界定的企业合并对应着财税〔2009〕59 号文所界定的合并和股权收购。

会计处理之所以将一家企业（以下称为"收购企业"）购买另一家企业（以下称为"被收购企业"）的股权视为企业合并，是从实质重于形式的原则出发，从合并财务报表的结果上来定义的。而企业所得税则为法人税制，购买控股权后，收购企业与被收购企业作为两个企业所得税的纳税人没有任何变化，合并财务报表的结果不能成为计税依据，因此购买控股权交易在税收上只能作为股权重组业务来处理转让与收购双方的企业所得税问题。至于吸收合并和新设合并，由于必须有一家或一家以上的被合并企业（即企业所得税的纳税人）被注销，因此税收政策自然要对其作出相应的反应。

因此，沃华医药并购康辰药业在税法上属于股权收购。基于此，下面介绍股权收购的一般性和特殊性税务处理方法。

a. 一般性税务处理方法。

企业股权收购重组交易，相关交易各方应按以下规定处理：①收购企业取得被收购企业股权的计税基础应以公允价值为基础确定；②被收购企业的相关所得税事项原则上保持不变；③被收购企业的股东应当确认股权转让所得或损失。

b. 特殊性税务处理方法。

当收购企业购买的股权不低于被收购企业全部股权的 50％，且收购企业在该股权收购发生时的股权支付金额不低于其交易支付总额的 85％，该项股权收购还同时符合特殊性税务重组的其他三个前置条件（①商业目的合理，不以减免税为主要目的；②连续 12 个月不改变重组资产原来的实质性经营活动；③原主要股东重组后连续 12 个月内履行股权禁售义务）时，表明该项股权收购符合特殊性税务处理规定的条件，交易各方对其交易中的股权支付部分，可以选择特殊性税务处理方法：①收购企业取得被收购企业股权的计税基础，以被收购股权的原有计税基础确定；②被收购企业的股东取得收购企业股权的计税基础，以被收购股权的原有计税基础确定；③收购企业、被收购企业的原有各项资产和负债的计税基础及其他相关所得税事项保持不变。这里的"被收购股权的原有计税基础"一般为被收购企业的股东对被收购企业的原始投资额。

一般性税务处理方法和特殊性税务处理方法的主要区别在于：在采用一般性税务处理方法的情况下，对重组资产在企业重组交易当期应当确认其应税所得或损失，重组资产新的计税基础以公允价值为依据确定；在采用特殊性税务处理方法的情况下，对重组资产在企业重组交易当期暂不确认其应税所得或损失，重组资产新的计税基础以原有计税基础为依据确定。

本案例中，沃华医药以现金对价 18 145.80 万元收购康辰药业 51％的股权，暂付 90％的交易价款，并通过对赌协议约定剩余 10％的价款在出具 2017 年度审计报告后支付，由此判定该关联并购不涉及支付股权对价，仅可采用一般性税务处理——沃华医药应以康辰药业 51％股权的公允价值为基础确定计税基础，康辰药业确认转让所得缴纳企业所得税。值得关注的是，本次股权收购属于关联交易，存在"利益输送"嫌疑，因此交易对价可能并非当前市场公允价值，在纳税时需要做进一步调整。

2. 根据康辰药业以往的业绩状况加以分析，你认为它能完成对赌协议吗？

根据以往业绩，推测康辰药业能完成对赌协议，具体分析如下：

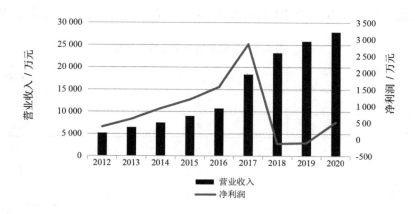

图 5.3　康辰药业 2012—2020 年业绩情况图

表 5.6　康辰药业 2012—2020 年业绩情况表　　　　　　　　　　（单位：万元）

年份	2012	2013	2014	2015	2016	2017	2018	2019	2020
营业收入	5 186	6 463	7 506	9 022	10 716	18 324	23 221	25 823	27 866
净利润	375	609	926	1 196	1 569	2 856	—131	—106	518

　　图 5.3 展示了康辰药业 2012—2020 年的业绩情况。可见，截至 2015 年（发生并购年度），康辰药业的营业收入和净利润呈稳定增长态势；2016—2018 年，业绩出现异常波动，2017 年净利润达到顶峰，恰好是 3 年对赌协议的最后一年，但转年即发生巨额亏损，为近 8 年来利润最低点。截至 2020 年，康辰药业的年度净利润仍未恢复至 2015 年被收购时的水平。

　　根据历史业绩预测未来业绩的常见方法有以下三种。

　　①算术平均法：以历史若干期的收入的算术平均值作为未来一期收入的预测值。该法适用于已形成比较稳定的消费习惯的商品，如牙膏、铅笔等，或者需在一定使用期之后进行常规、周期性替代的商品，如洗衣机、冰箱等，特别是品种更新较慢的商品。

　　②加权平均法：对不同历史时期的收入赋予不同的权重以计算其加权平均数，进而作为收入预测的基础。该法认为不同时期的历史信息对于未来的预测或决策有不同的重要性，越接近于决策时点的历史信息越具有更大的相对重要性，越有可能被吸收、反映于未来的预测与决策之中，因此需要合理确定历史数据的权重。

　　③几何平均法：用历史收入的几何平均增长速度来预测未来一期的收入增长速度，进而预测其销售收入。该法适用于进入较稳定增长（或负增长）的产业或商品，而且企业在其中的地位或份额也比较稳定。

下面选用几何平均法预测康辰药业 2016—2017 年的财务业绩，结果如表 5.7 所示。

表 5.7 几何平均法下业绩预测值 （单位：万元）

年份	营业收入	净利润
2012	5 186	375
2013	6 463	609
2014	7 506	926
2015	9 022	1 196
2016 年业绩预测值	10 851	1 759
2017 年业绩预测值	13 050	2 588

由此预测，2015—2017 年康辰药业三年的净利润总额 5 543 万元，高于对赌协议的中承诺业绩总额 5 462 万元，康辰药业在稳定增长态势下可以完成对赌协议。从实际结果来看，康辰药业 2015—2017 年分别实现净利润 1 196 万元、1 569 万元和 2 856 万元，合计 5 621 万元，与预测值较为接近。

综上所述，本文更倾向于认为对赌协议形同虚设，并未切实保障市场投资者的权益，更像是为本次关联并购的 6 倍溢价披上合理估值的外衣。

3. 公司价值评估有哪些方法？请你评价沃华医药对康辰药业的价值评估结果。

目前，评估机构对于企业估值一般采用成本法、收益法和市场法三种评估手段，其中市场法又可细分为市盈率法、市净率法和市销率法。一般情况下，对于同一个标的应采用两种方法进行评估，互为验证。三种评估方法的评估原理、适用对象以及优劣势如表 5.8 所示。

表 5.8 企业价值评估方法

评估方法	评估原理	适用对象	优势	劣势
收益法	将公司未来预期的收益用适当的折现率折现为评估基准日的现值	适用于各类公司评估，难点在对公司未来增长率的评估和折现率的选择	将企业作为一项整体资源，更加符合战略性并购的要求	会产生较大的商誉，轻资产公司的大额商誉存在减值风险；收益额、折现率和收益期间预测依赖于人为主观判断

续表

评估方法		评估原理	适用对象	优势	劣势
市场法	市盈率法	标的公司净利润× 可比市盈率	适用于拥有同行业类似的可比公司，连续经营，β值接近1的公司	市场法的假设少，如果条件成熟，评估结果也更精确，可以考虑与收益法或成本法共同使用，作为验证手段	要求较为完善的市场环境和大量可比的交易，市场对于企业价值的反映必须是真实有效的
	市净率法	标的公司净利润× 可比市净率	适用于拥有同行业类似的可比公司，拥有大量资产、净资产为正的公司		
	市销率法	标的公司净利润× 可比市销率	适用于拥有同行业类似的可比公司，销售成本较低的服务类公司，或者销售成本率趋同的传统行业公司		
成本法		评估出各单项资产的重置价值并进行加总求和，再减去负债评估值	适用于有形资产占比较大，无形资产和商誉占比较少的公司	所需资料易于获取；数据可靠性强，评估风险小；评估结果是以资产负债表的形式发布的，可理解性强	把企业视为单项资产的加总，忽略了目标企业的组织成本，也无法评估报表中未反映的最能体现企业发展潜力的，如商誉、人力资源、企业文化等资产的价值

由于制药行业与生物行业之间业务特征的巨大差异，一些制药公司在技术研发方面投入巨资，另一些制药公司主要投资在扩大销售渠道方面，因此在医药产业并购评估中，对评估方法多样性有较大需求。

4. 你认为本次并购的目的是增加协同效应还是潜在利益输送，为什么？

沃华医药2015年年度报告披露"本次项目最终议价结果较康辰药业所有者权益账面值较高，主要是公司基于康辰药业独家品种的稀缺性以及未来可持续与公司品种协同，在心脑血管疾病的预防和治疗领域实现资源共享、业绩提升，综合评估结构的评估结果，确定本次协议资产收购价格。"然而，药品稀缺和资源协同并未切实提高沃华医药的盈利能力，并购后公司净利润的下滑之势显得更加难以挽回。

通过分析，本案例更倾向于将本次收购认定为潜在利益输送，理由如下：

（1）公司财务状况。

①急速飙升的销售费用。盈利能力下降与费用快速增长密切相关。近三年，沃华医

药销售费用急速飙升，去年达 4.57 亿元，约为营业收入六成。其中，宣传推广费达 3.79 亿元，接近营业收入一半。而近三年，公司宣传推广费合计为 8.93 亿元，是近三年净利润的 5.88 倍。

沃华医药净利率也充分佐证了这一点。去年，公司综合毛利率高达 77.11%，而净利率只有 5.16%。

②营收与净利走势背离。上市 12 年来，公司在 2009 年、2010 年营业收入连续下降，从 1.92 亿元下滑至 0.91 亿元。从 2011 年开始，营业收入持续增长。整体而言，去年营业收入已较 2006 年增长了 5.29 倍。

相较于营业收入，净利润数据要难看得多。上市前一年即 2006 年，公司净利润为 0.32 亿元，上市初期三年出现了三连增，净利润达到 0.52 亿元。但在 2010 年，大降 286.76%，亏损 0.98 亿元，亏掉了约 2 年净利润。2011—2013 年，公司勉强保持住净利润为正数。2014 年，净利润大增 244.10%，达到 0.37 亿元，2015 年攀升至 0.71 亿元，创下历史新高。2016 年又下跌逾三成，2017 年小幅回升，到 2018 年再次下降。

Peng、John Wei、Yang（2011）证实了控股股东会根据企业业绩的好坏去改变利益输送的方向，业绩良好时倾向于从企业内部输出利润。研究发现上市公司的财务状况越好，大股东越有可能从上市公司获利（Peng et al.，2011）。

（2）公司股东行为。

经营业绩不太理想之时，沃华医药的董监高频频减持。据长江商报统计，2009 年起，赵军等多名董事频频减持，累计套现约 2.12 亿元。二级市场上，2015 年，公司股价最高曾达到 62.79 元，而 2019 年 3 月 4 日收盘价仅为 8.27 元，考虑送转股因素，2015 年至 2019 年 3 月，股价最大跌幅为 83.32%。

（3）关联并购结果。

并购标的康辰药业在完成对赌协议后，2018 年立马"业绩变脸"，由盈转亏，并未真正实现并购时描绘的"品种稀缺、资源共享、业绩提升、未来可持续"美好愿景。

综上所述，赵丙贤作为沃华医药的实际控制人，通过关联并购将上市公司现金资产输出给自己，是潜在利益输送行为。

5. 请你从内部治理和外部监管等角度，思考能够通过哪些方式减少公司利用关联并购进行潜在利益输送。

内部治理和外部监管是防范公司利用关联并购进行潜在利益输送两大主要途径。本案例中，赵丙贤利用"一股独大"的优势，操控沃华医药并购康辰药业完成利益输送。

为切实保障中小投资者利益，维护资本市场稳定，应当约束关联并购中的违规现象，抑制非市场行为。参考建议如下：

（1）内部治理。

第一，降低第一大股东持股比例，实现股权分散化。企业的股权结构形式往往会影响企业的经营决策模式。其中"一股独大"的股权结构往往带来的是大股东一家说了算，在理性市场中的经济利益驱动下，必然会发生"大股东侵占小股东利益"的现象。当企业中一家大股东拥有股东会的绝对控制权时，大股东就会产生侵占其他中小股东利益的动因，从而通过绝对控制权的决策达到侵占利益的目的。本案例中中证万融持有沃华医药 50.27％的股份，而赵丙贤持有中证万融 80％的股份，相当于赵丙贤持有沃华医药的股份比例高达 40.22％，且沃华医药的其他股权均分散在其他中小股东手中不集中，因此赵丙贤对沃华医药形成了实际控制。而这"一股独大"的股权结构给了赵丙贤通过控制沃华医药而进行利益输送的前提。因此，在市场环境允许的条件下，建立更为合理的上市公司股权结构，形成一种相对分散的股权结构，上市公司变为多个大股东共同控制，在实质上改变公司"一股独大"股权结构，建立股权适度集中的相对控股模式，更有利于发挥各个模式的积极性，使大小股东都能共享利益。当股权分散时，主要股东间达成某种默契，分割上市公司利益的成本加大，董事会被内部人完全控制的可能性降低，并在一定程度上限制大股东利用绝对控制权进行利益输送进而实现侵害中小股东利益。

第二，发展多元化的股权持有形式，引入机构投资者。多个大股东对利益输出型关联交易虽然有制衡作用，但有时在某些交易上也可能会与第一大股东合谋从上市公司输出利益。针对这些现实情况，可以引入机构投资者，发挥机构投资者的监督作用。机构投资者是指那些在证券市场上专业从事投资的投资法人机构，主要包括证券公司、进行投资交易的商业银行、投资银行、信托投资公司及养老基金、共同基金、保险基金等各种基金。机构投资者作为战略投资者进行长期投资，它们是直接的利益相关者，存在着足够的动力去关注公司的治理情况，甚至有可能会积极进行直接的治理，成为上市公司治理结构的权力制衡者；同时凭借着其强大的资金规模优势、专业技能优势、信息优势，能够在客观上给公司管理人员造成一定的外部压力，还能有效克服由于股权过于分散而引起的中小股东只追求短期利益从而监督动力不足的问题。机构投资者的引入不仅有助于改善上市公司的股权结构，促使股权制衡发挥作用，而且能够规范投资行为，保护投资环境，促进证券市场的成熟。但是目前我国的机构投资者虽有一定的发展，但尚不成熟，对公司的治理效应也很弱，因此需要加快发展规范、合格的机构投资者。

（2）外部监管。

第一，加强对关联交易信息披露力度。上市公司大股东能利用关联交易进行利益输送行为的一个重要基础是，大股东与中小股东相比较，能够在公告公布前获取到更多的交易信息量。在本案例中，正是因为信息的不对称性，大股东有机会利用已经掌控的内部消息在并购实施前与券商合作抬高股价，并在并购公告发布前退出，使大股东在短短几天内实现了高额收益。一个良好的信息披露环境将有效地抑制非公允关联交易的发生，信息披露越透明，相关者通过各种手段了解上市公司的机会越多，监管就越有利。因此，扩大关联交易信息披露量，使得中小股东同大股东一样能获得更多交易信息，是从客观上阻止大股东利用信息优势在交易过程中进行利益输送的有效方法。相关部门应进一步完善信息披露细则，并对信息披露不及时和不真实的公司进行有效的处罚。应设置强制性披露被并入资产的评估报告制度，并对披露的注入资产信息加以核实，确保信息的真实准确性。信息披露的质量越高、范围越大，越有利于制约大股东利用内部信息进行利益输送侵占中小股东利益的行为。

第二，严格规范关联交易中介机构。关联交易中的关键因素是关联交易的价格、资金占用费、资产评估价格等价格因素，而这些信息的最终披露要通过注册会计师等社会中介机构的审计。因此利益输出型关联交易的发生与中介机构的监管失职也是密不可分的。所以应加大对注册会计师行业的管理，提高中介机构职业道德和诚信意识，促使中介机构在监督关联交易方面起到应尽的义务。为了保证中介机构的执业质量应做到如下几点：首先，加强对上市公司关联交易的审计，特别是那些面临着 ST、PT 甚至是有被摘牌危险的上市公司，督促上市公司对关联交易的完全及时披露；其次，对重大的关联交易，中介机构要发表公正、独立、真实的审计评估等报告，对于和上市公司联合舞弊、纵容上市公司进行关联交易来粉饰会计报表的中介机构，应给予严肃处理；再次，从对中小股东权益保护的角度考虑，对关联交易项目进行评估的中介机构最好由中小股东聘请。在并购案前期，应重点针对并购资产的评估报告中的信息进行真实性核实，对资产评估报告的规范性予以关注。在并购案中，对于重大资产注入存在疑问的并购案，监管部门应强制企业更换评估机构后进行重新评估，避免评估机构与大股东之间利益勾结的现象。在并购案后期，监管部门也应关注标的方是否达到预计承诺利润，未达到承诺利润的是否按交易报告规定进行补偿，对存在问题的企业施行严格处罚以维护中小股东权益。

第三，加大关联交易的监管与处罚力度。对于关联交易来说，目前涉及上市公司关联交易的规定主要是证监会有关规定、沪深证券交易所《股票上市规则》和《企业会计准则》相关规定。这些规定的法律层次比较低且没有详细的可执行的违规处罚措施。例如关联方若直接占用上市公司资金，虽然面临被查处的风险但被查处也只需归还占用的资金即可，并不承担赔偿中小股东损失的责任，这样关联方通过关联交易违规的成本相对比较低，也是利益输出型关联交易产生的原因。因此，为了减少利益输出型关联交易的发生，应加强对上市公司关联交易的法律约束力，应该将关联交易纳入法制轨道，在《中华人民共和国公司法》中补充、完善关于关联交易事前、事中规章制度的法律规定，如重大关联交易股东大会批准制度、表决权回避制度、独立财务顾问制度，并明确规定大股东的诚信义务。同时要积极研究和发展事后法律救济机制，如股东的派生诉讼制度、民事赔偿义务和补偿责任，并采取切实有效的措施鼓励中小股东进行民事诉讼。《中华人民共和国证券法》作为规范证券市场的基本法律，不能对上市公司关联交易这一问题予以回避。我国就关联交易问题进行《中华人民共和国证券法》完善时，相关条款可以借鉴美国和中国台湾的立法，对上市公司关联交易的公平性、程序的正义性、信息披露的充分性及法律责任条款做出原则性规定。

【参考文献】

[1] 王艳，何兰虔，汪寿阳. 民营企业并购的协同效应可以实现吗？[J]. 会计研究，2020（07）：64-77.

[2] 翟进步，李嘉辉，顾桢. 并购重组业绩承诺推高资产估值了吗 [J]. 会计研究，2019（06）：35-42.

[3] 贺建刚，孙铮，李增泉. 难以抑制的控股股东行为：理论解释与案例分析 [J]. 会计研究，2010（03）：20-27.

[4] 吕长江，韩慧博. 业绩补偿承诺、协同效应与并购收益分配 [J]. 审计与经济研究，2014，29（06）：3-13.

[5] 施超. 企业价值评估中不同评估方法间评估结果的实证比较与分析 [J]. 中国资产评估，2012（02）：35-36.

[6] 刘娥平，关静怡. 寅吃卯粮：标的公司盈余管理的经济后果——基于并购溢价与业绩承诺实现的视角 [J]. 中山大学学报（社会科学版），2019，59（04）：197-207.

[7] 黎继子，汪忠瑞，刘春玲. TP模式下考虑隐性利益输送的跨国供应链决策分析 [J]. 中国管理科学，2017，25（12）：48-58.

[8] 刘星，苏春，邵欢. 家族董事席位超额控制与股价崩盘风险——基于关联交易的视角 [J]. 中国

管理科学，2021，29（05）：1-13.

[9] Peng W Q，Wei K C，Yang Z. Tunneling or Propping：Evidence from Connected Transactions in China [J]. Journal of Corporate Finance，2006（2）：306-325.

本案例资料来源于沃华医药公司官网、新闻报道以及学术论文等。感谢罗暄、谢烨飞等为本案例提供的支持，同时，感谢参与案例撰写的成员刘晓西等。特别感谢朱德胜、齐欢、赵红梅、王磊等，为案例撰写提供了线索与参考资料。

专题三

企业战略成本管理：
作业成本法与作业成本管理

案例六

"大智移云"助推健康中国2030
——ZX百年药企战略成本管理进阶之路

【案例背景】

"大智移云"已逐渐渗透到各行各业，但应用在医药行业领域的广度和深度远不及其他行业。医药行业利益群体分散、产权复杂，加大了行业企业间信息壁垒，数据信息难以集成，从而导致信息获得成本高。在这一背景下，ZX公司秉持的销售推动研发的成本战略存在明显痛点，因此如何将"大智移云"有效应用到战略成本中来，把数据价值转化为成本信息并贯穿管理全程，以促进企业战略目标的实现，获取企业成本优势，成为一大难题。

【学习目的】

案例梳理了《医药行业"十一五"发展指导意见》《中医药发展战略规划纲要（2016—2030年）》《中华人民共和国中医药法》等相关法律及政策，从中医药企业案例切入，帮助学生掌握中医药企业战略成本管理理论、价值链理论、作业成本管理理论、精细化成本管理以及成本管理绩效考核的相关知识，理解成本管理和战略实施中的相关问题。结合数字中国的战略背景，通过对研发投入产出率和销售费用率的计算和分析比对，帮助学生理解信息技术作为工具对企业管理成本的优化作用，进一步提高对大数据健康等数据资产价值的认识。

【知识要点】

战略成本管理；研发投入产出率；销售费用率

【案例正文】

一、ZX 公司基本情况

（一）公司发展历史和现状

ZX 公司是一家集生产、销售、科研、健康管理于一体的现代大型医药制造企业，主营中成药的研发、生产和销售等业务，下辖 11 家子公司。公司拥有丰富的历史底蕴和文化传承，其前身可追溯到清朝顺治年间的 Z 氏药铺。

现代的 ZX 股份有限公司设立于 1999 年，注册资本为 8 862 万元，隶属于市人民政府。随后于 2000 年 6 月在深交所上市，公开发行 4 000 万 A 股，共计融资 3.6 亿元。2002 年 1 月，ZX 公司的控股股东由市国资公司变更为 YN 公司，实际控制人由市国资委变更为自然人。

2003 年 7 月，ZX 公司通过增发新股 5 100 万股，成功募集 5 亿元。截至 2019 年 3 月 31 日，公司的注册资本已增至 8.69 亿元。2014 年，ZX 公司通过了国家、省食品药品安全监督管理局的新版 GMP 认证，并且取得两个 GMP 证书，分别为固定制剂和液体制剂。目前公司已成功获得国家药品注册批文 339 个，其中独家品种 35 个，国家保密品种 1 个。

自 2015 年 5 月，张总注资 15 亿元取得 ZX 公司 42.3％的股权、成为新的控制人之后，截至 2019 年，公司已经走过了 4 年。4 年间，公司锐意创新，不断引进"大智移云"时代的新技术和新管理模式，也取得了长足发展。

（二）公司信息化进程

ZX 公司于 2005 年初次应用"大智移云"技术，遵循总体规划、试点先行、逐步推进的原则，充分考虑了公司的现实情况和基础条件，以服务业务、管控成本、确保质量和提升效率为目标，统筹安排，循序渐进，稳步推进了"大智移云"进程。公司"大智移云"进程如图 6.1 所示。

• 2005 年：上线销售业务系统，实现销售数据的记录更新，助力分析决策。

• 2006 年：开始实施 ERP 系统，将生产成本控制到品种批次，优化了人、财、物等方面的管理流程，提升了供、产、销方面的管理水平，为业务财务一体化深度融合奠定了基础。

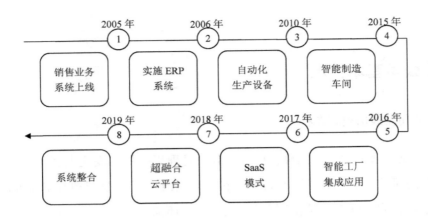

图 6.1 ZX 公司"大智移云"进程图

• 2010 年：大规模应用自动化生产设备，优化了生产流程和成本结构。

• 2015—2016 年：建成智能制造车间，实现中成药智能化自动生产。该项目承担国家工信部"智能制造中药固体制剂智能工厂集成应用新模式"专项。

• 2017 年：采用 SaaS 模式的云之家与钉钉系统，分别打通移动业务办公及企业沟通的物理屏障。

• 2018 年：投建超融合云平台，承载企业私有云建设的重任，在云计算道路上迈出坚实的第一步。

• 2019 年后：着手进行系统的集成整合，建立数据仓库与决策分析系统，初步实现柔性生产与精准营销。

(三) 公司发展战略

2012 年以前，公司战略主要落脚于"以中药制剂为核心，横跨 OTC 与处方药两大领域，大力发展生物制剂，战略布局保健品市场"。

2015 年公司重组后，公司战略开始融入大健康领域，形成"大健康产品＋现代化中药＋生态化西药＋生物药品"四个产品集群。2015 年年报中披露，"将投身健康中国建设的伟大事业，服务于世界卫生组织倡导的生态医学模式，以'引领健康中国，融入生态世界'为公司战略。整合发展成有主导产品领衔的'大健康产品＋现代化中药＋生态化西药＋生物药品'四个产品集群，擦亮 ZX 公司的金字招牌，发展成国际化的健康产业引领品牌"。

2018 年，公司战略则从四大产业集群调整为预防、治疗、康复三个领域，致力于全人类生命周期健康管理。根据 2018 年年报，公司未来发展战略为"基于对行业未来发展趋势的判断，公司将致力于从预防、治疗、康复三个领域为人类全生命周期健康管理提供精准有效的服务，服务于世界卫生组织倡导的生态医学模式"。

从两大领域到四大产业集群，再到三大健康管理领域，公司战略逐步从传统的医药研发转向居民大健康管理。

二、ZX公司内外部环境

(一)"大智移云"下医药行业竞争格局

随着工业4.0智能时代来临，"大智移云"技术已逐渐渗透到各行各业，改变了生产生活方式，成为新一代产业发展的大潮流、大趋势。目前，"大智移云"已应用于多个领域：零售行业运用大数据模拟实境，发掘新需求，提高投入回报率；城市建设方面，上海等城市应用"智慧城市"系统协助城市运行，提高了城市管理的智能化水平；在交通系统中，通过各个路口电子摄像头的实时监控与上传，分析路况信息，为车主计算出比较省时快捷的路线；政务管理层面，政府依托微信、微博等社交平台的数据信息进行决策，将之用于公共政策、舆情监控、犯罪预测等活动。

医疗领域也在"大智移云"技术的助推下呈现了全新的业态，如利用智慧药房实现药房与医院的无缝对接、建立个人电子健康档案、实现云医生在线问诊等。然而医药领域"大智移云"的应用和渗透却远不及其他行业的广度和深度，行业利益群体分散、产权复杂导致信息难以集成，进而导致信息成本高，出现过度医疗和医疗不足等种种问题。居民电子健康档案系统早在1997年就引入我国，但至今都未形成全国的大健康数据。在"大智移云"背景下，新的行业生态既给医药企业带来机遇，也出现了新的挑战。

《"健康中国2030"规划纲要》提出了"共建共享、全民健康"的战略主题，"十三五"规划纲要提出医疗行业要提升健康信息服务和大数据应用能力，发展远程医疗和智慧医疗，这让中医药企业面对的客户类型更加复杂。医药零售业与软件互联网业的跨界经营，也给企业带来市场竞争压力，行业格局可能会重新洗牌。

(二)公司的行业竞争力与行业地位

ZX公司前身创办于清朝年间，至今已有300多年历史，被国家商务部认定为"中华老字号"。随着科技进步，公司现已拥有较强的工艺技术优势，其中饮片炮制和丸剂生产技术在国内处于领先地位，不仅形成了独特的制作工艺，还拥有国内一流的智能自动化生产设备。中医药文化和科技技术相互交融，获得了无数消费者信任与认可，成为国内中医药领域领军品牌。

然而，在竞争激烈的中医药行业，ZX公司规模较行业几大龙头而言，仍相对较小。2017年中医药上市公司已有150多家，拥有近万种主要的中成药。而ZX公司2018年的营业收入为31.2亿元，不足行业龙头的1/10。同时公司主要阵地在二三线城市，消费群体购买能力较弱，公司整体盈利能力不及一流的中医药行业。

回顾国外，过去的10到20年间韩国和日本大量地挖掘汉方，欧美发达国家也已经用现代生物技术在研究中药，导致日本、韩国占全球中药市场90%营业额，而中国作为中药发源地却仅占2%。纵观国内中药新药研发成果，医药零售老百姓大药房2004年推出了阿胶核桃芝麻糕、阿胶当归颗粒等多种产品；医药零售巨头鸿翔一心堂药业2009年研制生产复方鸡血藤膏、龟甲胶、胆南星等中成药；初创企业北京华素制药2018年研发的知母皂苷BII及其胶囊剂，因其在治疗老年痴呆的重大疗效成为国家食品药品监督管理局药品审评中心仅有的2个中药受理新药。随着竞争对手的快速成长，ZX公司近几年排名急速下滑，"2018中国中成药市场销售TOP 20排名"中，ZX公司已榜内无名。

（三）公司战略与研发情况

ZX公司现提出了"在预防、治疗、康复三个领域，致力于全人类生命周期健康管理"战略，为实现这一战略，不仅研发中成药、中药注射液，还涉足西药和生物制药的研究。

2016年H7N9型禽流感频发，消费者对治疗感冒类药物需求导致当年市场激增。ZX公司原本每年在感冒类药物上的投入都在150万左右，2016年迅速升高到340万元，随后2017年又恢复往年正常水平。其他类药物的研发同样根据当期市场需求来加大投入，2018年是全球第四高温年，中暑人数较往年有大幅增长，因此ZX公司将祛暑降火类中成药研发投入从2017年的57万元增加到89万元左右。

（四）公司精益生产情况

1. "智能工厂"实现高效生产

ZX公司成立至今已有300多年历史，在长期的生产运营中形成了以销定产、产品标准化、计划性与随机性有效平衡的存货型生产模式,严格按照国家 GAP、GMP、GSP 要求和公司制定的药品生产标准组织生产,打造"中国制药"品牌。

顺应 2016 年"中国智慧制药 2025"倡议的提出,ZX 公司近年来致力于实现传统制药生产模式的智能转型,通过融合自动化控制、信息化管理等先进技术,实现了关键工艺参数的自动检测和调节控制,建成了国内领先的中药生产智能工厂,拥有国内一流的自动化生产设备,实现高效生产。

同时,ZX 公司秉承"质量源于设计"的战略理念,运用精益成本管理工具进行全面质量管理、6S 现场管理、全员生产维护,进行生产全过程的质量体系建设,从设计工艺上保障了产品的精益品质。生产中心紧紧围绕"万无一失保生产,精简高效求发展"的主体目标,推进节能降耗,倡导协同增效,目前各子公司生产经营状况良好,各项考核指标顺利完成,生产业务稳步开展。

2. "四大系统"管控生产环节

ZX 公司作为中药制药行业的龙头企业,在生产环节应用了 RFID、MES、EAS、LIMS 信息化系统,对之加以个性化改造,提高效率,实现了价值链流程信息化,促进了企业的科技创新和产业升级,提升了在行业中的竞争力。

RFID 由标签、阅读器、天线、软件系统四部分构成,系统记录流程如图 6.2 所示。在生产阶段,标签记录着药物的品种、批次、产地、质量、生产日期等,经阅读器读取对应信息,接着天线扫描标签和读取信息后传递射频信号给软件系统,对信息进行数据的最终处理和计算,为决策提供支持。RFID 系统记录了各个环节的质量信息,这为中药质量溯源和安全把控提供了一个信息化管理平台。

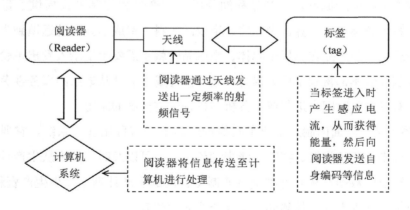

图 6.2 RFID 系统记录流程图

LIMS 系统是中药制造业实验室规范化管理的有效工具，是中药产品规范化检验的重要保证。制药过程中，大量时间被用于执行质量控制检验和记录质量控制的结果，由于使用纸张保存 GMP 资料往往使质量控制周期大大延长，因此完成纸质文件并确保其真实可靠成了质量控制实验室的一大负担。而 LIMS 解决了这个问题，其检测工作流程如图 6.3 所示。该系统通过协调实验室各类资源，缩短样品检测周期，调节实验室内不同部门富余资源，最大限度地减少资源的浪费。

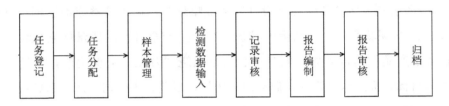

图 6.3　LIMS 检测工作流程图

EAS 系统是基于供应链集成的生产成本精细化核算的系统。运用金蝶 EAS 之前，ZX 公司所有原料、中间品、产品都按批次进行管理，由于企业生产周期短、批次多，材料辅料等生产消耗的周转很快、业务频繁、单据多，企业管理需要对成本进行精细化核算，以对各批次甚至班组的生产状况进行及时量化的监控，为生产控制改进及过程考核提供绩效数据。大量的人工录入与维护给精细化核算的目标实现过程增加了较大的管理成本。

通过金蝶 EAS，ZX 公司预设和自定义各类费用的分配标准，并实现不同费用项目、不同的成本中心都可选择不同的分配标准，满足了 ZX 公司复杂费用分配，核算出了相对合理准确的生产成本，为产品利润分析与生产过程控制考核提供了量化数据依据。而且，系统还会自动计算出中间体、半成品的料工费成本，自动返填到生产入库单上，这样最终生产的产品在领用中间体、半成品时就不需要手工录入发出单价了，数据的准确性和核算效率都得到了极大提升。这样使得成本会计从繁杂的事务性劳动中解脱出来，可以有更多的时间来进行成本分析和过程改进措施的制定。

MES 系统是一套面向制造企业车间执行层的生产信息化管理系统，它通过对整个企业生产过程中的角色设置、实时监测来调整生产，可以及时了解到从生产计划到最终产品的各个环节的数据，从而有利于企业制定合理的生产计划，减少生产资料的浪费、提高产品质量、减少库存，从整体上提高企业的生产效益。

在 ZX 公司 2018 年的业务中，中成药的营业收入和营业成本占比最大，如图 6.4 和图 6.5 所示，分别为 81.82％和 54.64％，西成药占营业收入和营业成本分别为 14.60％

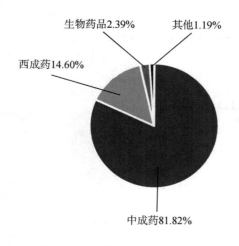

图 6.4　ZX 公司 2018 年营业收入占比图

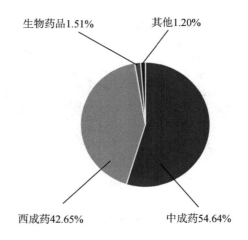

图 6.5　ZX 公司 2018 年营业成本占比图

和 42.65%。由此得出，中成药相比其他药物利润率较高，给企业带来了明显的增值，对中成药的生产过程进行成本优化更有利于提升企业价值。

三、ZX 公司成本管理痛点

2018 年 8 月 4 日，2018 年（第 35 届）全国医药工业信息年会在上海举办，公布了 2017 年度中国医药工业百强名单，ZX 公司排名下降了 18 名。

（一）公司销售费用率过高

近几年医药行业竞争不断加剧，导致公司的销售压力陡增。一方面，很多传统西药企业已向中药领域转型，零售业和互联网行业也在尝试跨界经营，想从中医药领域"分一杯羹"。另一方面，公司的金牌产品在市场上同质化严重，行业"同款"产品以更低的价格销售，公司金牌产品的竞争力被大大削弱且迟迟无新产品问世。这导致 ZX 公司传统产品市场占有率骤降，金牌产品的销量也有一定下滑。从渠道来看，ZX 公司传统零售渠道的效益也在降低。随着行业内一些新的业务模式如网上药店、智慧药房等的发展，公司传统零售店的市场份额被不断侵蚀。

面对此种销售压力，ZX 公司不得不加大销售费用。销售是公司的现金流命脉，为了达成销售目标，只能从加大人员投入、加强市场推广上下功夫。ZX 公司与同行业的 TX、BX、HX 公司销售费用率对比如图 6.6 所示，与 ZX 公司业务模式最相似的 TX、BX 公司的销售费用构成如图 6.7 所示。

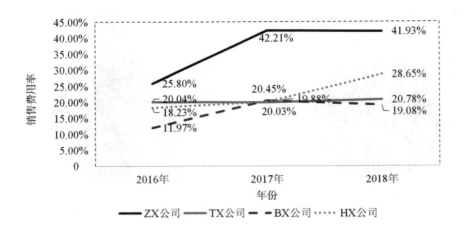

图 6.6 ZX 公司与同行业其他公司的销售费用率对比图

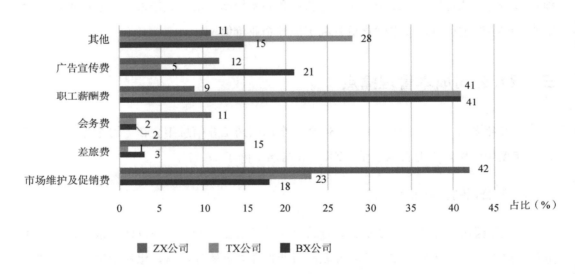

图 6.7 三大公司销售费用构成情况图

ZX 公司的销售管理主要包括销售模式和销售人员两大方面。

1. 销售模式

在医药工业端，ZX 公司以自行管理渠道和直销为主，在全国各地设立办事处、派驻医药代表等进行销售，确保对已开发的终端医院和连锁药房的全覆盖。在零售端，公司现阶段的零售业务主要集中在自营的线下门店，ZX 天猫旗舰店和京东自营旗舰店的运营主体分别为阿里健康和京东集团，并非 ZX 公司，ZX 公司实际运营的线上销售渠道仅为官网销售。2018 年 ZX 公司各渠道的营业收入占比如图 6.8 所示。

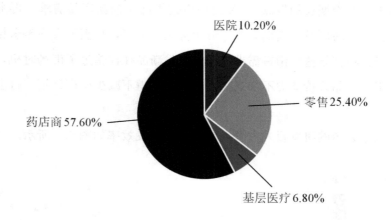

图 6.8　各渠道的营业收入占比情况图

2. 销售人员

随着"两票制"以及医药行业其他各项国家政策的实施，ZX 公司自 2017 年开始实行销售模式转型，大部分业务由原来代理商管理商业渠道逐步向公司自行管理商业渠道转变，由省区大包销售模式转为目标医院、目标社区诊所负责制，重点连锁药房客户以直销为主。该变化导致销售团队规模迅速扩大，ZX 公司 2016—2018 年的销售人员数量变化趋势如表 6.1 所示。

表 6.1　2016—2018 年的销售人员数量表

年份	销售人员	总人数	占比（%）
2016	1 317	4 108	32.06
2017	1 449	4 251	34.09
2018	1 535	4 330	35.45

ZX 公司坚持"名医、名药、名店"的发展理念，以更好地服务顾客为宗旨，提供专业用药服务，同时大力推广中医药文化。公司医药商业板块的营收主要来自连锁门店。截至 2018 年底，ZX 公司旗下连锁门店共有 283 家，遍布全国各大中城市，2015—2018 年，ZX 公司全国直营门店数量增加了 40%。ZX 公司线下连锁门店以湖南为基础，向全国扩张。公司门店采取直营为主、加盟为辅的形式，倾力打造中药老字号品牌，推广传统中医药文化。

（二）研发投入产出率偏低

ZX 公司业绩颓势的另一大原因在于研发。医药行业的研发不同于其他行业，具有成本高、风险大以及周期长的特点。ZX 公司由销售部反馈新产品需求，再由研发部积极响应和研究。但产品研发的周期需要三五年甚至近十年，与当下市场需求相比存在明显滞后，这就导致根据早些年销售需求完成的研发新品往往错过了市场时机，沦为普通产品。如此一来，产品议价能力不如当初，公司又不得不减少生产计划，打击了公司研发积极性。

各大医药上市公司的研发投入占营业收入比和研发效率如图 6.9 所示。

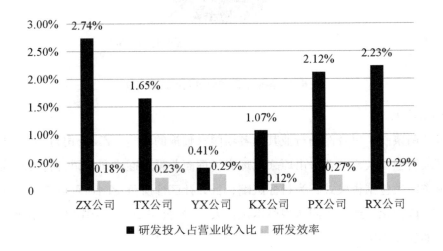

图 6.9 2018 年中药制造企业研发投入占比和研发效率图

虽然 ZX 公司原本的研发管理办法已经趋向完善，但效益始终难以提升。近几年，不少对手公司采取了信息集成系统管理研发绩效的新模式，而 ZX 公司由于研发预算受限，仍旧采取老一套的研发管理办法。ZX 公司研发管理情况梳理如下。

1. 人员管理

在人才培养上，公司采用定期交流学习模式：研发人员每年可外出交流学习一次，技术人员表现优秀者每年也可获得外出交流的机会；研究中心每 3 个月左右会邀请相关专家莅临中心，给所有人员做技术交流讲座。

在绩效考核方面，研发中心使用个人关键绩效考核指标（KPI）的考核方法，从各个维度的业绩指标进行考核。企业每年会对员工进行一次绩效考核，考核结果直接与员工的年终奖挂钩。KPI 指标如表 6.2 所示。

表 6.2 个人绩效考核指标表

序号	KPI 指标	考核周期	指标定义或计算公式
1	科研项目申请成功数	年度	项目申请成功数/项目申请总数
2	研发项目阶段成果达标率	年度	各项目实施阶段成果达成数/计划达成数
3	新药品利润贡献率	年度	新药品利润总额/全部利润总额
4	项目开发完成准时率	年度	开发实际周期/开发计划周期
5	科研课题完成量	年度	当前完成并通过验收的课题数
6	科研成果转化效果	年度	当期科研成果转化次数
7	药品技术稳定性	年度	投放市场后产品设计更改的次数
8	试验事故发生次数	年度	当期试验事故发生次数

在激励机制上，公司现拥有年终奖金激励和研发项目奖金激励。一旦项目申报生产上市后，研发人员可根据研发成就档次获得一定数量的项目奖金。研发奖金档次及金额如表 6.3 所示。

表 6.3 研发成就奖金档次表

档次	奖励金额（万元）	档次界定
一档	15～20	国内外均为上市新药
二档	10～15	一方未上市新药
三档	5～10	仿制药
四档	1～5	较现有药品有重大技术改进和工艺优化

2. 组织框架

ZX 公司按职能划分组织机构，在总部成立了研发部，并在各个子公司成立多个研发中心，按研究产品品类可分为四大类：传统中药研发中心、现代中药研发中心、生物医药研发中心、大健康产品研发中心。研发部组织架构如图 6.10 所示，研发部和各研发中心均由集团进行统一管控。研发中心由研究人员和技术人员组成，其中研究人员一般应具备中级及以上职称或博士学历，技术人员指在研究人员指导下从事研发活动的技术工作人员。各中心下设一名中心主任和一名副主任，负责管理研发中心日常活动。

3. 研发模式

ZX 公司现行的研发模式是自主研发和合作研发并行的模式。研发环节首先从研发科室立项申请开始，研发部根据产品市场情况设计确定研发药品，申请研发立项。然后

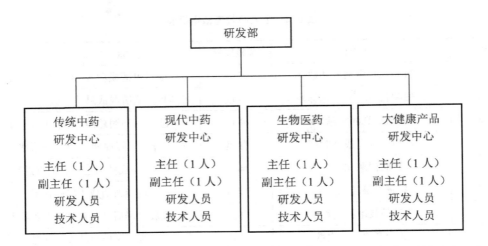

图 6.10 ZX 公司研发组织架构图

由研发中心对新研发药品进行相关技术法规研究，提出相关建议，投票决定是否立项通过。若此时投票通过，则该立项成立，开始研发。研发人员从处方工艺流程、产品质量效果、药品稳定性、病毒病理多方面对新药展开研究。若多方研究均可通过，则可向国家药品监督管理局申报核查。核查通过后进入临床研究阶段，多轮临床研究顺利进行后即可申报生产。研发流程如图 6.11 所示。

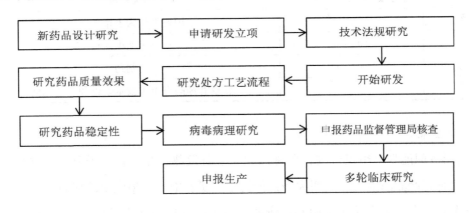

图 6.11 研发流程图

ZX 公司规定，研发人员工资不能超过总研发投入的 10%，这导致公司研发团队 70% 以上都是专科学历或本科学历的员工，高学历人才严重缺失。很多技术上的痛点和难点由于能力有限，无法突破，自然也研究不出多少具有技术突破性的新产品。

四、未来何去何从

"大智移云"对医疗领域的渗透随处可见，诸如"个人健康管理APP"仅需借助手机移动端便可实现个人健康信息的可视化和云端信息共享。ZX公司审时度势，将公司战略方向由三大健康管理领域调整为居民大健康管理。

百年药企ZX曾多次在困境中成长、在传承中创新，摸索出了自主发展道路。目前，公司的生产和采购经过多年的积累走上"精益化"道路，产品质量稳定，成本控制得当，产业基础良好，文化积淀深厚。但在战略转型阶段，ZX公司却陷入了成本管理困境：从销售角度看，公司销售压力巨大，销售费用率远高于行业内其他公司，反观HX集团不仅销量稳定且销售费用率逐年降低；从研发角度看，公司的研发排名在业内逐年下滑，研发效率偏低，老旧的研发模式难以应对时代浪潮。

新的业态环境下，ZX公司无惧困难，踏上了战略成本管理进阶之路。这不禁令人深思和期待，公司的大健康管理战略是否能够跟上时代？公司成本管理暴露的研发、销售痛点又将如何解决？

【讨论题】

1. 运用PEST、SWOT等行业分析工具，试分析ZX公司行业环境与行业竞争力。

2. 从ZX公司的研发投入变化上看，其成本战略销售推动研发还是研发拉动销售？

3. 从研发效率和销售费用来看，ZX公司成本居高不下的原因是什么？

4. ZX公司成本困境下，应该如何通过绩效考核进行精细化成本管理？

5. "大智移云"背景下，ZX公司应如何改进其战略成本管理？

【案例说明书】

1. 运用PEST、SWOT等行业分析工具，试分析ZX公司行业环境与行业竞争力。

（1）中医药行业的PEST分析。

①政治环境（Politics）。

政策大力扶持：国家历来看重中药制造行业的发展，推出了一系列政策，涉及了产业链的各个环节。1999年，国家确立了"中药现代化"和"中药更广泛地走向世界"的战略目标，大力推进产业进步；2006年，国家发展改革委发布了《医药行业"十一五"发展指导意见》，制定和完善了中药制造的标准和规范。2016年2月26日《中医药发展战略规划纲要（2016—2030）》中首次确定中医药发展的战略地位，中医药事业发展进入新时期；随后同年12月25日，国家出台了《中华人民共和国中医药法》从法律层面首次确定了中医药的法律地位、发展方针和扶持措施。国家多重政策的不断推出和实施，为行业发展提供了良好政治环境。

行业监管严格：中药具有安全特殊性，因此国家在行业准入、生产经营各方面都制定了一系列的法律法规，以加强对药品行业的监督。药品制造企业准入必须获得《药品生产许可证》《药品注册批件》，并建造符合GMP规范的车间；根据《中华人民共和国专利法》规定，专利药品在一定时期内受保护，享有独家生产权；同时，部分含名贵动植物的中药生产需要获得农林部门的许可后才能进行。

②经济环境（Economy）。

我国经济不断高速发展，人均可支配收入逐年增长，2018年全国居民人均可支配收入达到28 228元，比上年名义增长8.7%，其次，随着消费品市场的日益繁荣和消费环境的不断改善，居民的消费选择增多，消费需求增长旺盛。双重因素下，人们对中医药产品的消费不断增长。2018年人均医疗保健消费支出1 685元，增长16.1%，占人均消费支出的比重为8.5%。

③社会环境（Society）。

目前，我国老年化趋势严重，60岁以上老人数量已超过2亿，极大的市场需求带动了养生需求的发展。同时，随着生活水平的不断提高和人群亚健康状态频发，养生需求不断年轻化，从单纯的老年养生拓展到"全民养生"。中医养生契合了人们的需求，成为一种公认的健康生活方式。

④技术环境（Technology）。

随着"大智移云"技术的不断发展，应用"大智移云"技术的现代化中药制造是行业的必然选择。在满足合规性的前提下，现代化中药制造将传统中医药的优势、特色与现代科学技术相结合，建立中药智能制造新模式。中药智能制造模式采用工业互联网、物联网、大数据和云计算等信息化技术，广泛获取和挖掘生产过程的数据和信息，为生产过程的自动优化和决策提供支撑。"大智移云"推进中医药行业的数字化、网络化、智能化建设，加强了技术集成和工艺创新，提升了中药装备制造水平，加速了中药生产工艺、流程的标准化、现代化，提升了中药工业知识产权运用能力，逐步形成大型中药企业集团和产业集群。

（2）ZX百年药企的SWOT分析。

①优势（Strengths）。

品牌历史方面，ZX公司前身创办于清朝年间，至今已有300多年历史，被国家商务部认定为"中华老字号"。中医药文化愈久弥香，ZX公司凭借其悠久的中医药文化，获得了无数消费者信任与认可，成为国内中医药领域领军品牌。采购流程方面，公司原药材采购以询价招标为主，以谈判议价、产地直采直购为辅；辅料及包装材料的采购方面，加大开发供应商，引入竞争；密切关注市场行情变化，正确预判，适时进行战略储备，并合理签订大宗合同，有效避免市场波动风险。

②劣势（Weaknesses）。

公司规模方面，ZX公司规模较行业几大龙头而言，仍相对较小，2018年的营业收入为31.2亿元，不足行业龙头的1/10。同时公司主要阵地在二三线城市，消费群体购买能力较弱，公司整体盈利能力不及一流的中医药行业；产品创新方面，公司研发的产品在市场上同质化情况严重，如六味地黄丸的竞争厂家就有600多家，产品竞争激烈。同时，产品研发基于现有的销售数据，极其缺乏前瞻性，导致产品跟不上时代需求，缺乏创新能力。

③机遇（Opportunities）。

医药政策方面，从2015起，国家逐步加大了对中医药行业的政策扶持和资金倾斜，中医药行业迈入了发展黄金期。ZX公司身处中医药行业，充分享受了国家的政策红利，稳步发展前进；智能制造方面，公司近年来致力于实现传统制药生产模式的智能转型，个性化应用了RFID、MES、EAS、LIMS信息化系统，实现了关键工艺参数的自动检测和调节控制，建成了国内领先的中药生产智能工厂，拥有国内一流的自动化生产设备，实现高效生产。

④威胁（Threats）。

ZX公司身处竞争激烈的中医药行业，2017年中医药上市公司已有150多家，拥有近万种主要的中成药。老牌行业龙头TX公司以60多种核心产品稳居上游，医药零售上LX大药房已建成制造工厂、初步涉足中药饮片加工和中成药制造，互联网巨头AX工业也在积极推出中医云诊疗系统。跨界经营、战略联盟和资产并购，让ZX公司面临愈发激烈的竞争威胁。

2. 从ZX公司的研发投入变化上看，其成本战略销售推动研发还是研发拉动销售？

2016年H7N9型禽流感频发，消费者对治疗感冒类药物需求导致当年市场激增。ZX公司原本每年在感冒类药物上的投入都在150万左右，2016年迅速升高到340万元，随后 2017 年又恢复往年正常水平。其他类药物的研发同样根据当期市场需求来加大投入，2018 年是全球第四高温年，中暑人数较往年有大幅增长，因此 ZX 公司将祛暑降火类中成药研发投入从 2017 年的 57 万元增加到 89 万元左右。可见 ZX 公司以现有市场状况来进行研发，实行销售推动研发型战略。

以销售推动研发的战略缺乏前瞻性正是造成公司成本效益低的主要原因。公司对于药品的研发主要是根据当前市场产品的需求以及疗效，简单运用数据分析工具所决定的。然而药品的研发持续时间较长，多为 3～5 年，导致根据现在市场需求研发出的药物无法满足 3～5 年后消费者的使用需求，从而出现药品研发失败问题。

ZX 公司现提出了"在预防、治疗、康复三个领域，致力于全人类生命周期健康管理"战略，为实现这一战略，不仅研发中成药、中药注射液，还涉足西药和生物制药的研究。这一研发战略过于分散，公司目前由于资金约束和规模限制，导致力不从心，无法贯彻实施战略。

与其广泛研究多个领域，不如专注于研发慢性病的治疗。随着社会老龄化的加剧，患慢性病的人群急剧增加；又由于慢性病治疗时间长、见效慢的特质，未来的中医药市场必定是慢性病的市场。ZX 公司现根据市场销售情况，并未前瞻性地将研发目光投在慢性病药品研发上，最终会导致其产品在市场竞争机制中失去活力，无法占领未来的广阔市场。

3. 从研发效率和销售费用来看，ZX 公司成本居高不下的原因是什么？

（1）研发成本效益低。

ZX 公司的研发投入占营业收入比为 2.74%，处于行业领先水平，但是研发效率仅为 0.18%，在行业中处于中低端水平。相较于同为中华老字号的企业 TX 公司、YX 公司等企业，其研发投入的成果转化能力较弱。

①人员管理：培养单一化、考核失衡化、激励片面化。

ZX 公司在人员管理上采用较为粗放的管理模式，导致研发人员创新输出能力弱，难以创造出具有核心竞争力的产品。

培养单一化：单一培养机制仅能够满足员工自身的部分学习需要，但是面对日新月异的"大智移云"时代，单一的培养机制致使员工发展途径狭窄，挫伤了人才的积极性，无法保持员工的创新性。同时，ZX 公司目前缺乏知识共享管理平台，没有打破不同知识拥有者的沟通壁垒，导致知识获取成本高，知识作为一种可自由流动的资源，在各研发团队中决定了企业开发新产品的能力。

考核失衡化：首先，现有考核指标的8个定量KPI均与个人业绩挂钩，过分关注事后的结果考核，而忽略了过程中员工的工作态度和工作能力等定性指标，不能有效地对研发流程进行实时的评析和前馈控制，无法指导新药研发的改进工作。其次，现有KPI从个人的角度出发考核研发人员的任务完成情况，而不是将他们置身于团队中去考虑团队任务的完成效果，因此研发人员容易忽略团队的任务，而将重心放在个人业绩上。除此之外，现有的考核体系是将每一个部门分别进行考核，研发部和其他部门缺乏应有的沟通，这会导致整体业绩下滑，所以把部门作为独立个体进行考核是不科学的。

激励片面化：区别于普通员工，研发人员拥有高学历、稀缺性、高追求的特征，他们期望通过自己的科研成果实现人生价值。目前ZX公司只采取经济手段对研发人员进行激励，没有考虑马斯洛需求层次理论的精神层面的需求，缺乏对研发人员足够的尊重和精神支持。

②组织框架：职能化、分散化、沟通难。

首先，由于研发部和研发中心绝大部分由技术人员组成，具有较强职能型，很重视研发部门的专业技术，中心主任常常倾向于选择对自己研究中心最有利而不是对项目最有利的决策，因此所做计划常常是出于职能导向而很少考虑项目的目标。研发人员往往会过度关注药品的研发进度和研发结果，甚少涉及研发成本的管控，致使出现研发成本无人管控的情况，从而使得研发环节的费用处于失控的状态。

其次，ZX公司各部门独立性较强，其他部门人员未充分介入到研发环节。加之研发项目的技术复杂，致使部门协调困难、沟通成本高，无形中增加了公司的成本。

最后，ZX公司共有12个研究中心，分散在全国5个省、8个城市，距离的遥远导致交流传输不及时和信息不对称，加大了研发部统一化管控的难度，致使公司整体的监督成本和沟通成本过高。

③研发模式：设计忽略成本、运行人工化。

在整个研发流程中，公司关注了产品的市场需求、合法合规性、技术可行性等因素，却忽略了关键的成本分析。研发中心人员未与生产部、财务部人员进行充分沟通，也没有对药品进行成本预测和利润预测，导致整个研发过程中未完整、全面地考虑药品生产的成本。据ZX公司调查显示，现已开发的23％的药品由于研发设计的成本结构不合理，导致毛利率过低，公司不得不降低其产量或进行二次开发改善，付出了高额的改良成本。

在药品的研发过程中，公司研发环节物料使用状况、研发实验数据、人员工作状态、资金的管控大都为人工记录，整理汇总在相关纸质文档上，统一进行仓库储存管理。过度的人工化、纸质化使得研发过程中的信息输入易出现误差、易被篡改，信息查询不便，信息分析难度大，信息储存易丢失损坏，从而导致研发流程整体的运行效率极低。同时药品在研发成功后，药监局会对药品的整个研发过程进行现场检测，而纸质化的研发流程无法有效对研发过程进行快速查询追踪，致使检测时间不断延长。此外，研发人员除研发工作之外，不得不花费大量时间进行日常工作数据记录，对其造成较大的行政压力，拉低药品的研发进度，甚至有可能造成研发人员的流失。

（2）销售费用率畸高。

公司的销售费用占比远远高于行业平均水平，这一占比自 2017 年就达到了营业收入的 40％ 以上。此相对值高的形成原因一方面在于收入不变的情形下，销售费用绝对值较高；另一方面在于销售费用不变的情形下，收入降低。

进一步研究与 ZX 公司业务模式最相似的 TX、BX 公司的销售费用构成，可以得出中医药企业的职工薪酬普遍占比最高，其次是市场维护及促销费。而 ZX 公司却是市场维护及促销费用占比最高，超出同行业的一倍以上；会务费和差旅费占比畸高，仍然远超同行业平均水平。由此可见 ZX 公司的市场推广过程进展艰难，花费较大。

细细探究发现，销售费用率居高不下的原因来自以下两个方面。

①销售模式：线上销售渠道窄。

ZX 公司的线上销售占比仅为零售业务的 0.76％，线上销售开展程度不足，利用互联网程度也不够。一方面，ZX 公司线上平台的销售规模小，会导致数据流小，难以发挥大数据的深度分析功能，无法做出有价值的未来商业决策；另一方面，难以为线下引流提供数据整合的基础，即线上与线下的销售数据无法有效传导。比如，线上与线下销售情况的对比能够让公司更合理地对门店设置和仓库补货进行规划，减少浪费，提升线下运行效率。而目前 ZX 公司的业务模式导致 O2O 的优势无法互补，销售收入难以进一步扩大。

ZX 公司无法直接参与线上业务的运营维护还意味着其不能借助对自身产品的独有理解而对电子药房制定专业的营销策略，从而造成线上展示能力不够，即达不到品牌的宣传效应和良好的促销效果，导致线下的实体市场促销成本增加；其次，在线销售与连锁门店销售无法做到相互调货取货，增加了沟通成本。这些都直接增加了销售费用。

②销售人员：管理监督力度弱。

在外拓展市场的业务人员和零售门店的终端销售人员不受监督，而市场拓展程度不够、业务开销过高或门店人员服务不到位造成客户体验感低下从而丧失可能的销售机会，都会导致销售费用的增加或销售收入的减少。

终端销售员管控力度低：直接进行终端销售，产品价格更高，在内部运作正常、其他情况无大幅变化的情况下营收也相应增加。然而，销售费用率仍大幅升高，超过销售收入的增长速度，差旅费和市场维护费占比远高于同行。这是因为ZX公司对分布广泛的销售团队成员的费用发生的管控力度不强，缺乏有效的销售业务员管控机制，对于终端销售发生的费用并未加以控制，没有与销售额结合起来，导致销售费用率的升高。

门店售货员监督程度弱：目前，门店管理虽有库存和销售系统，但是对于店面日常事项和员工工作情况缺少智能化管理，对连锁门店的员工缺少监督，导致员工工作效率不佳。且原有库存销售系统仅有药品品种、销售量等基础信息，未形成客流路线、客流热力图、进店率等统计数据，无法有效进行店面和员工成本效益的分析，导致成本浪费情况的发生。

ZX公司现阶段对零售门店的管控未采用后端信息平台，如店内安装监控摄像头仅用于防盗，并未实时监控员工的工作服务质量，后台系统无法对摄像头捕捉的数据信息进行分析以生成员工工作情况表乃至总结字段。人工管理的差错纰漏必然会使得安排不甚合理，导致资源闲置或过度紧缩，造成管理效率低下，从而销售费用上升。

4. ZX公司成本困境下，应该如何通过绩效考核进行精细化成本管理？

（1）落实成本管理绩效考核。

①完善绩效考核系统。

组织架构建立后，还需完善相应的绩效考核体系。全面战略成本管理要求企业从研发、采购、生产、销售四个关键部门切入，把绩效考核的重心从单一的成本管理中财务目标的完成转为整体经营成效的提升。根据企业的关键成功因素，应用绩效管理中的关键绩效指标法为上述部门完善细化指标，建立一套完整和长效的考核体系。

企业各个部门职能不同，为企业创造价值的方式不同。如在研发拉动型全面战略成本管理下，研发是企业的驱动力，销售对研发起指导作用，因此需要采用不同的考核方法与考核标准。但各个部门的绩效考核无法独立完成，或多或少需要其他部门的协助，部门之间通常会以成本为管理基础、信息技术为支撑工具进行一系列跨职能活动。所以在构建体系时，以责任目标为导向，对应设立实施部门和配合部门，共同联合进行绩效考核。

考核系统构建步骤如下：

第一步，确立公司研发、采购、生产、销售、售后各职能部门作为责任主体。

第二步，基于企业现阶段的关键成功因素制定总体目标，由于全面战略成本管理强调整体经营成效的提升，考核系统将设置多个维度的总体目标而不仅限于成本目标。

第三步，以总体目标为基准，设置不同类型的责任目标，在设置责任目标时要注意其不仅应与总体目标相协调，同时不与其他责任目标相冲突，相互协调。

第四步，依据具体的责任目标细分出反馈指标，再按指标依次区分实施部门和配合部门，确认每一个指标对应的责任主体，如表6.4所示。

表6.4　各部门责任目标考核表

总体目标	责任目标	反馈指标	实施部门	配合部门
产品竞争力	新药品利润贡献高	新药品利润贡献率	研发部	销售部
	高品质的中药材原料	中药材采购质量合格率	采购部	质检部
	在市场占一定分量	市场占有率	销售部	研发部
	……	……	……	……
单位产品成本	获客成本低	单位获客成本	销售部	售后服务部
	原料成本低于市场平均	采购成本降低目标达成率	采购部	—
	规避不合格药品	药品合格率	生产部	质检部
	规避物料浪费	物料耗用率	生产部	—
	减少资金被占用	应收账款回款率	销售部	财务部
	保质保量获得原料	采购差错率	采购部	质检部
	……	……	……	……
客户价值最大化	按计划完成新品开发	公司新品样品开发及时率	研发部	售后部
	客户尽可能地回购	客户回订率	销售部	售后服务部
	让客户感到满意	客户满意度	销售部	售后服务部
	……	……	……	……
内部计划完成度	产品研发达到计划品质	产品设计质量合格率	研发部	—
	产品研发不超过计划成本	研发成本控制率	研发部	财务部
	准点准量生产	生产计划准交率	生产部	采购部
	—	产能系数	生产部	—
	准量采购	采购计划完成率	采购部	财务部
	销售额增长符合计划	销售额增长率	销售部	—
	销售费用不超计划	销售费用控制率	销售部	财务部
	……	……	……	……
……	……	……	……	……

以上列举了少数目标及指标，在完善企业总体目标和责任目标后，应为每个总体目标的责任目标设置权重，代表对此目标绩效水平的影响。如此一来，将指标的完成情况责任到部门，再责任到人，权责划分明确，使每个人都清晰了解自己的职责并意识到职责履行程度对绩效的影响程度，达到各部门协同配合，有助于企业进行全面战略成本管理。

②监督利益机制融合。

员工在产品的生产过程中起主导作用，员工的专业程度对生产效率、生产成本的控制有重要影响。在管理层的约束下，员工成本管控意识会有所提高。因此在企业已完善的绩效考核体系基础上，应建立由上到下有效的监控机制。

其次，根据马斯洛的需求层次理论，如果企业能让员工意识到他们能在成本管理中获得经济利益和晋升空间，他们工作的积极性将会得到极大的激励。所以从长远来看，为持续保持良好的成本管控，企业还必须设立利益奖惩机制，最大限度地调动员工积极性。因而只有将监督机制和利益机制作为绩效考核体系的两大配套机制，ZX公司才能做好战略成本管理。

（2）培养精细化成本管理文化。

①加强全员精细化成本意识。

在一般的企业里，基层员工会以完成任务为导向，而成本意识较薄弱，成本管理意识强的主要是财务人员和管理人员。而精细化成本管理注重的是整个价值链各环节的成本把控，需要全体员工的参与，只有全员参与精细化成本管理，才能从根本上提高企业运营效率。

ZX公司可以通过员工培训，对员工进行精细化成本管理的宣传教育。例如，对公司的现状和问题进行分析，使员工切身感受到精细化成本管理的重要性，增强他们的"主人翁"意识。企业应将成本控制总体目标进行层层细分，落实到每个人，使员工去关注成本控制的结果，养成精细化成本管控的习惯，形成浓厚的企业精细化成本管理文化。

②建立健全知识管理体系。

知识管理是信息化时代的一种新管理思想，它融合了"大智移云"技术和现代管理理念，在个人与组织间形成知识不断分享、创新、反馈的机制，以辅助企业进行决策。目前ZX公司尚未进行知识管理，个人与组织间的信息传输存在不对称的现象。ZX公司应打造自己的知识管理系统，对中医药文化知识进行传承与创新，实现信息人人共享，构建零交流障碍的企业文化，为战略成本管理提供便利。

ZX 公司知识管理系统的构建方案可参考以下六个方面的内容：第一，建立个人知识门户；第二，构建知识库，创建岗位知识地图；第三，充分应用公司技术积累，研发成果入库；第四，对关键员工知识资源设置特别管理；第五，同步各分支机构的异地协同运作；第六，根据知识库、讨论社区制定学习计划，进行智能学习。知识管理系统可以使 ZX 公司成为学习型组织，让员工们拥有系统的思维，提高企业经营效率，养成浓厚的精益成本管理的企业氛围。

5. "大智移云"背景下，ZX 公司应如何改进其战略成本管理？

（1）优化研发流程，促进科学管理。

a. 项目考核细化人员管控。

①完善的人才培育。

对于 ZX 公司现有人才培养模式单一的问题，通过外部合作培养以及跨职能团队培养来完善人才培育机制。

首先公司通过与高校、医院、医疗机构进行合作培养，提升人员整体技术水平，并减少人才招聘的成本。一方面，公司和各高校可以合作建立医疗大数据学科、医疗电子机械制造学科。另一方面，外部机构可以与研发中心进行学习数据共享、课程共享，共同学习来实现共同目标培养。

其次，公司应针对跨职能研发项目组，建立合理的人才培养制度，提升跨职能项目组人员的能力。先应对跨职能项目组的研发人员进行体系的培训，使其对跨职能项目组有明确的认知；然后在此基础上，通过针对性技能培训提升人员的各项技能及素质；最后各部门可进行知识交换学习，让员工各部门的基础技能，成为复合型人才。

②科学的绩效考核制度。

ZX 公司目前对于研发人员考核制度的设定，以 KPI 指标中的业绩指标考核为主，存在考核指标单一、考核期过长、缺少团队考核的问题。应该设立科学的 KPI 指标考核体系，除加入态度考核以及能力考核的指标，还要建立团队考核指标，缩短考核周期从而建立完整的个人绩效考核制度。

KPI 指标层面，首先是完善个人关键指标考核制度，在原单一的业绩指标考核的基础上，加入态度考核指标以及能力考核指标，并将考核周期从一年一次改为一月一次。研发人员目前的考核大都以研发结果为导向，而这种考核制度缺少对研发人员态度以及能力的考核。

第一是态度指标，态度指标作为考核研发人员的辅助性的指标，其不应构成研发人员考核的分值项，而因作为扣分项，且每个扣分都应该有具体的事项说明。工作态度指标如表6.5所示。

表6.5 工作态度指标表

序号	人员类别	指标定义	指标值	指标权重	考核说明	确认人	考核周期
1	研发中心项目主管	积极性差，工作质量不高，对项目组整体工作混乱			每发现一次，扣1~2分，封顶5分；扣分需有具体事项说明	研发部门经理	月度
2	研发中心研发实验员	做事推诿，积极性差，工作质量不高，与同事合作度不佳			每发现一次，扣1~2分，封顶5分；扣分需有具体事项说明	研发部门经理	月度
3	研发中心临床专员	做事推诿，积极性差，工作质量不高，与同事合作度不佳			每发现一次，扣1~2分，封顶5分；扣分需有具体事项说明	研发部门经理	月度

第二为能力指标，研发人员的能力对研发结果具有重要的影响，通过设立研发人员能力考核的指标来达到提升研发人员以及公司整体研发能力的目的。ZX公司对研发人员的能力考核可通过建立胜任力模型来完成，该模型对不同的职位会提取不同的关键胜任素质，如研发知识学习能力、新产品设计能力、创新能力、项目管理能力、思维能力、产品市场分析能力。这种基于胜任力模型建立的能力考核指标，一方面可以使得研发经理对各个研发人员的潜力以及未来的职业规划有深度的了解，另一方面对于公司而言，可以大幅增进绩效考评的效果，激励员工对于自身能力予以关注，对自身能力有清晰的认知，从而在实践中提升自身能力。工作能力指标如表6.6所示。

表 6.6 工作能力指标表

指标名称	考核标准								得分
	优秀		良好		及格		不及格		
	标准	得分	标准	得分	标准	得分	标准	得分	
研发知识学习能力	非常强	20	较强	16	一般	12	较弱	8	
新产品设计能力	非常强	20	较强	16	一般	12	较弱	8	
创新能力	非常强	20	较强	16	一般	12	较弱	8	
项目管理能力	非常强	10	较强	8	一般	6	较弱	4	
思维能力	非常强	20	较强	16	一般	12	较弱	8	
产品市场分析能力	非常强	10	较强	8	一般	6	较弱	4	

在年末，公司应对研发人员的月度考核指标进行汇总，并对其进行年度能力指标考核，如表 6.7 所示。

表 6.7 年度绩效考核表

被考核者：		部门：		岗位：	
考核者：		部门：		岗位：	
指标类型		平均得分	所占比重		折合分数
工作业绩					
工作能力					
工作态度					
合计					
特别加分事项：			分数：		

绩效考核制度层面，针对研发部门独有的以项目为单位的运行特点和现有个人考核机制，制定项目绩效考核制度。就研发团队项目绩效考核而言，其主要作用在于将研发项目团队作为一个统一的整体，对其研发项目的进展进行考核。而团队考核的指标主要有四个，即科研项目申请成功率、项目研发进度、项目成本控制以及新产品的利润贡献率，如表 6.8 所示。

表 6.8　研发中心项目团队 KPI 考核表

序号	指标名称	指标定义或计算公式	指标值	指标权重	考核说明	确认人	考核周期
1	科研项目申请成功率	项目申请成功数/项目申请总数×100%	按规定	15%	低于公司平均的科研项目申请成功率，扣 10 分，否则 0 分	研发总监	年度
2	研发项目进度	各项研发项目按计划进度开展	按规定	50%	延期，每项扣 10 分，未达到预期目标一项扣 20 分；重大事项，影响公司整体规划，本项为 0 分	研发总监	月度
3	项目成本控制	项目申请总数实际技术改造费用/预算费用×100%	按规定	15%	超出预算范围 25～50%，扣 10 分；超出预算范围 50% 以上，本项为 0 分	财务总监	季度
4	新产品的利润贡献率	新产品利润总额/全部利润总额×100%	按规定	20%	低于预期产品利润率 25～50%，扣 10 分；低于预期产品利润率 50% 以上，本项为 0 分	财务总监	季度

b. 多元的人员激励机制。

针对 ZX 公司人员激励机制不健全的现状，利用行为改造型激励理论中的正强化对员工进行正向激励，主要包括物质激励机制和精神激励机制。

①完善研发人员的物质激励。

公司目前的激励机制为物质激励，过于单一，因此可在原有的物质激励的基础上，增加其他多种激励措施，形成多元化物质激励机制。首先应与研发人员的各个绩效考核系统相联系，在 360 度绩效考核的基础上，对其进行系统性的数据分析，合理分配研发人员的薪酬。然后，对研发人员的薪酬考核进行延伸：在原有的研发成果绩效考核的基础上，将研发人员的提成与药品的销售环节相连接，比如，每销售出一份药品，研发人员即可获得 1% 的研发提成。这样的机制可以督促研发人员在产品的研发过程中，不仅关注研发成果的转化，对研发成果的市场竞争力也有所关注。

②加强员工的精神激励机制。

对于研发人员这种高学历和高知识储备的人才，精神激励对其作用更大。因此，应该建立一套包含职位晋升、培训、荣誉授予等的精神激励机制，可以发掘研发人员的内在潜能，充分调动其积极性，提高研发部门整体的工作效率。此外要加强研发人员的企业文化培训，使其能真正融入企业整体建设中，降低研发人员流失比率。

c. 建立全流程预算信息化平台。

针对研发流程缺少成本管理的现状，ZX 公司应对药品的研发进行基于全生命周期的综合性评价，做到从源头上消灭浪费，深层次地降低成本。因此，在研发环节引入预算机制，如图 6.12 所示，对产品的研发实施全过程的精细化成本管理，做到在符合市场需求的基础上，尽量减少流程化的成本浪费。

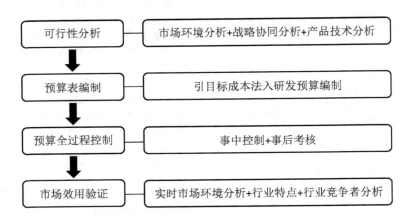

图 6.12　预算机制改进效果图

①可行性分析。

引用精益研发中客户价值导向的理念，对药品的市场需求进行分析。首先，ZX 公司利用销售端大数据形成市场分析报告；然后，结合公司战略发展方向以及当前医药行业的政策、药品未来的发展趋势，对药品的研发进行分析。此外，公司还应考虑当前所拥有的技术、人才储备，对研发方案整体的可行性进行深入分析。

②预算表编制。

继可行性分析之后，公司开始编制预算表。预算表的编制是研发成本管理中的重要环节，由于药品的研发存在成本高且周期长的特点，因此引入目标成本的理念，对其进行预算编制。此外，药品的研发具有极大不确定性的特点，针对此特点，ZX 公司将采取滚动预算的管理模式，实时更新预算，从而保证药品的研发成本与整体的研发预算管理相符合。

ZX 公司引入目标成本管理的理念，目标成本管理的公式为：目标成本＝目标售价－目标利润。

首先，公司应确定目标售价，而目标售价的确定基于药品的当前市场竞争力。若公司研发的药品能够攻克医药领域内的难题，市场上完全不存在同质化或可替代的药品，则公司处于主动地位，公司的议价能力强。反之，若是对已有药品生产工艺的改进、包装的重新设计，即市场上已经存在相应的药品，此时，公司对目标药品的定价处于被动地位。除此之外，若是能够改善药品疗效，则公司对药品的定价能力相对强势。因此，公司应针对不同药品的市场竞争力，进行相应的定价。

其次，应对研发的药品进行目标利润的预期设定。而目标利润的设定要与公司战略目标、研发药品的投入产出比以及产品层次的利润规划相符。

再次，预算表对药品的研发支出进行了一个合理的规划。在预算表的编制过程中，将研发成本按照研发模块进行分配，这样可以保证公司各个模块的研发成本处于一个可控的范围内。同时在后期对研发成本的差异进行分析时，可以通过系统的分析，迅速找出与预算的偏差，并对其进行调整，从而对预算表的编制进行优化设计。

周期长、风险高是药品研发的重要特点。因此，ZX 公司应采用滚动预算对药品的研发进行实时的调整，并对造成其差异的原因进行实时分析以及优化。

③预算全过程控制。

预算的全过程控制主要包括事中控制以及事后考核。药品的研发与其他产品的研发有很大的区别，因药品的研发风险高、周期性长，所以对于药品的预算管理实行滚动预算的意义更大，根据市场环境、行业环境的变化，实时更新药品的研发预算控制，实现预算的实时更新。在事中控制阶段，ZX 公司应进行实时的控制，尽量满足以下两个要求：第一，尽量保证研发环节的执行情况与预算的编制一致；第二，研发中心的财务人员应对研发环节的执行情况进行实时分析，及时反馈实际执行中与预算不相符的环节，并对其进行分析并进行预算的优化设计。在事后考核阶段，无论药品研发成功或失败，项目组必须对研发成本的预算执行情况进行全面的事后考核，建立详细的差异分析体系和绩效考核体系，找出其中的差别，并对这些差别形成的原因进行分析，从而不断优化预算机制。

④市场效用验证。

药品研发周期过长，致使药品在研发成功后，市场环境会有所改变。因此，在药品研发成功后，应对药品的市场效用进行分析。

首先应对当时的中药行业环境进行全面的分析，包括当时政治环境、是否有新的法律法规对新药品进行管控，此外还应包括当时的经济环境以及人文社会环境等。

其次是对行业竞争者的分析，传统或现代化的中药系列产品基本不存在市场垄断的情形，竞争者的动向会极大程度上影响新药品的市场销量。

最后，与销售端进行对接，对顾客的购买动向进行数据分析，验证新药研发的成果是否能满足消费者的需求，总结出经验与不足。

通过建立全过程的预算管理机制，控制研发成本的波动范围，做到对新药品研发的全生命周期成本管理，从源头杜绝浪费。

d. 设立信息化管控平台。

智能研发 2.0 是由总体系框架、知识工程体系、研发流程体系、精益项目体系、综合设计体系、过程质量体系、综合仿真体系、需求管理体系、综合实验体系、产品技术体系、智能协同体系以及研发资源云十一个子体系所构成的，而这十一个体系的建立以及连接是以信息化的技术来支撑的。因此 ZX 公司应运用"大智移云"的手段，对研发环节进行整体信息化管控。

①研发流程信息化。

伴随着"中国制造 2025""大智移云"等各种产业化创新理念的提出，目前已有越来越多的企业将这些创新性的产业理念融入公司的各个流程中。而 ZX 公司作为一家以研发为核心竞争力的中医药制药公司，其信息化的融合升级是发展的必然趋势。

实验室研究是研发中极其重要的一环。ZX 公司现有实验室信息化程度低，数据分析大都还依靠简单的软件和人工判断，极大地降低了研发效率。鉴于此，引进针对样品检测、分析、检验的专业化实验室管理系统——LIMS 系统。研发信息化管控流程如图 6.13 所示。

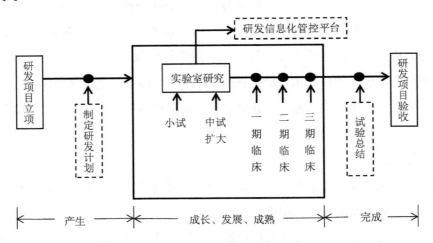

图 6.13　研发信息化管控流程图

基于计算机局域网的 LIMS 系统，是以实验室为中心，通过对实验室研究中业务流程、设备、试剂、标物标液、文件资料等的整合，从而实现在自动化采集实验数据的基础上，进行分析、报告和管理。

使用 LIMS 系统，研发流程可以获得诸多益处：首先，LIMS 提供的规范化程序能减少重复实验的次数，从而降低对化学试剂等实验用品的消耗；其次，LIMS 对实验用品的使用有完整准确的自动化记录，有利于对实验用品进行严格控制、有效监管；再次，LIMS 能全程无纸化记录实验流程，提高工作效率；最后，LIMS 还能对实验人员的工时、项目进行量化考核，减少人力成本。这诸多好处，简化了实验流程，减少了人工成本，缩短了实验时间，有益于降低此环节的研发成本，提高研发效率。LIMS 实验室管理系统流程如图 6.14 所示。

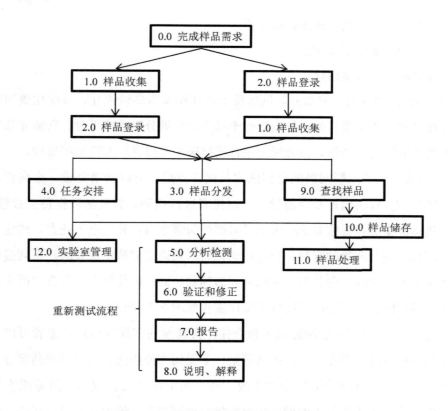

图 6.14　LIMS 实验室管理系统流程图

智能研发 2.0 对流程信息化体系的建设，通过 LIMS 系统的引入实现了信息化管控平台的理念。此外，信息化的管控可以保证信息的可追踪性以及研发环节的智能化还原，做到真正的管控研发成本，提高研发效益。

②未来客户价值导向预测研发方向。

目前，ZX 公司研发中心在确定新药研发方向时，虽然结合了市场销量以及药品疗效分析，但并未以未来客户的价值导向对其产品进行设计，导致出现了滞后的新药与市场脱节、竞争力不强的现象。对此，应该运用大数据和云计算工具，在运用销售端系统所做出的药品市场分析报告的基础上，结合公司战略发展方向、产业发展趋势以及国家相关政策，运用系统化的预测分析工具，从而确定药品的未来研发方向。

未来数据分析及决策的管理体系将通过信息化、数据化、无纸化的手段建立，且运用其分析手段做出前瞻性决策。同时运用计算机记录整个药品的研发过程，运用信息化手段进行研发成本的控制，从而提高企业运作的效率，降低运作的风险以及控制运行成本。

（2）改进销售模式，挖掘数据价值。

a. 智慧药房新销售模式。

①互联网医院分级诊疗。

2015 年 12 月 7 日，乌镇互联网医院于浙江桐乡市乌镇成立，以优化资源配置、提高医疗服务效率为主要目标，打造服务于基层医疗的分级诊疗平台。乌镇互联网医院与各大医院的专家进行合作，作为线上平台连接医生与患者，实现远程诊疗。

ZX 药房与乌镇互联网医院合作成为其接诊点后，可以新增复诊、小病初诊以及快速问诊的功能。在店内设置智能设备，对患者进行检测，将检测数据传至接诊医生处。患者与接诊医生进行视频对话，医生了解详细病情之后，开具电子处方，传输至药房系统，门店药师进行药物的配制，通过自动化煎药系统完成药物煎煮的一系列过程，最后连同无须煎煮的药品一起分包，完成从问诊到购药的一体化服务，打造"医＋药"融合的多元化健康体验。互联网医院分级诊疗流程如图 6.15 所示。

ZX 药房在与乌镇互联网医院平台合作，实现预约在线问诊后，患者可以直接去社区附近的药房取药，避免去医院排队等候，享受到方便快捷的就医和用药服务，极大节省时间成本，有效推动分级诊疗的实现。药房虽增加了设备成本、服务成本和管理成本，但随之带来的销售收入的增加让成本效益得到提升。该类业务类似于产品的流水线工作，集线上预约、电子处方数据传导、药师审核与配制、自动化煎煮、分包五大环节于一体，实现全流程智能化、可控化。

②用药服务转型。

药物销售向用药服务的转型将是 ZX 公司未来积极推进的方向。在门店内提供健康

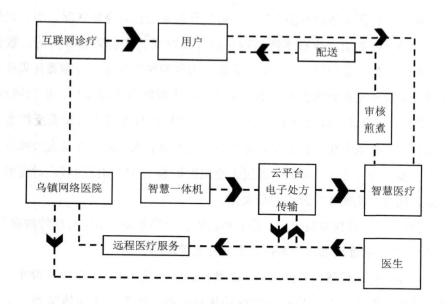

图 6.15 互联网医院分级诊疗流程图

智能体检服务，通过专业的健康智能设备，为顾客提出有针对性的健康建议，在对顾客信息进行深入了解后，为顾客提供个性化服务。将智能体检与药学服务结合，着重推进慢性病管理服务，为顾客提供慢性病检测、慢性病用药等大健康管理服务，促进 ZX 公司门店从销售药品到服务顾客的转型，打造多维度健康管理生态。用药服务管理模式如图 6.16 所示。

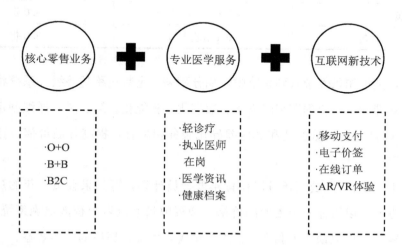

图 6.16 用药服务管理模式图

在店内设置摄像头人脸识别，对每一位授权客户进行信息识别。当客户进店，系统自动扫描人脸，上传面部数据到信息平台，通过分析系统核对身体状况、历史记录、购买偏好等详细信息，如第一次在本药店购买是什么时候、之前买过哪些药、数量是多少、过去消费力如何、是何种会员等级等信息，大致判断出顾客是否需要补买药品以达到最好疗效，如需要则对顾客进行提醒。店员可在了解顾客的需求后，进行精准营销。如此一来，ZX公司可以摒弃之前的登记方式，人脸识别技术可直接快速反馈客户所有信息，系统自动根据数字化信息分类，可节省一定的售后人力成本并且大大减少了差错纰漏，对售后效率的提升大有裨益。通过人脸识别技术还可以捕捉到客户对应的关系管理模式，因人施材，实现客户价值的最大化。

ZX药房在具体会员权益设定上，应有所区别：对高等级会员应有独特的服务方式，使其有"特权感"，从而增加客户黏性，实现分级管理的目的。

第一步，零售药店设置的积分活动应新增打折促销的方式，不单单停留在兑换礼品和卡券上，而是为客户实施下单打折立减的优惠活动，使客户快速体验到"实惠"购买。同时，在客户智能追溯系统内根据客户等级的不同，划分不同的打折力度，如表6.9所示。

表6.9 分级折扣率表

会员等级	积分	优惠折扣率
钻石会员	3 000 积分以上	8.5 折
黄金会员	1 000～3 000 积分	9.0 折
星级会员	1 000 积分以下	9.5 折

第二步，把折扣条件录入到系统中，积分积满一定数量跨越等级，系统将自动改变折扣，下单立即优惠，全程实现网络化、数字化、智能化。第三步，详细制定差异化策略，如图6.17所示。积分换礼和其他差异化服务相配合，提高礼品价值，让客户认为积分"矜贵"。

除了以上三步，ZX公司还可以设置年度会员计划，即如果会员一年的药品都在我方购买，我方便可以给你一个更低的价格。购买数量通过客户智能追溯系统进行记录，用利润锁住客户，也就锁住了黏性，扩大了销售，增加了售后的成本效益。

最终，形成会员健康管理流程如图6.18所示。

③线上线下整合。

ZX医药对于为以面向个人消费者的零售为主的业务，应积极推动线上与线下的资

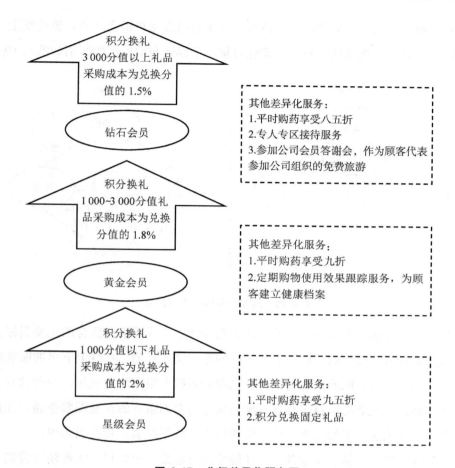

图6.17 分级差异化服务图

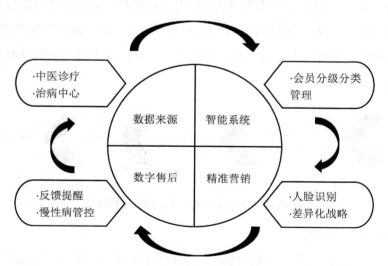

图6.18 会员健康管理流程图

源与信息的整合，运用"大智移云"技术，重构商品流动与销售环节，整合线上、线下与物流服务体系，实现从线上到线下无缝对接。新模式与旧模式的区别如图 6.19 所示。

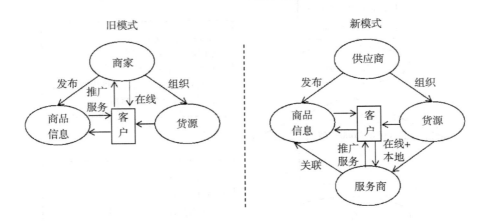

图 6.19　新模式与旧模式对比图

　　商品通、服务通、会员通"三通"的实现是线上与线下信息整合的主要目标。线上与线下信息整合需要商品通，即线上与线下的库存实现互通。在线上下单的顾客能够前往任意库存充足的门店取药，在线下门店也能购买线上渠道的中成药、中药饮片、大健康食品等产品，实现商品信息的共享。配送服务与咨询服务的互通即服务通。配送服务的互通主要通过配送渠道的完善、线上快速配送、线下门店送货得以实现。

　　线上与线下的咨询信息实现共享，才能掌握顾客第一手资料，实现精准营销，提高咨询服务质量。会员通即线上与线下的会员信息实现共享，会员权益与会员资格能够通用，更加快捷地服务顾客。通过线上与线下的数据互通，ZX 公司能够扩大销售规模，减少线下门店销售的促销费用，促进销售费用率的降低。线上线下资源整合服务流程如图 6.20 所示。

图 6.20　线上线下资源整合服务流程图

　　b. 数据流量监测分析。

　　对于门店的精细化运营，引入智能数据监测与分析系统。运用智能摄像、智能感知设备，可实时监控各门店的经营情况与流量数据，上传至云端进行处理分析，并可使用移动终端 APP 进行相关权限的操作，主要包括远程协同、视频追溯与客流分析、高效运营等功能。功能与数据传递如图 6.21 所示。

①远程协同。

通过终端设备，进行信息发布、员工考勤签到、远程学习、简单培训。将公司的重要任务、广播宣传等内容通过终端推送给每一位店员，实现信息的快速互通。员工在 APP 上进行签到，管理人员能够获得定位信息，及时掌握店员的异常情况。利用终端多元化的页面，增强培训效果，减少差旅成本。

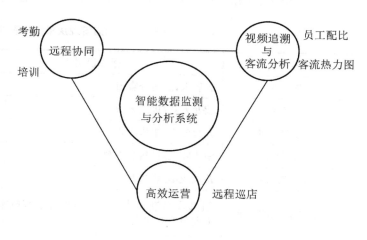

图 6.21 功能与数据传递整体图

②视频追溯与客流分析。

通过门店摄像头与智能感知设备，精准分析客流数据。在中药饮片区和大健康产品区，根据店内顾客行动路线和客流密度等数据，呈现客流热力图，为中药饮片区和大健康产品区的产品设置决策提供信息支持。对服务过程进行视频记录与追溯，打造精细化、数字化、透明化的服务流程。

对多个门店的数据进行比较，综合分析天气、日期、地理位置等情况对客流的影响，优化后续门店的选址方案，以提升各门店业绩。智能分析员工与客流、销售额的配比，为每个门店的人员配备决策提供依据，调配冗余人员以达到人力的更优配置，有效降低人工成本。

③高效运营。

对各门店进行远程巡店，随时查看店内情况，有效确保员工的工作积极性，提升店员的整体服务质量，在成本不变的情况下提高销售收入。在门店现场，比对电子检查表中的检查记录，确保检查结果真实有效。

根据电子检查表的巡店标准，对巡店结果进行打分与排名，自动生成管理报表，以便对各门店、员工的工作情况进行综合评价。

门店在智能数据分析系统的基础上，综合分析各类数据。通过系统的商业数据分析，完整呈现出门店总客流、销售额、门店排名等管理数据，门店驻足率、进店率等细节数据，顾客性别比例、年龄分布等人脸识别数据，辅助决策。

设立门店管理指标，借助万店掌智能数据分析系统确定指标数值，分析指标变化趋势，为公司的门店销售成本管理提供相应决策依据。指标情况如表 6.10 所示。

表 6.10 门店管理决策指标表

指标名称	指标说明	指标应用
进店率	进店人数/店外客流	出入口调整优化，选址标准优化，人员配置优化，客观评价门店管理和服务质量优劣
成交率	成交人数/进店人数	
人力成本率	人力成本/销售收入	
人均劳效	销售收入/销售总人数	
单位获客成本	营销成本/客户数	
单位获客成本降低率	（上期单位获客成本－本期单位获客成本）/上期单位获客成本	
员工服务人数	时段客流×滞留时长/员工数	

通过万店掌智能系统的智能识别与数据分析，公司能够完整评估各个门店的效益，使得人力、门店位置、店面大小达到最优配置，全方位多角度地优化成本结构，使得成本效益最大化。

c. 全员目标成本管理。

销售作为价值链的后端，是公司价值创造的直接体现，其成本费用的管控尤为重要。"大智移云"时代，随着海量数据的产生、处理与应用，营销部门的成本管理方式应更加精细化、多元化、全面化。因此，营销端在内部协同及信息共享进一步完善的情况下，可利用平台数据进行全员目标成本管理。

全员目标成本管理，即以成本预算为基础、目标管理为导向，将成本项目逐渐分解至全体员工（此处仅指营销部门的全体员工），实施成本决策、成本管控与目标考核，以最大化地降低各项成本。营销部门具有与销售目标紧密相关的天然特性，能够根据销售额的分类来确定各类细分成本的目标值，将销售数据与成本数据完全量化，尤其适合目标成本管理。营销部门在构建系统平台实现信息共享降低人工成本和时间成本的同时，也能进行目标成本的管理，达到成本管理模式的创新。运用"大智移云"技术的目标成本管理流程如图 6.22 所示。

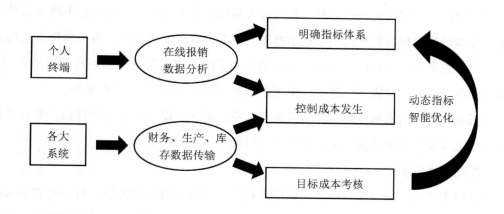

图 6.22 目标成本管理流程图

①明确指标体系。

部门根据公司总成本目标确定内部预算目标,再分解至各办事处、各员工的具体岗位目标、单项目标。成本目标在时间维度上分为年度目标、季度目标和月度目标,在层级维度上分为办事处目标、员工个体目标,在类别维度上分为专项类目标、消耗类目标、管理类目标。例如,办事处(或门店)月度成本指标体系如表 6.11 所示。

表 6.11 办事处(或门店)月度成本指标体系表

	月销售额	100 万以下	100~200 万	200~300 万	300 万以上
专项类成本	差旅费				
	业务招待费				
	运输装卸费				
	销售推广服务费				
消耗类成本	物料消耗费				
	办公用品费				
	能源费				
管理类成本	修理费				
	车辆费				
	通信费				
	租赁费				
	折旧费				

在指标的制定方面,广告费与公司整体战略或整个部门工作计划有关,包装费等虽

属于销售费用，但实质上与销售部门和销售人员也无太大关联，因此暂皆不纳入营销部门全员成本目标管理的核算范围。每个办事处在其自身成本目标下，再根据销售业绩对每个医药代表提出成本目标。不同的销售额具有不同的成本目标，如当月销售额在100万以下的办事处的目标成本预算要少于当月销售额在100～200万的办事处。

根据系统平台的数据分析，评估成本目标完成情况，设立动态成本目标。平台系统智能分析成本动态变化过程，辅助进行成本目标的调整与改进。

②控制成本发生。

通过销售管理系统与公司内部各系统的对接，进行实时数据传输，对超出成本指标的办事处或者个人进行提醒，及时控制成本的发生。对成本的发生过程进行严格审核和控制。

通过推广在线报销程序，营销部门相关费用的报销信息与财务系统进行共享，租赁费用、折旧费用来自财务系统，费用数据储存在基础资料管理的办事处及员工信息模块。通过数据共享，实时监控营销部门的费用情况，进行提示与预警处理。

运用大数据分析技术，对各类成本指标进行分析，便于营销部门整体决策。如：在考虑销售额后，对于成本耗费异常的办事处及个人进行原因分析，及时进行相关策略调整。相较于以前漫长的数据信息传导过程，进行各部门、各系统信息共享之后，能够快速有效地获取实时成本数据，避免成本决策的延迟现象发生。

③目标成本考核。

成本数据的传递。通过系统平台的基础资料管理、合同与订单管理、交货管理等模块，进行相关成本数据的传递。从各个模块中提取出分类数据，进行多维度的考核与管理，达到事后控制的效果。

将各项成本细化管理之后，需对标横向和纵向成本数据，以便进行成本目标完成情况的考核。系统提取全部成本费用，可进行准确分类。在考虑销售额的情况下，系统平台自动对标相对值，而非成本数据的绝对值，智能分析不同时期、不同办事处、不同销售人员的成本执行情况，将执行情况为优良与异常的分别进行突出展示，以便部门领导综合评价，为目标成本的动态变更提供数据基础。

以该考核对接人事部门的绩效考核，作为绩效考核的基础，反过来又促进营销部门成本的降低，形成良性循环。

在有效运用"大智移云"技术之前，营销部门全员目标成本管理十分艰难，因为各类数据不能实现自由传输与共享、也不能用大数据进行分析决策，数据的统计与分析过程较为烦琐,进行全员目标成本管理甚至需要付出更多的管理成本,得不偿失。在建立和完善销售管理系统、实现在线管理员工、连通其他部门系统之后,集中存储与智能分析成本数据,ZX公司全员目标成本管理便水到渠成。

【参考文献】

[1] 吕文栋,逯春明,张辉. 全球价值链下构建中国中药产业竞争优势——基于中国青蒿素产业的实证研究 [J]. 管理世界,2005 (04):75-84.

[2] 刘艳飞,孙明月,姚贺之,等. 大数据技术在中医药领域中的应用现状及思考 [J]. 中国循证医学杂志,2018,18 (11):1180-1185.

[3] 汪家常,韩伟伟. 战略预算管理问题研究 [J]. 管理世界,2002 (05):137-138.

[4] 陈晶璞,苏冠初,李小青. 融资约束条件下研发投入对财务绩效的影响——基于医药行业上市公司的经验证据 [J]. 财会月刊,2017 (24):12-17.

[5] 陈静锋,郭崇慧,魏伟. "互联网+中医药":重构中医药全产业链发展模式 [J]. 中国软科学,2016 (06):26-38.

[6] 邰蕾蕾,魏骅,干行健. "互联网+"环境下安徽中医药产业链模式重构与案例分析 [J]. 华东经济管理,2018,32 (04):26-31.

[7] 张西征,刘志远,王静. 企业规模与R&D投入关系研究——基于企业盈利能力的分析 [J]. 科学学研究,2012,30 (02):265-274.

[8] 吕萍,许敏. 基于生命周期的项目关键成功因素的研究 [J]. 经济与管理研究,2007 (12):45-50.

本案例资料来源于ZX公司官网、新闻报道以及学术论文等。感谢罗暄、林敏菁等为本案例提供的支持,同时,感谢参与案例撰写的成员,他们是朱丹妮、张梦真、刘鑫、敖璨琪等。特别感谢郭彩虹、别春晓、苏昱霖、陈玉文、程平、张卢等,为案例撰写提供了线索与参考资料。

案例七

"新制造思维" 能否续写
联想神话?

【案例背景】

2011 年，联想集团董事长兼 CEO 杨元庆做了一个与小米、苹果等企业采取代工这种流程外包模式不同的决策，决定通过制造业回归的核心战略来重拾制造业优势，希望在两到三年后打造全球最好的制造型企业。是什么促成杨元庆联想"新制造思维"的形成？联想从流程外包到制造业回归后的盈利模式是什么？联想能否续写三十年来保持稳定快速成长的神话？

【学习目的】

通过对本案例的学习，掌握流程外包、流程再造、流程优化的相关知识，理解作业管理以及企业资源计划的相关内容，了解价值链、作业链中供应商的选择问题。本案例需要掌握的关键知识点包括：作业链的基本概念、作业管理的核心知识、供应商的选择方法、流程外包、流程再造、流程优化的基本概念、流程再造的实施原则、作业成本法的相关知识，并让学生认识到制造业企业的核心能力在于企业的研发与创新能力。

【知识要点】

企业核心能力；企业流程再造；作业管理

【案例正文】

2014 年 9 月，小黄刚刚从武汉一所大学毕业，正式入职联想集团，在新成立的联想武汉移动互联网产品生产基地担任一名成本核算员。联想从三年前绝大多数产品的外包到现在拥有了 31 个自有工厂、3 个联合工厂以及 20 个代工工厂。武汉东湖区这个新成立的工厂就是 31 个自有工厂之一。作为联想集团的一员，小黄对世界 PC 企业追求代工模式的浪潮下，公司却逆而行之，坚持自主制造、制造为先的理念产生了浓厚的兴趣。

一、企业概括与行业比较

（一）企业概括

联想成立于 1984 年，是一家由中科院计算所投资 20 万元人民币，由 11 名科技人员共同创办的科技公司。经过三十多年的不断发展，现已成为一家信息产业多元化、创新化与国际化的大型企业集团。作为全球个人电脑市场的领导企业，联想从事开发、制造和销售活动，主要提供可靠的、安全易用的技术产品及优质的专业服务，帮助全球客户和合作伙伴取得成功。

根据联想集团的报表分析，1997 年的销售额达到 11 633 570 港币，同年联想 PC 在中国市场的占有率首次位列榜首，并保持至今。1998 年净利润同比增长 61.29%。2000 年的净利润同比增长率更是达到 441.22%，就在这一年，联想电脑获亚太地区（不含日本）市场份额首位，并保持至今。2002 年营业额同比增长 14.54%。2004 年的营业额同比增长率达到 359.11%。2006 年的营业额同比增长 15.06%，净利润增长 134.34%。2009 年以后，联想进入高速增长时期，不论是营业额还是净利润的增长率都保持在较高水平。根据联想公布的 2014 财年首季业绩显示，公司实现纯利 2.14 亿美元，同比增长 23%，接近市场预期上限水平。

在网上搜索联想集团（00992，HK）的股价走势以及媒体相关报道后发现，1996—2002 年，联想集团 1998 年在香港股市保持了上一财年的稳步上升之后涨幅达到 34%，为红筹与国企股 1998 年的升幅之冠；1999 年 5 月 25 日联想集团年度业绩发布后，股价由前一日的 4.80 港币上扬到 5.50 港币，6 月 16 日更是突破了 6.80 港币的大关；2000 年联想集团股价直逼 70 港元的历史最高点，创下 200 多倍的市盈率，成为香港市盈率最高的股票之一。2002—2005 年，2005 年第二季度联想 PC 业务占全球市场份额

7.2%，较去年同比增长 270.8%；销售利润率保持在 15% 左右，比行业平均高出约五个百分点。2012 年，根据 Gartner 公司数据，联想取代惠普成为 PC 出货量最大的厂商。2014 年 9 月 8 日，联想集团股票上涨 2.44%，以 12.70 港币的股价创出 2000 年以来的新高。

（二）行业比较

在浏览新闻报道时，一篇名为《资本不能承受之重——从惠普看 IT 行业的轻资产运营趋势》的文章引起了关注。以 PC 制造为代表的轻资产行业具有不同于以汽车制造为代表的重资产行业的特点，如较小的小资产规模、精细的资产质量、无形的资产形态等。同时，以 PC 制造为代表的轻资产行业大多是以知识产权为核心资本的企业，根据咨询公司 Strategy& 2014 年 11 月发布的全球创新 1000 强名单，在高科技企业中，三星投入 134 亿美元研发费用，占 2013 年销售收入 6.4%，位列总榜第二；紧跟着的是英特尔和微软，2013 年投入研发费用分别为 106、104 亿美元，占当年销售费用比例分别为 20.1%、13.4%，排在总榜三、四；IBM 2013 年投入研发费用占当年销售收入的 6.2%，排在总榜第十八位；苹果 2013 年全年投入研发费用 45 亿美元，占当年销售收入的 2.6%，位列二十五。可见知识产权的研发费用高，且具有更新速度快、更新步伐大的特点。因此，PC 制造业通常采用轻资产运营（Asset-light strategy）模式，简单说就是将产品制造和零售分销业务外包，自身则专注于设计研发和市场推广等业务。

商业模式由重变轻，是过去几十年消费类电子产业发展的一个趋势，PC 制造产业也不例外。放眼全球，IBM、微软、惠普、苹果等全球一流的高科技企业都是现代轻资产管理模式的典范。轻资产运营是一种以价值为驱动的资本战略，是网络时代与知识经济时代企业战略的新结构。轻资产运营模式的基础在于企业拥有足够清晰的核心竞争力。在这种模式下，企业的重点放在品牌管理、设计研发等高附加值的经营环节上，而不是低利润的生产和分销。

2014 年 8 月，一场名为"联想华为启示录——论中国 IT 企业发展路在何方？"的讨论会在北京举行。因为 2014 年是联想成立第 30 年，华为成立第 26 年，中国全功能接入互联网第 20 年。2013 年第二季度联想全球市场份额达 16.7%，超越惠普成为 PC 行业第一；2014 年 1 月，华为超过爱立信，成为全球最大的通信设备厂商，这都是中国 IT 界标志性的事件。中国计算机学会青年科学家论坛邀请相关专家比较联想和华为发展路径成败得失，为中国 IT 企业下一个 10 年进行预估。

　　倪光南院士从研发投入、研发团队、知识产权、品牌价值和创新软实力等 5 项企业科技创新能力的评价指标，对华为和联想的近 30 年实际数据进行了样本分析，他认为，当前，中国正处在从"制造大国"向"制造强国"转变的历史时期，企业的科技创新能力至关重要。"华为和联想的近 30 年实践证明了科技创新能力是高技术企业的核心竞争力。"倪光南院士认为，在第一个阶段联想走了"技工贸"之路，比华为发展要好，但是华为一直坚持走技术路，联想开始转到以贸易为主并搞加工厂等，华为坚持搞研发，不炒股票、不搞房地产。如今两个品牌影响力差不多，但实际有很大差距，表现在利润上华为要比联想大 5 倍，华为现在市值是 1 200 亿美元，相当于两个美国的思科，而联想市值 100 多亿美元。"平凡企业和杰出企业差别是什么？平凡企业抓不住机遇，杰出企业能够抓住机遇。"倪光南院士认为联想的成长不可复制，他建议中小企业尤其是 IT 企业的员工以及管理者，要实实在在搞创新，不光是科技创新，管理创新、商业模式创新都很重要。

　　曾经在联想集团工作 7 年、担任过技术发展部总经理的李方认为，无论是联想还是华为，他们的成功都是一种商业成功，而不单纯是技术上的成功，人们普遍认为华为靠技术驱动，其实他们是以客户为中心的公司。

二、联想集团企业流程再造的历史

（一）从产品服务到品牌服务的第一次变革（1996—2002 年）

　　1994 年，联想成立十周年的时候，经历了第一次大危机。在没有国家保护的情况下，国内 IT 企业与跨国公司短兵相接。此时的联想"内外交困"：一方面，惠普、康柏等国际巨头长驱直入；另一方面，联想一直以来的大客户——国内机关事业单位的采购势头出现疲软。数据显示，在 1989 年前后，国产电脑的全国市场占有率为 67%，而到 1993 年直降到了 22%，几乎溃不成军。

　　因此，从 1995 年到 1997 年，柳传志和杨元庆研究了电脑的成本构成：一台电脑的成本中，元器件占了 80%多，人工、推销等费用不足 20%。而电脑元器件不断更新换代，价格从上市的那一分钟起，就开始下跌。库存的周期越短，成本就越低。所以，柳传志得出一个结论：得作业链者得天下。联想开始大刀阔斧地调整优化作业链，将可储存部件和不可储存部件严格分开，然后和供应商缩短订货时间。用这样的办法，联想的成本大幅度降低。

同时，1996 年，联想与英特尔合作首次提出打造"大联想体系"，依靠遍布全国区域市场的代理商，各项生产经营指标均超额完成：销售总额为 77.4 亿元，比 1995 年增长 15％，同时联想还推出了国内第一台自主品牌的笔记本，一举坐上国内市场销售的头把交椅。彼时的联想作业链处于第一发展阶段，可表现为一种"大一统"的作业链。

20 世纪 90 年代初，美国首次提出了业务流程再造的概念，认为业务流程再造就是对业务流程从根本上重新思考并彻底重新设计，以实现在成本、质量、服务和速度等关键业绩方面取得突破性的改进。联想公司的上游产品、下游产品，台式电脑、笔记本，不管是什么样的产品，都共同使用一条作业链生产系统，也采用同一个销售平台化系统。这是联想对企业流程进行的第一次再造升级。

（二）从顾客服务单一模式到双渠道模式的第二次变革（2002—2005 年）

2002 年，戴尔凭借直销商业模式在中国迅速崛起，联想面对巨大的市场挑战，却意外迎来了作业链再次升级。面对竞争对手，联想意识到必须从渠道模式方面入手，开始第一次大规模渠道转型。转型之前的联想组织架构以产品为导向，分为 PC 事业部、手机事业部、PA 事业部等；转型之后，则以客户群划分部门，分为商用事业部和消费事业部，主要强调服务客户意识。

联想的销售"双渠道"模式也逐渐浮出水面。所谓"双渠道"，是指联想把客户按服务客户意识的不同分为"交易型客户"和"关系型客户"两种。"交易型客户"主要针对消费者和中小企业的零散采购，其销售渠道是传统的分销，采用传统的销售作业链管理模式；"关系型客户"则主要包括政府、教育、金融、电信等行业客户，其销售渠道可以大批量、成规模定制生产，采用销售链优化后的管理模式。所以，从 2002 年开始，在共同使用一条作业链生产系统的情况下，联想集团的销售平台化系统拆分成"双渠道"模式。

此时联想在中国以外的业务中，75％是关系型客户，只有 25％是交易型客户，而全球市场的现状是 33％为关系型客户，67％是交易型客户。因此联想希望在几年之内，逐步提升交易型客户的比重。优化后的销售作业流程也为联想带来了新的优势，其响应速度和成本控制方面已经超越戴尔，联想在中国的成本只有戴尔的 1/4 左右，客户响应速度只需要 4 天，而戴尔需要 1 周。

（三）从国内走向国际顾客服务的第三次变革（2005—2010 年）

联想集团第三次变革的节点发生在 2005 年 5 月，集团完成了对 IBM 公司 PC 业务的收购。联想作业链与 IBM 作业链是两个不搭界的链条，因此，无论是为了维持原有客户，还是为了获取更多的国际客户，联想都需要进行销售作业流程的国际化扩张。中国区销售作业链与全球销售作业链对接，进行全球布局，打造全球销售作业链网络，成为联想流程再造的第三次变革。这次变革的首要任务就是对销售作业链网络进行全球布局，重点在于销售渠道库存成本控制，本地策略与国际策略的对接，国内不同类型订单的策略性处理问题。

数据显示，并购前，联想产品的平均库存周转天数是 22.7 天，已经接近全球平均管理水平。并购后，联想的销售作业链成本占联想总作业链成本的 6% 左右，而并购前只有 1% 多一点。并且随着全球销售作业链网络精细化构建的完成，联想的整体交付时间大幅缩短，单台成本降低了一半。同时，全球销售作业链的高效运转，销售成本的降低，使得老客户的留住率、新客户的增长率大幅提升，这些都对业务增长起到了重大支撑作用。

三、联想集团从销售服务到制造服务的第四次变革（2014 年至今）

2014 年 5 月张思对联想总裁杨元庆的专访，篇名是《新制造之王》。杨元庆在采访中对"新制造思维"的定义是：选择自己擅长的领域，并且进行优势叠加，追求制造业的回归，通过收购补齐市场和产品空白。联想的"新制造思维"就是将重心从销售作业链的优化转变到生产作业链的优化，这开启了联想集团从销售服务到制造服务的企业流程再造的第四次变革。

（一）联想集团生产作业链再造与优化的背景

随着中国加入 WTO，联想作为一个全球化公司，也面临着与国内外企业在海外和国内市场上的残酷竞争。美国苹果公司成功推出 iPod、iPhone、iPad，其革命性的新的赢利模式，成为市场的领跑者。特别是 iPad 平板电脑的热销，给传统电脑市场带来了很大的冲击。当时的联想如果只实行"差异化"战略已无法保持原有的市场份额，更不要说利润的增长。因此，联想集团必须进行生产作业链的再造、优化，对企业在生产经营过程中发生的各种耗费进行计算、调节和监督，挖掘内部潜力，寻找一切可能降低成本的途径以实现低成本优势。

借中国低人力成本、低自然资源成本等优势，以及国家政策的支持，联想集团可以依靠本土优势努力现实自主制造。波士顿咨询公司的研究报告认为，即使将生产效率考虑在内，2010 年中国长三角地区的劳动力成本也只是西欧国家的 25％；随着劳动力成本的增加，预计到 2015 年，中国劳力成本也仅达到西欧国家的 38％。渣打银行的研究报告显示，中国仍然享有一定的劳动力低成本优势，中国制造业的工资水平仅为墨西哥的 25％。因此，联想集团制造业的回归、生产作业链的再造与优化终将成为必然。

联想收购 IBM 的 PC 业务之后，业务、流程上的同质性带来许多并购后的融合问题，制造业的回归、生产作业链的再造与优化需求迫在眉睫。并购后新的联想集团既有美国文化与中国文化的冲突，又有联想文化与 IBM 文化的冲突。如何跨越东西方文化的鸿沟，融合双方优秀的企业文化因素，形成新的企业价值增长点，是联想集团未来面临的极大挑战。联想企业作为一个本土成长型企业，发展时间并不长，全球化视野、先进的管理理念在管理中的运用确实存在着不足，还没有跨国流程再造的经验，"低成本"战略的选择与实施过程中，风险的控制是联想企业流程再造与优化成功的关键。

对联想集团外部环境与内部因素的分析报道中，体会到杨元庆的"新制造思维"苦衷，联想集团流程再造是机会和威胁并存、优劣势共享。只有发挥优势、转变劣势，抓住有利时机，规避风险，联想的作业链改革、企业的流程再造才能真正成功，联想的"新制造思维"才能助推集团继续发展。

（二）联想集团生产作业链再造与优化的途径

1. 联想集团坚持在自主制造方面的投入

截至 2014 年 5 月，联想拥有了 31 个自有工厂、3 个联合工厂以及 20 个代工工厂。

从 2011 年开始，联想集团为实现"低成本"战略，坚持在自主制造方面的大投入，通过并购、自建、投资入股等方式来增加联想集团自有工厂或联合工厂的比例，实现自主制造比例的大幅度提升。联想集团迅速实现自主生产制造的全球布局，从而便于对价值链、作业链进一步再造与优化。

2. 联想集团搭建价值链共赢新格局

为实现"低成本"战略，联想集团希望与代工的供应商之间形成一种新的价值链共赢关系。跟供应商紧密沟通与合作，强调一荣俱荣、一损俱损，共同抓住行业发展、创新产品、流程管理等机会，采用优先供应和弹性供应来推动柔性制造系统的发展。以战略联盟的形式，搭建价值链共赢新格局，让供应商不能仅仅只关注个体的短期利益，而要重点共同关注价值链整体企业的长期利益。

2014 年 5 月 23 日，联想集团全球供应商大会首次选择在武汉召开，这也是联想集团规模最大的一次供应商大会，全球 600 多家联想供应商的 1200 多位高管参会。之所以选择在武汉召开，这与联想武汉基地的投产有关。2013 年，武汉基地投产后已生产 570 万部手机，未来目标是达到一亿部移动终端的产能，而此次供应商大会选址武汉，正是为了让全球供应商都能来实地参观工厂。

四、联想集团"新制造思维"的盈利模式

根据 2014 年发布的 2013 年的财报显示：2013 财年联想市场份额达到 17.7%，PC 销量上升 5%，而同期行业整体销量下降 8%。"新制造思维"下的制造业回归给集团所带来的业绩增长之巨大出人意料。联想集团"新制造思维"的盈利模式是什么？在杨元庆看来，"新制造思维"只是一个契机，实现的前提是你得有能力、有经验能够管理好制造型的企业，你能够让你的研发、生产和销售"三位一体"紧密衔接，而联想集团无疑实现了"三位一体"的衔接。

（一）生产作业链优化后生产流程与销售流程的对接

生产作业链和销售作业链的对接——杨元庆认为正是做了这样的选择，联想在过去的 5 年里才能够超越对手。因为，一家公司只有生产没有销售，会不知道顾客需要什么，无法满足客户的需求，而只有销售没有生产的公司就会失去创新的源泉。光有生产没有销售、光有销售没有生产都会导致企业研发活动的脱节。

自主制造的灵活性优势明显，除了针对消费者可以定制产品外，针对企业用户也可以提供定制产品，而且企业订单有交付时间，需要供应链有相当的弹性，如果不是自主制造，则很难及时满足顾客的需求。正是由于没有抛弃自主制造，联想集团才能做出 Yoga 这样的创新产品；也正是由于清楚下游供应商能够提供转轴这样的零部，才件使 PC 和平板实现完美结合。

（二）生产作业链优化后带来的成本优势

欧美厂商制造业走向 OEM（Original equipment manufacturer，原始设备制造商）

和 ODM（Original design manufacturer，原始设计制造商）是发展的必然。由于制造成本过高，先是将工厂搬到中国，再是发现管理脱节，远在中国的工厂鞭长莫及，只好彻底剥离制造改为外包。这一转变令欧美 PC 厂商将其利润池一分为二：生产和品牌营销。原本，外包可以降低成本，但是随着 PC 行业利润越来越低，两个利润池被同时摊薄，选择外包之路的厂商盈利模式日渐艰难。

1. 生产成本的降低

土生土长的中国企业联想集团认为，没必要将利润池一分为二。联想集团借力本土优势，通过"新制造思维"让制造业回归，以"自主制造"为主的生产业务模式一路被延续下来。武汉与合肥等地工厂陆续成立，笔记本电脑和手机、平板电脑等产品的自主制造比例逐渐加大，而其生产成本呈现出逐年降低的趋势，通过一个侧面指标——毛利率，就不难看出联想集团生产效率的提高，见图 7.1。

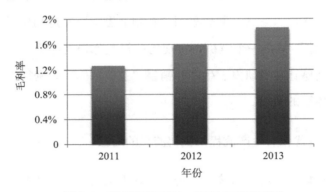

图 7.1 联想集团 2011—2013 年毛利率图

2. 销售成本的降低

2011 年以来，虽然销售费用在持续增加，但是总体保持在一个稳定水平，费用增长速度持续放缓，见表 7.1。

表 7.1 联想集团 2011—2014 年销售费用及其变动率

	2011	2012	2013	2014
销售费用	1 038 455	1 690 778	1 888 101	1 900 005
单位	千	千	千	千
币种	美元	美元	美元	美元
变动率	—	62.82%	11.67%	0.63%

销售费用增长的另一个原因是企业产品销售量的持续增长：在 2010、2011 年都有较大幅度的增长，而在 2012 年也有所增长，虽然幅度相较小，但也保持在 15％的水平，总体来说还是处于增长的趋势。销售增长率是衡量企业经营状况和市场占有能力、预测企业经营业务拓展趋势的重要指标，也是企业扩张增量资本和存量资本的重要前提。它的持续增长也说明企业的经营状况具有良好的前景。

最后，小黄通过对报表的查询与数据的计算，发现联想的销售毛利率也在持续增长中，见图 7.2。

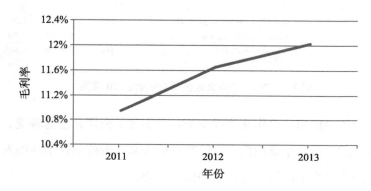

图 7.2　联想集团 2011—2013 年销售毛利率

以上数据都表明 2011 年以来，"新制造思维"下的制造业回归给联想集团所带来的业绩增长之巨大出人意料，销售的大幅度增长，生产成本与销售成本的持续降低都是联想"新制造思维"盈利模式中不能忽视的闪光点。

（三）生产作业链优化后带来的整体高效运营

生产环节的再造与优化以及生产流程与销售流程实现对接，带来了联想集团整体的高效运营。从联想集团 2013 年的库存周转率这一方面便可看出，联想集团在生产作业链优化后带来的整个集团运营效率的提升。在 Gartner 亚太地区 2013 年供应链管理 10 强排行榜中，联想高居第二，仅次于三星；联想库存周转率最高，为 22.2，见图 7.3。

Gartner：2013年亚太地区供应链管理10强

2013 Asia/Pacific Ranking	2013 Overall Ranking	Company	Return on Assets (ROA) 1	Inventory Turns 2	Revenue Growth3	Composite Score 4
1	8	Samsung	11.6%	18.5	15.7%	4.35
2	20	Lenovo	2.5%	22.2	29.8%	2.75
3	32	Haier	9.0%	10.5	17.3%	1.85
4	33	Hyundai Motor	9.3%	18.6	8.4%	1.85
5	36	Tata Motors	7.0%	6.3	33.1%	1.73
6	58	Toyota Motor	1.0%	10.7	-2.5%	1.39
7	71	Flextronics	3.8%	7.7	2.7%	1.24
8	85	Honda Motor	2.7%	6.7	-7.1%	1.03
9	91	Canon	6.0%	3.3	0.8%	0.90
10	94	LG	-1.6%	20.0	-6.8%	0.86
		2013 Top 10 Average	5.1%	12.4	9.1%	1.79
		2012 Top 10 Average	6.1%	12.2	12.2%	1.76
		Average % change (2012 to 2013)	-16.4%	2.2%	-25.1%	1.9%

图 7.3　2013 年亚太地区供应链管理 10 强图

联想集团在逆境中的每一次作业流程变革，都实现了公司命运的转变、凤凰涅槃般的腾飞。作为企业的一员，小黄憧憬着自己职业的未来，希望能让集团的发展与个人的职业规划契合，为集团企业的发展尽自己的微薄之力。

五、联想能否续写三十年来保持稳定快速成长的神话？

联想从 1984 年创立到 2014 年的发展成绩卓绝，是中国企业由小变大，不断成长，并走向国际的优秀典范。特别是 2011 年杨元庆总裁"新制造思维"的提出，让联想的发展走向了一个新的高度。在重拾制造业优势、注重自主生产的大方针下，联想更加注重集团成本管理与控制的精细化，进一步完善作业成本核算与管理。2021 年底，联想陷入舆论风波。2021 年 11 月，独立学者、社会评论家司马南对联想发出"六问"，质问联想的问题包括天价高管工资、国有资产流失、倪光南与柳传志的发展战略之争、资产负债率超 90％的"暴雷"风险、同款产品海外售价远低于国内售价、研发费用占销售收入比例不到 3％等等，引发了舆论的轩然大波，下一个三十年，联想的"新制造思维"能否续写快速成长的神话？

附 录

附录1：

表 7.2 联想集团 2003—2005 年综合损益表

	2005 年年报	2004 年年报	2003 年年报
营业额	103 550 900	22 554 680	23 175 940
税项	−443 667	−35 184	20 150
除税前盈利	659 479	1 127 507	994 852
除税后盈利	215 812	1 092 323	1 015 002
少数股东权益	−42 576	27 823	37 883
股息	461 741	388 806	373 704
股东应占盈利/（亏损）	173 236	1 120 146	1 052 885
除税及股息后盈利/（亏损）	−288 505	731 340	679 181
基本每股盈利（元）	0.02	0.15	0.14
摊薄每股盈利（元）	0.02	0.15	0.14
每股股息（元）	0.05	0.05	0.05
销售成本	89 054 990	0	0
折旧	492 469	184 490	211 161
销售及分销费用	8 020 919	0	0
一般及行政费用	3 381 908	0	0
利息费用/融资成本	405 452	6 667	2 881
毛利	14 495 860	22 554 680	23 175 940
经营盈利	1 092 905	1 142 319	1 019 895
应占联营公司盈利/（亏损）	4 700	−8 145	−22 162
单位	千	千	千
币种	港币	港币	港币

附录 2：

表 7.3 联想集团 2003—2005 年资产负债表

	2005 年年报	2004 年年报	2003 年年报
非流动资产	17 979 135	2 578 112	2 242 141
流动资产	21 337 221	6 453 842	6 099 900
净流动资产	−3 484 926	2 981 029	2 802 460
流动负债	24 822 147	3 472 813	3 297 440
非流动负债	6 345 967	331 134	526 547
少数股东权益—借/贷	5 803	23 609	29 330
净资产/负债	8 142 439	5 204 398	4 488 724
股本（资本及储备）	222 330	186 870	186 890
储备（资本及储备）	7 920 109	5 017 528	4 301 834
股东权益/亏损（合计）	8 142 439	5 204 398	4 488 724
无形资产（非流动资产）	14 896 480	513 078	646 986
物业、厂房及设备（非流动资产）	1 734 440	827 876	987 272
附属公司权益（非流动资产）	0	0	0
联营公司权益（非流动资产）	70 672	243 590	236 806
其他投资（非流动资产）	235 949	62 970	75 982
应收账款（流动资产）	3 781 230	851 337	1 230 944
存货（流动资产）	2 832 454	878 900	1 393 018
现金及银行结存（流动资产）	7 838 854	3 019 385	2 650 071
应付账款（流动负债）	13 128 737	2 276 070	2 155 057
银行贷款（流动负债）	1 001 196	0	0
非流动银行贷款（非流动负债）	0	0	0
总资产	39 316 356	9 031 954	8 342 041
总负债	31 173 920	3 827 556	3 853 317
股份数目	8 893 203 379	7 474 796 108	7 475 594 108
单位	千	千	千
币种	港币	港币	港币

【讨论题】

1. 与重资产行业相比，现在大多数电子制造企业包括在流程改造之前的联想集团采取外包的原因有哪些？

2. 哪些因素推动联想 2011 年一改流程外包的模式而走自主制造的道路？

3. 思考联想集团国际化与制造业回归对股价的影响，试分析联想集团股价变动的原因。

4. 试讨论如何通过作业管理实现联想集团生产作业链与销售作业链的对接。

5. 从 2021 年看联想的发展战略之争，试分析"新制造思维"能否续写联想的神话？

【案例说明书】

1. 与重资产行业相比，现在大多数电子制造企业包括在流程改造之前的联想集团采取外包的原因有哪些？

联想集团主要从事 PC 制造业务，而以 PC 制造为代表的轻资产行业具有不同于以重型机械制造为代表的重资产行业的特点，如较小的小资产规模、精细的资产质量、无形的资产形态等，具体比较见表 7.4。

表 7.4 轻、重资产特点比较表

	资产规模	资产质量	资产形态	资产原始投入	知识产权更新速度
轻资产	较小	精细	无形较多	较少	快
重资产	较大	较不精细	有形较多	较多	较慢

因此，PC 制造业通常采用轻资产运营模式，简单说就是将产品制造和零售分销业务外包，自身则专注于设计研发和市场推广等业务。轻资产运营的模式可以降低公司资本投入，特别是生产领域内大量固定资产投入，以此提高资产回报率。但同时这种模式也有着其自身不可避免的缺点，如产品质量缺乏有效控制；形成对外包商的依赖；弱化企业服务能力，使品牌形象打折扣；存在损失战略信息的风险。

商业模式由重变轻，是过去几十年消费类产业发展的一个趋势，IT 和消费类电子产业也不例外。与重资产行业相比，现在大多数电子制造企业，包括在流程改造之前的联想集团，采取外包的原因有以下几点：

首先，社会经济原因分析。以 IT 为标志的新型技术的兴起，带动了整个社会经济的迅速发展，整个社会经济处于重新整合的时期。相关行业的发展趋于成熟，相关行业主要是指各种零配件或资源的供应商所组成的行业，这些行业的成熟会形成行业内企业较好的竞争格局。竞争日益国际化的发展，使市场范围大规模地扩大，这将促使专业化进一步发展。市场成熟和体制健全也降低了企业之间交易的不确定性，提高了企业间交易的效率，使外包战略的运营成本大大降低。

其次，基于企业核心竞争能力的分析。外包的根本在于企业力求将精力集中于核心能力上，而将非核心能力交于更有竞争力的公司来做。对于一个企业来说，核心竞争力并不在于品牌或产品的简单组合，而在于品牌背后所隐藏的知识与能力的整合状况。

最后，企业风险分析。企业面临两大风险：经营风险和财务风险。经营风险是指生产经营的不确定性带来的风险，主要包括市场销售的不确定性、生产成本的波动性、生产技术的革新及其他企业自己不能作业的风险。财务风险是指因借贷而增加的风险，是筹资决策带来的风险，也叫筹资风险。负债加大了企业的风险，而自制要求企业更多的资金投入。

2. 哪些因素推动联想 2011 年一改流程外包的模式而走自主制造的道路？

企业在进行自制或外购决策时，通常面临以下几种情况：①企业有剩余生产能力，且剩余生产能力无法转移；②企业有剩余生产能力，但剩余生产能力可以转移，如对外出租或用于其他产品的生产；③如果自制零部件，企业需添加新的固定资产。通常这类问题都被归为短息经营决策问题，运用短期经营决策方法，如相关成本法、差别成本法、成本无差异点法等进行决策。

自制的好处：①可以控制零部件质量；②保证及时供货；③可以利用自身的专有技术带来竞争优势等。然而自制零部件可能需要大量固定资产投资，当未来市场不确定时可能会造成固定资产的闲置和浪费，存在巨大的经营风险；由于规模的扩大会产生额外的管理成本等。

外购的优势：①节约了投资，从而降低了投资风险和经营风险；②可以从协作企业的专业化和规模经济中受益（比自己加工成本更低）；③可以利用国际劳动力价格差异，从劳动力价格低的地区订货，从而降低成本；④享受专业公司技术进步的好处（若企业自己购买设备，就会停留在某一固定的技术阶段，直到设备报废）等。

总之，若生产某一零部件需要大量固定资产投资或对某一零部件需要量很小时，购买设备不能充分利用时，外购比自制更合算；反之，若企业有生产这种零件的闲置设备，对这种零件的需求量较大，同时企业拥有专有技术时，可以考虑自制。

大概有以下几个因素推动联想走自主制造的道路：①在电子行业里自己没有制造能力，受制于人；②本身针对企业用户的每个订单都不同，需要供应链有相当的弹性，如果远离供应链，就会失去创新动力；③作为中国企业，人力成本低，擅长管理制造业，是利润源泉；④在国外有生产基地，可以借此打开新市场，加快收购进程；⑤国家政策对计算机电子产业的政策扶持；⑥联想自身有能力完成自制。

3. 思考联想集团国际化与制造业回归对股价的影响，试分析联想集团股价变动的原因。

联想走向国际化的重要标志就是 2005 年联想收购 IBM 全球 PC 业务。这桩并购交易存在着很大的风险，这也是毋庸讳言的。2004 年 12 月 8 日上午，世界著名的市场研究机构 Gartner 的一位分析师在接受媒体采访时表示，对于联想与 IBM 之间的并购交易，Gartner 持"中立的观望态度"。"并购有很多困难，"他直言不讳地说，"但关键看双方的执行力度。"

联想并购 IBM 全球 PC 业务的消息刚刚传出，其在香港联交所上市的股价便出现了大幅波动。12 月 9 日，联想股价下跌了 3.7%，最终报收于每股 2.575 港元，到 12 月 14 日，联想股价已跌至每股 2.275 港元。这说明，投资者对于联想的战略新举措也是信心不足。

大致来看，可能制约联想通过并购行动实现品牌与业务"突进"的几个因素分别是：

其一，是资金压力——并购前，联想集团的资产负债率为 2%，属于财务稳健型的企业，集团拥有约 31 亿元港币的现金（62% 为人民币），另有约 30 个亿港币银行授信尚未动用。如果以收购所需 6.5 亿美元加 5 亿美元负债计算，联想集团可能面临承担 11.5 亿美元的现金支出压力。

其二，是盈利压力——2003 年，IBM 的个人电脑业务的收入为 115.6 亿美元，较 2002 年增长 3.3%，税前营运亏损 1.18 亿美元。PC 销售只占 IBM 全部销售额的 10%，而利润率则更低。连"蓝色巨人"都束手无策，联想如何才能提升 PC 产品的利润，从而扭亏为盈？

其三，是竞争对手的压力——DELL、HP 虎视眈眈，都想抓住联想整合 IBM 资源时短暂的"波动期"去争抢原属于 IBM 的客户。联想怎样才能在应付环伺的竞争对手的同时，继承 IBM 先前的渠道、稳定其客户群？

其四是文化融合的压力——一个是中国 IT 产业的领军者，一个是历史悠久的美国高科技产业旗舰，文化背景迥异、国际化程度相去甚远，两家公司该如何融合？该如何平稳地逾越"过渡期"？

截至 2005 年 8 月 1 日，联想已经整合了 60 家原 IBM 的海外子公司到联想旗下，而剩下的子公司已经不足 10 家。联想还在新加坡设立了负责东南亚业务的地区总部，在韩国设立了销售企业，在印度引入了公司旗下的更多品牌。随着"整合行动"逐步完成，瑞银研究报告亦将联想 2007 年度每股盈利预测提升了 24％，同时把投资评级从"减持"上调为"买入"。距离联想发布并购 IBM PCD 的消息整整一年后，2005 年 12 月 8 日，联想的股价已升至每股 3.675 港元，较去年飙升了 61.9％。

"好事多磨"，用中国的这句老话来形容联想与 IBM 之间的这桩交易可谓再恰当不过。安然走过了这段充满暗礁和恶浪的艰险历程，新联想的国际化巨舰从此驶入了浩瀚壮阔的海域。

（此处只分析联想集团走向国际化对其股价的影响，以及股价变动的原因。联想集团制造业回归方面的分析请参照类似分析。）

4. 试讨论如何通过作业管理实现联想集团生产作业链与销售作业链的对接。

作业管理是以"作业"作为企业管理的起点和核心，比传统的以"产品"作为企业管理的起点和核心，在层次上大大地深化了，可视为企业管理上一个重大的变革和突破。作业管理的有效实施，有赖于作业成本核算提供信息支持；而先进的、具有重大特色的作业成本计算如果不同新兴的作业管理相结合，对于企业生产经营活动的不断改善和效益的不断提高，也就没有什么用武之地了。

作业管理把企业看作为最终满足顾客需要而设计的"一系列作业"的集合体，形成一个由此及彼、由内到外的作业链。每完成一项作业要消耗一定的资源，而作业的产出又形成一定的价值，转移到下一个作业，按此逐步推移，直至最终把产品提供企业外部的顾客，以满足他们的需要。最终产品，作为企业内部一系列作业的集合体，它凝聚了在各个作业上形成而最终转移给顾客的价值。因此，作业链同时也表现为"价值链"，作业的推移，同时也表现为价值在企业内部顾客之间的逐步积累与转移，最终形成转移给企业外部顾客的总价值。从顾客那里收回转移给他们的价值，形成企业的收入。收入补偿完成各有关作业所消耗的资源的价值之和后的余额，成为从转移给顾客的价值中盈得的利润。

作业管理要求通过不断优化企业的"作业链"来不断优化企业的"价值链"，而企业的"作业链"的优化又要求深入地进行作业分析。其主要方法包括流程管理下的流程再造、流程优化，从而实现企业生产作业链与销售作业链的对接。

流程再造的核心是面向顾客满意度的业务流程，而核心思想是要打破企业按职能设置部门的管理方式，代之以业务流程为中心，重新设计企业管理过程，从整体上确认企业的作业流程，追求全局最优，而不是个别最优。随着互联网对重构完整的价值链的要求越来越高，品牌之间的竞争和对抗将日益淡化，取而代之的是关于公司价值链的强度和效率之间的竞争。公司必须大量投资、谨慎管理、保护和持续对资产进行改良。拥有能够保持第一位的客户关系、快速反应并参与客户需求的动态价值链的公司将成为赢家。

流程优化不仅仅指做正确的事，还包括如何正确地做这些事。流程优化是一项策略，通过不断发展、完善、优化业务流程保持企业的竞争优势。在流程的设计和实施过程中，要对流程进行不断的改进，以期取得最佳的效果。对现有工作流程的梳理、完善和改进的过程，称为流程的优化。对流程的优化，不论是对流程整体的优化还是对其中部分的改进，如减少环节、改变时序，都是以提高工作质量、提高工作效率、降低成本、降低劳动强度、节约能耗、保证安全生产、减少污染等为目的。流程优化要围绕优化对象要达到的目标进行；在现有的基础上，提出改进后的实施方案，并对其作出评价；针对评价中发现的问题，再次进行改进，直至满意后开始试行，正式实施。

5. 从 2021 年看联想的发展战略之争，试分析"新制造思维"能否续写联想的神话？

1994 年，联想内部就未来发展战略爆发了激烈的争论，时任联想总工的倪光南认为联想应该走"技工贸"的发展战略，即以研发为核心，通过新技术、新产品来创造企业独特的竞争优势；柳传志则认为联想应该走"贸工技"的发展战略，即先通过贸易实现一定的原始积累，然后开发新技术、新产品，找到新的利润增长点。这场争论持续了半年，但是联想内部的高管，无一人认同倪光南，于是倪光南黯然出局。

"新制造思维"是基于"贸工技"战略提出的，其定义是选择自己擅长的领域，并且进行优势叠加，追求制造业的回归，将重心从销售作业链的优化转变到生产作业链的优化，针对的是联想在制造业的发展，通过收购补齐市场和产品空白，强化自主制造，为联想带来成本优势，同时提高了生产效率，用更快的速度生产客户满意的产品。

但联想的"新制造思维"忽略了自身核心技术的发展。由于联想的发展战略是"贸工技"战略，"新制造思维"对于核心科技的研发投入并不大，主要是优化生产作业链，联想系产品的核心零部件依赖供应商，导致联想的利润率在科技行业中处于偏低水平，根据 Wind 数据库显示，2002—2021 年，联想集团的销售毛利率平均值为 13.74%，远低于 IBM 的 45.72% 和苹果的 37.4%；同期，联想集团的销售净利率平均值为 1.86%，同样远低于 IBM 的 11.93%，苹果的 19.75%，在科技行业，联想的低毛利率、低销售净利率属于缺乏核心竞争力的表现。

在未来 30 年里，随着中国快速发展，中国低人力成本的优势会越来越小。据英国《经济学人》报道，2001—2021 年，中国制造业工人的时薪的年平均增长高达 12%。中国和发达国家的制造成本差距在不断减小。失去了低人力成本的优势，缺乏核心科技竞争力，仅凭"新制造思维"，联想难以实现利润扩大，只能使联想成为一个高科技"组装厂"，难以在下个三十年续写保持稳定增长的神话。

【参考文献】

[1] 张瑞君，陈虎，张永冀. 企业集团财务共享服务的流程再造关键因素研究——基于中兴通讯集团管理实践 [J]. 会计研究，2010（07）：57-64＋96.

[2] 伍蓓，陈劲，吴增源. 企业研发外包的模式、特征及流程探讨——基于 X 集团汽车制造案例研究 [J]. 研究与发展管理，2009，21（02）：56-63＋72.

[3] 汪旭晖. 基于再造、外包和关系能力的供应链再设计 [J]. 中国工业经济，2006（10）：98-105.

[4] 焦跃华，袁天荣. 论战略成本管理的基本思想与方法 [J]. 会计研究，2001（02）：40-43.

[5] 李海舰，孙凤娥. 战略成本管理的思想突破与实践特征——基于比较分析的视角 [J]. 中国工业经济，2013（02）：91-103.

[6] 桂良军. 供应链成本管理理论基础和方法研究 [J]. 会计研究，2005（04）：51-55＋95.

本案例资料来源于联想公司官网、新闻报道以及学术论文等。感谢叶馨宜、林敏菁等为本案例提供的支持，同时，感谢参与案例撰写的成员，他们是沈创豪和赵靓。特别感谢黄秋艳、申耀、张思、吴清华、王平心、丁菊敏等，为案例撰写提供了线索与参考资料。

技术经济一体化：
质量成本与安全成本

案例八

"大智移云"运筹帷幄
质量成本决胜千里
——H 集团质量成本管理升级

【案例背景】

　　"中国制造2025"强调制造业的未来要坚持创新驱动、质量为先。质量领先战略成为制造业向高端市场转型的必然选择，然而电容器市场自2002年起质量事件频发，质量与成本的和谐均衡始终是业内关注焦点。"大智移云"等新技术的运用使质量信息与成本信息得以集成并进行有效性甄别，质量成本管理成为"大智移云"背景下业财融合的典型运用场景。

【学习目的】

　　通过对案例的学习与讨论，学会分析制造业面临的质量成本管控痛点与难点；质量成本管控对制造业上市公司产生的经营风险；质量成本管控的本质以及实施过程中的关键因素；质量成本管控的传统理论、理念与手段；大数据等新兴技术对质量成本管控方法升级的核心要点；云计算等新技术在未来的传统制造业转型升级中发挥的作用。

【知识要点】

　　质量成本管理体系；最优质量成本；作业成本法

【案例正文】

"中国制造 2025"强调制造业的未来要坚持创新驱动、质量为先。随着中国经济进入新常态，制造业低成本优势正在衰退，质量领先战略成为制造业向高端市场转型的必然选择。然而近几年电容器市场质量问题事件频发，质量问题成为国内企业迈向国际市场的"拦路虎"，这使得质量与成本的和谐均衡再次成为业内关注焦点。但是，由于电容器对工艺流程要求极高等客观原因，其质量控制始终是业内难题，而 H 集团作为国内电容器龙头企业，却成功做到了产成品交付 100% 的合格率，并以平均 0.2 元/个的产品售价逐步迈向国际高端市场，与日本的 Nippon Chemi-con、Nichicon、Rubycon 公司争锋。那么，H 集团是如何实现这一跨越的呢？其成功做法在业内有复制的可能性吗？就让我们一起来揭开 H 集团质量成本管控升级的神秘面纱。

一、引子

2018 年 5 月 28 日，初夏的清晨因昨夜的大雨显得格外清爽，然而在 H 集团董事长办公室中，张华却盯着战略委员会送来的一份月报而眉头紧锁，委员会总结了最近发生的"大事件"：格力或成集团潜在竞争对手，格力某全资控股子公司自 1988 年开始从事电子元器件的研发与生产，现阶段主要用于格力的空调产品，然而格力于 2014 年宣布布局智能家居领域向高端市场进发，届时其电容器研发水平必将乘着格力的东风"水涨船高"，威胁集团的行业龙头地位；2018 年 4 月份，日韩电容器厂商因进军新能源汽车等高端市场，电容器纷纷涨价，高端市场将成为"蓝海"，然而高端市场的高品质要求将 80% 的企业"拒之门外"；据报道，俄罗斯科学家已研制出石墨烯"纳米水母"，可用于制造超级电容器，美韩大学教授也已联合改进柔性超级电容器，超级电容指明未来方向；2018 年 10 月，由江苏省人民政府、工信部、中国工程院、中国科技协会共同主办的 2018 世界智能制造大会在南京举行，大会以"赋能升级，智造未来"为主题，智能制造成为制造业发展方向。薄薄的 A4 纸仿佛有着千斤重，看得张华心烦意乱，他合上了报告，走到落地窗前，看着窗外的车水马龙，不禁陷入了沉思。

H 集团也在为布局高端市场做准备，上个月刚从美国、日本、韩国重金聘请了三位行业顶级研发专家，结合集团研发部门，集团已经组建了四支竞争性研发团队，然而品质问题却始终是集团难以迈过去的坎，阻碍了集团向高端市场进军的道路，想起刚刚举办的智能制造大会，"能否借助大数据等新技术的'东风'，实现制造业质量与成本的和谐均衡，从而'弯道超车'成为高端电容器市场的领头羊呢?"想到此处，张华突然想起前段时间猎头给自己推荐的一位品质总监，他拿出手机，拨通了猎头公司的电话。

二、品质总监走马上任

2018 年 6 月 3 日，新任品质总监李皓迎着朝阳站在了 H 集团总部大楼前。李皓今年 45 岁，人到中年的他已有了少许白发，黑色的双眸思索着职业的未来，诉说着内心深处的"不甘平凡"，他毕业于美国常青藤名校，获管理学博士学位、计算机的学士与硕士学位，是一位真正的复合型人才。

前段时间，李皓的智能手机推送的一条"惊爆! 台湾产电解电容存在质量问题"新闻吸引了他的注意，好奇心驱使他点开了新闻，"由于台湾电解电容器制造商生产的部分产品出现了破裂、液体泄漏等质量问题，且发现频率较高，导致下游产品寿命大幅缩短，预计损失暂无法估计"。新闻看完后，本想关掉手机的李皓又收到了一条推送，"一波未平一波又起! DELL 再爆电容器问题事件"，DELL 承认其 OptiPlexSX270 和 GX270 两款型号的台式机产品电容器存在缺陷，可导致电容器破裂和泄漏。看到这里，李皓眉头微皱，想起前段时间三星 Note7 爆炸事件，品质总监的敏感性告诉他，这些细分行业的产品质量问题不是小事，里面"大有文章可做"，这或许是他的一个跳槽机会，想到此处，他搜索了电容器行业发生的质量事件。

2016 年 12 月，受"史上最严环保法"影响，电容器上游铝箔供应紧缩，"以次充好"乱象再现江湖，电容器行业或将面临洗牌; 2017 年 3 月，浙江省抽检 41 批次电容器产品，3 批次不合格，产品不合格项目主要集中在耐久性、机械试验（除焊接外）等项目; 2017 年 12 月，深圳塑容有限公司与上游供应商因质量问题"对簿公堂"，法院二审驳回塑容公司拒付材料款诉求，涉及金额 300 余万元; 2018 年 1 月，日韩厂商带头涨价，MLCC 两月内疯涨 10 倍，涨价底气源自产品品质; 2018 年 6 月，某药业集团发酵车间十二个发酵罐因电容器爆炸产生的渗漏油导致电容补偿柜着火引起大面积停电，经济损失高达 700 万元……李皓翻着这一桩桩关于电容器质量事件的新闻陷入了思考，他已了解到日本 Nippon Chemi-con、Nichicon、Rubycon 公司拟布局高端市场，中端市场将成为国内企业瓜分的"大蛋糕"，而且 5G 时代的来临，在为电容器市场开辟一片"蓝海"的同时也对电容器企业提出了更高的质量要求，只有高品质才能赢得高市场份额，想到电容器行业的质量工作挑战，"不甘平凡"的李皓毅然决然地跳槽去了 H

集团。

"咚咚咚!"李皓敲响了董事长办公室的门。

"请进!李皓,欢迎你来到 H 集团,咱们集团以后的品质管理重担就交给你了!虽然我是技术工出身,但 30 年的职业经历使我明白电容器行业是一个'得品质者得天下'的行业,日本三大企业之所以能控制全球 50% 以上的电容器市场份额,最主要的原因还是客户对其品质的信赖,所以你肩上的担子不轻啊。"

三、企业调研明晰现状

(一) H 集团简介

H 集团成立于 1985 年,2015 年于深圳证券交易所挂牌上市,经过三十余年的发展,H 集团在国内电容器行业处于领先地位,成为行业龙头之一。公司的经营范围主要是铝电解电容器、铝箔的生产与销售,以及生产电容器的设备制造,公司采取"以销定产"的订单式经营方式,根据客户定制产品多品种、多规格的特点,围绕订单展开采购和生产。H 集团的生产及销售基地覆盖长三角、珠三角、环渤海等区域,并在全国多个地区设立了子公司和办事机构;同时在国际上也具备很强的竞争力,其客户遍及全球,包括荷兰飞利浦、美国 GE、日本松下、中国华为、韩国三星等。H 集团的经营模式见表 8.1。

表 8.1　H 集团经营模式概述

经营模式	分析概述
采购模式	(1) 原材料定时采购:生产管理中心于每月 20 日前根据订单情况结合往月需求及原材料的安全库存下达下月采购计划 (2) 供应商集中管理:公司每年度进行合格供应商的评价和筛选,将信誉、品质较好的供应商列入合格供应商名单,并与之建立长期合作关系 (3) 供应商动态跟踪:公司对供应商的基本情况、资信、质量保证能力、价格、供货期等进行跟踪记录,及时掌握供应商动态
生产模式	(1) 以销定产:公司根据订单情况制定生产计划,进行生产调度、管理和控制,确保生产计划能够顺利完成 (2) 柔性生产:公司生产线可根据产品规格进行调整,满足铝电解电容器行业产品多规格的需求 (3) 客制化生产:营销中心若接到客户特殊订单,将组织技术中心进行产品设计并制造样品交客户,客户对样品及技术方案通过认证后签订合同

续表

经营模式	分析概述
销售模式	(1) 直销为主、经销为辅：公司及时掌握市场需求变化，调整销售策略，降低回款风险，并提高客户满意度，更好地进行售后服务 (2) 框架协议、分批下单：公司根据产能和历年销售情况，在前一年末与主要客户签订框架性销售协议，客户在约定范围内根据其需要分批下订单

资料来源：根据 H 集团年报数据整理。

H 集团经过三十余年的发展，尤其是上市之后，更是迅猛发展，截至 2019 年 9 月 30 日，集团总资产规模达到 33.39 亿元，集团 2015—2018 年主要财务数据及财务指标见表 8.2。

表 8.2 H 集团 2015—2018 年主要财务数据及财务指标

项目	2015 年	2016 年	2017 年	2018 年
资产总额（亿元）	20.45	22.85	23.31	33.14
净资产总额（亿元）	17.66	18.18	18.70	20.97
营业收入（亿元）	13.09	15.54	17.93	21.66
营业利润（亿元）	2.62	3.08	3.37	3.38
净利润（亿元）	2.27	2.64	2.93	2.99
资产负债率（%）	13.63	20.44	19.78	36.72
营业利润率（%）	20.02	19.82	18.80	15.60
净利率（%）	17.34	16.99	16.34	13.80
净资产收益率（%）	16.52	15.22	16.32	15.17
总资产收益率（%）	14.16	12.18	12.68	10.61

资料来源：根据 H 集团年报数据整理。

随着集团规模的逐步扩大，集团的战略思维也做了重新调整，引入了信息化系统以后，将新引进的 SAP 系统与其他现存的信息系统集成，以期在企业成本管理中发挥作用，实现全产业链信息化的管理目标。尤其是近几年电容器高端市场展示出来的"诱惑"让 H 集团逐渐向高端市场转型。新能源、电动汽车、智能电网、高铁等新兴产业的发展对高电压、大容量工业类电容器产生了巨大的需求，同时随着消费类电子产品的升级换代，高端消费类电容器市场也快速增长，寻求高端市场的"蓝海"成为行业内企业的共同目标。为保障集团战略的实施，集团内部重塑了组织架构，最新的组织架构见

图8.1和图8.2。

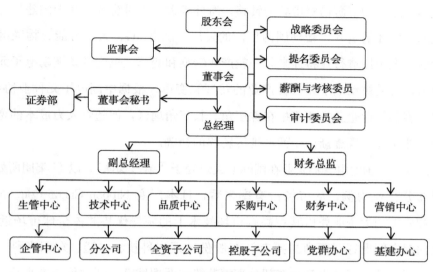

图8.1 H集团整体组织架构图

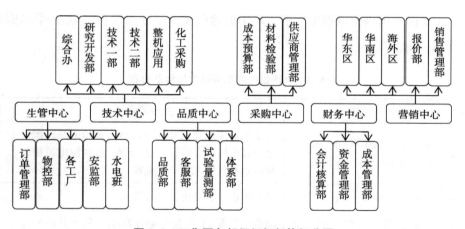

图8.2 H集团各部门组织架构细分图

（二）电容器行业分析

电容器业内根据不同电容器使用的不同介质将电容器行业分为四个子行业：陶瓷电容器、铝电解电容器、薄膜电容器、钽电解电容器。中国电容行业起步时间晚且基础薄弱，电容器主要以低端产品为主。H集团主营业务为铝电解电容器的生产与销售，电容器占收入的95.97%，其中节能照明用电容器占24.3%，腐蚀箔占2.52%，其他消费类电容器占42.73%，工业电容器占28.77%，化成箔占1.68%。自智能手机和4G网络兴起，中国成为消费电容市场竞争的主战场，电容器行业发展的黄金时间跟着到来。随着人力成本的上升和下游消费市场的转移，海外各大巨头纷纷选择在中国建厂，随之而来的是技术和人才的引入，带动国内厂商的发展。随着5G、人工智能、物联网等新兴市场的发展，电子制造行业将迎来新一轮产业转型和变革，也会带动被动电子元器件产生新的要求，带动被动电子元器件产业的转型和变革。根据中国电子元件业协会统计，目前国内电容器行业企业主要集中在珠三角、长三角地区，但随着人力成本的增加，中国电容器行业企业呈现逐渐向中西部地区转移的趋势。

对比国外，中国的电容器企业在国际上大致处于"第三梯队"。以H集团所处的铝电解电容器细分行业为例，从市场占有率来看，日本厂商Nippon Chemi-Con、Nichicon、Rubycon和松下四大企业凭借其在高端市场技术上的领先优势共占全球市场近56%的份额。国内铝电解电容器厂商主要有江海股份、万裕科技、立隆、东阳光科、凯普松等，主要进行中低端产品生产，在部分高端节能照明领域已达到世界先进水平，但相对于日韩巨头仍存在较大差距，在铝电解电容器市场格局中处于"第三梯队"，详见表8.3。H集团在国内铝电解电容器市场中的地位仅次于江海股份，但在国际市场中也尚处于"第三梯队"。

表8.3　全球铝电解电容器市场梯队分布

梯队	厂商	主要产品	国家
第一梯队	Nippon Chemi-Con、Nichicon、Rubycon、松下等	高端工业用电容；专业变频器；太阳能及风能发电用高电压、大容量、低ESR、耐纹波电流铝电解电容器及固态铝电解电容	日本
第二梯队	三和、三莹等	平板电视、音响用铝电容等	韩国
第三梯队	万裕科技、江海股份、立隆、东阳光科、凯普松等	消费电子及IT产业配套等高端产品及其他专业领域	中国

资料来源：根据行业报告数据整理。

对比国内，H集团相比于行业内的其他龙头企业是具备成本领先优势的，也正是凭借着成本领先战略，H集团才一步步"杀出重围"，取得了今天的市场成绩，H集团与行业内其他企业利润指标对比见表8.4和表8.5。但是随着集团的进一步发展，如何占领高端市场成为集团必须面对的问题，即如何在保证成本优势的同时，又能保证产品的高质量。

表 8.4 H集团与行业内的其他企业净利率指标对比表

项目	2016 年	2017 年	2018 年	三年平均
H集团净利率	16.97%	16.32%	13.82%	15.70%
江海股份净利率	12.99%	12.24%	13.15%	12.79%
风华高科净利率	3.37%	7.81%	22.46%	11.21%
法拉电子净利率	26.44%	25.74%	26.73%	26.30%
火炬电子净利率	12.70%	12.10%	16.58%	13.79%
宏达电子净利率	43.68%	38.01%	34.41%	38.70%
振华科技净利率	2.85%	2.59%	5.69%	3.71%
平均值	17.00%	16.40%	18.98%	—

资料来源：根据东方财富网公开数据整理。

表 8.5 H集团与行业内的其他企业净资产收益率指标对比表

项目	2016 年	2017 年	2018 年	三年平均
H集团净资产收益率	15.22%	16.32%	15.17%	15.57%
江海股份净资产收益率	7.01%	6.26%	7.67%	6.98%
风华高科净资产收益率	1.88%	5.51%	20.49%	9.29%
法拉电子净资产收益率	19.51%	19.56%	19.48%	19.52%
火炬电子净资产收益率	12.45%	9.80%	12.52%	11.59%
宏达电子净资产收益率	28.11%	21.73%	15.25%	21.70%
振华科技净资产收益率	4.97%	5.14%	6.91%	5.67%
平均值	12.74%	12.05%	13.93%	—

资料来源：根据东方财富网公开数据整理。

（三）集团质量成本管理现状

大数据运算等新技术的应用，使得H集团逐渐意识到质量成本管理的重要性。集团于2012年成立品质中心，主要职责有四个：原材料及产成品质量检测、售后投诉处理、产品量产前的可靠性试验以及拟订实施体系文件并开展质量体系认证，四项工作分别由品质中心下设的品质部、客服部、试验量测部及体系部完成。体系部为完成 ISO9000、ISO14000 等国际标准体系的认证，先后投了大量的人力、物力、财力，先后形成了 H 集团品质管理的一系列文件，详见表 8.6。

表 8.6   H 集团质量管理相关文件表

序号	文件编号	文件名称	制作部门	发行日期
1	QM-01	管理手册	管理代表	2014.07.09
2	QM-02	质量手册	管理代表	2017.11.01
3	MSP-01	文件控制程序	品质中心	2017.11.01
4	MSP-06	人力资源控制程序	企管中心	2017.11.01
5	MSP-07	设计开发控制程序	技术中心	2017.11.01
6	MSP-10	客户满意度调查控制程序	营销中心	2017.11.01
7	MSP-18	生产设备控制程序	制造部	2017.11.01
8	MSP-37	生产计划控制程序	生管中心	2017.11.01

资料来源：根据 H 集团公开信息整理。

但是 H 集团现阶段质量成本管理流程很"粗糙"，品质中心只能通过日常的检验活动和有限的财务资料获得不完整的质量成本数据，来统计得出预防、鉴定、内部故障和外部故障四项数据；从其他部门中获取次品率、废品数量及金额、客诉次数、赔偿金额等，得出非常粗略的质量成本管理报告。由于财务部门没有细分核算质量成本科目，品质中心就像一个信息孤岛，没有跟财务、研发、生产、采购、销售等部门取得信息共享，H 集团现阶段质量成本管理流程图见图 8.3。

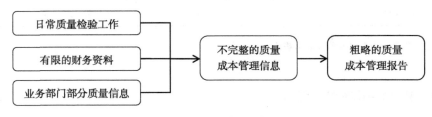

图 8.3   H 集团质量成本管理流程

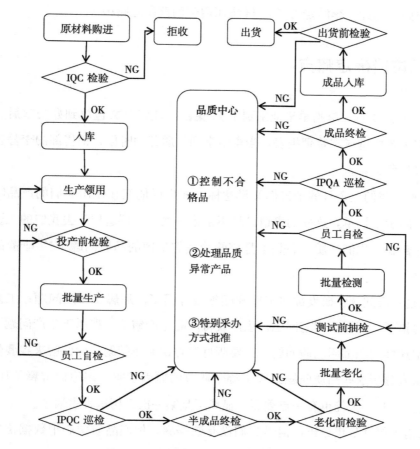

图 8.4 H集团品质中心质量检验流程图

依靠着现阶段"粗糙"的质量成本管理体系，H集团实现了"不让一件残次品流入市场"的社会承诺，但是高品质背后是质量管控资源的高投入。集团人力资源部数据显示，公司每8个人里就有1个质量管理人员，但品质管理作业严格意义上属于非增值作业，该部分成本支出并没有创造超额价值。

无独有偶，H集团不仅质量成本管理流程"粗糙"，整个品质管理中心也是"神神秘秘"。H集团原品质总监王铭是一个较为"保守"的人，"工作上没有大错，但也没有大功"是张华给予王铭的评价，王铭不愿将品质中心的核心数据与H集团其他部门负责人共享，甚至将品质中心变成了集团的"信息孤岛"。王铭上任之初，为品管部设计了一套涉及供产销三个流程的质量检验流程图，详见图8.4，但是随着H集团的发展，电容器销售逐渐从低端市场走向高端市场，面对的客户群体日益多样化，传统的检测主导型的质量管理体系已跟不上H集团发展的脚步，"信息孤岛"也阻碍了H集团质量管理进阶的道路，为此，李皓走上了在 H 集团内部的调研之路……

四、部门访谈确定痛点

2018 年 6 月 4 日，李皓早早地来到了 H 集团，他将公文包放到办公室后直奔品质中心办公室去要质量成本管理报表，当李皓来到品质部的时候，销售部的李静正在和品质中心的张佳争论着。

"张部长，我们上个月的销售额又没达标，客户说他们在使用我们的产品时发现了瑕疵，所以减少了订单，这样的事情已经不是第一次了，再这样下去我们的工资都要被扣完了，张部长，你们品质中心是不是该管管我们集团的品质问题了！"李静的语气中已经有了怒气。

"什么是品质问题？研发部将工序和图纸设计错了，那属于研发问题；工艺部将流程指导书写错了，那属于工艺问题；生产线将产品生产错了，那属于生产问题……而现在，你们把这些问题都叫品质问题，只要听见客户说品质问题，你们就来找我们品质中心，你们认真分析这些品质问题到底是哪个环节的原因了吗？跟你们解释了那么多次，还是来埋怨我们。"张佳也有一点委屈，显然不是第一次经历这种事情了。

"我们销售部倒是想分析，但是我们没有数据啊，你们品质中心把数据信息当宝贝一样珍藏着，我们什么时候见过质量数据，没有数据怎么分析啊……"李静在据理力争。

李皓的出现打断了她们两个人的争论，听见她俩的争论后，李皓觉得 H 集团的质量管理真的是"任重道远"，想着质量责任追溯的问题迟早会解决，就跟李静说了一下，让她先回去了，然后李皓向张佳问道："小张，咱们集团往年的质量成本报表怎么没交呀？"张佳扶了扶厚厚的眼镜片，迷茫地反问道："质量成本报表？您说的是这个吗？"张佳边说边从抽屉里拿出了一张 A4 纸递给了李皓，李皓看完之后愣住了："这就是我们集团这四年的质量成本报表，没有明细吗？"李皓看着手里只有"预防成本、鉴定成本、内部故障成本、外部故障成本"四个科目的质量成本报表问道。H 集团质量成本数据详见表 8.7、表 8.8。

表 8.7 H集团质量成本数据

项目	2015 年	2016 年	2017 年	2018 年
质量总成本（亿元）	0.81	0.99	1.21	1.62
其中：预防成本（亿元）	0.05	0.07	0.08	0.11
鉴定成本（亿元）	0.34	0.43	0.58	0.67
内部故障成本（亿元）	0.41	0.48	0.55	0.83
外部故障成本（亿元）	0.01	0.00	0.01	0.01
销售收入总额（亿元）	13.09	15.54	17.93	21.66
质量成本增长率	—	22.22%	22.22%	33.88%
销售收入增长率	—	18.72%	15.38%	20.80%
质量成本占销售收入比重	6.21%	6.36%	6.73%	7.46%

资料来源：根据 H 集团品质部数据整理。

表 8.8 H集团质量成本分部占比

项目	2015 年	2016 年	2017 年	2018 年
预防成本占比	6.23%	6.81%	6.41%	6.50%
鉴定成本占比	42.26%	43.88%	47.71%	41.35%
内部故障成本占比	50.88%	48.91%	45.26%	51.50%
外部故障成本占比	0.63%	0.40%	0.62%	0.65%
总计	100%	100%	100%	100%

资料来源：根据 H 集团品质部数据整理。

张佳解释道："因为财务部没有细分及核算质量成本科目，导致质量成本的数据收集与整理十分困难，所以品质中心年终只能根据自己掌握的数据资料统计一个质量成本的汇总数和比例数，去年预防、鉴定、内部故障和外部故障四项成本的占比分别为6.41%、47.71%、45.26%和0.62%，这都是我们根据有限的资料统计的，还有一些其他数据，比如次品率、废品数量及金额、客诉次数、赔偿金额等等。关键是生产部门除了次品率信息、销售部门除了客诉信息以外，其他信息也不会告诉我们品质中心，我们品质中心就像一个信息孤岛，外面的信息不愿传进来，我们的信息也不想传出去。"李皓顿时觉得自己还是低估了 H 集团质量成本管理工作的难度，他摇了摇头走出了品质中心的办公室，张佳见李皓带着失望的神情离开了，也不知该说些什么，只能埋头对着电脑分配下一阶段的任务，只是预感到未来一段时间可能会更忙碌。

6月5日，想起张佳昨天的回答，李皓觉得还是有必要和其他部门负责人进一步沟通，再具体了解H集团质量管理的痛点，李皓和其他总监沟通了一天，再次感觉到了H集团质量成本管理的压力。

技术总监说道："我们研发部以前为了最大限度满足客户的需求，会以高于客户要求的质量去研发和设计产品，以防止后面的环节出现质量问题，产生了'富余质量'，这部分'富余质量'的存在是没有必要的，是一种浪费。我们现阶段想法是利用生产环节收集的生产数据、销售环节收集的客户需求数据进行大数据分析，分析我们的产品容易在哪个工序出现质量问题，了解客户针对电容器的质量需求，然后进行针对性研发和设计，从源头进行质量管控，降低生产过程中发生质量问题的概率，同时消除'富余质量'，实现质量和成本的和谐平衡。但是我们部门还没有应用PLM系统，导致我们没有信息化工具对生产数据和客户需求数据进行分析，而且我们部门现在只能得到生产结果信息，无法对接生产部门的实时生产信息，导致我们无法完成质量信息追踪，同时研发人员绩效没有与'质量'挂钩，研发成果也没法录入信息化系统。"

采购总监则认为："我们采购中心是新成立的，目的便是加强原材料的择优采购和品质追踪，从源头上加强品质管控。我们根据订单情况结合往月需求及原材料安全库存在合格供应商名录中进行采购，会在质量最优的情况下力求成本最低，还会不定期对供应商进行资格审查，对原材料质量具有'一票否决权'。我们采购部还会针对供应商的基本情况、资信状况、质量保证能力、价格、供货期等进行跟踪记录，及时掌握供应商动态。但是我们现在缺少一个质量与成本权衡的量化标准，同时我们在供应商监督与检查方面成本支出较多，而且每次购进的原材料都要实施全检，人力、物力、财力支出较大。"

生产总监又指出："我们生产部门基于'智能工厂'概念，在SAP生产模块的基础上开发了适用于企业的MES系统，该系统可以做到生产信息实时输入和输出，也就是实时监控产品生产的全过程，一旦发现次品，系统可以自己调整参数，提高产品质量，降低成本，但部分工序仍是非自动化设备，所以生产过程未完全实现信息化。而且，现在许多环节的质量检测都是靠人工输入的，不仅检测速度低而且效率也不高，但是在全面应用自动化设备之前，这些都是必不可少的。我们毕竟不是'无人车间'，所以我们拥有一套像奔驰那样的'标准化、程序化'员工操作流程很有必要，员工的操作水平提升之后将节省许多不必要的成本支出。另外，原材料质量的高低对我们的产成品质量高低影响很大，所以我们部门对原材料的质量非常看重。技术总监跟你提到的问题，在他们研发部应用了 PLM 系统，完成与 SAP 的对接之后，就可以调看生产部的实时生产信息了。"

营销总监发言说："我们销售部通过在各地的办事处与客户进行对接，在完成销售指标的同时搭建研发部与客户需求之间的'桥梁'，帮助研发部在质量与成本之间寻求'最佳平衡点'，节约研发设计成本。另外，我们现阶段实施客户分级管理，针对不同客户需求传达不同的研发指令，最大可能满足'客制化'需求。但是我们部门暂没有就'质量'这个项目对客户进行分级，而且我们的系统未对客户开放，研发部也没有直接与客户对接，所以无法最大程度地满足客户在质量及其他方面的需求，同时还是那个问题，研发部没有应用 PLM 系统，我们的信息无法和他们及时对接，而且现在缺少一个企业共享数据库，我们销售端的许多数据信息即使想共享也没有途径，等 SAP 和企业完全磨合了或许就好了。"

五、集团战略指明方向

2018 年 6 月 6 日清晨，李皓再次敲响了董事长办公室的门。"董事长，咱们集团的质量成本管理工作真的是一个重担，"李皓苦笑道，"我真的可以称为刚刚起步，而且我们的质量管理和成本管理是脱节的，比如研发部是单纯地追求质量，而忽视了成本，而且质量成本的分部结构不甚合理。根据桑德霍姆、哈林顿、朱兰三位质量管理专家提出的质量成本结构合理比例（见表 8.9），基于质量总成本、质量控制成本、质量损失成本三者之间的关系，将质量成本曲线区域划分为质量成本改进区、质量成本控制区、质量成本过剩区在内的三个区域（见图 8.5）。H 集团目前处于质量成本改进区，质量成本结构不合理，鉴定成本和内部故障成本占了绝大部分比重，且波动较大。同时，虽然每个部门都有质量管理和成本管理的意识，但是各部门没有形成联动机制，集团还未形成一套自上而下的质量成本管理体系，所以优化现有的质量成本管理体系，甚至是重塑它，是很有必要的。"

表 8.9　质量专家对质量成本比率划分调查表

项目	桑德霍姆	哈林顿	朱兰
预防成本占比（%）	0.5～10	10	1～8
鉴定成本比（%）	10～40	25	10～15
内部故障成本比（%）	25～40	57	25～40
外部故障成本比（%）	20～40	8	25～40

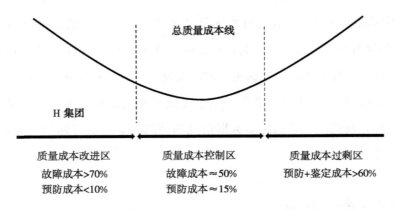

图 8.5　H 集团在质量成本总额区域划分图中的位置

"我很同意你的看法，现如今的制造业都纷纷向高附加值的'微笑曲线'两端进军，高端市场俨然成为电容器行业争夺的'蓝海'，咱们集团非常有必要将现在的成本领先优势发展为质量领先优势，在高端电容器市场'多分一杯羹'甚至成为'切蛋糕的人'，以'做最好电容'为战略目标，实现质量领先战略，成就百年老字号的梦想！"张华说的每个字都铿锵有力！

六、"大智移云"提供思路

张华的话让李皓感受到了这位董事长的决心。"董事长，'大智移云'等新技术的迅速发展确实为我们提供了质量成本管理的新思路，咱们集团信息化建设起步较晚，而信息化建设是一条提高质量成本管理水平的捷径，咱们必须加大人力、物力、财力的投入去实现集团的全面信息化。到时可以通过 PLM、MES 等系统与 SAP 系统的结合，在企业内部形成一个共享的数据库，里面包括单独的质量成本数据，届时集团各部门之间就不会存在信息不对称问题了，各部门共建、共享一个数据库，形成一套各部门联动机制,共防、共治质量成本问题,比如研发部可以通过对大数据的深入分析和挖掘寻找产品质量控制关键节点,降低后端出现质量问题的概率,从而实现质量的源头控制。"李皓为董事长描绘了"大智移云"背景下的质量成本管理蓝图。

"信息化系统的全面应用甚至可以让您实现'老板不出门,便知企业事',集团实现全面信息化之后,所有部门、所有人员的信息都会互联,到时候您只需要坐在办公室就能通过 PC 端实时监测生产信息,甚至只需要一款 APP 即可随时查询咱们集团产品的生产质量信息以及实时的质量成本信息,还可以通过移动端发布命令……"

两个小时后,李皓满面春风地走出了董事长办公室,他为集团描绘的质量成本管理蓝图得到了董事长的高度认可,接下来,就是他开启集团质量成本管理体系的大刀阔斧改革之路了……

七、尾声

在"大智移云"的背景下,李皓第一步做的是带头组建了一个跨职能团队——质量成本管理委员会,构建覆盖全集团、全流程的质量成本管理体系,将体系中涉及的各部门从责任层面上划分为不同的责任中心,并将其相互串联,统筹管理集团的质量成本工作,组织架构图详见图 8.6。质量成本管理体系组织架构分为三层,首先是领导层,即质量成本管理委员会,以董事长、财务总监和品质总监组成的"三人组"为核心,通过财务总监和品质总监的联合达到质量管理和成本管理的有机集合,还有全面预算管理委员会负责与财务部协同完成集团的质量成本全面预算,内部审计委员会负责监督质量成本预算的执行情况;其次是执行层,由研发部门、采购部门、生产部门、销售部门、信息化部门、财务部门的主要负责人构成,每个部门 5~8 人为最佳,执行层是一个更小的跨职能团队;最后是根据执行层确定的责任中心,H 集团可将质量成本管理委员会划分为投资中心,将采购部门、生产部门划分为成本中心,将研发部门、销售部门划分为利润中心,而财务部门和信息化部门在质量成本管理体系中起到统筹和辅助作用。

第二步,李皓依托集团最新上线的 SAP 系统,与信息部一起设计了集团的信息化建设蓝图。H 集团计划开发 PLM 系统、供应商质量管理信息平台、SAP 销售管理系统等信息化系统,逐渐实现全产业链信息化的管理目标。若 H 集团完成信息化系统整体规划后,SAP 系统将发挥"骨架"作用,对各系统进行集成设计,整个系统将覆盖企业管理平台、集成供应链平台、集成项目平台、企业绩效平台四个方面,每个平台上都

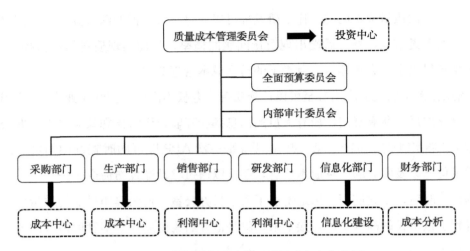

图 8.6　H 集团质量成本管理委员会组织架构图

有针对不同业务模块的信息化系统，企业重点要完成对每个细分系统的权限与职责划分。

第三步，李皓与财务总监一起重塑了集团的质量成本评价体系，并搭建了 H 集团的质量成本报表框架。他们将集团质量成本指标体系主要分为绝对值指标和相对值指标，其中绝对值指标包括预防成本汇总额、鉴定成本汇总额、内部故障成本汇总额、外部故障成本汇总额以及从 H 集团各部门质量成本 KPI 指标中提取的其他绝对指标，绝对值指标反映了 H 集团当期质量成本管理发生的成本的总额；相对指标包括预防成本变动比率、鉴定成本变动比率、内部故障成本变动比率、外部故障成本变动比率以及从 H 集团各部门质量成本 KPI 指标中提取的其他相对指标，相对值指标反映了 H 集团当期质量成本相对于上一期发生额的变动比率，见图 8.7。

第四步，李皓针对质量成本"大锅饭"的问题，将质量问题造成的损失进行责任划分。李皓拟运用 K 均值聚类算法，结合大数据、人工智能技术进行品牌价值的"定价"。K 均值聚类算法是一种"物以类聚"的方法，根据特征指标把所有训练数据聚为 K 类，同一类的数据具有类似特征。通过收集集团历来发生的类似影响品牌价值的事件以及市场中发生的类似事件的详细信息，包括质量问题造成的客户或者公共环境的影响损失等；问题处理信息如退换货的判定、赔偿额度、销量销售额下降水平等；官方行政部门对企业的处罚、企业的股价波动等详细信息。运用大数据运算和 K 均值聚类算法形成关于质量事件对企业价值影响的 K 均值簇，当新质量事件发生时，把事件的详细信息输入系统中，看最后的成本指标落在哪个簇的范围内，便可以根据其他事件的结果预估该事件对品牌价值的影响。

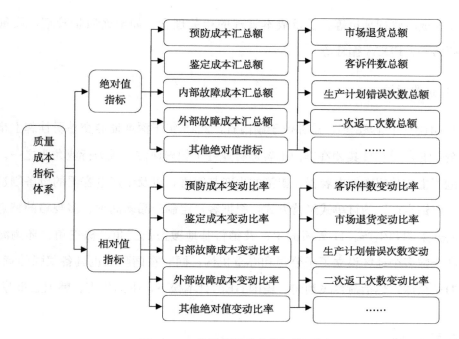

图 8.7 H 集团质量成本指标体系图

接下来还有更多的第五步、第六步……现如今，H 集团已经打开了高端市场的大门，究竟能否像董事长设想的那样，让 H 集团在高端电容器市场"多分一杯羹"，甚至成为"切蛋糕的人"，就让我们拭目以待！

【讨论题】

1. 分析 H 集团存在的质量成本管理痛点有哪些？原因是什么？

2. 请利用质量成本管控理念为 H 集团设计一套质量成本管理用报表。

3. 分析电容器行业的竞争格局，并分析质量在企业竞争中的作用。

4. 分析制造业质量成本管控体系的本质以及实施过程中的关键因素。

5. 分析大数据及云计算等新兴技术对质量成本管控方法升级的核心要点。

【案例说明书】

一、背景信息

（一）理论背景

质量管理的相关理论：如田口质量理论等。成本管理的相关理论：如战略成本管理理论、作业成本管理理论等。质量成本管理的相关理念：如全面质量管理、质量管理屋、六西格玛、PDCA 循环等。

（二）企业背景

H 集团成立于 1985 年，总部位于湖南省，2015 年于深圳证券交易所挂牌上市，经过三十余年的发展，H 集团在国内电容器行业处于领先地位，成为行业龙头之一。公司的经营范围主要是铝电解电容器、铝箔的生产与销售，以及生产电容器的设备制造，公司采取"以销定产"的订单式经营方式，根据客户定制产品多品种、多规格的特点，围绕订单展开采购和生产。H 集团的生产及销售基地覆盖长三角、珠三角、环渤海等区域，并在全国多个地区设立了子公司和办事机构；同时在国际上也具备很强的竞争力，其客户遍及全球，包括荷兰飞利浦、美国 GE、日本松下、中国华为、韩国三星等。

二、问题分析

（一）关键问题

制造业面临的质量成本管控痛点与难点；质量成本管控对制造业上市公司产生的经营风险；质量成本管控的本质以及实施过程中的关键因素；掌握质量成本管控的传统理念与手段；大数据等新兴技术对质量成本管控方法升级的核心要点；云计算等新技术在未来的传统制造业转型升级中发挥的作用。

（二）具体分析

1. 分析 H 集团存在的质量成本管理痛点有哪些？原因是什么？

（1）质量成本管理痛点。

第一是质量成本资源投入高。质量成本管理权威专家克劳斯认为，健全的质量成本管理中质量成本占销售收入的比例应在 5% 以下，但是 H 集团近四年质量成本费用占销售收入比例均在 6% 以上，在 2018 年达到了 7.46%。

第二是质量成本结构不合理。根据桑德霍姆、哈林顿、朱兰三位质量管理专家提出的质量成本结构合理比例，H 集团目前处于"质量成本改进区"，质量成本结构不合理，鉴定成本和内部故障成本占了绝大部分比重，且波动较大。

第三是质量成本信息不对称。品质中心缺乏与其他部门联动，同时缺少对其他部门的监督，双方的信息不对称导致质量成本信息无法及时有效流动，质量成本数据的真实性和准确性亦会大打折扣，从而降低企业提升产品质量的效率。

第四是质量成本核算不精细。H集团还未形成体系化的质量成本报表，质量成本的核算停留在品质管理中心，且并未对质量成本产生的具体原因进行分析和责任追溯，而且只统计了显性成本，针对"信誉损失""股价下跌"等隐性成本并未做统计和计量。

（2）质量成本管理痛点产生的原因。

第一是质量管理与成本管理脱钩。H集团的质量管理工作和成本管理工作缺乏同步性，品质中心着重于提高产品质量，而财务部希望降低质量成本，两个部门无法达成一致的质量成本管理目标，在质量管理过程中没有朝着同一个方向努力，双方缺乏信息沟通与资源协调，造成质量管理与成本管理的脱离。

第二是质量成本无科学核算方式。质量成本属于综合性成本，其数据分散在现有财务会计框架下的各个会计科目中，比如管理费用、生产成本等。H集团目前只进行财务会计的核算，如若建立一个"质量成本"会计核算科目，将可能打乱集团整个会计核算体系。

第三是质量成本数据归集不合理。H集团只将质量成本按一致性进行分类和归集，而单一的质量成本分类维度使得质量成本分析不能深入，从而导致质量成本管理流于表层，无法找到影响质量成本的实质性因素，因此也无法根据作业流程提供有效的质量成本控制建议。

第四是质量成本信息化水平落后。H集团还未将现有信息化系统末端延伸到生产车间和生产小组，因此没有专门的系统自动收集质量成本信息和数据，现阶段生产线上仍存在人工收集的情况。人为填写的方式，会存在现场人员没有认真填报的情况，造成质量成本数据的漏填和失真。

综合上述分析，H集团质量成本管理痛点与原因总结如图8.8所示。

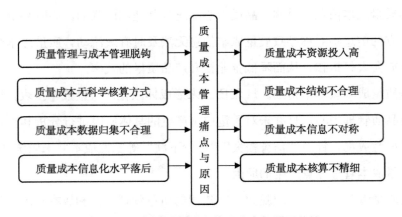

图 8.8　H 集团质量成本管理痛点与原因总结

2. 请利用质量成本管控理念为 H 集团设计一套质量成本管理用报表。

H 集团质量成本报表体系如表 8.10 所示。以质量成本报表为例，可以参考表 8.11 进行设计。

表 8.10　H 集团质量成本报表体系

	报表种类
H 集团质量成本 报表体系	质量成本报表 质量成本占比表 质量成本对比表 质量成本预算差额表 质量成本控制分析表 质量成本明细表

表 8.11　H 集团质量成本报表（示例）

时间：　　　年　　月　　日

二级科目	三级科目	1 月	2 月	……	12 月	合计
预防成本	市场预防					
	设计预防					
	采购预防					
	生产预防					
	质量管理					
	预防成本汇总					

续表

					时间：　　年　　月　　日		
鉴定成本	采购鉴定						
	生产鉴定						
	库存鉴定						
	出厂鉴定						
	外部鉴定						
	外部质量保证成本						
	鉴定成本汇总						
内部故障成本	产品设计损失						
	采购损失						
	仓储物资损失						
	生产损失						
	内部故障成本汇总						
外部故障成本	售后服务						
	折让损失						
	折价损失						
	召回损失						
	产品质量事故处理						
	无形损失						
	外部故障成本汇总						
合计							

3. 分析电容器行业的竞争格局，并分析质量在企业竞争中的作用。

（1）电容器行业的竞争格局。

根据中国产业信息网公布的数据，以及中信建投证券研究发展部公开数据显示，在全球的电容器产业格局中，日本处于绝对领先地位，中国台湾地区和韩美各具优势，中国大陆尚属"第三梯队"。在全球电容器产品市场占有率排名前五的企业中有四家日本企业，日本电容企业在产品基础材料方面形成了较高的技术壁垒，同时在制作工艺和产业布局方面具有积累优势。具体到电容器中细分行业的竞争格局，见表8.12。

表 8.12 国际电容器行业竞争格局

电容器种类	行业竞争格局
陶瓷电容器	陶瓷电容器国际市场上呈现日本一家独大的行业格局，日本企业在小型高容量及陶瓷粉末技术方面领先优势明显，并且具有比较完备的产品阵容，而国内陶瓷电容器产品尚且处于起步阶段。全球前五大厂商是村田、三星电机、国巨、太阳诱电和 TDK，合计占据总市场份额的 85%，其中全球市占率前三的厂商占据全球市场份额共计超过 50%，产业集中度较高。
铝电容器	不同档次的铝电容产品市场竞争格局存在差异，低端铝电解电容器产品缺乏技术壁垒，市场竞争激烈程度较高，以价格竞争为主；中端铝电解电容器产品对部件与材料的生产工艺和质量要求较高，市场供求相对平衡，竞争充分并且具备一定的规模经济效应；高端铝电解电容器具有长寿命、低阻抗等优良特征，产品附加值较高，存在较明显的技术壁垒。日、欧、美、台、韩厂商主导中高端产品市场，大陆厂商主要进行低端产品生产，但在部分领域内的核心技术已达到了国际先进水平。
钽电容器	钽电容器市场仍由美日主导，美日厂商在生产工艺和基础材料上都具备技术优势，在营业收入和毛利水平方面均高于其他厂商。而国内的宏达电子在军用钽电容器方面已经具备先进的钽电容器生产线、技术工艺以及较为完备的质检体系，在军品方面已实现国产替代，但是民品方面仍落后于国外企业。
薄膜电容器	薄膜电容器市场是完全开放、充分竞争的市场。日欧美企业定位高端市场，逐步退出传统领域，中低端薄膜电容器市场主要由中国台湾及大陆的中小企业占据，并占据了薄膜电容器市场的主要份额，但是大、中、小各类生产厂商并存，产品质量水平参差不齐，市场竞争激烈。

资料来源：中国产业信息网、中信建投证券研究发展部。

另外，在国内电容器产业的竞争格局中，国内企业以中低端产能为主，电容器的国产替代率仍不足。同时，随着人力成本的增加，国内电容器行业企业呈现出由长三角及珠三角地区逐渐向中西部地区转移的趋势，具体竞争格局见表 8.13。

（2）质量在企业竞争中的作用。

制造业"微笑曲线"将产业链分为"研发与设计""生产与制造""营销与服务"三个区间，其中位于"生产与制造"区域内的企业生产成本高且利润率低，于是这些企业纷纷寻求向两端转型，详见图 8.10。向"研发"端转型的企业需要借助数据库、信息化等现代化技术完成在专利及技术方面发力，向"销售"端转型的企业需要借助产品换代升级与实施管理咨询等高增值业务在品牌及服务方面发力。然而，技术创新目的之一是提高产品质量，实现高增值营销与服务的途径之一也是提高产品质量，两者的落脚点均指向产品质量，所以 H 集团可以维持现有成本领先战略，努力提高产品质量，实施质量兴企战略，向制造业"微笑曲线"两端迈进，实现企业价值的提升。

表8.13 国内电容器行业竞争格局

电容器种类	行业竞争格局
陶瓷电容器	国内陶瓷电容器市场由于国外厂商的进入,竞争较为充分。在民用产品领域,国外厂商凭借技术水平和规模效应的优势占据高端市场,国内厂商主要集中在中低端市场;在军用产品领域,陶瓷电容市场的企业资质壁垒较高,需要通过六项军工资质认证,且军工产品涉及国家安全问题,因此国产替代十分必要,所以军用陶瓷电容器的前景十分广阔,国内厂商将迎来发展机遇。
铝电容器	铝电容器的国内市场稳步增长,市场竞争格局较为稳定,同时随着产品结构向中高端转移,铝电解电容器总体市场规模还将继续增加。但是,随着人力资源成本的逐年增长,中西部地区的区域优势逐渐显现,众多先进制造企业已呈现出西迁趋势。
钽电容器	国内的钽电容质量等级标准完善,多用于军工产品,同时军品钽电容器生产资质审批较为严格,新进入市场的周期较长、资金成本高,所以国内拥有军工资质的钽电容器生产厂商占有市场总份额稳定,市场规模总量不断增加。
薄膜电容器	随着近几年低端市场去产能化的推进,薄膜电容器产能过剩问题得到了缓解,同时新能源行业的发展给薄膜电容器市场带来了更广阔的市场空间。未来几年随着国家在智能电网、光伏、风能、汽车等方面的政策扶持和投入加大,同时随着消费类电子产品的升级换代、工业控制技术提升,高端薄膜电容器市场仍会稳步增长。

资料来源:中国产业信息网、中信建投证券研究发展部。

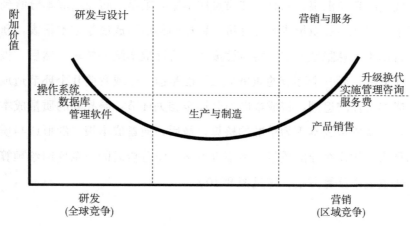

图8.9 制造业"微笑曲线"图

质量管理的最高境界是"全员品保",要保证第一次就把事情做好、保证每一件生产出来的产品都是合格品、保证质量管理责任落实到作业单位、甚至落实到责任中心与个人,这是目前人工成本上涨环境下最好也是最经济、最合理的选择。但是"全员品保"的执行需要品质管理理念的统领，仅仅依靠组织设计和"大智移云"技术是不够的，还要求企业形成品质理念、建设品质文化，这样才能使"大智移云技术＋全员品保理念＝质量管控"的等式成立，才能使质量兴企战略得以顺利实施。

4. 分析制造业质量成本管控体系的本质以及实施过程中的关键因素。

（1）制造业质量成本管控体系的本质。

首先是质量与成本的均衡。以 H 集团为例，H 集团在质量总成本中的投入较大，但是销售收入的增速却明显低于质量成本的增速，可见，产品质量与付出的质量成本是不均衡的。如今，品质即是最强有力的竞争武器，企业必须找到质量与成本的平衡点，在保证品质的情况下，将质量成本压到最低，才能实现更高的营业利润率。

其次是合理的质量成本结构。制造业质量成本由预防成本、鉴定成本、内部故障成本、外部故障成本四个部分组成，以 H 集团为例，由于集团的质量成本结构不合理，未将更多的资源放于质量控制的前端，导致无法做到尽早发现问题和解决问题，以致后续发生更高的质量成本。故企业需要在质量成本控制时，根据归依的质量成本种类，改善相应的生产经营流程，将质量成本的控制重点放在前端检验上，在生产过程中加强质量控制。做到尽早发现问题，尽早纠正问题，调整质量成本结构至质量成本控制区内，使总质量成本处于较低的位置。

最后是实现质量成本的精细化与流程化管理。首先，利用信息化系统之间的集成完成质量成本数据的自动汇集，同时构建质量成本矩阵模型，将质量成本分解到各个环节的作业流程中，实现隐性质量成本的计量。数据归集后形成质量成本报表，新增"无形损失"等科目用于核算隐性成本，将显性成本与隐性成本统一核算。然后，根据生成的报表进行责任追溯，后一个环节的质量损失可能是前一个或者前几个环节造成的，所以要实现质量成本责任的追溯，将成本向前分摊至相关环节，寻找新的质量成本控制关键节点和难点，实现质量成本更为精准的核算。最后，质量成本报告的形成与质量成本责任的追溯都是为了优化企业的质量成本预算方案，将分析后的信息反馈给预算前端，优化下年度的质量成本预算方案，详见图 8.10。

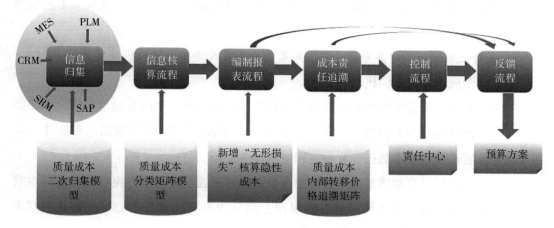

图 8.10 质量成本管理流程优化设计图

（2）质量成本控制体系在实施过程中的关键因素。

第一是从全流程进行质量成本二次归集。制造业企业目前还存在着质量成本信息不对称、核算不精细等问题，需要对生产经营的全流程——研发部门、生产部门、采购部门、销售部门对应环节中的各个项目所发生的质量成本进行更为细致的二次归集，以专管质量成本控制的跨职能团队来统筹，做到每一个部门、每一个环节、每一个项目发生的质量成本都有本可依、有理可循，在发生异常时能够迅速进行责任追溯，找到问题发生的根源。比如预防成本主要存在于研发、采购、生产、销售环节中，鉴定成本主要存在于采购、生产环节中，内部故障成本主要存在于生产环节中，外部故障成本主要存在于销售环节中。

第二是信息化的质量成本核算体系。以 H 集团为例，集团基于"大智移云"建立起的 PLM 系统、MES 系统、CRM 系统、SRM 系统与 SAP 系统的集成，建立一个基于 SAP 骨架的信息化系统，来完成对各部门、各环节产生的质量成本数据的归集。过去对质量成本进行核算需要耗费大量的人力、物力、财力，且存在各部门目标不一致、信息不互通的问题，现在可以利用升级后的 SAP 系统财务模块克服这个问题。但是仅实现数据的归集是不够的，建立起一套信息化系统之后，各部门之间不再是"信息孤岛"，而是共同为数据库提供质量成本数据，并从数据库中随时获取其他部门的实时质量信息，还可以通过 APP 来进行信息传达，各部门目标一致，协调解决质量问题。

第三是重视客户需求。销售部门主要与客户对接，最直接地了解客户需求。在质量成本控制实施以后，销售部门就需要通过大数据，对客户的质量需求进行分级，并把数据共享到数据库中，与研发部门产生联动，根据客户需求来研发产品、投入生产。使质量达到客户需求的同时，研发部又不至于研发出"质量富余"的产品，从源头上控制质量成本。

5. 分析大数据及云计算等新兴技术对质量成本管控方法升级的核心要点。

(1) 健全成本管理组织机制。

健全的企业内部成本管理组织机制是企业进行质量成本管理的基础与保障，企业需要建立完善的质量成本大数据管理平台，并与企业现有的 ERP 等管理信息系统建立连接与融合，实现质量成本数据的联动运用。

第一，企业可以组建质量成本管理委员会，构建覆盖全集团、全流程的质量成本管理体系。将体系中涉及的各部门从责任层面上划分为不同的责任中心，并将其相互串联，统筹管理集团的质量成本工作。

第二，对质量成本管理体系中所有责任中心的权责进行明确，以确保质量成本管理能够有序进行。质量成本管理体系分为三个中心，分别是投资中心、利润中心和成本中心，按照阿米巴管理模式，三个中心之间的关系详见图 8.12，质量成本管理体系中，投资中心是质量成本管理委员会，属于体系中最高层次责任中心，利润中心是研发部门与销售部门，成本中心是采购部门和生产部门。

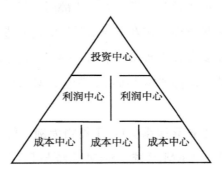

图 8.11　阿米巴模式下责任中心关系图

第三，提高成本管理人员的能力，实行"全员品控"。人是成本管控的核心驱动力之一，做到对人力资源的最优配置，就可以最大限度发挥人的主观能动性，助力实现集团的利润最大化。在"大智移云"背景下的质量成本管控过程中，首先要高效地利用大数据及云计算等新兴技术对数据进行归纳统计，然后通过建立数据模型有效地分析各种质量成本数据，最后利用各种数据改进质量成本管控工作，通过以上方法，将质量成本控制在合理范围内。为了能紧紧跟随时代的进步，相应的企业员工也要不断学习，对自己有更高的要求，如主动学习与信息化和自动化相关的使用和操作技能，提高管理者主动进行现场管控的认识，发挥现场作业者的能动性，消除管理者和被管理者的界限，实现"全员品控"。

(2)加快企业信息化建设步伐。

企业可以设计覆盖企业管理平台、集成供应链平台、集成项目平台、企业绩效平台四个方面的信息化蓝图，如图8.12所示。

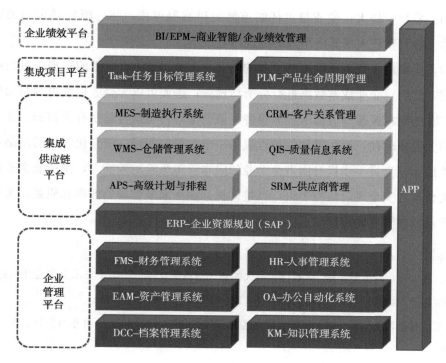

图8.12 信息化系统集成设计示意图

依托信息化平台可以实现：第一，质量成本的全面动态监控与管理。以前质量成本数据的获取是个较难解决的问题，现在新兴的大数据挖掘技术可以完美实现信息和数据的及时快速的收集。过去企业只重视成本管理的结果，忽视了过程管理，而全面质量成本管理的方向就是从注重结果变为注重过程，从根本上解决成本问题，通过对价值链的分析，消除无价值的活动，不断优化流程。企业质量成本管理数据包含内部数据和外部数据，有些是静态数据，包括企业的外部客户和供应商信息等；还有些数据是动态数据，通常反映企业各种静态资源的活动情况，是对企业经营活动的记录，包括物料的领用、安装与售后成本等。

第二，进行大数据分析、提供质量管理依据。信息化集成系统可以实现生产、物流、质量现场数据的快速收集，并利用其他系统的数据信息，进行大数据分析。再通过质量管理过程的非数据反馈形成质量管理报告，为改进质量管理过程提供依据，促进集团不断地优化质量管理过程，达到质量成本最低、管理效果最好的质量管理流程。

第三，生产质量责任的可追溯性。生产质量责任是指在产品生产过程中的质量把关责任。由于信息化集成系统会建立基于产品生产的、由原材料到产成品整个生产流程档案，在质量分析中，其产品或者流程质量问题能快速识别，并且通过系统查询，能快速匹配到相关质量责任人，使质量责任的追溯变得有据可依，能清晰地界定相关质量责任，节约了寻找责任人等界定不清的隐性质量成本。

第四，质量成本管理风险控制平台的建立。大数据技术在海量的数据中进行有效信息的挖掘，然后对企业成本数据进行分析与预测，进而可以为企业提供更加全面的财务数据、存在的潜在风险等方面的预测报告，该数据对公司而言就是有价值的。在"数据为王"的大数据时代，对数据的保护也成了一个重要的问题。信息化时代对网络和数据的依赖性加大，为进一步提升制造业企业的成本管理风险防控能力，制造业企业还应建立基于大数据的安全风险防控平台，以整体提升企业成本管理的效率和质量，为最终实现全面质量成本管理保驾护航。

【参考文献】

［1］刘勤，常叶青，刘梅玲，等. 大智移云时代的会计信息化变革——第十三届全国会计信息化学术年会主要观点综述［J］. 会计研究，2014（12）：89-91.

［2］杨柏樟，薛挺，王艳斌. 全面预算管理在传化集团的创新与应用［J］. 财务与会计，2015（13）：18-22.

［3］杨世忠，胡洋洋，赵腾. 质量控制 VS 质量创新：论质量成本管理的新模式［J］. 经济与管理研究，2019，40（02）：123-134.

［4］李桂荣，刘卓然. 财务共享、财务职能转型与财务人员角色转变［J］. 会计之友，2017（10）：21-23.

［5］段远刚. 企业战略质量成本管理应用研究［J］. 北京联合大学学报（人文社会科学版），2017，15（01）：64-69.

［6］段远刚，林志军. 质量成本管理对企业绩效影响的实证研究［J］. 经济与管理研究，2018，39（02）：120-130.

［7］郭万莉. 大数据时代财务人员定位与转型的思考［J］. 财务与会计，2015（10）：10-12.

［8］王满，王越. 价值链战略成本管理［J］. 财务与会计，2015（07）：16-18.

［9］潘燕华，肖静. 基于顾客满意的质量成本模型［J］. 系统工程，2015，33（01）：74-80.

［10］王晓翔. 以财务人员转型促进管理会计升级［J］. 财务与会计，2015（02）：37-38.

［11］李金克，王风华. H 公司 SAP 项目实施中的业务流程优化方案设计［J］. 财务与会计，2013

(08)：34-36.

[12] 靖鲲鹏，张秀妮，宋之杰."大智移云"背景下信息服务业与制造业耦合发展研究——以河北省
为例 [J]. 管理现代化，2018，38（03）：23-26.

本案例资料来源于H公司官网、新闻报道以及学术论文等。感谢虢沣葆、叶馨宜等为本案例提供的支持，同时，感谢参与案例撰写的成员，他们是朱丹妮、张梦真、刘鑫、敖瓅琪等。特别感谢吴松青、邬贺铨、闵杰、喻思娈等，为案例撰写提供了线索与参考资料。

案例九

大数据为帆，
遨游民爆安全风险之海
——L 民爆安全成本战略管理

【案例背景】

十九大报告强调树立安全发展理念，生命至上、安全第一。随着发改委放开管制，让市场决定民爆产品价格后，"小、散、低"格局下的民用爆炸物品行业催生了"价格战"。不同企业间的恶性竞争，影响了企业的利润，也威胁到了企业安全生产的相关投入。面对大数据威胁的不断快速翻新升级，很多企业的安全管理策略已经落后于时代，在过时威胁预警机制下，企业很有可能成为数据泄露的受害者。如何在新时代保障安全生产，已经成为各级监管部门和企业的必答题。但是，部分民爆企业对安全成本的忽视，使得企业难以对民爆存在的安全风险进行分析，最终产生安全隐患，造成重特大安全事故。L 民爆作为国企，为满足行业技术标准产生了大量的安全成本，甚至子公司的领导直言"安全成本导致利润亏空"。那么，L 民爆如何从安全成本的视角重塑企业业务流程，努力实现下行经济背景下的弯道超车呢？其解决方案在行业内是否有推广价值呢？让我们一起从战略视角重新审视"安全成本"吧！

【学习目的】

通过对案例的探讨，了解民爆行业的特点；在此基础上，从企业战略的视角探讨 L 民爆安全成本管理系统的设计与实施，了解大数据在安全成本管理上的应用；掌握民爆行业特征与发展规律。

【知识要点】

安全成本管理；安全成本结构；内部控制

【案例正文】

2019年12月27日，昏沉的大风从L民爆董事长办公室的窗外呼啸而过，周总仰面瘫坐在公司的旋转椅上。桌上摊开放着一份年度报告，报告来自战略委员会，上面记载汇总了化工行业在2019年这一年中所发生的安全事故：3月21日，江苏响水"3·21"特大爆炸事故，造成78人死亡，76人受到重伤；4月24日，内蒙古乌兰察布市某车间爆炸，现场作业人员4人死亡，3人受到重伤，2人受到轻伤，30人轻微伤……据有关部门数据显示，2019年，全国化工行业合计发生安全事故60余起，死亡和失联约442人。周总的嘴里不断喃喃着"爆炸，爆炸!"。对于化工行业，特别是对于民爆行业而言，提高安全意识一直都是行业非常关注的事情，因为安全是红线，这条线是无论如何，企业都不能够触碰的。周总再次拿起了这份报告，在安全生产的领域，众多的企业和企业领导者都会有一种"不见棺材不掉泪"的侥幸心理，这是很不好的。为了避免这类事情发生，L民爆必须要时刻关注行业动态，不断提高自身警惕性，积极宣传、倡导安全至上的理念。随着各种行业相关政策的出台，公司也不得不进行技改升级，加大安全投入，以求达到国家标准，但接踵而来的是公司的资金流以及财务状况的危机，周总一脸愁云惨淡，自言自语道："到底该如何权衡安全以及安全成本呢?"这时，一阵悠扬的铃声突然响起，手机上显示是公司独立董事A大学徐教授的来电……

一、L民爆初识"安全成本"

2019年12月4日，徐教授团队与L民爆的管理层进行了一场长达两小时的深谈，与会人包括L民爆总公司安全保障部、科技质量部的两位部长，以及公司的财务总监。这场会议，为我们描述了L民爆的宏观概貌，而那些潜藏在冰山之下的安全成本问题也渐渐浮出水面……

（一）L民爆简介

L民用爆破器材股份有限公司（上市简称"L民爆"），在2001年8月成立，是A省国资委监管企业、地方军工企业——L化工集团为主发起人。2006年12月，L民爆在深圳交易所成功上市，成为A省民爆行业第一股，也是注册地的唯一一股。2012年，L民爆与A省另一家民爆集团完成了重组整合，迅速扩大和提升了企业规模和行业影响力。

作为中国民用爆破器材行业的主流生产企业，L 民爆拥有完善的运作系统，对于工业炸药、导火索等民用爆破器材的技术研发、销售运转有自己独特的管理团队。与此同时，在爆破器材和化工产品方面，L 民爆也参与其中，其主要产品有电子雷管、塑料导爆管和工业导爆索等。现有工业索类火工品产能 4 亿米；工业雷管产能 2.9 亿发；工业炸药产能 16.9 万吨，是中国民爆企业中产品品种最多最全的企业。公司在 A 省内外设立了 10 个生产型子（分）公司，其业务范围涵盖爆破科研、民爆运输、民爆经营等各方面，形成了较为完整的产业链条。L 民爆内部组织架构如图 9.1 所示。

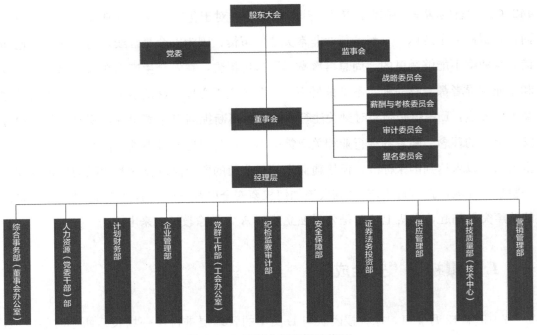

图 9.1　L 民爆内部组织架构图

（二）民爆行业

2018—2020 年，全球经济呈下行趋势，国内经济稳中向好，但处于经济结构优化的关键时期，国内结构调整阵痛继续显现，民爆业面临总产能过剩和区域发展不平衡的局面。

据统计，L 民爆所在行业 2018 和 2019 年主营业务收入都有所增长，但 2018 年增速比 2017 年下降了 5.4％，2019 年增速比 2018 年增长了 0.4％。利润总额在 2018 年、2019 年分别同比增长 11.47％、12.04％，2019 年增速比 2018 年下降 6.2％。2019 年，共计实现利润总额 47.41 亿元，同比增长 5.23％，爆破服务收入同比增长 34.52％，增速比 2018 年增长 19.2%。

对于民爆行业来说，其上游为乳化剂、硝酸铵等原材料生产行业，其下游主要为铁路、煤炭开采和矿山开采行业等基础建设行业，需求较为稳定，采购数量大。同时，下游企业市场集中度较高，多为资金实力雄厚、政企关系密切的企业，议价能力强。再者，下游企业还会进行联合采购，以降低民爆产品价格或减少运输成本。因此，民爆行业为买方市场，不得不通过低价或者提供额外的爆破服务等在市场中获得优势。

（三）安全成本

对于民爆企业，安全管理尤为重要，民爆物品具备危险品的特性，其易燃、易爆、有毒、有害的特质为生产、运输、装卸等过程带来极大的风险，威胁到人员安全和财产安全。安全生产对民爆企业来说也尤为重要，若发生大型安全事故，或者造成了巨大的社会影响，企业很有可能面临长期整改和停工停产。

为了保障安全生产，一方面，民爆企业需要加强安全预防工作，例如，在安全设施方面，需要花费大量资金购买安全设备，建立完善的安全管理制度，提高员工的安全重视程度；另一方面，由于安全管理制度、体系可能会有缺陷或者一些不可控力，即使企业在安全上进行了大量的投入，民爆产品的风险特性依然可能会导致人或物不同程度的安全事故，例如机器毁损、员工工伤等，一旦安全事故发生，必然会带来损失。无论是事前的安全预防投入还是事后的安全事故损失，都与安全生产相关，且都要发生费用，形成"成本"。"安全成本"的概念应运而生。为确保产品生产过程中施工人员的生命安全、生产设备的安全运转所需支出以及因安全问题引起的后续必要支出所需的费用总和，即安全成本。

安全成本的分类方式颇多，且涵盖各个方面，因此，对安全成本进行实时的、标准化管理就显得尤为重要。对在实现安全生产的过程中所支付的安全成本进行得失的权衡，对既有问题进行分析改正，即安全成本管理。安全成本管理应将重心放在预防上，提前进行风险的分析与控制，以免在面对安全问题时陷入被动的局面。同时，也要合理地进行安全成本管理，安全成本并非投入得越多越好，需考虑企业整体的经济效益，在企业现状下做出相匹配的安全成本规模的权衡。

按照规定，民爆企业要按比例提取专项储备。具体规则为当销售收入小于 1 千万元时，按 4% 的比例进行提取；当销售收入在 1 千万元至 1 亿元之间时，按 2% 的比例提取；当销售收入在为 1 亿元至 10 亿元之间时，按 0.5% 的比例提取；当销售收入在 10

亿元以上，按0.2％的比例提取。安全生产费用的使用必须做到专款专用，此外还需要建立台账，如实记录和反映安全生产费用使用状况。L民爆2017—2019年平均使用的专项储备费用为2941.93万元，占L民爆2017—2019年平均销售收入总额的1.21％，其提取数均大于按照L民爆销售收入总额计算得出的应提取金额。

目前，公司既没有设置专门的安全成本核算报表，也没有进行专门的安全成本分析。L民爆对安全成本的管理有待进一步完善。"由于民爆行业政策方面的原因，我们投入的技改费用相对较多，去年2019年有七、八千万的投入。这部分的投入主要是应工信部安全生产司对我们技术进步的要求，没有达到此类门槛，生产许可证就不给办下来。"科技质量部门闫总如是说道，"一方面，是行业技术更新的规定，另一方面，是庞大的安全费用。"言语间，闫总也陷入了沉思。

安全保障部门彭总和科技质量部门闫总已是公司的老兵，在座谈会上，对于自己管理的安全质量或科技质量能够侃侃而谈，但当涉及"安全成本"，言语中却带着些未知。闫总表示："我们还没有考虑到安全成本管理信息化，只考虑了安全管理信息化。例如，通过智能化的系统，对固定资产进行年限检测，对剩余年限较低应当更换的设备进行预警，以便提前做好再购置的资金和计划安排。"财务总监表示，L民爆现有财务系统包括日常安全信息系统，L民爆固定资产改扩建涵盖在财务折旧里，但投资没有设立预算系统及明细，尚未形成一个安全成本的海量数据库。

"安全成本管理是一个新课题。"科技质量部门闫总如此表示。"安全就是效益，你看不出来，但能够感受得到，具体在哪方面取得效益需要从安全成本来看，可以参照质量成本。"徐教授如此回应。目前，公司的管理层已经意识到安全成本的重要性，财务管理系统对于安全成本的计量还处于模糊的阶段，调研还在继续，转变正在萌芽。

二、"安全成本"压船沉

在管理层座谈之后，调研团队系统地描绘了公司安全管理的顶层设计思路，但是，作为化工行业分类下的独具特色的民爆企业，其主营业务、生产流程和工艺也具有其特点。因此，调研组策划开展了第二次调研，对L民爆两家位于A省境内的子公司进行了实地调查。

通过多年在以A省为核心的区域内的深耕细作，L民爆成为行业典型。公司主营工业雷管、炸药、导爆管以及军用爆破等产品。在技术研发、生产运营、产品销售方面，

L民爆均占据行业核心竞争地位。L民爆主要产品分为雷管和炸药两个大类。其业务架构如图9.2所示。

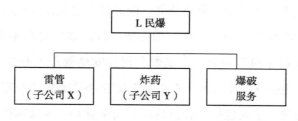

图9.2　L民爆业务架构图

公司有多个子公司，这些公司的资产总额大约为3.2亿元，其经营范围主要包括了军、民用火工品器材、消防产品，以及爆破技术服务、危险货物运输等业务。X机械化工有限责任公司（简称子公司X），始建于1967年，现为L民爆雷管生产子公司之一。子公司Y民用爆破服务有限公司（简称子公司Y）于2015年登记成立，现为L民爆炸药生产子公司之一，经营范围涵盖硝铵炸药、乳化炸药（胶状）的研制、开发、生产膨化等。

为深入了解企业的业务流程和产品情况等，调研团队实地考察了202生产线——子公司X的雷管装配生产线之一。雷管装配生产线设有雷管生产监控中心，该中心配备有一名监控人员、电脑控制中心以及18块监视屏，即时展示着生产线上从装炸药到检验装盒的每一个步骤。该雷管装配编码工房危险有害特性为燃烧和爆炸，危险等级为1.2级，计算药量为32千克，操作定员为20人，最大允许人数为23人。生产工房中配备有空调、防爆电话、电灯、温湿度计、测药天平以及安全生产各类台账。当前，雷管装配生产线已经实现了人机隔离，"万一发生爆炸，也只会炸坏机器"。各装配生产工房之间都设置了约40米的安全距离。生产工房内外，到处设置着安全标语来使安全至上的理念深入人心。

子公司Y现有两条炸药生产线，一条生产膨化炸药，另一条生产乳化炸药。两条生产线的危险等级均为1.1级（包括生产线中的制药、包装、中转和库房各阶段工房）。根据国家规定，1.1级工房要求整个制药等环节（含辅助人员在内）都不能超过5个人。

在调研过程中，两家企业都提到了民爆产品的"结构优化"。为了让企业更好地实现安全、便捷和社会资源节约等目标，国家制定了雷管和炸药的产品结构优化目标。L民爆紧跟政策脚步，逐步提高了更为安全可控的导爆管雷管产量占比，缩减其他生产线的产能；为了提高整个企业的安全管理水平，L民爆提高胶状乳化炸药产能，逐步降低粉状乳化炸药产能。

民爆行业虽是化工行业下的一个小分类，但又是安全关注度较高的一个行业。在这个行业里，零事故率似乎是公司"长寿"的必要条件。如何追求零事故率的安全生产？从L民爆子公司的调研中可以看到，L民爆公司的安全管理工作主要是围绕着安全生产、环境保护、职业卫生这几个方面，并在此基础上将重点集中在安全生产。安全生产集中关注的是事前预防，主要包括：教育培训、安全竞赛、风险抵押金制度、安全工资制度。此外还有以下这几点内容：应急演练、专项演练和工序应急处置；安全环境评估评价，为生产安上"安全栓"；应急职工保障、第三方保险、在不具备安全生产条件下的停工停产，为生产再铺"安全网"。

L民爆企业的生产业务与安全管理紧密相关，并要求企业全员参与到安全防控、安全排查、安全管理的进程中去。但L民爆在财务管理的概念和基础财务会计理念上，例如成本核算、资金管理等，存在一些不足。财务管理活动或是落后于业务，在事后进行核算和分析；或是脱离业务核心，进行事前的预算和目标设定。财务管理活动对安全管理的战略目标，以及企业内部的生产管理未能起到应有的导向性作用。

在和子公司的沟通中，教授团队还发现了这样的情况：据子公司反馈，公司每年都按照国家规定依据销售收入计提专项储备，但是由于公司对安全管理的重视，公司每年的安全成本都会超过所计提的专项储备，形成费用。而在民爆行业价格战愈演愈烈的情况下，公司的利润也因此被摊薄。子公司Y的安全质量部部长叹息直言："安全成本吃掉了公司的利润。"

三、扬"大数据"之帆

L民爆公司总部，窗外车水马龙，窗前的办公桌上放着一摞摞整齐的文件。其中一本黄色封皮的厚书已经被翻得边角有些褶皱，这是经过几次修订整理出的《L民爆安全管理制度（2019年修订稿）》。在企业的安全生产业务方面，这本黄皮书记载了L公司上至管理层下到一线工作人员需要执行的安全制度。

黄皮书中"动态监控信息系统管理制度"一章规定的动态监控系统与数据报送系统，为管理提供信息化支撑。除了行业规定以外，公司有内部整合的标准和实践的需要。技术改造一部分是技术进步的改造，归为质量的成本，另一部分是安全方面的技术改造。L民爆2018年年度报告显示：L民爆正在对安全管理系统平台进行研发投入，该项目将能对民爆企业进行统一门户管理、企业三维可视化建模、数据交换和数据分析及辅助决策，各子（分）公司之间、各部门之间共享资源，最大程度地发挥各系统能效；达到直观展示厂区、生产线及仓库的真实场景。目前已完成模块设计并进行安装调试等工作。该项目完成，预计能够为民爆企业安全生产管理提供直观、快速的安全数据分析和决策。

L民爆意图将安全管理走向信息化道路，通过视频监控、人脸识别，生产过程中参数的管控（预警和报警集成），将安全化信息实时反馈到系统，领导可及时查看。但当前还处于起步阶段，并没有囊括所有的信息，只纳入了一部分，正联系两个子公司准备试用。L民爆董事会秘书邹总表示："我们目前看到重庆一家公司有做一个生产过程的管控，可以做到与操作人员直接对话，我们可以借鉴他们的经验。"

"信息化减人、自动化放人"这是圆桌会议上让调研团队印象深刻的一句话。公司"以人为本"的理念，如今在自动化、人机隔离、安全连锁三方面初有涉及，一旦哪里出了故障，保证人员在生产厂房外，人一开门进生产厂房，设备自动停下来，确保人员安全。炸药生产线基本实现第一轮的生产线技术改造，未来还要转变为智能制造，以前生产部30～40人，现在控制在每条生产线不超过6人。以往审批流程都是人工，但如果信息化系统自动报警甚至预警，审批、投资决策流程就可以更加便捷。未来，可以建立聚焦于投资决策和预算这一块的信息化管理模块，以简化和加速管理流程。另外，系统还可以预测出员工参与安全培训后的多长时间易出事故、多久之后又该进行培训教育，通过大数据累计起来的经验数据，可以统计出一个培训周期。甚至可以做到个人化的管控——比如借助人脸识别等工具，定位到个人，接入系统。

L民爆企业已运用信息化手段来提高经营效率，如已在C化工有限公司进行试用的安全管理系统平台等。但是，L民爆子公司在建设信息化的时候，并没有对企业安全成本的财务数据进行量化体现，没能充分考虑到如何使得各个业务子系统能够更好地与财务信息系统对接，财务和业务各自处在"信息孤岛"之上，这提高了沟通成本。因此，L民爆业财并不充分融合，财务与经营不同步的问题，会使财务数据失去本身的管理意义。

四、"战略"是前行灯塔

最后，调研团队迫切需要了解的，是L民爆的战略目标。战略是企业这艘船在海中航行的目标，是引领企业前行的灯塔。在采访了周总和部门负责人之后，调研团队总结得出了以下信息。

2018年11月，国家发布了《关于推进民爆行业高质量发展的意见》，其出台的目的主要是促进民爆行业高质高量、可持续发展，《意见》中明确指出民爆行业应不断强化自身的安全管理、盘活企业过剩产能、增强产业的集中度、助力技术的进步与国际交流合作。随着产业集中度的不断提高，民爆行业仍需不断促进横向整合。随着产能结构性的不断调整，市场对混装炸药产能的比例要求不断提高，L民爆在新的形势下面临着新的挑战。L民爆业务范围主要位于A省等南方丘陵山地，而在北方露天矿山才更能发挥优势的混装炸药反而并不适用。淘汰普通工业雷管、推广使用数码电子雷管，以及"少人化、无人化"的安全生产举措，将会增加公司固定资产方面的投入。

面对民爆行业的新规划和新要求，L民爆积极采取相应措施，例如扩大研发投入，调整产品结构，强化安全意识，提高企业运转效率等，以在新形势下进一步取得竞争优势。

一是不断推进信息智能建设，逐步缩减危险岗位人员数目，同时引进智能化生产线以及爆破行业数字化管理平台，进一步提高企业的安全水平和安全管理能力，响应国家号召、顺应新时代的发展。

二是面向市场，积极寻找优质资源，以进一步优化企业产品结构；寻求与资源单位合作，发挥协同效应。企业可以采取延伸产业链的方式，在砂石矿山领域寻求进一步发展。

三是面向行业政策，不断优化起爆器材产品结构。L民爆需要不断改进雷管的生产，逐步向智能化、电子化方向发展，以使起爆器材更加安全、高效。

四是利用公司产业链和资质优势，推进爆破服务一体化，使技术研发、生产运营、销售活动一体化发展，不断开拓市场，与资源型企业发展合作，发挥彼此的协同效应，促进公司转型升级，以应对更严峻的市场挑战。

五、尾声

在深入行业和企业多次调研后，调研团队最终给出了L民爆企业问题的"诊断意见"：搭建L民爆安全管理与财务集成平台。

民用爆破行业竞争态势激烈，价格战博弈情形严峻。面对目前较大的市场压力，L

民爆牢牢把握成本领先战略，严格管控生产成本。同时，由于民爆行业产品属于特殊危险品，易燃易爆的风险较高，L民爆将安全管理纳入战略管理层面，每年在安全管理方面有着较大的资金投入。虽然以此极大程度地保证了生产安全，但过度投入会造成资源的浪费，并与L民爆成本领先的战略目标相悖，无益于L民爆长期的战略规划和发展。由此可见，安全管理战略和财务管理的集成，能够帮助L民爆更好地实施管控，以达到降本增效的目的。

L民爆尚未建立起系统的安全成本核算及其明细核算科目等，无法对安全成本进行精细化管理。需要设置"安全成本"科目，对安全成本进行单独核算和精细化管理，同时利用收集的安全成本数据，进而运用大数据助力安全管理。通过对安全管理系统进行要素规划和系统构建，搭建起L民爆安全管理与财务集成平台，使企业整体效益提升。最终，做到以大数据为"帆"，渡安全风险之"海"。

附　录

附录1：

表9.1　L民爆简易利润表　　　　　　　（单位：元）

	2019年发生额	2018年发生额	2017年发生额
一、营业总收入	2 521 573 968.65	2 173 858 275.03	2 624 152 779.44
其中：营业收入	2 521 573 968.65	2 173 858 275.03	2 624 152 779.44
利息收入	—	—	—
已赚保费	—	—	—
手续费及佣金收入	—	—	—
二、营业总成本	2 459 904 887.48	2 165 317 147.79	2 593 980 883.76
其中：营业成本	1 819 920 967.44	1 566 388 726.59	1 949 521 993.89
利息支出	—	—	—
税金及附加	18 702 401.98	19 849 088.89	26 310 576.62
销售费用	181 719 066.71	156 332 806.01	190 748 595.05
管理费用	343 017 226.83	306 471 247.72	353 959 987.58
研发费用	64 046 027.46	54 878 241.07	41 706 817.79
财务费用	32 499 197.06	44 441 914.89	31 732 912.83

续表

	2019 年发生额	2018 年发生额	2017 年发生额
其中：利息费用	44 603 251.41	50 435 573.41	—
利息收入	13 061 263.83	7 698 170.96	—
资产减值损失	−1 921 060.20	16 955 122.62	—
加：其他收益	12 289 302.38	12 947 103.55	13 831 675.69
投资收益（损失以"−"号填列）	10 521 375.68	8 133 106.45	6 101 580.34
其中：对联营企业和合营企业的投资收益	9 921 375.68	9 286 267.19	6 101 580.34
公允价值变动收益（损失以"−"号填列）	—	—	—
汇兑收益（损失以"−"号填列）	—	—	—
资产处置收益（损失以"−"号填列）	−1 921 060.20	1 794 512.42	−160 920.02
三、营业利润（亏损以"−"号填列）	53 318 200.45	31 415 849.66	49 944 231.69
加：营业外收入	2 021 486.82	5 784 682.39	7 001 633.18
减：营业外支出	13 858 428.28	4 003 807.57	4 999 839.49
四、利润总额（亏损总额以"−"号填列）	41 481 258.99	33 196 724.48	51 946 025.38
减：所得税费用	13 644 387.98	9 799 380.98	26 366 607.69
五、净利润（净亏损以"−"号填列）	27 836 871.01	23 397 343.50	25 579 417.69
（一）持续经营净利润（净亏损以"−"号填列）	27 836 871.01	23 397 343.50	25 579 417.69
（二）终止经营净利润（净亏损以"−"号填列）	—	—	—
1. 归属于母公司所有者的净利润	23 866 449.40	22 717 781.96	27 045 098.89
2. 少数股东损益	3 970 421.61	679 561.54	−1 465 681.20
六、其他综合收益的税后净额	14 896 146.34	−26 314 667.33	−41 614 157.77
归属母公司所有者的其他综合收益的税后净额	14 896 146.34	−26 314 667.33	−41 614 157.77

续表

	2019 年发生额	2018 年发生额	2017 年发生额
（一）不能重分类进损益的其他综合收益	13 201 741.35	−54 935.50	82 075.50
1. 重新计量设定受益计划变动额	—	—	—
2. 权益法下不能转损益的其他综合收益	−81 328.00	−54 935.50	82 075.50
3. 其他权益工具投资公允价值变动	13 283 069.35	—	—
（二）将重分类进损益的其他综合收益	1 694 404.99	−26 259 731.83	−41 696 233.27
1. 权益法下可转损益的其他综合收益	—	—	—
2. 可供出售金融资产公允价值变动损益	—	−31 050 000.00	−37 950 000.00
3. 持有至到期投资重分类为可供出售金融资产损益	—	—	—
4. 现金流量套期损益的有效部分	—	—	—
5. 外币财务报表折算差额	1 694 404.99	4 790 268.17	−3 746 233.27
6. 其他			
归属于少数股东的其他综合收益的税后净额	—	—	—
七、综合收益总额	42 733 017.35	−2 917 323.83	−16 034 740.08
归属于母公司所有者的综合收益总额	38 762 595.74	−3 596 885.37	−14 569 058.88
归属于少数股东的综合收益总额	3 970 421.61	679 561.54	−1 465 681.20
八、每股收益：	—	—	—
（一）基本每股收益	0.06	0.06	0.07
（二）稀释每股收益	0.06	0.06	0.07

注：根据公司年报整理。

附录2：

表9.2　L民爆专项储备费用表

（单位：元）

项目	2019 年	2018 年	2017 年
期初余额	4 722 167.12	11 624 383.93	19 640 706.29
本期增加	27 924 644.08	26 053 217.98	20 301 975.57
本期减少	26 984 039.52	32 955 434.79	28 318 297.93
期末余额	5 662 771.68	4 722 167.12	11 624 383.93

注：根据公司年报整理。

附录3：

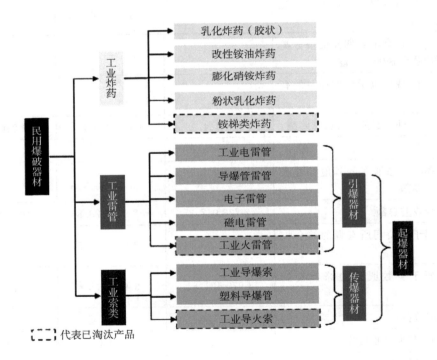

图9.3　民爆器材主要产品图

附录4：

《企业安全生产费用提取和使用管理办法》

第二十二条　危险品生产与储存企业安全生产费用应当用于以下支出：

（一）完善、改造和维护安全防护设施设备支出（不含"三同时"要求初期投入的安全设施），包括车间、库房、罐区等作业场所的监控、监测、通风、防晒、调温、防火、灭火、防爆、泄压、防毒、消毒、中和、防潮、防雷、防静电、防腐、防渗漏、防护围堤和隔离操作等设施设备支出；

（二）配备、维护、保养应急救援器材、设备支出和应急救援队伍建设、应急预案制修订与应急演练支出；

（三）开展重大危险源检测、评估、监控支出，安全风险分级管控和事故隐患排查整改支出，安全生产风险监测预警系统等安全生产信息系统建设、运维和网络安全支出；

（四）安全生产检查、评估评价（不含新建、改建、扩建项目安全评价）、咨询和标准化建设支出；

（五）配备和更新现场作业人员安全防护用品支出；

（六）安全生产宣传、教育、培训和从业人员发现并报告事故隐患的奖励支出；

（七）安全生产适用的新技术、新标准、新工艺、新装备的推广应用支出；

（八）安全设施及特种设备检测检验、检定校准支出；

（九）安全生产责任保险支出；

（十）与安全生产直接相关的其他支出。

【讨论题】

1. 为什么民用爆破行业如此重视安全成本管理？

2. L民爆当前安全成本管理存在哪些问题？

3. L民爆应如何对其安全成本管理系统设计和优化，来满足管理层战略决策需要？

4. L民爆该如何量化实施安全成本管理所带来的经济效益？

5. 大数据技术能为民爆行业带来怎样的变革？

【案例说明书】

一、分析思路

本案例从民爆行业安全成本这一新颖的成本管理视角出发，探讨了民用爆破这类敏感危险品行业的安全成本。在对安全成本分类的基础上，为L民爆设计了基于大数据技术的安全成本管理系统，用以增强企业安全管理的内部效益。

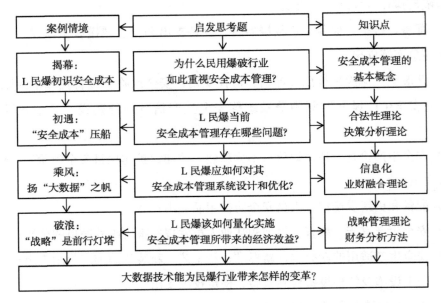

图9.4　案例分析思路图

本案例的分析思路如图9.4所示。首先，引入L民爆案例，对案例内容、背景进行大体的讲述。其次，针对案例提出讨论题，让读者加深对L民爆案例的理解和思考。再次，可以运用PEST模型和五力模型对民爆行业的竞争形势进行分析。通过分析可以得出，安全成本管理应是民爆企业的核心竞争力之一，属于民爆企业战略管理层级问题，要完成企业的战略，对安全成本做出恰当的管理很有必要。然后，通过分析案例中给出的L民爆安全管理制度，发现L民爆目前安全管理方面存在的问题，如企业对安全的认知不够先进、安全成本管理制度不够完善、未对安全成本进行单独核算和管理、安全成本管理信息化水平较低等。初步把握企业安全成本管理状况后，再结合案例中给出的调研结果，可以得出L民爆最核心的问题是没有进行安全成本管理系统的设计。接着，在规范安全成本核算范围和对安全成本进行分类的基础上，思考如何设计和优化L民爆的安全成本管理系统以满足管理层战略决策需要。最后，读者可对大数据技术为民爆行业带来的变革进行思考。

二、背景信息

党中央、国务院对安全生产工作给予了高度重视。十八大以来，习近平总书记多次就全面加强安全生产工作作出重要指示，指出"发展决不能以牺牲人的生命为代价"，"要始终把人民生命安全放在首位"。

2016年12月，党中央、国务院印发了《关于推进安全生产领域改革发展的意见》，提出要坚持安全发展、改革创新、依法监管、源头防范、系统治理五项"基本原则"，确立了"到2020年，安全生产监管体制机制基本成熟，法律制度基本完善，全国生产安全事故总量明显减少，职业病危害防治取得积极进展，重特大生产安全事故频发势头得到有效遏制，安全生产整体水平与全面建成小康社会目标相适应。到2030年，实现安全生产治理体系和治理能力现代化，全民安全文明素质全面提升，安全生产保障能力显著增强，为实现中华民族伟大复兴的中国梦奠定稳固可靠的安全生产基础"的目标任务。

2017年10月，习近平总书记在十九大报告中再次强调："树立安全发展理念，弘扬生命至上、安全第一的思想，健全公共安全体系，完善安全生产责任制，坚决遏制重特大安全事故，提升防灾减灾救灾能力。"

保障安全生产已经成为新时代给出的"历史答卷"，民用爆炸物品属于易燃易爆物品，安全生产是民爆行业的重中之重。目前，国家已经建立健全了民爆行业国家、省、市、县的四级管理机构，形成了全面覆盖的安全监管体系。与此同时，政府一直在推进安全生产标准化建设、规范企业安全生产行为，以及提升企业安全生产管理水平。经整理，民爆行业所涉主要法律法规和产业政策如表9.3所示。

表9.3　民爆行业所涉主要法律法规和产业政策

年份	颁布部门	法律法规及政策
2010	工业和信息化部	《关于民用爆炸物品行业技术进步的指导意见》
2012	工业和信息化部	《关于提升工业炸药生产线本质安全生产水平的指导意见》

续表

年份	颁布部门	法律法规及政策
2012	公安部	《爆破作业单位资质条件和管理要求》《爆破作业项目管理要求》及《关于贯彻执行"两个标准"有关事项的通知》
2012—2013	工业和信息化部、公安部、海关总署	《民用爆炸物品进出口管理办法》《民用爆炸物品进出口管理办法实施细则》
2014	国务院	《民用爆炸物品安全管理条例（2014修订）》
2014	国务院、工业和信息化部	《国务院关于取消和下放一批行政审批项目的决定》《关于做好民爆安全生产许可下放有关衔接工作的通知》
2014	工业和信息化部	《关于加强民用爆炸物品生产销售全过程安全管控的通知》
2014	全国人民代表大会常务委员会	《中华人民共和国安全生产法（2014修正）》
2014	国家发展和改革委员会、工业和信息化部、公安部	《关于放开民爆器材出厂价格有关问题的通知》
2015	工业和信息化部	《民用爆炸物品安全生产许可实施办法》
2015	工业和信息化部	《民用爆炸物品销售许可实施办法》
2016	工业和信息化部安全生产司	《关于工业炸药生产线工业化安全验证有关事项的通知》
2016	工业和信息化部	《关于调整〈民用爆炸物品专用生产设备目录〉管理方式的通知》
2016	工业和信息化部	《关于印发民用爆炸物品行业发展规划（2016—2020年）》
2017	工业和信息化部	《关于建立民爆企业安全生产长效机制的指导意见》
2018	工业和信息化部	《关于推进民爆行业高质量发展的意见》
2018	工业和信息化部办公厅	《民用爆炸物品行业技术发展方向及目标（2018年版）》
2018	工业和信息化部	《民用爆炸物品生产许可实施办法》
2019	工业和信息化部	《关于做好〈民用爆炸物品工程设计安全标准〉（GB 50089—2018）执行工作的通知》
2019	国务院	《生产安全事故应急条例》
2019	工业和信息化部	《民用爆炸物品生产许可办事指南》《民用爆炸物品进出口审批办事指南》

三、理论依据与问题分析

（一）理论依据

1. 合法性理论及对企业行为的影响

Suchman（1995）给出了"合法性"比较权威的定义，他指出合法性是在某个社会构建的规范、价值、信念以及定义系统中，企业的行为被认为是合适的、适当的或是恰当的一般性认知或假定。由于社会的期望不是固定不变的，因此合法性是一个动态的概念，某些公司的行为和事件能够增加其合法性，而另一些则会降低其合法性。较高的合法性可以使公司获得更多的资源也更受社会的支持和认可，合法性过低则会对公司产生诸如丧失经营的权利等灾难性影响。

如今，越来越多的企业选择主动披露企业承担社会责任、安全和环保的相关信息，并且加大在社会责任、安全和环保领域的投入。根据合法性理论，企业通过上述信息披露向社会公众展示出一个形象，可以增强公众对企业的认可程度以及使企业对于利益相关者群体的行为合法化。企业的生存和发展离不开所处的经济社会环境，与环境和安全相关的行业中的公司受到社会大众的关注度更高，受到各方面的监督和约束也更多，并且感受到更多的来自社会的压力，所以他们在进行生产经营活动时需要不断满足社会的期望，并通过社会和环境责任的信息披露应对来自各方的压力。

L民爆作为一家国有上市公司，对于各种国家政策和民爆行业规定都执行得很到位。公司以落实《中华人民共和国安全生产法》《企业安全生产责任体系五落实五到位规定》《工业和信息化部关于建立民爆企业安全生产长效机制的指导意见》等为工作主线，以"最美安全员、安全总监、安全总经理"评比等活动树立标杆，进一步强化现场"6S"管理、安全教育培训、安全文化宣传、安全标准化、现场应急处置等基础工作，不断提高生产线本质安全水平，构建了安全生产长效机制。

2. 战略管理理论及对企业行为的影响

战略管理是指企业以对自身的定位和未来的发展规划为基础，通过内外部环境分析、自身竞争能力分析和自身资源审视，规划合理有效的企业战略目标，并充分调动企业各方面的资源完成战略目标，同时在实施过程中进行动态管控。战略管理重视对企业经营环境的研究，根据公司战略制定目标，然后将目标自上而下层层分解，并对目标的完成情况加以监督与考核。此外，战略管理也是一个动态的过程，需要根据企业经营环境的变化以及对战略实施情况的考核对战略进行适当的调整。

安全成本管理具有全局性，是战略层面的布局。目前，民爆行业的横向整合尚在持续推进，区域性民爆上市公司不断增强整合力度，行业进一步集中。面对新形势下的行业新规划、新要求，公司高度重视，提前谋划，不断加大科技投入，产品结构进一步优化，安全生产管理水平进一步提升。在强化内功的前提下，公司提出"调整产品结构、提升生产线工艺技术水平、提升生产线本质安全条件、撤线并线，减少危险源、提高劳动生产效率"目标，完成技术升级和服务能力提升，增加高质量供给，对公司产品结构进行调整，优化产能布局。

将安全成本管理提升到战略高度，不能仅仅停留于寻找最优安全成本结构这一目标，降低安全成本只是安全成本管理的一个方面，更重要的是通过安全成本管理，统筹配置企业资源、规划企业当前的发展计划，面向未来，以实现企业高质量地可持续发展。

L 民爆成立安全生产委员会，其主任为董事长，副主任为党委书记、总经理、安全副总经理，包含各级成员：L 民爆其他班子成员、各部门经理，各子（分）公司主要负责人，以期通过安委会来加强对安全生产工作的统一领导和组织协调。定期分析 L 民爆安全生产形势，统筹、指导、督促 L 民爆安全生产工作，研究、协调、解决 L 民爆安全生产重大问题。

3. **激励理论及对企业行为的影响**

激励理论，即研究如何调动人的积极性以更好地实现组织目标的理论。该理论认为，工作效率与职工的工作态度有直接关系，而工作态度则取决于员工对自身需要的满足程度和相应的激励方式。

美国心理学家马斯洛把人的各种需求分为生理需求、安全需求、社会需求、尊重需求和自我实现需求五个层次，认为人们按照需求层次追求满足。其中，生理需求、安全需求和社交需求属于相对低层次的需要，通过外部条件就可以使人们的这些需要得到满足，如借助工资收入满足生理需要，借助法律制度满足安全需要等；尊重需求和自我实现需求是高层次的需要，它们是从内部使人得到满足的，此外，一个人对尊重和自我实现的需求是永远不会感到完全满足的。因此管理者需要根据员工不同的需求来实施激励才能充分调动员工的工作积极性、提升员工的工作效率和效果，从而更好地实现组织目标。

L 民爆在安全生产管理中，执行了员工上报安全隐患奖励制度、安全生产先进评比制度、安全生产管理考核办法、生产安全事故责任追究制度等一系列制度来开展安全管理的绩效评价与激励机制。公司设置了安全先进奖、安全风险奖、安全风险抵押金来对员工进行奖惩。在对各级员工的问卷调查可以发现，大员工普遍认同目前的安全管理考核制度，目前的激励机制可以提高员工参与安全管理的责任心和积极性。安全先进奖、安全风险奖和安全风险抵押金属于安全生产奖励金，安全生产奖励金是安全成本的一个三级科目，近三年，安全生产奖励金在安全成本中平均占比2%左右，这一比例是否起到了良好的激励作用还有待进一步研究。

L民爆安全成本管理也应注重职工各层次的需要，如借助工资收入满足生理需要，借助于法律制度满足安全需要等，进而达到激励员工，调动其生产积极性的效果。由于人的需要结构是动态的、发展变化的，因而企业也应及时调整安全成本管理的激励机制。

（二）问题分析

1. 为什么民用爆破行业如此重视安全成本管理？

该启发思考题需结合民用爆破行业特性进行分析。民用爆炸行业是中国为数不多的被政府严格执行着行政许可制度的行业之一。民用爆炸物品具有易燃易爆的特殊属性，极易造成重大人员财产损失和社会影响，甚至引发社会恐慌。高效、严格地做好民用爆炸物品的安全管理工作，是直接关系到广大人民群众的生命财产安全和生活幸福安康的重要一环。

当前，民用爆破行业普遍存在安全成本占比高、成本结构不合理等问题。为减少安全事故及事故成本，企业往往就安全生产工作制定一系列的内部控制管理制度，但可能由于存在部分企业对安全成本管理不重视、信息化水平落后导致的信息传递和反馈不及时等问题，民爆安全事故依然时有发生，这使得安全成本管理处于战略管理高度尤为重要。虽然民用爆破行业有着重大的社会责任和严格的安全管理，但并不代表要一味地高投入、高管控，而不考虑其经济效益。将安全成本管理作为战略目标，一方面可以加强对风险识别、事故安全的管控力度，另一方面也能优化民爆企业安全成本结构，提高经济产出。安全成本管理应是企业核心竞争力之一，属于民爆企业战略管理层级问题。要完成企业的战略，必须对安全成本做出恰当的管理。因此，安全成本管理的成功与否会直接决定民爆行业能否长期经营与发展。

2. L 民爆当前安全成本管理存在哪些问题？

（1）安全成本结构不合理。

在 L 民爆过去粗放式的管理环境中，安全生产目标和投资驱动思想占据主导地位，加之 L 民爆在整体层面对效益账和成本账的忽视，使得 L 民爆陷入高投入的困境中。例如，在部分零部件、原辅料和劳动防护用品的采购上，往往采取大批量采购的方式，虽然较大程度上保证了生产，但也使得大量库存积压，增加了 L 民爆的仓储成本，造成企业资源的浪费。

此外，L 民爆在安全设施设备及其技术改造上投入过大，日常安全成本管理上投入较低，存在较不合理的成本投入情况。

（2）安全成本信息不对称。

L 民爆安全管理工作涉及科技质量部、安全保障部和供应管理部等多个部门之间的沟通协调。但是由于沟通渠道不畅通和信息不对称等问题的存在，各部门产生的相应安全成本支出不能准确地反映给其他部门，导致各部门之间的安全成本信息传递存在误差。

（3）安全成本核算不精细。

由于安全成本科目设置不合理、核算细则不明确等原因，L 民爆安全成本管理的实际执行流于形式，成本核算不精细。例如，有时会将原本不属于安全成本的数据归类其中，或者是缺失本该归属于安全成本的数据，L 民爆对安全成本的控制并未取得实质性进展。因此，制定完善的安全成本管理制度、进行合理的安全成本科目设置和核算工作对 L 民爆而言迫在眉睫。

（4）安全成本分析不充分。

安全成本分析是对安全成本数据核算的资料进行归类比较、总结分析。而 L 民爆的安全成本分析只是在对业务数据进行简单核算，未对预算和实际费用做差异分析，也未与同行业竞争者的安全成本进行横向对比分析。L 民爆当前粗放的安全成本管理模式更多的是停留在形式，使得 L 民爆难以挖掘自身优势，也不利于其开展后续的安全成本控制工作，对企业经营管理起不到应有的支持作用。

3. L 民爆应如何对其安全成本管理系统设计和优化，来满足管理层战略决策需要？

L 民爆安全成本管理系统，是为实现战略层面、经营层面、财务层面的三个层次的目标，包含固定资产管理、日常安全成本管理、事故管理三大模块以及 15 个业务流程，集成了公司原有的财务管理系统、办公自动化系统、人力资源管理系统、主营业务管理系统、产品条码系统、生产视频监控系统和物流运输监控系统，可供安全成本产生过程中各部门使用的系统性企业安全成本解决方案，L民爆安全成本管理系统设计框架如图9.5所示。为优化企业的安全成本管理，企业可以将安全成本管理与企业的战略管理相结合，以满足战略层次管理的需要。

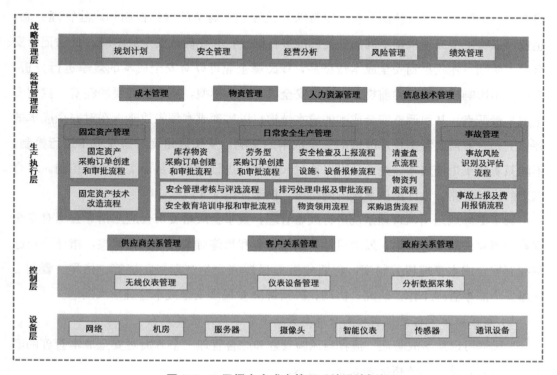

图 9.5　L民爆安全成本管理系统设计框架

L民爆企业旨在紧密围绕安全生产、安全质量和成本领先战略不断创新改进。企业的安全成本管理应当以战略为导向，安全成本战略管理不应该只关注对安全成本的控制，企业的业务流程、组织环境、信息环境和制度设计四个方面都需要作出配套改变。

在对安全成本的管理和安全质量的控制上，企业可以融入"业财一体化"的指导思想，同时将风险管理嵌入其战略管理中。强化L民爆的内部控制机制，实现从安全监控及预警、设备、物资采购及入库、到产品生产、储存、运输、销售的全过程跟踪管理。此系统可以实现固定资产投资预算与决算、技术改造时点和日常修理时点的预警、对接安全预警指数系统，实施设备巡查、快速查阅维修维护记录、设备安全预警、物资采购时点与采购量的预测和安全成本分析与考核等功能。

该系统采用模块化设计，设置中心主数据库，并在各子系统设置子数据库。数据库之间独立运行，同时也能实现数据互通。此外，该系统将子系统与L民爆生产经营过程中所采用的办公自动化（OA）系统、金算盘财务系统、用友财务系统、销售数据报送系统、人力资源管理系统、招采平台、视频监控及数据传送系统等信息系统相集成，强化各子公司与集团之间、部门与部门之间的信息共享机制，提高信息传递效率，便于实现实时监控和业财一体化管理。同时借助大数据技术，对系统中的财务数据和安全预警参数进行智能化处理及预测分析，以帮助L民爆建立健全的内部控制和风险管理机制。企业可以将安全成本根据不同的分类标准进行细分，并在确认安全成本时，自动记录安全成本明细。在收集到安全成本数据后，L民爆企业可以对安全成本的效率进行分析，旨在在不影响成本质量的前提下，通过安全成本分析模型，减小不必要的耗费，找到安全成本最低点，从而调整安全成本的成本结构，以实现成本领先战略。在对安全成本的评估上，企业需要考虑技术改进对安全成本的影响，从长远角度对研发成本进行控制，不能只着眼于短期成本。企业还可以通过大数据，进行预测，从而实现事前控制。综合以上的设计思路，设计出该系统的网络图，框架如图9.4所示。

为了更好地运用该管理系统进行战略管理，董事会战略委员会应当指导公司对安全成本管理有关的经济指标、发展目标及主要任务和措施对策进行优化调整，指导公司起草编制安全成本管理相关制度，定期分析L民爆安全生产形势，统筹、指导、督促L民爆安全成本管理工作，研究、协调、决策解决L民爆安全成本管理重大问题。

4. L民爆该如何量化实施安全成本管理所带来的经济效益？

L民爆可以从事故管理、流程与风险管理和综合管理三个方面对安全成本管理的经济效益进行量化，具体指标如表9.4所示。

表9.4 安全成本管理的经济效益量化指标

编号	指标名称	指标类别
1	百元产值事故成本率	事故管理
2	百元收入事故成本率	事故管理
3	百元利润事故成本率	事故管理
4	安全成本率	流程与风险管理
5	百元产值安全成本率	流程与风险管理
6	百元利润安全成本率	流程与风险管理
7	百元收入安全成本率	流程与风险管理
8	各单元安全费用占安全成本总额比率	综合管理

续表

编号	指标名称	指标类别
9	安全成本降低率	综合管理
10	安全成本差异率	综合管理

（1）事故管理指标。

L民爆2017—2019年事故管理指标计算结果如图9.6和表9.5所示。

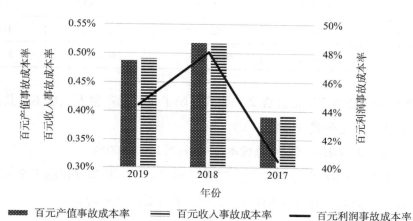

图9.6　L民爆2017—2019年事故管理指标图

表9.5　L民爆2017—2019年事故管理指标表

年份	2019	2018	2017
百元产值事故成本率	0.487%	0.518%	0.390%
百元收人事故成本率	0.491%	0.517%	0.394%
百元利润事故成本率	44.440%	48.077%	40.446%

"百元产值事故成本率"指标含义：该式反映了每百元产值因事故造成的损失。通过它可以清楚地看到由于事故损失影响企业产值的情况。具体计算见公式（9.1）。

百元产值事故成本率＝（事故成本/产值）×100×100%　　　　　　（9.1）

"百元收入事故成本率"指标含义：该式反映了由于安全不佳所造成的经济损失对收入的影响，是体系行业经济效益的重要指标之一。具体计算见公式（9.2）。

百元收入事故成本率＝（事故成本/收入总额）×100×100%　　　　　（9.2）

"百元利润事故成本率"指标含义：该式反映了由于安全不佳所造成的经济损失对利润的影响，是体系行业经济效益的重要指标之一。具体计算见公式（9.3）。

百元利润事故成本率＝（事故成本/利润总额）×100×100%   (9.3)

（2）流程与风险管理指标。

L 民爆 2017—2019 年流程与风险管理指标计算结果如表 9.6 所示。

表 9.6　L 民爆 2017—2019 年流程与风险管理指标

年份	安全成本率	百元产值安全成本率	百元利润安全成本率（净利润）	百元利润安全成本率（营业利润）	百元收入安全成本率
2017	5.15%	0.39%	392.34%	200.94%	3.82%
2018	6.48%	0.52%	433.54%	322.89%	4.67%
2019	4.70%	0.49%	307.43%	160.51%	3.39%

"百元产值安全成本率"指标含义：该式反映了每百元产值安全成本，是同类行业可比指标。具体计算见公式（9.4）。

百元产值安全成本率＝（安全总成本/产值）×100×100%   (9.4)

"百元利润安全成本率"指标含义：该式反映了每百元利润支付的安全成本，是安全成本对企业经济效益影响的具体体现。具体计算见公式（9.5）。

百元利润安全成本率＝（安全总成本/利润）×100×100%   (9.5)

（3）综合管理指标。

L 民爆 2017—2019 年综合管理指标计算结果如图 9.7～图 9.9 所示。

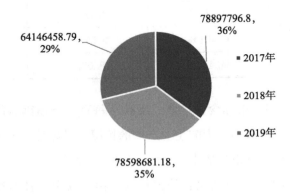

图 9.7　L 民爆 2017—2019 年固定资产管理指标计算结果

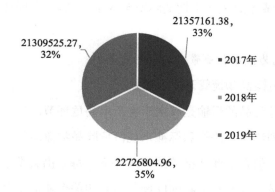

图 9.8 L 民爆 2017—2019 年日常安全成本管理指标计算结果

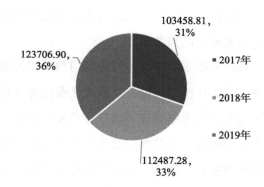

图 9.9 L 民爆 2017—2019 年事故管理指标计算结果

"安全成本降低率"指标含义：该式反映了企业报告年度实际安全成本比上年实际安全成本的降低情况。具体计算见公式（9.6）。

〔（上期实际安全成本总额－本期实际安全成本总额）/上期实际安全成本总额〕×100%
(9.6)

"各单元安全费用占安全成本总额比率"指标含义：反映各模块成本耗用情况，和各流程成本耗用情况，发现各模块成本占用的不合理之处。具体计算见公式（9.7）和（9.8）。

各单元安全费用占安全成本总额比率$_1$＝各模块总成本/安全总成本 (9.7)

各单元安全费用占安全成本总额比率$_2$＝各流程成本/安全总成本 (9.8)

"安全成本差异率"指标含义：该式反映了企业报告年度实际安全成本与计划安全成本的差异情况。具体计算见公式（9.9）。

〔（本期计划安全成本总额－本期实际安全成本总额）/本期计划安全成本总额〕×
100%
$$(9.9)$$

5. 大数据技术能为民爆行业带来怎样的变革？

（1）大数据助力危险品物流管理平台建设。

在民爆行业中，危险品的运输是仅次于生产的高危环节。中国政府和相关管理部门已经陆续出台了一系列法律、法规和标准来规范危险品物流运作，这在一定程度上保障了危险品物流的安全。但在如此严格的约束条件下，每年仍会发生百余起安全事故，究其原因，既有从业人员专业水平欠缺的问题，也有相关企业对安全管理重视程度低的问题；既有政府管理部门协同管理不足的问题，也有相关管理部门未充分利用信息化工具而导致监管能力差的问题，不一而足，但核心问题还是缺乏对危险品物流信息的整合以及相关安全管理系统的建构。因此，有针对性地进行系统有效的预防、预警、应急处置与善后处理，成为危险品物流发展中的当务之急。

涉及危险品物流管理的部门有很多，并且各管理部门都手握大量数据，例如，交通部门持有运输工具安全管理、道路运输通行证、从业人员资格等数据；公安部门储存有剧毒化学品购买许可证、运输车辆的道路管理等数据；质检部门储存有危险化学品及其包装物或容器的工业产品生产许可证；安监部门收集有危化品安全生产许可证、仓储危化品建设项目的安全条件审查等数据。然而，这些分散在各个部门的数据并未得到有效的整合和挖掘，这大大降低了数据为管理服务的价值。大数据技术可以将这些分散在各部门的数据进行整合和挖掘分析，更好地提升危险品物流的管理水平。基于大数据的危险品物流管理，不仅能够提升企业安全管理的内部效益，还将增强政府对危险品行业实时监管的便捷程度。

通过各级政府部门建立的大数据平台，可以高度共享以往分散存储的安全管理数据。另外，利用大数据可以实现深度数据挖掘，从危险品的采购、生产、包装、储存、运输等全环节实现企业、行业和国家的安全风险识别、评估和应对。利用大数据建立强大的分级危险品物流安全监管中心，对所有危险品的采购、生产和运输的各个环节实施严格的全流程实时信息管理，包括货物包装物的 RFID 识别标签、车载移动终端、仓储终端、作业人员识别标签等，并建立基于风险识别的预警和报警系统，这有利于危险品物流安全事故发生时的应急处置和救援实施。基于大数据的危险品物流信息管理平台不仅可以从源头上实时监管和整治任何不符合危险品安全仓储和运输条件的企业，还能在提升政府监管能力的同时进一步保证法律法规和标准在企业管理中落地生根。

基于大数据的危险品物流管理平台的实施不仅依赖于分散在各个部门和企业内部的数据库，也取决于各部门和企业的信息化水平。尽管现阶段各部门和企业的数据库建设程度和信息化水平参差不齐，但我们相信借着国家大力发展大数据技术的东风，基于大数据的危险品物流管理平台的落地指日可待。大数据平台需要分区域、分部门逐步推进，首先可以在已有庞大数据源的各区域、各管理部门建设大数据平台，其次可以在盈利状况较好的危险品物流企业推行企业级信息化及智能化，一步步实现大数据平台的全覆盖。需要不断向企业灌输"大数据不仅仅可以作用于危险品物流的安全管理，还能成为物流企业降本增效的利器，利用大数据实现的全供应链物流整体优化可以为企业带来效益和利润"的理念，让企业乐于建设自身的数据平台，从而实现大数据在政府管理部门与企业间的融合共享。

（2）基于大数据技术的服务云平台构建。

在信息化时代之下，数据的处理分析工作显得尤为重要，同时也从侧面凸显出大数据所蕴含的高价值。基于物联网的大数据应用，通过智能化调度、危险品的物流与仓储、库房管控等过程对企业数据进行归集，并借助云计算、区块链等技术整理分析现存数据，深入挖掘已有数据中具备使用价值的数据进行二次分析，形成对企业经营发展更为有用的信息，进而拓展民爆行业冗余数据的潜在价值，降低企业的安全管理成本。

具体而言，该大数据服务云平台要与企业现有的安全管理系统、供应链信息系统、资金流动信息系统、物流系统及其他相关系统的数据形成有效的对接，对数据进行存储与集成，完成数据的导入工作。同时，作为一个大数据服务云平台，在收集数据之后，还需要根据数据的特性分类，例如危险品物流数据、资金流动数据、员工数据、客户数据、交易买卖数据、库房数据以及企业生产数据等等。对这些海量数据进一步挖掘，并利用相应的整理分析结果作为一个数据源，支撑民爆企业高效搭建生产存储服务平台、销售智能化物流平台以及安全管理信息化平台等，为民爆企业打造一个丰富的以管控安全管理成本为核心的生态圈。同时，这些平台的构建，一方面既能促进民爆企业对安全管理成本进行控制，在保证各类安全的前提下，减轻企业在安全管理上的成本；另一方面，将各类数据归总收集，加强不同数据之间的联系，进一步提高了政府部门对行业的监管水平。

（3）大数据技术在民爆企业产品生产中的应用。

民爆企业产品的生产过程中有专门的机器设备用于生产，能够通过机器上的传感器进行数据采集。通过在机器的几个关键部位安装传感器，除了能够获得机器的生产产品的具体数量，还可以对民爆企业的生产设备运行情况进行监控。此外，对用于民爆品生产的厂房也需安装一定数量的传感器，主要是对厂房内生产人员的数量、防静电的实时情况等进行监控，并通过设备对该部分数据进行收集，借助数据挖掘分析技术对数据进行处理，及时监测异常数据，从而紧急有效地关停相应的生产线，避免生产过程中重大事故的发生。最近几年，民爆生产企业发生几起重大事故，在调查中，生产线的录像视频是调查的主要依据，但录像视频的作用主要还是在事后，而对于事前及时识别防范方面还未有有效措施。如果能够借助大数据技术，将其应用于民爆企业生产过程的监测中，则可以及时有效地发现生产过程中存在的各类风险操作，紧急触发生产线的关停机制，进而实现真正意义上的民爆产品的智能化、信息化、无人化生产，完善民爆企业的安全管理。

（4）大数据技术与作业预算管理理论的结合。

企业想要成为大数据时代的弄潮儿，不仅需要建立完备的全面预算管理体系，还需在全面预算系统的基础上，升级精细化财务分析，运用大数据技术对标其他大数据进行作业分析，提高决策的有效性。运行时监测与资源配置信息，提高作业预算的统计分析、计算和预测等能力，提升大数据分析下作业分析的价值，通过提高作业领先优势进而提高企业核心竞争力。

随着企业的业务越来越复杂，规模越来越大，各业务系统产生的作业预算管理数据也会越来越多。尽管推送到全面预算系统的数据经过清洗转换降低了数据量，但其数据量仍然会随企业业务的变化而作业库作业动因增长。这时就在实际发生的业务数据层面上形成了事前、事中、事后的作业预算管理大数据。

全面预算软件系统作为企业的预算管理以及决策支持平台系统，会有很多为系统提供作业的实际数据与其对接，如财务总账、项目管理、资金管理、人事、生产制造、库存管理、资产管理等各系统，这些系统在作业动因的改造下成本更加精细化。

总的看来，通过以上分析，大数据技术能给民爆行业未来信息化建设带来大的变化，民爆行业未来的信息管理平台将主要设计成两个部分，第一部分为面向民爆企业的供应平台的公共信息服务，第二部分是面向民爆管理部门的监管应用服务。该平台设计结构如图 9.10 所示。

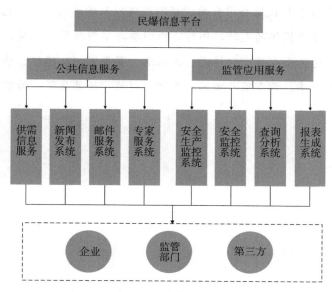

图 9.10　民爆行业未来的信息管理平台

在公共信息服务部分中，供需信息服务主要为处于民爆行业的企业提供供应及需求信息服务，辅助产品供需信息共享服务，实现供应链上产品信息共享和交换。面向民爆行业所有用户的新闻发布系统及时发布行业内重大新闻及行业动态。为进一步向行业内有关人员提供及时有效的沟通服务，邮件服务系统内的邮件服务将包含在线服务以及邮箱服务。专家服务系统则将为民爆行业内的质量安全评估提供智能的、科学的专家评估意见。

在监管应用服务中，安全生产监控系统将为安全生产监督部门及生产企业监控日常生产情况，也将统计分析据此收集到的各种安全信息数据源，以防安全生产事故频繁发生。安全监控系统面向的对象是第三方监管机构或行业主管部门，凭借此系统，重新建立新的监管机制，辅助相关部门进行民爆产品全生命周期的监督，提高监管效率。查询分析系统面向行业监管部门，实现对民爆产品状态信息及时查询和安全分析。报表生成系统可以以实现各种复杂报表的定时生成和输出，并可根据用户不同需求对报表进行订制。

【参考文献】

[1] 尹国平. 业务财务一体化的难点与对策 [J]. 财务与会计，2016（23）：43-44.

[2] 刘儒晅，王海滨. 国有企业环境责任与环境会计信息披露——基于组织合法性理论视角 [J]. 哈尔滨商业大学学报（社会科学版），2012（06）：71-76.

　　本案例资料来源于 L 民爆公司官网、新闻报道以及学术论文等。感谢富芊蔚、谢烨飞、叶馨宜等为本案例提供的支持，同时，感谢参与案例撰写的成员，他们是申皓、朱亚欧、何荷舟、陈进、全永婷、秧诗雨、张淑淇、罗星宇、孔德佳、蔡闽湘、杨谦、邹芳等。特别感谢邹七平、黄家茵、田园、唐弦、赵展、徐晶晶等，为案例撰写提供了线索与参考资料。

专题五

企业绩效评价：
财务基础与战略基础

案例十

三一重工是否要主动计算并披露 EVA?

【案例背景】

　　企业实现的会计利润只是一种财务结果，会计利润高并不意味着企业创造了价值。只有经济附加值（EVA）为正数，才说明企业在真正创造价值，而不是在毁灭价值。目前，中央企业已率先使用 EVA 指标来考核企业内部高管绩效，民营企业该不该紧跟步伐，对内使用 EVA 考核企业内部员工，对外主动披露 EVA 呢？本案例以三一重工现身说法，讨论民营企业是否要应用 EVA 指标进行企业内部员工考核和外部价值创造衡量，并对外进行信息披露。

【学习目的】

　　通过学习三一重工应用 EVA 指标进行企业内部员工考核和外部价值创造的案例，思考管理会计中的经济附加值理论的经济学要义，并了解经济附加值的计算方法及其在企业应用过程中存在的问题。

【知识要点】

　　经济附加值；资本成本；价值创造

【案例正文】

2013 年 7 月，刚刚大学毕业的小李正式入职三一重工，成为企业的一名成本核算员。近期，小李浏览网页看到一则新闻：在《投资者报》刊登的"最佳管理公司"排行榜中，三一重工以近 20 亿元的 EVA（Economic value added，经济附加值）高居 500 多家上市民营企业前三名。中科英华，同样处在机械设备行业，而它的 EVA 值却只有负的 1 亿元左右，在民营企业排行榜中排在末尾。作为三一重工的员工，小李心里充满了自豪，同时也对 EVA 的计算以及其职能与作用产生了浓厚的兴趣。

一、企业概况

（一）三一重工

小李所在的三一重工股份有限公司是由三一集团于 1994 年投资创建的民营企业，于 2003 年 7 月 3 日上市，2005 年 6 月 10 日成为首家股权分置改革成功的企业，被载入中国资本市场史册。

梁稳根先生是三一重工的主要创办人，1983 年他于中南矿冶学院（现中南大学）的材料学专业毕业。毕业后，梁稳根先生被分配到了一家军工企业，地点位于湖南涟源。在这家军工企业里，他与一同被分配到该工厂的大学同学唐修国结识了年轻的大学生毛中吾、袁金华等。此后，1989 年 6 月，三一重工的前身湖南省涟源市焊接材料厂在四人手中创建。这四人一直在企业担任重要职位，2012 年底个人所持股份均在前十以内。

三一重工的主业是机械装备制造业，其主题为"工程"，现在已经全方面地进入了工程机械制造的领域。企业从创立以来，以 50％以上的年增长率高速增长。三一重工秉承"品质改变世界"的企业使命和"一切源于创新"的发展理念，并一直坚守技术领导的发展战略。

（二）中科英华

中科英华高技术股份有限公司同样是民营企业，它的前身是长春热缩材料厂，在1987 年创办。1994 年 3 月份改制成为股份有限公司，此后在上海交易所挂牌上市。

其独家发起者中国科学院长春应用化学研究所始建于 1948 年 12 月，是个集基础研究、应用研究和高技术创新研究及产业化于一体的综合性化学研究所，是中国化学界的重要力量和创新基地。它的控股股东从成立以来历经几次变换。2006 年，企业完成股权分置改革后，其前三大股东为杉杉集团、平安信托——中科英华股份投资集合资金信托、应化科总，分别占企业总股本的 29.89%、17.24%、2.19%。2007 年 9 月 22 日，郑永刚先生等与企业的控股股东杉杉集团签署了《股份转让合同》。郑永刚先生持有来自杉杉集团以股份转让方式转让的 69 678 600 股，郑永刚先生随即成为企业的第一大股东。2012 年底，郑永刚先生个人持股比例达到了 7.45%。

作为国家级高新技术企业的中科英华，它根本的经营宗旨是合法、持续地为全体股东实现最大价值。中科英华的产品应用于石油、电子、通讯、军工和汽车等行业。企业成立发展以来，不断强化对新能源、新材料产业的研发投入和创新，不断提升产品附加值与差异化竞争能力，努力成为具有关键核心技术、具备一定产能规模的市场竞争主体。

二、发展历程

（一）三一重工

2003 年以来三一重工通过内外部融资不断发展壮大。在内部，三一重工基本上主要通过配股的方式来增加股本总数。在外部，三一重工也一直在加紧步伐，通过发行股票和债券、借款等方式来增加资本总额。

2002 年 12 月 31 日企业股本为 18 000 万元。2003 年 6 月 18 日三一重工首次发行股票（A 股）共 6 000 万股（溢价发行），发行价 15.56 元，共筹资 89 989.44 万元。

2005 年 6 月三一重工实施股权分置改革，所有股份变成流通股股份。同年 6 月 30 日企业实施 2004 年度利润分配方案。以 2004 年 12 月 31 日的股本总数 24 000 万股为基数，每 10 股转增 10 股并派发 2 元现金，共派发现金 4 800 万元，用资本公积金每 10 股转增 10 股的比例转增股本，共 24 000 万元转增股本，转增后企业总股本为 48 000 万元。

2007 年 3 月 29 日召开 2006 年度股东大会审议通过，企业以 2006 年末总股本 48 000 万股为基数，每 10 股派发现金红利 2 元，共派发现金 9 600 万元。同时，用资本公积金按每 10 股转增 10 股的比例转增股本，转增后企业总股本变更为 96 000 万股。

2007 年 7 月 23 日，企业以非公开发行股票的方式向 10 家特定投资者发行了 3 200 万股人民币普通股（A 股），共募集到的资金净额为 103 124 万元。

2008 年 7 月 11 日企业实施了 2007 年分红派息方案：以 2007 年末总股本 99 200 万股为基数，向全体股东每 10 股送红股 2 股，派发现金红利 0.5 元，共派发现金 4 960 万元。同一时间向全体股东以资本公积金转增股本，每 10 股转增 3 股。转增后企业总股本变更为 148 800 万股。

2008 年，受外部环境影响，中国工程机械市场整体增速减缓。三一重工 2008 年营业收入为 137.45 亿元，较去年同期增长 50.3%，实现营业利润 15.32 亿元，与上一年相比下降 26%，净利润为 14.74 亿元，比上年下降了 22%。

金融危机后，中国政府大力推动基础建设，三一重工也迅速恢复过来。三一重工于 2009 年 12 月 31 日向梁稳根等合计发行 119 133 574 股购买相关资产。2009 年利润总额同上年相比上涨 70.65%。

债券方面，2007 年 7 月 12 日三一重工发行企业债券达 5 亿元，期限 10 年、年利率 5.20%，共筹集资金 48385 万元。

截至 2012 年底，三一重工的资产总额为 6 446 140 万元，负债总额为 3 984 793.6 万元，资产负债率为 61.82%。其中长短期借款、应付债券等有息负债共 2 350 414.2 万元，共占负债总额的 59%。利润表中利润总额为 688 065.9 万元，实现净利润 601 068.2 万元，总资产净利率为 9.32%。

(二) 中科英华

反观中科英华，与三一重工同一年成立的中科英华设立时总股本为 3 396 万股。之后中科英华不断地通过配股的方式来壮大股本额。

1995 年 3 月，中科英华扩股增资，向长春高新技术产业（集团）股份有限企业定向募集 2 500 万股法人股。

1997 年 9 月 19 日，公开发行人民币普通股股票（A 股）3 000 万股，每股面值 1 元。同年 10 月 7 日，企业股票在上交所挂牌交易，成为中国科学院系统及国内热缩材料行业首家上市企业。

1999 年 6 月 7 日，中科英华实施了资本公积金转增为股本方案，1998 年末以 8 896 万股总股本为基数，每 10 股转增 3 股，中科英华总股本增至 11 564.80 万股。

2001 年 8 月 10 日，中科英华以 2000 年末的 11 564.80 万股总股本作为基数，每 10 股向全体股东配售 3 股。

2001 年 9 月 25 日，以 2000 年末的 11 564.8 万股总股本作为基数，实施了 2001 年中期分红及资本公积金转增股本方案，即每 10 股送 1 股转增 4 股。

2002 年 5 月 8 日，以 2001 年末的 185 624 330 股总股本作为基数，实施了分红及资本公积金转增股本方案，每 10 股送 2 股转增 6 股，中科英华公司总股本增至 334 123 794 股。

2006 年 7 月，企业完成了股权分置改革，股票进入全流通时代。

2007 年 5 月 25 日，以 2006 年末 334 123 794 股总股本作为基数，中科英华公司实施了分红及资本公积金转增股本方案，每 10 股送 2 股转增 3 股，中科英华的总股本随之增至 501 185 691 股。

2007 年 9 月 27 日，以 2007 年 6 月 30 日的 501 185 691 股总股本作为基数，中科英华公司实施了 2007 年度中期分红及资本公积金转增股本方案，每 10 股送 2 股转增 1 股，公司的总股本随之增至 651 541 398 股。

2008 年 2 月 4 日，中科英华向西矿集团有限公司发行了 2 600 万股股票。由于金融危机的影响，企业当年利润总额为 10 964 万元，与上年相比同期减少 5 059 万元，减少 32%，净利润为 7 585 万元，与上年同期相比减少 3 133 万元，减少 29%。

2009 年 6 月 1 日，以 2008 年 12 月 31 日的 677 541 398 股总股本作为基数，企业实施了 2008 年度资本公积金转增股本方案，每 10 股转增 5 股。企业的总股本增至 1 016 312 097 股。企业当年利润总额为 29 854 714.26 元，与上年相比下降 72.77%。

2010 年 5 月 19 日，企业完成了以非公开发行股票的方式向海通证券股份有限公司等 9 名特定投资者非公开发行人民币普通股（A 股）13 400 万股的发行工作，至此，企业总股本增至 1 150 312 097 股。

中科英华 2012 年 12 月 6 日发行了 2 亿元 3 年到期债券，每年年底付息，票面年利率 6.70%。

中科英华 2012 年年底的负债总额为 3 227 456 981.02 元，资产总额为 5 287 405 714.6 元，资产负债率为 61.04%。其中长期借款、一年内到期的非流动负债、应付债券和短期借款等有息负债总额为 1 981 317 518.82 元，占负债总额的 61.39%，比上一年增长了 3.23%。利润表中利润总额为 13 505 817.01 元，实现净利润 6 145 503.74 元，总资产净利率为 0.12%。

小李注意到两家企业的资产负债率十分接近，均在 60% 左右，小李认为这个数值在机械制造行业中还是较为合理的。看来，盈利能力的不同是两家企业最大的区别吧，小李心想。

三、相关 EVA 基础知识

了解完两家企业的情况后，小李在浏览网页时发现 2009 年 12 月 28 日国资委发布了新修订的央企营业绩效考核办法《中央企业负责人经营业绩考核暂行办法》，该办法于 2010 年 1 月 1 日起正式执行，要在中央企业层面全面推行 EVA 进行年度考核。2010 年前，中央企业考核基本指标主要包括净资产收益率指标和利润总额指标。这次修订，EVA 替代了原有的"净资产收益率"，和利润总额一起成为中央企业绩效考评的两大基本指标。这说明，国资委对中央企业的关注点已经不再是企业的资产规模和利润了，原有的指标满足不了国家对中央企业真实盈利能力的考核标准，这种新的经济考核方式由原本的目标管理与战略管理为重的模式转换成为价值管理为主的新形式。

小李进一步搜索了关于 EVA 的基本知识，并尝试着计算 EVA。

（一）EVA 的内涵及背景

所有权和经营权分离即两权分离制，是现代企业的基本特征。在这种机制下，客观评价和计量企业绩效非常重要。企业的利润创造使用传统的评价指标如净资产收益率（ROE），但利润不代表价值，难以用利润判断其盈利的持续性，因此这种评价方式会让公司管理层更加关注企业的短期绩效而不是企业的长期价值增长。具体来说，利润值的计算中，把负债作为成本，却没有把股东投资的成本考虑进去。然而，股东的投资也是有成本的，可以理解为机会成本，即如果不投入企业而投入别的方面可以获得的最大回报。管理者过于追求利润的结果是将会在一定程度上损害股东权益。此外，会计利润会受到财务杠杆的影响，即使没有提高经营效益，管理者通过举借新债，同样可以实现净资产收益率的提高。

在这种状况下，理论界、实务界的目光转向了"剩余收益"，用来代替净利润指标。剩余收益是指减去投入资本的成本后的税后营业利润。其中资本成本是指投资者所能接受的社会平均报酬率，即最低报酬。20 世纪 50 年代以来，美国通用一直用剩余收益指标评价其下属各业务部门的业绩水平。然而，剩余收益有一个不足之处，即其数据主要来源于企业对外财务报告，并没有脱离会计学的概念框架。确定资本成本，是相对于资产和部门而言的，缺乏科学合理的计量方法。

为了克服上述困难，企业绩效的评价需要更加客观科学的指标。20 世纪 90 年代，美国思腾思特公司针对剩余收益指标的局限性，提出采用 EVA 在业绩评价中代替剩余收益，随后进行了注册并申请了专利。

EVA 是指"税后经营利润减去债务和股权的成本"，计算见公式（10.1）。

$$EVA = NOPAT - TC \times WACC \tag{10.1}$$

其中，WACC 指加权平均资本成本；NOPAT 指税后经营利润；TC 指使用的全部资本总额。

（二）EVA 的计算

对于中央企业，EVA 的计算见公式（10.2）至（10.4）。

经济附加值（EVA）＝税后净营业利润－资本成本＝税后净营业利润－平均资本成本率×调整后资本 （10.2）

税后净营业利润＝净利润＋（研究开发费用调整项＋利息支出－50%×非经常性收益调整项）×（1－25%） （10.3）

调整后资本＝平均负债合计－平均在建工程－平均无息流动负债＋平均所有者权益 （10.4）

其中，原则上中央企业资本成本率定为 5.5%，且确定资本成本率后，三年保持不变。

小李选取了企业 2012 年年度报告中的财务数据，用中央企业的方法计算出企业的 EVA 值为 38 亿，小李还特意把中央企业 25% 的税率调整为 15%，但在计算过程中，小李认为中央企业的方法并不合适，尤其是在资本成本率的确定上。为此，他用《投资者报》上的计算方法，对 EVA 的计算过程做了如下改进：

其中，税后净营业利润由净利润调整而得，折旧摊销、研发支出、利息净支出等项目包括在调整项目中。债权人投入资本和股东投入资本属于全部投入资本，债权人投入的资本指企业的有息债券，股东投入资本则为所有者权益。长期应付款、预收账款、应付账款等无息负债不属于债权人投入资本。

此外，小李采用资本资产定价模型来计算企业的股权成本，见公式（10.5）。

权益资本成本＝贝塔系数×风险溢价＋无风险收益率 （10.5）

无风险收益率小李采用银行三个月整存整取的年利率，即 4.93%，小李从国泰安数据库中直接获得三一重工的贝塔系数值，并计算了过去 10 年中上证综指以及深圳综指年复合涨幅分别为 8.3% 和 9.1%，并按照沪深两市总市值计算加权平均值得 8.44%，以此作为风险溢价。计算出来的权益资本成本为14.47%。根据企业资本结构，企业的综合资本成本率通过加权平均最终计算得出。

小李的计算步骤如下，公式如（10.6）至（10.13）所示。

步骤1：（计算步骤见表10.1和表10.2）

税后净经营利润＝利息支出＋税前利润总额＋资产减值损失＋营业外支出－EVA税收调整－营业外收入 (10.6)

EVA税收调整＝营业外收入×年末所得税税率＋利润表上的所得税额－财务费用×年末所得税税率－营业外支出×年末所得税税率＋利息支出×年末所得税税率(10.7)

表 10.1 税后净营业利润计算表 （单位：千元）

年份	2012
利润总额	6 880 659
利息支出	1 428 318
资产减值损失	－74 754
减：营业外收入	1 007 681
营业外支出	224 413
EVA所得税调整	997 942.75
NOPAT	6 453 012.25

表 10.2 EVA税收调整计算表 （单位：千元）

年份	2012
利润表上的所得税额	869 977
财务费用	1 358 481
利息支出	1 428 318
营业外收入	1 007 681
营业外支出	224 413
EVA所得税调整	997 942.75

步骤2：

权益资本＝普通股权益＋少数股东权益 (10.8)

债务资本＝一年内到期的长期借款＋长期借款＋短期借款 (10.9)

资本调整额＝坏账准备＋存货跌价准备＋固定资产减值准备＋无形资产减值准备＋

长期投资减值准备＋短期投资减值准备＋研究开发费用的费用化金额＋商誉减值准备＋递延所得税负债（－递延所得税资产） (10.10)

资本总额＝调整的资本额＋债务资本－在建工程净值＋权益资本（计算步骤见表10.3） (10.11)

步骤3：

加权平均资本成本＝权益资本权重－权益资本成本＋债务资本权重×税后债务资本成本（计算步骤见表10.4） (10.12)

表 10.3　资本总额计算表　　　　　　　　（单位：千元）

年份	2012
短期借款	5 658 564
一年内到期的长期借款	1 661 586
应付债券	491 681
长期借款	15 692 311
债务资本合计	23 504 142.00
普通股权益	23 019 414
少数股东权益	1 594 050
坏账准备	644 093
存货跌价准备	240 956
长期投资跌价准备	5 811
固定资产减值准备	9 724
递延税款贷方余额	317 754
研发费用的资本化金额	1 281 387
减：在建工程净值	3 168 653
（营业外支出－营业外收入）（1－15％）	－665 777.80
权益资本合计	23 278 758.20
资本总额	46 782 900.20
债务资本权重	50.24％
权益资本权重	49.76％

表 10.4 加权平均资本成本计算表

年份	2012
税前债务资本成本	6.16%
税后债务资本成本	5.24%
债务资本权重	50.24%
权益资本成本	14.47%
权益资本权重	49.76%
加权平均资本成本	9.83%

步骤 4：

经济增加值＝税后净经营利润－资本总额×加权平均资本成本 (10.13)

小李用自己的方法计算出来的 EVA 为 18.54 亿，如表 10.5 所示，这与用在国资委规定的中央企业的计算方法下算出的 38 亿相比，相差了近 20 亿。

原来，计算方法的不同会引发这么大的差别啊，小李感叹道。

从深层次看，EVA 的衡量方式标志着企业的绩效评价观念从利润观转向价值观，这种观念的转变可能促使企业的经营模式转变，让企业从以利润为主导的财务模式逐步转型为以价值为主导的模式。中央企业引入 EVA 指标也并不是为了精确计算 EVA，而是为了引导中央企业走向持续创造价值的道路，衡量企业是否在创造价值，而不是企业究竟创造了多少价值。

表 10.5 EVA 计算结果表 （单位：千元）

年份	2012
税后净经营利润	6 453 012.25
资本总额	46 782 900.20
加权资本成本	9.83%
EVA	1 854 253.16

小李作了进一步思考：我们一直认为企业是归股东所有而忽略了企业背后隐藏的一系列"利益相关者"。企业应该不仅仅是为股东服务，同时需要为"利益相关者"服务，而不仅仅是股东。既然这样，为什么我们在计算企业价值的时候不把股东投入的资本成本扣除呢？为什么要区别对待债权人与股东呢？

截至 2012 年，我们依然在用会计利润如每股收益（EPS）来评估企业价值。就企业绩效评价的思维而言，EVA 指标是优于 EPS 指标的。EVA 是真正衡量企业价值创造的，而 EPS 是衡量企业创造利润的指标，可以人为操纵。如果未来我们采用了 EVA 的指标来衡量企业创造价值，那么目前的一些"债券转股权""配股获得资金置换债务"等行为，不就不能通过调整资本结构来影响企业的真实利润了吗？

想到这里，小李不禁感慨道，EVA 真的是一双看穿企业是否在创造价值的"慧眼"。

四、三一重工如何应用 EVA

小李的两种计算结果显示三一重工的 EVA 都是正值。他想，这不正彰显了企业在同行业中先进的管理能力嘛。既然中央企业已经在用 EVA 作为考核指标了，三一重工可不可以在企业内部也用 EVA 进行考核，同时也将 EVA 计算结果对外披露呢？小李兴奋地拿着自己的计算成果，带着自己的想法与建议去找财务负责人王部长。

（一）要不要将 EVA 作为三一重工绩效评价指标？

王部长仔细看了小李的计算，非常赞赏小李的这种认真劲，刚好现在手头上没什么工作，就跟小李讨论起来。

小李陈述了自己的一些想法，EVA 作为企业考核指标与传统的利润指标相比，具有良好的激励效力，可以尽最大可能地激励管理人员做出正确决策，帮助企业实现价值创造。

王部长思考后说道，三一重工是民营企业，企业高管同时也是企业的股东，目前企业已经有了相应的股权激励政策，在 2012 年年底公告的《三一重工股份有限公司股权激励计划考核管理办法修订稿》里面规定，公司董事会薪酬与考核委员会负责领导和组织考核工作，并负责对董事、高级管理人员进行考核。在公司层面的业绩考核上选取的财务业绩考核的指标为净利润增长率；在个人层面业绩考核上，要求激励对象所在职能总部、事业部和子企业需完成与公司签订的绩效合约的考核要求，且为合格以上。与此同时在上一年度激励对象绩效考核为合格以上，才可以部分或全额行权当期激励股份。在行权期若考核为不合格，则取消当期行权额度，由公司统一注销期权份额。总的来说，三一重工已经有了相对完善的股权激励办法。如果改用 EVA 作为考核标准的话，企业必须要有正式的 EVA 实施计划，EVA 要成为企业战略计划、资本分配、经营预算和投资决策的一部分。企业各项决策都需要考虑资本成本和对企业 EVA 的影响。这样不仅会使部门核算的工作难度加大，而且运用新指标的改革成本也是不可忽视的。

听完王部长的话，小李认识到考虑问题不能太简单了，一个考核指标的使用与否不能只看这个指标本身，还要联系企业的实际情况，适合企业的才是最好的。

（二）三一重工要不要主动披露 EVA？

既然 EVA 作为内部绩效考核指标的困难太大，那我们可以只是进行计算并对外披露吗？三一重工的 EVA 这么高，若主动对外披露不仅能反映出企业管理者能力的高低以及企业治理效率的优劣，而且也能体现出企业为社会创造价值的责任意识，小李提议。

王部长总结道，当 EVA 为正值时，主动披露 EVA 确实可以带来许多正面效应，同时也不可忽视 EVA 为负值时所带来的负面影响。不过，一方面，随着中国资本市场的发展，广大股民会越来越关注企业真实的获利能力，而不仅仅只是看报表中的利润额。EVA 能真实地反映企业所创造出来的价值，广大股民对 EVA 的关注度将来也会越来越高。另一方面，主动披露 EVA 对企业内部管理人员也是一种无形的激励。不仅如此，若要实现 EVA 的主动披露，企业还要加深对 EVA 理论的理解，制定一个适合三一重工的 EVA 计算方法，加强会计的核算工作，降低 EVA 的计算风险。我们要对企业拥有持续创造价值的能力抱有信心并为之努力。不过，这些只是个人的见解，我会考虑向上级反映此事，最终还是交由董事会裁决吧，王部长补充道。

言罢，两人对企业会不会主动披露 EVA 陷入了思考……

五、回望

回望 2013—2020 年，中科英华于 2016 年 1 月 5 日召开第八届董事会第十四次会议，审议通过了《关于变更公司名称、证券简称的议案》《关于变更公司经营范围的议案》等 7 项议案。公司公告称，鉴于公司正在进行战略转型，结合公司实际情况，公司拟对公司名称、证券简称和经营范围进行变更，拟变更的名称为"诺德投资股份有限公司"，拟变更的证券简称为"诺德股份"。公司表示，结合公司的产业基础和技术优势，公司明确了新材料驱动、附加值提升、产业链延伸的发展导向。同时，基于对创新金融、产融结合的良好预期，公司进一步明确未来的战略定位是"产业＋金融"的双轨发展模式。公司基于对未来新能源、新材料和新动力汽车领域的良好预期，正在对公司的现有资产和业务进行梳理和整合。变更名称后，公司扎实于锂电铜箔的研发，近年来，诺德股份陆续剥离部分主业，集中精力深耕铜箔主业，经多年技术研发与市场积累，形成了公司的核心产业——锂离子电池基础材料电解铜箔的生产、销售。目前，诺德股份已经成为国内知名的新能源锂电池材料龙头供应商。目前诺德股份的业务具体分为四大类：铜箔产品、电线电缆、融资租赁和贸易产品。根据 2020 年底统计，四项业务各自的占比分别为 87.62%、9.05%、1.91%、0.85%。其中铜箔业务是公司的核心业务，2020 年，公司铜箔业务营收占比 87.62%，锂电是公司营收的主要来源。

诺德股份主业电解铜箔根据应用领域的不同可分为锂电铜箔和标准铜箔，标准铜箔主要用于电子信息行业，锂电铜箔主要用于新能源汽车领域。随着关于新能源领域相关政策的不断出台，新能源车产量和销量快速增长，受益于新能源车销售的快速增长和单车带电的提升，动力锂电出货始终保持较快增速，全球出货量由 2016 年的 43.04 GWh 增长至 2020 年的 141 GWh，CAGR 达到 35%，占比也由 2016 年的 40% 提升至 2020 年的 51%，成为目前锂电池市场最重要的增量来源。

而三一重工作为机械制造行业企业，其主要从事工程机械的研发、制造、销售和服务。企业产品包括混凝土机械、挖掘机械、起重机械、桩工机械、筑路机械。近年以来，中国工程机械行业持续发展，中国企业全球竞争力持续提升，工程机械行业总体市场份额集中度不断提高且呈加快趋势。从产品来看，混凝土机械市场以三一重工为代表的国产品牌占主导地位，市场份额稳固且继续提升；挖掘机械市场呈现市场份额不断向大企业、国产品牌集中的趋势，具有品牌、规模、技术、服务及渠道优势的龙头企业将获得更大的竞争优势；起重机械市场由三大国产品牌主导，三一重工市场份额长期持续提升。据统计，2020 年公司主营的挖掘机械国内市占率达到 28%。2016—2020 年，公司经营业绩快速增长，营业收入年复合增速达到 48.13%，归母净利润年复合增速 280.77%。2020 年公司营业收入为 1 000.54 亿元，同比增长 31.25%；归母净利润为 154.31 亿元，同比增长 36.25%，保持增长态势。2020 年三一重工增强费用管控，公司盈利能力不断增强，2020 年公司毛利率、净利率分别为 29.82% 和 15.97%，处于同行业较高水平。近年来，三一重工海外业务在"一带一路"沿线国家覆盖率较高，随着市场配套服务能力的进一步增强，国际业务将可能成为公司重要的收入来源。

相较于三一重工，诺德股份依靠不断迭代的技术支持，实现锂电池的创新研发，不断为新能源行业提供更多的支持，积极响应国家碳达峰、碳中和的政策。未来新能源领域需求将不断增加，诺德股份作为新能源电池材料龙头供应商，其收入主要来源于铜箔业务，收入占比集中，其未来的业绩具有较强的确定性。而三一重工所属的机械制造行业受国家《中华人民共和国环境保护法》《中华人民共和国大气污染防治法》等法律监管的限制，国家对货车、工程类车辆的治超治限越来越重视，工程类车辆的治超治限的要求可能更加严格，工程类车辆将面临被更替的危机。三一重工未来的业绩可能存在一定的不确定性。相较于三一重工，诺德股份更适合使用本案例研究的EVA决策指标对企业的业绩进行核算并对外披露。

【讨论题】

1. 通过案例阅读，请你比较一下中央企业的EVA计算方法与小李的计算方法有何差异，并解释小李算出的两个数据差距大的主要原因。

2. EVA是否适合作为三一重工的绩效考核指标？

3. 如果你是三一重工的决策者或者中科英华的决策者，你是否支持主动计算并披露EVA？

4. 经济附加值（EVA）能否取代每股收益（EPS)？如果说EPS归股东所有，那么EVA归谁所有？

【案例说明书】

1. 通过案例阅读，请你比较一下中央企业的EVA计算方法与小李的计算方法有何差异，并解释小李算出的两个数据差距大的主要原因。

两个数据差异主要体现在资本成本率、税后净营业利润和调整后的资本总额的确定上。税后净利润方面，小李的方法中涉及的会计调整事项与中央企业的规定不同。在调整后的资本上，中央企业用的是年初年末的平均值，而小李直接用的年末的数值，但小李考虑了计提的减值准备的影响。其实最大的差异是在资本成本率的确定上面，这也是造成数据差异的主要原因。中央企业明确规定用5.5%，小李由资本定价模型计算出的综合资本成本率为9.83%，这个结果考虑了三一重工的贝塔系数，因此更能体现三一重工真实的资本成本率。

读者可以进一步从细节方面比较两种计算公式的差异。

2. EVA是否适合作为三一重工的绩效考核指标？

EVA的优点在于EVA是以营业净利润为基础，进行一系列的调整，扣除所有资本成本后，计算得出的，它可以使经理人员充分考虑企业的资本成本，并且可以有效制约经理人员利用大量的非经营性收入操纵利润，从而使得企业的经营管理水平进一步提高。引入 EVA，消除了这方面管理人员操纵利润的不利影响，它能真实地评价管理人员为公司创造的利润，更好地体现企业的真实价值。

在中国上市公司，因为信息不对称的缘故，公司的经理人员普遍存在逆向选择和道德风险，而"内部人控制"现象则较为严重。建立科学、合理、公平的绩效评价体系，可以对公司经理人员进行有效的约束和激励，从而能够很好地缓解"内部人控制"现象。中国企业历来惯于使用净利润指标衡量企业的经营业绩，这种评价模式促使很多经理人员采用债务重组、关联交易、资产交换等方式实现盈余管理，提高自身报酬水平。

EVA 指标的缺陷在于，它是一个绝对指标，当企业的资产规模没有显著的变化时，它可以较为准确地进行评价，但当企业资产规模发生较大变化时，它的表现不尽如人意。另外，EVA 指标数据全部来源于会计报表，难以完全摆脱财务信息的固有局限。

EVA 对三一重工的适用性：三一重工是民营企业，其大部分股东同时也是企业经营管理人，所以高管与股东的目标相对来说比较一致。三一重工已经有了比较完善的激励方案，另外，若要 EVA 成功应用到企业，企业需要提前做好相应的改革措施，其改革成本也是比较大的，所以，目前三一重工没有必要用 EVA 作为内部员工考核指标。

3. 如果你是三一重工的决策者或者中科英华的决策者，你是否支持主动计算并披露 EVA？

与强制性披露不同，EVA 作为企业自愿性信息披露的决策指标，其是否披露需要上市公司综合权衡私人信息的披露收益和成本而做出相应的决策。"私人信息"是指管理层拥有而外部利益相关者所不知的对评估企业未来发展前景和价值有用的信息。上市公司自愿披露信息主要有管理层股票报酬计划动机，资本成本动机，公司控制权市场动机，诉讼成本动机，管理者才能信息传递动机和竞争劣势成本动机。在某种程度上，若上市公司能权衡好披露的收益与成本之间的关系，能够评估出披露 EVA 带来的收益大于改革消耗的各种成本，此时自愿披露 EVA 有助于上市公司减少信息不对称，提高公司声誉和形象，改善公司治理结构，提高公司核心竞争力，增加股票流动性，降低资本成本和增加公司价值，企业管理层会决定主动披露 EVA。

然而，自从 EVA 问世后，市场上越来越多人关注 EVA，市场对企业披露信息的反应影响企业的市值和企业的发展。因此，企业在选择是否披露 EVA 时还需要考虑企业是否能够长期保障 EVA 为正值，若企业选择主动披露 EVA 后，EVA 出现负值，市场上对企业未来的盈利能力会产生怀疑，市场对企业的情绪变化会立马反映在企业的股价上，从而影响企业的价值。此外，在处于竞争行业的领域，企业所处的行业竞争越激烈，披露敏感的信息会给企业带来越高的竞争劣势成本，同时，市场上投资者对企业信息披露的解读能力也会影响企业信息披露的效用。因此，由于企业未来的发展存在不确定性，企业在权衡是否披露 EVA 时，难以衡量未来取得的收益及付出的成本。因此，如果我是三一重工或者中科英华的管理者，我会选择不披露 EVA，但是可以将 EVA 作为企业内部管理的决策指标，不断进行优化，找到适合企业发展的 EVA 计算方法，在企业内部披露，给予员工激励的源泉。

4. 经济附加值（EVA）能否取代每股收益（EPS）？如果说 EPS 归股东所有，那么 EVA 归谁所有？

从股东的视角，EVA 重新定义了企业利润，表现出一种全新的企业价值观。EVA 考虑了所有的资本成本，包括股权资本成本、债务资本成本，明确资本是要付费的。因此，EVA 可以纠正那些在传统会计利润指标下盈利，实际上却没有给企业带来价值的信息。EVA 有助于管理者做出符合股东利益的决策，能让投资者更真实地衡量企业的业绩。在 EVA 的基础上创造出来的管理体系密切注视着股东财富的创造，并采用 EVA 来指导企业的营运管理和业务规划，让公司的资源配置、兼并重组和投资决策等管理活动与股东的利益更为相符。

盈利，即净利润为正，只是一种财务结果。企业实现盈利并不代表创造了价值，最多说明了管理者"做"出了一张漂亮的财务报表，绝非经营好了这家公司。净利润指企业在过去一段时间，通过销售商品，获得营业收入，扣除各项成本和费用，所剩下的盈余。但实现盈余并不等于创造了价值。这是因为公司的运营是以投入资本为基础的，而投入资本是有成本的，这种成本表现为投资者的机会成本，如果营运实现的净利润还不足以弥补投资者的机会成本，公司的管理层实际上并没有为企业创造价值。因此，只有在经营盈利扣除资本的机会成本后还有剩余时，即实现了增加值，才能说明公司的经营者实现了为公司创造价值。

基于利润基础的每股收益是一个可以人为操纵的财务指标，一些企业会使用虚增收入和利润的方式来操纵这一指标。尽管经济附加值也是一种财务绩效评价指标，也存在人为操纵空间，但是，它引入了资本成本和金融市场观念，改变了企业管理行为，对于推进企业价值管理，促进企业迈向价值增值具有重要的理论与现实意义。因此在这一方面来说，经济附加值这一指标在企业经营绩效评价方面要优于每股收益。但是，在使用 EVA 时，我们还需要注意以下几个问题：

（1）经济附加值属于短期指标，无法体现企业长期的状况。因此会导致企业管理者对于那些对公司影响长远而又具备一定冒险性的行为，如保持或扩大市场份额、降低单位产品成本以及进行必要的研发项目投资，缺乏一定的积极性。

（2）经济附加值的计算使用的全部为财务指标，没有体现产品、员工、客户以及创新等方面的非财务信息。

（3）经济附加值属于经营性指标，反映的是当期企业的经营状况，而公司市值会受到很多经营业绩以外因素的影响，包括宏观经济状况、行业状况、资本市场的资金供给状况和许多其他因素。

因此，EVA 计算还存在一定的局限性，企业在考虑是否使用 EVA 时，会根据其本身的经营特点来判断，比如文中提到的三一重工，其收入来源主要是依靠卖产品，其成本主要是生产产品带来的各种支出；中科英华的收入来源主要是靠研发转让，其成本主要来源于研发支出。不同行业的企业其收入构成不一样，而不同的收入构成使企业对成本的重视程度也不同，对企业选择 EPS 或者 EVA 等不同决策指标的影响也不一样，企业会根据自身的特点来权衡成本与收益，因此，经济附加值还不能完全取代每股收益。

经济附加值在数量上就是企业经营所得收益扣除全部要素成本（包括生产要素和资本要素）之后的剩余价值。因此，经济附加值观念是一种"全要素补偿"观念。EVA 指标实际上提高了经营业绩的评价标准，更加注重包括权益资本在内的所有资本的使用效率，对资本有效运用与配置产生很大影响。运用 EVA 的每股收益计算方法，由于考虑到全部资本成本，挤压了会计利润的一些泡沫，降低了相应的收益预期，使企业更加理性地选择融资模式，优化企业资本结构，实现企业价值最大化。从更深层次看，经济附加值观念的流行标志着对企业绩效评价已逐步从利润观念转向价值观念，通过经济附加值指标的动态观察，可以评价企业经营绩效的贡献程度。

在计算经济附加值时，已经满足了所有利益相关者的权益（股东得到了其投资应得的机会报酬率，债权人得到了利息）。现代企业理论认为企业归属于股东，同时也归属于利益相关者。因此，经济附加值应该不仅仅归属于股东，而且也应该归属于企业主体即企业所有利益相关者。

此为开放性问题，读者若对 EVA 有自己的理解亦可。

【参考文献】

[1] 池国华，王志，杨金. EVA 考核提升了企业价值吗？——来自中国国有上市公司的经验证据 [J]. 会计研究，2013（11）：60-66＋96.

［2］卢闯，杜菲，佟岩，等. 导入 EVA 考核中央企业的公平性及其改进 ［J］. 中国工业经济，2010
（06）：96-105.

［3］汪浩，宣国良. 基于持续竞争能力观的 EVA 改进 ［J］. 南开管理评论，2004（06）：56-61.

［4］周国强，陈会兰，刘劲. EVA 理论在上市公司价值评估中的应用——以三一重工为例 ［J］. 财会
通讯，2009（08）：33-34.

［5］李光贵. 资本成本、可持续分红与国有企业 EVA 创造——系统框架分析 ［J］. 经济与管理研究，
2011（05）：39-48.

［6］邓小军. 基于 EVA 创新的企业绩效通用价值计量模式 ［J］. 财会月刊，2011（21）：72-74.

［7］吴韵琪. EVA 在上市公司应用现状研究 ［J］. 财会通讯，2012（26）：24-26.

本案例资料来源于三一重工官网、中科英华官网、新闻报道以及学术论文等。感谢林敏菁、谢烨飞等为本案例提供的支持，同时，感谢参与案例撰写的成员。特别感谢杨惠贤、高丽、王东、田育崇、柳志南等，为案例撰写提供了线索与参考资料。

案例十一

湖南电信绩效管理：
由目标管理向平衡计分卡的演进

【案例背景】

伴随着电信行业的改革，通信生产力和移动通信技术得到了跨越式的发展。湖南电信从战略地图的制定到经营目标的分解，再到关键绩效指标的转化，成功构建起基于平衡计分卡的绩效管理体系并加以应用。

【学习目的】

了解和掌握平衡计分卡的设计流程，进而巩固与平衡计分卡相关的理论知识，加深对平衡计分卡的理解。结合案例的引导，搭建平衡计分卡的设计框架，掌握如何将企业战略分解为经营目标，再将经营目标转化为关键绩效指标的过程。思考目标管理的缺陷、企业战略与平衡计分卡之间的关系、平衡计分卡与其他战略管理工具相比的优势等理论问题，将对平衡计分卡实务层面的客观认识上升到对理论的理性思考。

【知识要点】

目标管理；平衡计分卡；绩效管理

【案例正文】

为适应战略转型的需要，合理调配现有资源，从而在竞争环境下不断提高企业发展速度，湖南电信放弃原有基于目标管理的绩效管理体系，于 2007 年率先在郴州市分公司开展基于平衡计分卡的绩效管理体系构建试点工作，而后面向全省其他市州分公司进行推广。在湖南电信郴州分公司的平衡计分卡设计过程中，如何将企业战略进行目标分解、如何根据具体目标来确定相应的指标、如何对备选指标进行筛选并赋予相应权重成为构建该体系的重要内容。湖南电信郴州分公司就这些内容为我们提供了可供参考和借鉴的实例。

一、背景简介

（一）电信行业改革，打破垄断格局

1994 年到 2008 年，中国电信业体制改革取得了阶段性成果，电子制造、电信网络技术与系统集成技术、信息通信技术等不断融合发展，使中国大踏步地向着电信强国的目标迈进。同时，中国联通的成立、中国电信的业务剥离和南北分拆以及 2008 年运营商间的人事任命与业务调整等一系列举措，实现了电信行业的市场结构调整，使得中国电信行业逐步打破原有垄断格局，从一家独大转变成为六大并存，形成电信运营商全业务、差异化的市场竞争局面。对于电信企业而言，竞争的存在成为不断改进管理的原动力。湖南电信就绩效管理体系的重构，正是电信行业改革催生的产物。

（二）电信企业战略转型，新型绩效管理体系呼之欲出

就外部环境而言，中国电信企业正处于世界经济大变革、大转型的战略机遇期，因此进行战略转型非常必要。就国内环境来说，电信行业的改革，改变了原有网络竞争和规模竞争的态势，使企业战略逐渐过渡到以客户和管理竞争为主的导向。同时，电信用户的消费习惯和偏好也逐渐伴随着通信技术的发展而发生改变，传统固话业务出现"两上升三下降"的现象，即固话用户离网率和零次数呼叫用户数的上升，住宅电话数量、固话业务量增长速度和 ARPU（Average revenue per user，每用户平均收入）值的下降。固网业务面临的困境，使得电信企业加速战略转型成为必然。

二、案例概况

(一) 企业简介

湖南省电信有限公司成立于 2004 年 3 月 12 日，是中国电信股份有限公司在湖南省境内的全资子公司。公司下辖 14 个市级分公司，95 个县级分公司，11 个专业分公司。各市、州分公司作为省公司经营管理的重要组成部分，主要根据省公司的战略目标和经营要求，落实执行省公司的战略规划，通过有效的运营和管理提高各分公司的自身竞争力并创造企业价值，共同实现湖南电信的整体战略目标。

郴州市电信分公司隶属湖南省电信有限公司，下辖 9 个县、市分公司、1 个郊区局，业务覆盖了郴州市区及所辖 11 个县、市、区。鉴于郴州市分公司在管理基础、创收水平和地理位置等方面具有一定的代表性，因此，湖南省电信有限公司在此次平衡计分卡体系的设计过程中，选择以郴州市电信分公司作为试点对象。

(二) 湖南电信原有目标管理

一直以来，湖南电信基于目标管理对各分公司进行绩效考核，因为在考核办法的制定、指标的控制和考核的兑现等环节执行充分，使得整个考核体系比较健全，较为有效地发挥了目标管理在绩效考核过程中的作用。然而，随着企业环境和战略的变化，湖南电信目标管理导向的绩效评价已无法适应和满足当前企业进行绩效管理的需要。

湖南电信现有绩效管理体系与其企业战略脱节，未能很好地将企业战略通过绩效管理得以体现和落实。在指标的选择上，目前的考核体系主要围绕财务目标，过于强调收入、财务效益等内容，而忽视了员工与客户满意度、创新和质量等价值促进因素，并不能完整反映企业运营的真实状况。由于目标管理导向的缘故，使得湖南电信在绩效考核过程中对短期目标的关注超过了长期目标，导致部分单位和个人为实现短期目标而牺牲长远目标，严重影响了企业的可持续发展。就曾出现过某分公司连续三年获得先进单位称号后，在第四年急转直下跌至全省倒数第一的情况。追根究底，该分公司的领导班子为了连续三年获得先进单位的荣誉，把大量应收账款和待摊收入提前确认为前一年度的收入，寅吃卯粮，在第四年终因无法填补收入缺口而导致业绩下滑。受传统管理模式影响，湖南电信现行考核指标体系中存在很多主观性指标，如工作态度、工作作风等，对这些指标的评价并非根据定量信息，而主要为"是否符合要求""是否符合标准"等定性描述，这使得考核存在较多的主观性和随意性，同时也使得考核的公正性受到影响。责任分布不均的问题同样成为对当前绩效管理体系加以反思的理由。在日常工作中，各部门工作性质和职责范围不尽相同，导致各部门在完成上级下达的考核指标时所需承担的责任不均，现有的考核体系侧重于经营和财务，这就导致市场经营部与财务部要承受更大的压力，而其他部门的压力则相对较小，这显然不利于部门间协作，更不利于企业整体目标的实现。

（三）湖南电信基于平衡计分卡的绩效管理体系设计

为能够更好地推进平衡计分卡设计与实施工作，湖南电信有限公司专门成立了湖南电信绩效管理领导小组，并将此项工作纳入该年度重点工作之一。

1. 湖南电信 2007 年战略地图

绩效管理领导小组根据 2007 年湖南电信公司全年经营目标，基于平衡计分卡的设计原理，建立了湖南电信公司 2007 年度战略地图（见图 11.1），以此作为平衡计分卡设计的起点。

2. 根据战略地图进行部门经营目标的分解

为确保经营目标更好地落实，湖南电信召开了经营目标分解会议，经过与试点单位郴州市分公司各部门经理沟通后，对湖南电信 2007 年战略地图进行了深入分析，绩效管理领导小组按照财务、客户、内部流程以及学习四个维度将企业战略分解为具体的经营目标，并同时将目标指向相应部门，从而将湖南电信的企业战略与分公司各部门的经营目标紧紧地联系在一起。湖南电信在该阶段形成了《湖南电信郴州市分公司经营目标部门分解矩阵表》（见表 11.1）。

3. 部门经营目标向 KPI 的转化

关键绩效指标（KPI）是对企业和部门目标的分解，并随企业战略的演化而动态修正。它是一种能够有效反映关键业绩驱动因素变化的指标与衡量参数，是对重点经营活动的反映，而不是对所有操作过程的反映。KPI 可以使企业管理层清晰地了解企业最关键的经营操作情况，使管理者能及时诊断经营过程中存在的问题并采取相应的行动。同时，它也为企业绩效管理和上下级间的沟通提供了客观基础，使管理者将精力集中到对业绩有最大驱动力的经营活动当中。

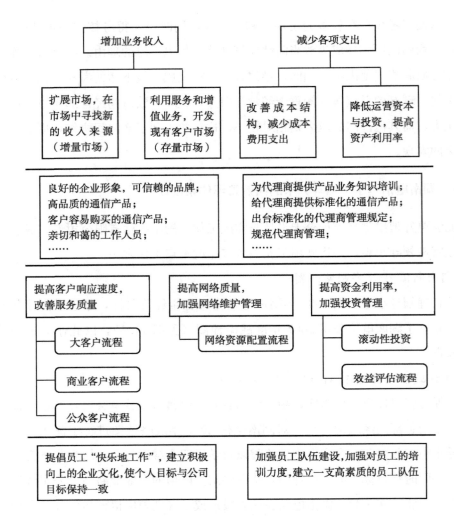

图 11.1 湖南省电信公司 2007 年企业战略地图

表 11.1 湖南电信郴州市分公司经营目标部门分解矩阵表

BSC 维度	目标	市场部	大客户部	商业客户部	公众客户部	工程建设部	运行维护部	综合部
财务维度	寻找新的业务来源	✓	✓	✓	✓			
	开发现有客户市场	✓	✓	✓	✓			
	减少成本费用支出	✓	✓	✓	✓	✓	✓	✓
	降低运营资本	✓				✓		✓
	提高资产利用率	✓				✓		✓

续表

BSC 维度	目标	市场部	大客户部	商业客户部	公众客户部	工程建设部	运行维护部	综合部
客户维度	树立良好公司形象	✓	✓	✓	✓		✓	✓
	高品质的通信产品					✓	✓	
	客户容易购买的通信产品	✓		✓	✓			
	亲切的客户服务人员	✓	✓	✓	✓			
	加强代理商的培训力度	✓						
	规范代理商渠道的管理	✓						
内部流程维度	提高客户响应速度	✓	✓	✓			✓	
	提高通信服务质量					✓	✓	
	提高资金利用率	✓				✓		✓
学习与成长维度	建设积极向上的企业文化							✓
	加强培训力度							✓
	员工队伍建设							✓

湖南电信郴州市分公司根据各部门的经营目标来分析关键价值驱动因素，从而找出关键业绩驱动因素，形成符合集团公司和省公司战略要求的关键绩效指标体系，再进一步对形成的指标体系进行筛选，将重复或不可控的指标剔除。通过该环节，形成《湖南电信郴州市分公司关键绩效指标分解矩阵表》（见表 11.2）。

4. KPI 的检验与指标权重赋值

在将部门经营目标转化为 KPI 之后，绩效管理领导小组又对 KPI 进行了检验及指标权重的赋值工作。KPI 检验的目的在于按照既定的标准对指标做最后的核查，从而能够最大限度地使所选指标与企业战略和绩效管理实务相贴合。在完成了指标检验工作后，即可对 KPI 按照重要性等原则进行权重的赋值，从而实现整个平衡计分卡体系的构建。

在 KPI 检验过程中，湖南电信郴州市分公司所依据的检验标准主要包括：

第一，是否与战略保持一致。部门层面的 KPI 是对部门绩效的整体衡量，它反映了公司对部门经营成果的重点期望。在指标检验中，对于那些不能反映战略重点的指标要坚决剔除。当出现指标与战略相关，但可选指标数量又明显过多的情况下，可以将一些相关指标进行合并，以确保指标既能够反映战略重点又不会导致考核指标过多致使绩效管理复杂化。

第二，指标的可理解性。所设置的 KPI 应该考虑这些指标是否易于绩效考核参与者的理解，而不至于在考核过程中因为理解错误导致偏差。

第三，指标的可控性。KPI 必须是被考核主体可驱动的指标，如果指标无法控制也就失去了其存在的意义。

第四，指标是否能够实施。即使指标是可驱动的，但同时对于该指标企业是不是能够配置相应的资源，并采取行动来改进该指标的结果也很重要。

第五，指标是否能够量化。并不是所有的指标都是能够量化的，根据需要，企业在指标设置时也可以考虑选取一些定性指标作为考核依据。但首要条件是，该指标是否存在可信的衡量标准。如果指标不能量化，又没有可信的衡量标准，则该指标应当剔除。

第六，获取指标考核信息的成本效益。对于那些无法获得实际执行情况的指标或者获取成本较高的指标，则应当考虑是否存在可替代指标。

绩效管理领导小组在对 KPI 指标体系进行检验之后，按照公司各部门业务的特点，最终确定了每个部门的 KPI 并相应赋以权重（见表 11.3）。

在全省范围实施基于平衡计分卡的绩效管理，对湖南电信来说是一次比较大的改革，改革涉及面广，并且牵动着湖南电信的整体运作。因此在实施初期，仅选择了湖南电信郴州市分公司作为试点单位。通过平衡计分卡的实施，取得了较之目标管理考核体系下更为显著的成果，湖南电信的企业战略得到更加具体的落实，企业各部门经营目标更加明确，部门间的协作得到了大幅度的改善与提升，从而使得绩效考核也变得更为客观与科学。但也应当意识到，虽然选择郴州市分公司进行试点相比省内其他市州分公司而言更具有代表性，然而通过试点可能并不能够将实施过程中的所有问题都暴露出来，鉴于其他市州自身特点，或许还会在今后的推广过程中出现更多的问题。所以，湖南电信应当着眼于今后在推广过程中可能会出现的问题，并采取相应的对策，提早规避这些问题所带来的风险，进而使得平衡积分卡体系逐步趋于完善。

【讨论题】

1. 湖南电信现行目标管理导向的企业绩效管理体系存在哪些缺陷？
2. 平衡计分卡四个维度间的内在关系是什么？
3. 通过湖南电信的实践，你认为企业应当如何构建适合自身特点的平衡计分卡体系？
4. 分析平衡计分卡与其他战略管理工具相比的优势所在。

表11.2　湖南电信郴州市分公司关键绩效指标分解矩阵表

BSC维度	目标	序号	关键绩效指标(KPI)	初步筛选	剔除原因	市场部	大客户部	商业客户部	公众客户部	工程建设部	运行维护部	综合部
财务维度	增加业务收入（需找新的收入来源，开发现有客户市场）	F1	通信业务收入	√		√	√	√			√	√
		F2	收入增长率	×	与F1重复							
		F3	EBITDA	√								√
		F4	收入EBITDA率	×	可控部分与业务收入重复							
		F5	净运营资产贡献率	√		√						√
		F6	市场占有率	√		√	√	√				
		F7	户均通讯业务收入（ARPU）	√		√	√	√	√			
		F8	每户每月通话次数（MOU）	×	与ARPU关联		√	√	√			
		F9	用户数增长	√		√	√	√	√			
		F10	产品销售量	√		√	√	√	√			
		F11	总话务量增长率	×	不可控							
		F12	应收账款周转次数	√			√	√	√			√
		F13	收入成本费用率	×	与其他指标重复							
	减少成本费用支出	F14	部门费用	√		√	√	√	√	√	√	√
		F15	网络成本	√						√	√	√
		F16	部门营销成本	√		√	√	√	√			
	提高资产利用率	F17	资产收益率	√		√	√	√	√	√		√

续表

BSC维度	目标	序号	关键绩效指标(KPI)	初步筛选	剔除原因	市场部	大客户部	商业客户部	公众客户部	工程建设部	运行维护部	综合部
客户维度	树立良好公司形象	C1	客户满意度	√		√	√	√	√			
	高品质的通讯产品	C2	客户流失率	√		√	√	√	√			
		C3	市场占有率	√		√	√	√	√			
	客户容易购买的通讯产品	C4	客户投诉率	√		√	√	√	√			
	亲切的客服人员	C5	业务流失率	√		√	√	√	√			
	提高大客户的市场占有率	C6	大客户贡献值	√		√	√					
		C7	大客户实际收入	√		√	√					
		C8	大客户流失率	√		√	√					
	加强代理商培训力度	C9	代理商满意度	√		√	√	√	√			
	规范代理商渠道管理	C10		√		√	√	√	√			
内部流程维度		I1	市场响应达标率	√		√	√	√				
	提高客户响应速度	I2	装机时限	×	与I1重复						√	
		I3	投诉回复及时率	√		√	√	√	√			
		I4	计费处理准确率	√							√	
		I5	SLA*预测准确率	√		√	√	√		√	√	
		I6	故障修复及时率	√		√	√	√			√	

续表

BSC维度	目标	序号	关键绩效指标（KPI）	初步筛选	剔除原因	市场部	大客户部	商业客户部	公众客户部	工程建设部	运行维护部	综合部
内部流程维度	提高资金利用率	I7	财务报表准确率	✓								✓
		I8	全面预算准确率	✓								✓
	提高通信网络质量	I9	工程质量验收达标率	✓						✓		
		I10	资源状况准确率	✓						✓	✓	
		I11	一级干线传输电路可用率	✓						✓	✓	
		I12	重要客户电路可用合格率	✓						✓	✓	
		I13	网络资源利用率	✓						✓	✓	
		I14	网络接通率	✓						✓	✓	
学习与成长维度	建设积极向上的企业文化	L1	员工满意度	✓		✓	✓	✓	✓	✓	✓	✓
	加强培训力度	L2	员工平均培训时间	✓		✓	✓	✓	✓	✓	✓	✓
	员工队伍建设	L3	核心员工流失率	✓		✓	✓	✓	✓	✓	✓	✓
		L4	员工劳动生产率	✓		✓	✓	✓	✓	✓	✓	✓

* SLA 即服务水平协议，是为了协调和规范营销部门与网络支撑部门之间的关系而引入的，其内容包括协议量与服务等级。协议量在于市场预测信息反馈至网络中心；服务等级，如开通时间、价格和限制条件等件对营销部门和网络支撑部门都具有约束性，从而平衡市场响应时间同资源利。

表 11.3　湖南电信郴州市分公司部门关键绩效指标　　　　　公众客户部

BSC 维度	KPI	权重
财务维度	公众客户通信业务收入	25%
	市场占有率	10%
	ARPU 值	10%
	营销成本	10%
	部门费用	5%
客户维度	客户满意度	5%
	客户流失率	5%
	客户投诉率	5%
	代理商满意度	5%
内部流程维度	投诉回复及时率	10%
学习与成长维度	部门员工满意度	5%
	部门核心员工离职率	5%
合计	—	100%

综合部

BSC 维度	KPI	权重
财务维度	通信业务收入	10%
	净营运资产贡献率	5%
	部门费用	5%
客户维度	内部客户满意度	10%
内部流程维度	财务报表准确率	10%
	全面预算准确率	15%
学习与成长维度	部门员工满意度	15%
	部门核心员工离职率	10%
	员工平均培训时数	10%
	员工劳动生产率	10%
合计	—	100%

【案例说明书】

一、背景信息

（一）理论背景

（1）目标管理及其优缺点。

（2）企业战略及战略管理工具。

（3）平衡计分卡的维度、构建流程及其优缺点。

（4）关键绩效指标（KPI）的选择、指标检验及权重的确定。

（二）行业背景

湖南省电信有限公司是中国电信股份有限公司在湖南省行政区域内设立的分公司，是湖南省内重要的基础网络运营商和综合信息服务提供商。依托于中国电信的全程全网，中国电信湖南公司可向客户提供丰富多彩、优质高效的固定和移动电话业务、互联网接入及应用、数据灾备、视讯服务、国际及港澳台通信等多种类综合信息服务。公司下辖 14 个市级分公司、95 个县级分公司和 11 个专业分公司，服务网点遍布全省城乡的每一个角落。

近年来，中国电信湖南公司责无旁贷地担当起信息化建设主力军的重任，利用强大的网络优势，积极助推湖南省国民经济和社会信息化建设，着力实施并参与了包括十大信息化工程、长株潭升位并网、三网融合试点、智慧城市、农村信息化建设等一系列与经济民生息息相关的重大工程，为打造"数字湖南"新名片做出了积极的贡献。

二、问题分析

1. 湖南电信现行目标管理导向的企业绩效管理体系存在哪些缺陷？

目标管理导向的企业绩效管理体系通常存在强调短期目标、目标设置困难、指标不易量化以及缺乏灵活性这些缺陷。

通过案例我们了解到，湖南电信过去所实施的基于目标管理的绩效管理体系虽然发挥了一定的积极作用，但是随着行业竞争的加剧，伴随着湖南电信的战略转型，目标管理的局限性日益凸显，具体表现为：湖南电信现有绩效管理体系与其企业战略脱节，未能很好地将企业战略通过绩效管理加以体现和落实。现行的绩效考核体系过于关注财务指标的实现，而对客户、员工、学习等一些非财务领域给予的关注不足。实际上，这种财务导向的绩效考核并不能真实反映企业的经营管理状况。

从某分公司提前确认收入的案例可以看出，由于短期目标易于分解，同时也能够在短期内取得成效，因此湖南电信在绩效考核过程中过于强调企业短期目标，导致部分单位和个人出现为实现短期目标而牺牲长远目标的短视行为，不利于企业的长远发展。

湖南电信现行考核指标体系中存在很多主观性指标，如工作态度、工作作风等，因为这些指标难以量化，对于这些指标的评价主要依靠定性的描述，这使得考核存在较多的主观性和随意性，同时也使得考核的公正性受到影响。责任分布不均问题同样成为对当前绩效管理体系加以反思的理由。

企业是一个产出联合体，它的产出是一种联合的不易分解出贡献大小的产出，企业经营目标的实现是各部门共同合作的成果，在这种合作中很难确定你应做多少、他应做多少，因此导致很多目标在设置上存在困难。湖南电信各部门的工作性质和职责范围不尽相同，使得各部门在完成上级下达的考核指标时所需承担的责任出现不均，这将不利于部门间协作，进而影响到企业整体目标的实现。

2. 平衡计分卡四个维度间的关系内在关系是什么？

平衡计分卡由四个维度构成，包括财务维度、客户维度、内部业务流程维度以及学习与成长维度。平衡计分卡四个维度的各项指标源于企业战略的逐层分解，是企业战略的具体反映，它有效地实现了财务指标与非财务指标、企业长期目标与短期目标间的平衡。四个维度间的关系具体表现为：

财务维度是平衡计分卡其他维度的目标与指标的核心，它是股东最看重的层面。财务维度的重要性在于，任何其他维度的指标，最后全部都要与财务指标链接起来，财务目标是经营活动中所体现的所有关系的终点。只有这样，企业的财务才不会与发展愿景相脱离，同时能将管理中各种各样的指标归集在企业愿景这张大旗下，以凸显出平衡计分卡这一战略主题。

对于企业而言，客户是其生存发展的根基，由此客户维度的作用得以凸显。在评价客户维度时应当考虑客户获利率。获利指标体现在两个方面，一是客户能够从购买的企业产品或企业提供的服务中获利，二是企业能够从客户身上获利。在考虑业务收入时，除了销售越多，取得的金额越多之外，更加应该关注它对利润的贡献。当客户是中间用户时，需考虑产品也要同样使他们获利；当客户是终端用户时，需考虑产品要能够满足客户需求。但应当注意，企业在实现自身价值最大化的同时，也要能够为客户创造价值，即客户的获利需要与企业的获利需要平衡，也就是要实现客户维度和财务维度的平衡。

内部业务流程连接着财务和客户两个维度。以往流程管理中存在内外脱节现象，内部业务流程维度克服了这一缺点，它一端与客户的满意度相连，另一端与企业的利润相连，并且其中所有的具体指标最终都要与财务维度联系起来，因此内部业务流程维度对于平衡计分卡来说不可或缺。没有它，平衡计分卡就会断裂，无法形成一个整体。

学习与成长维度在整个平衡计分卡体系当中具有基础性作用。财务、客户、内部业务流程维度的指标，确定了企业的整体目标，以及为了实现整体目标应该改进并取得成效的途径。然而，如果没有学习与成长维度作为基础，那么企业同样难以创造出更大的价值。

3. 通过湖南电信的实践，你认为企业应当如何构建适合自身特点的平衡计分卡体系？

每个企业都可以根据自身的情况来设计各自的平衡计分卡，但平衡计分卡的构建流程大体上都可以遵循以下几个步骤：定义企业战略、确定战略目标、根据企业战略绘制战略地图、选择和设计指标、制定实施计划。

湖南电信在构建其平衡计分卡体系的过程中，主要遵循了以下流程：

首先，湖南电信根据已有的企业战略绘制了"湖南省电信公司2007年企业战略地图"，该地图严格按照平衡计分卡的原理，将企业战略按照财务、客户、内部流程及学习与成长四个维度加以反映，使得企业的战略变得更加清晰明了，从而帮助企业用连贯、系统和整体的方式来看待企业战略。

第二步，湖南电信召开了经营目标分解会议，并与试点单位郴州市分公司各部门经理沟通后，由绩效管理领导小组对湖南电信2007年战略地图进行深入分析，按照财务、客户、内部流程以及学习与成长四个维度将企业战略分解为具体的经营目标，并将这些目标指向相应部门，编制出"湖南电信郴州市分公司经营目标部门分解矩阵表"，从而将湖南电信的企业战略与分公司各部门的经营目标紧紧地联系在一起。

第三步，湖南电信郴州市分公司根据各部门的经营目标分析关键价值驱动因素，从而找出关键业绩驱动因素，形成了符合集团公司和省公司战略要求的关键绩效指标（KPI）体系，再进一步对该指标体系进行初步筛选，将重复或不可控的指标予以剔除，最终形成"湖南电信郴州市分公司关键绩效指标分解矩阵表"。

第四步，绩效管理领导小组对"湖南电信郴州市分公司关键绩效指标分解矩阵表"中的各项指标，依据指标与企业战略的一致性、指标的可理解性、指标的可控性、指标所需信息的成本效益等标准，对 KPI 进行了检验，从而最大限度地确保所选指标与企业战略和绩效管理实务相贴合。

在完成 KPI 指标体系的检验工作后，绩效管理领导按照公司各部门业务的特点，确定了各个部门的 KPI 并相应赋予权重，形成最终的湖南电信郴州市分公司部门关键绩效指标。

4. 分析平衡计分卡与其他战略管理工具相比的优势所在。

作为企业战略管理工具，平衡计分卡有着其他战略管理工具无法比拟的优势，这也成为许多企业乐于采用平衡计分卡进行战略管理和绩效管理的原因所在。通过湖南电信的实践，我们可以概括出平衡记分卡的下列优势：

将企业绩效管理与企业战略紧密相连。由于平衡计分卡以企业战略为起点，将企业战略分解为经营目标，再将经营目标转化为关键绩效指标用于企业绩效管理，可以说，它本质上实现了对企业战略的具体落实，因此能够保证企业的各项经营活动都是围绕企业战略进行，这将有利于企业战略的实现。

平衡计分卡能够克服其他战略管理工具侧重财务绩效的缺陷，通过四个维度的相互牵制、相互作用，实现企业财务指标与非财务指标的平衡。同时，也能够实现企业长期目标与短期目标、领先指标与滞后指标间的平衡。这将更加全面、系统地反映企业的经营管理状况，从而为企业带来更大的效益。同时，平衡计分卡能够有效避免企业的短期行为。平衡计分卡在设计过程中，立足于企业战略，因此，分解得出的经营目标和关键绩效指标都是为企业战略和长远发展目标而服务的，从而避免部分单位和个人急功近利，为实现短期目标而牺牲长远目标的短视行为。

平衡计分卡能够避免企业的短期行为。财务评价指标通常是以过去的信息为依据，无法做出对企业未来成长潜力的评价。相比之下，非财务评价指标在衡量公司未来的财务业绩方面具有明显的优势。比如说，增加对顾客满意度的投入，企业收入也将会得到增加，顾客对公司的忠诚度将会得到提高，同时将吸引新的顾客减少交易成本，从而公司未来的业绩也会得到一定幅度增长。平衡计分卡从战略目标和竞争需要的角度出发实现了公司长期战略与短期行动的有效结合。

平衡计分卡对于员工和学习成长维度的关注，有助于员工对企业战略和目标的深入理解。通过对员工的关怀，能够充分调动员工的工作积极性，在实现"快乐工作"的同时，利于提升员工的凝聚力和协作精神，从而朝着企业目标和战略共同努力。对于员工的培训，能够提高企业员工的整体素质，提高企业的竞争能力。

【参考文献】

［1］乔均，祁晓荔，储俊松. 基于平衡计分卡模型的电信企业绩效评价研究——以中国网络通信集团江苏省公司为例［J］. 中国工业经济，2007（02）：110-118.

［2］罗锦珍. 平衡计分卡在中小企业绩效管理中的应用研究［J］. 湖南社会科学，2019（01）：120-125.

［3］单正丰，王翌秋. 平衡计分卡在高校财务绩效管理中的应用［J］. 江苏高教，2014（06）：74-76.

［4］徐明. 大型国有企业绩效评价指标体系构建［J］. 中国人力资源开发，2006（07）：67-68.

［5］赵治卿. 平衡记分卡理论在图书馆绩效评估中的应用初探［J］. 图书馆工作与研究，2014（03）：43-46.

［6］郑方辉，廖鹏洲. 政府绩效管理：目标、定位与顶层设计［J］. 中国行政管理，2013（05）：15-20.

本案例资料来源于湖南电信官网、新闻报道以及学术论文等。感谢江霞、林敏菁、虢沣葆等为本案例提供的支持，同时，感谢参与本案例撰写的成员，他们是刘适、席理等。特别感谢褚格林、高质彬等，为案例撰写提供了线索和参考资料。

企业激励机制：
员工持股与管理层收购

案例十二

股权激励再起航，
得偿所愿未可知

【案例背景】

　　股权激励作为一种长期激励制度，能有效缓解现代企业的委托代理问题，而股权激励的时机选择以及业绩条件设计、行权价格设定、激励标的选择等是股权激励的关键。A 公司为国内工程机械行业的龙头企业，面对 2017 年经济形势回暖性趋势，A 公司汲取 2013 年第一次股权激励失败的经验教训，再次提出股权激励计划。随着第一期行权期满，股民的争议声此起彼伏，那么，2017 年第二次激励计划方案是否合理，它又是否达到了预期的激励效果？带着疑问，本案例对 A 公司第二次股权激励计划方案进行了深入探究。

【学习目的】

　　本案例系统梳理了中国股权激励制度的发展历程，从 2006 年生效的修订的《中华人民共和国公司法》，放松了对股票回购制度的限制；到 2008 年证监会陆续发布《股权激励有关事项备忘录 1 号、2 号、3 号》，对上市公司股权激励的相关事项进行了规范；再到 2016 年证监会颁布《上市公司股权激励管理办法》，为上市公司实施股权激励制度提供了更多的规范和指导。通过案例的学习，理解股权激励的基本原理和内涵。在此基础上，从激励目的出发评价股权激励方案设计和实施的效果，掌握运用管理会计和财务报表分析方法，发现并解决在股权激励方案设计和实施过程中存在的关键问题的能力。

【知识要点】

　　股权激励；股票回购；盈余管理

【案例正文】

A公司成立于1992年，主要从事工程机械、农业机械等高新技术装备的研发制造，于2000年和2010年先后在深交所以及联交所成功上市，成为业内首家A＋H股上市公司。2012年以来，受行业下行的影响，A公司的经营业绩已经连续四年出现下滑，而2016年下半年，行业出现了复苏的迹象，各大主机厂商的营收和利润率均出现一定幅度的上扬，为了抓住此次历史机遇，A公司董事会有意实施股权激励进行员工激励。

2017年4月，南方小城乍暖还寒，在A公司总部的高层办公室里，一场关于是否实施股权激励的董事会内部讨论正在进行中。

"在实施股权激励这件事上，我们必须谨慎，上一次激励失败带来的影响很不好。"董事长陆磊眉头微蹙。

董事邱权听完坐直了身子："这一段行业寒冬几乎耗尽了员工的斗志，公司需要想办法重新刺激大家的工作积极性，牢牢把握住这次回暖机会。"

刘董抿了一口茶，说道："不如召集公司高管一起开会商讨，听听大家的意见。"

"我觉得可行。但是股权激励运用起来并不简单，我们这一次要细细斟酌，绝不能重蹈四年前的覆辙。"说罢，陆董将杯中的茶一饮而尽。

一、审时度势：股权激励再上马

周一，A公司执行董事和公司高管们齐聚一堂，董事会秘书示意会议开始："今天的会议主要是商议公司是否要实施股权激励计划，如果决定实施，在具体方案的设计上，董事会想听取大家的建议，还请大家畅所欲言。首先请陆董事长来给大家讲两句。"

陆磊扶了扶身前的麦克风，说道："首先感谢大家在行业不景气期间的不懈坚持和努力工作，现在大环境出现了回暖迹象，董事会有实施股权激励的意向，回报大家的辛勤工作，同时也帮助公司牢牢抓住这次机遇。四年前公司第一次股权激励失败造成的影响很不好，这次究竟要不要实施股权激励，根据秘书讲述的行业背景，大家都说说自己的看法。"

董秘走向大屏幕开始讲解："公司第一次股权激励计划开始于2013年3月，在次年3月被撤销。2010—2012年行业进入产能与信用快速扩张时期，受到'四万亿计划'的刺激，房地产和基础设施建设进入高峰，作为供应商的工程机械行业，也从稳定盈利期进入疯狂扩张态势，市场需求飞速增长。高盈利和下游需求激增使得包括公司在内的各大厂商大量生产，并通过降低信用销售首付比例或延长还款期来吸引客户。在两者的共同作用下，行业在短期内实现了爆发式的增长，但同时也在一定程度上透支了市场的需求，2012 年末国内工程机械行业的销售增速便开始大幅回落。"

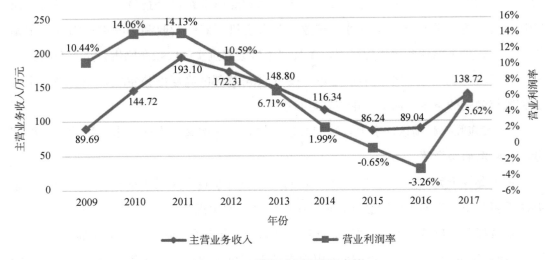

图 12.1　工程机械行业发展走势

董秘顿了顿继续说道："从上图可以看出（图 12.1），行业下行的趋势延续到了2016 年上半年，直到 2016 年下半年，各大厂商的营收和利润水平才有所上升。所以，第一次股权激励的实施时点基本是在行业下行的拐点，而这一次，正好是处在行业上扬的拐点。"

"我觉得可以实施，上一次股权激励计划的失败主要是因为行业整体下行的压力太大，业绩考核指标无法完成，并不是股权激励作为一种激励工具在原理上不适合我们公司。"生产总监抢先说道。

人力总监点头应道："除此之外，随着行业复苏，行业内竞争势必会更加激烈，对人才的需求也会更加旺盛，如若激励政策不发生改变，很难说不会有员工被竞争对手吸引过去。即便不使用股权激励，也需要其他方式来加大公司对员工的激励力度。"

"按照人力的说法，如果公司势必要加大对员工的激励力度，我支持实施股权激励。毕竟行业回暖，公司的生产和扩张都需要投入大量现金，而股权激励中常用的股票期权不占用资金，限制性股票还具有一定的融资作用。"财务总监提高了音调，"虽然股权激励不占用公司的现金，但是其产生的股份支付费用还是会体现在报表之中，这一点我觉得有必要提醒大家。"

总经理微微颔首，说道："陆董，我也支持实施股权激励。一方面可以在一定程度上挽回上次激励失败导致的员工对股东的不信任，另一方面也可以向资本市场传递出我们对于公司业绩的信心。"

董事长陆磊听完大家的意见，渐渐下定了决心，"大家的理由都很充分，既然大家都赞同，那就用心去做。但是上一次失败的教训警醒我们一定要慎重，认真吸取过去的经验，仔细考量这一次的方案设计。"

二、以史为鉴：集思广益觅方案

（一）激励力度加大

"既然这次激励时点的行情较好，那可以加大激励的力度，无论是激励标的的数量还是激励对象占员工总数的比例，都可以有所提升。"刘董提出了新的思路。

"上一次激励方案的激励对象名单是我们人力资源部在薪酬委员会的领导下制定的，共计1543名员工，占当时员工总数的4.42%，其中高级管理人员20人，核心关键技术人员以及中级管理人员1523人。"人力总监顿了顿继续说道，"上一次激励计划的激励标的由股票期权和限制性股票组成，合计共占当时公司总股本的3%，均来自公司的定向发行，在比例上以股票期权为主，限制性股票为辅，高级管理人员获得了17.7%的股权期权以及58.2%的限制性股票，激励方案对于高管的侧重比较大。"

生产总监应声说道："行业上扬期间，生产以及销售的压力肯定比较大，建议加大对核心技术人员和基层管理人员的激励力度。"

人力总监表示赞同："这部分人群也是同行之间互相挖角的重点对象，应该扩大对他们的激励力度。此外，对于激励对象的人员总数，由于当前公司员工的数量比上一次激励时点下降了许多，所以我们在增加激励人数占员工总数比例的时候，未必要追求绝对数量上的扩大。"

"关于激励标的，在整体数量扩大的基础上，从融资的角度考虑，建议调整股票期权和限制性股票的比例，稍微增加限制性股票的占比，这样也可以适当缓解公司的现金压力。"财务总监补充道，"而在行权价格方面，上一次激励公司参考了《上市公司股权激励管理办法（试行）》的相关要求，将股票期权的行权价格定在每股8.90元，限制性股票的授予价格则是每股4.28元。这个部分或许不用改变，可以按照新的《上市公司股权激励管理办法》来制定。"

陆董小结道："那么此次激励就在扩大激励标的以及激励对象比例的基础上，再进一步按照各位所说来调整内部的分配结构，行权价格依旧按照相关规定来制定。"

（二）激励期限维原状

"我认为这次的激励期限可以参考上一次激励方案，整体有效期还是五年。因为行业变动的周期一般是五到八年，激励期太短起不到激励效果，太长又可能无法应对行业的变动，容易措手不及，五年的时间刚刚合适。"市场总监说道。

"上一次方案中的五年期限包括一年的等待期、分三年的考核期，由于预留部分是首次授予日一年内授予，所以第五年是留给预留部分的第三个行权期。同时每个考核期对应可解锁的激励标的均为总数的三分之一，激励标的在三个考核期之间是均衡分布的。我觉得每年一期的考核期也不用改变，毕竟业绩条件中还涉及个人层面的考核，以一年为周期可以更好地和现有制度相结合。"人力总监补充道。

陆董微微点头："上一次方案中预留部分分了三次行权，我认为这次预留部分可以分两次行权，把激励期限设计为四年，与上次方案差别不大，但预留的激励对象可以更快地行权，激励效果会更好，那么接下来的重点就在于业绩条件的设计了。"

（三）考核指标增比对

关于方案业绩条件方面的内容，总经理起身进行了说明："业绩考核条件是股权激励方案设计中很重要的一个环节，上一次股权激励公司层面的业绩条件要求每年的扣非净利润指标都比上一年度增长不低于12%，同期我们的竞争对手B公司推出的激励方案也将业绩考核条件定为每年的净利润较上一年度增长10%。另外在个人业绩考核方面，我们将股权激励方案与原有的个人年度绩效考核结合起来，年度考核得分在70分以上或者评级在'称职'及以上的激励对象可以申请行权或者解锁，而不满足条件的激励对象则取消对应考核期的激励额度。"

"现在行情上升，业绩考核目标肯定要高于上一次，这样更能彰显我们对公司未来的表现充满信心。"市场总监踌躇满志道。

相对谨慎的财务总监则表示了反对："上一次激励失败就是因为在行业下行时把业绩条件定得过高，导致无法完成要求。现在虽然行业有复苏的迹象，但也只是刚见起色，我建议还是要奉行谨慎性原则。"

见此争论，刘董缓缓开口："既然行业即将复苏，公司业绩上升几乎是必然，那么可以换个角度，做出一些限制，要求公司在行业中跑赢大多数对手才能让激励对象获得激励标的。譬如在业绩考核指标中加入行业对比，超过行业平均值或者处于行业 75 分位水平等这种类似的要求。"

"倘若业绩条件必然上升，我建议加大对获得股票期权的激励对象的考核难度，因为他们获得收益几乎不需要任何成本，相较于限制性股票的激励对象，其压力较小。激励方案可以在个人考核层面对他们稍微提高一些要求。"人力总监进一步补充道。

陆董总结道："那么在业绩条件这部分，一方面结合市场的变化，将业绩条件定在一个相对合理的水平，另一方面还要加入行业对比指标来剔除行业上行对于公司业绩的影响，个人层面上，也可以按人力总监说的来。"

陆董慢慢起身："大家讨论很充分，也很具体。之后，董事会一定综合大家今天所提出来的意见和建议，尽快拿出一份翔实可行的方案来。当然，方案还需要大家集思广益，继续打磨，相信这次的股权激励一定会取得理想的效果。那么今天辛苦大家了，散会！"

三、谋定后动：股权激励卷土重来

2017 年 9 月 30 日，时隔五个月，A 公司公布了《2017 年股票期权与限制性股票激励计划（草案）》，宣布实施第二次股权激励计划，2017 年 11 月 1 日召开 2017 年度第一次临时股东大会，审议通过了上述草案，向激励对象授予股票期权和限制性股票。A 公司在股权激励方案中明确指出，本次实施股权激励计划的目的是进一步完善 A 公司的法人治理结构，将股东利益、公司利益和管理团队、核心骨干个人利益实现有效的结合，增强公司管理团队和核心骨干对实现公司持续、健康发展的责任感、使命感，为企业健康持续发展奠定核心人才基础。

（一）激励对象

A 公司第二次股权激励的激励对象共计 1231 人，占公司 2017 年度员工总数的 8.95%，其中，高级管理人员 15 人，占激励对象总数的 1.22%；核心关键技术及中级管理人员 1216 人，占激励对象总数的 98.78%，并预留了一部分股份用以新引进及晋升的管理人员和核心关键技术人才的股权激励。

表 12.1　A 公司第二次股权激励对象名单

序号	职务	股票期权			限制性股票			合计占目前总股本的比例
		获授的期权激励（万股）	占授予期权总数的比例	占目前总股本的比例	获授的限制性股票数量（万股）	占授予限制性股票总数的比例	占目前总股本的比例	
1	高级管理人员（15 人）	3 236.35	16.98%	0.42%	3 236.35	16.98%	0.42%	0.84%
2	核心骨干（1 216 人）	13 920.55	73.02%	1.83%	13 920.55	73.02%	1.83%	3.66%
3	预留部分	1 906.32	10.00%	0.25%	1 906.32	10.00%	0.25%	0.50%
	合计（1 231 人）	19 063.22	100.00%	2.50%	19 063.22	100.00%	2.50%	5.00%

如表 12.1 所示，A 公司采取"股票期权＋限制性股权"的混合股权激励方式，拟向激励对象授予总计 38 126.44 万股，其中股票期权 19 063.22 万股，约占本次激励计划签署时公司股本总额的 2.50%。每份股票期权在满足行权条件的情况下，拥有在有效期内以行权价格购买 1 股公司股票的权利；限制性股票 19 063.22 万股，约占本激励计划签署时公司股本总额的 2.50%，在授予日由激励对象出资购买，并在满足解锁条件的情况下，在解锁期内可以自由交易。A 公司本次激励所涉及的激励标的物，均来源于 A 公司的定向发行。

（二）激励有效期

A 公司本次股权激励计划的有效期自股票期权授予之日起至所有股票期权行权完毕或注销完毕之日止，自限制性股票授予之日起至所有限制性股票解除限售或回购注销完毕之日止，最长不超过 48 个月。

1. 授权日

A 公司于 2017 年 11 月 7 日召开第五届董事会 2017 年度第七次临时会议确定 2017 年 11 月 7 日为本次激励计划的首次授予日。

2. 等待期/锁定期

A 公司第二次股权激励对象获授的股票期权适用不同的等待期。首次授予的股票期权的等待期分别为 12 个月、24 个月和 36 个月。激励对象获授的限制性股票也适用不同的锁定期，首次授予的限制性股票的锁定期分别为 12 个月、24 个月和 36 个月，均自授予之日起计算。

3. 行权期/解锁期

A 公司第二次股权激励计划在授予日起满 12 个月后分 3 期行权/解锁，激励对象在行权期/解锁期内，如果达到规定的行权/解锁条件，即可按规定的行权比例分期行权，可行权日必须为交易日，且不得为公司业绩预告/快报、重大交易事项决定及公告前后期间。本次授予股票期权和限制性股票的行权期/解锁期如表 12.2 所示。

表 12.2　A 公司第二次股权激励行权期/解锁期

行权期/解锁期	行权/解锁时间	可行权/解锁数量占获授期权/限制性股票数量比例
第一个行权期/解锁期	自首次授予日起 12 个月后的首个交易日起至首次授予日起 24 个月内的最后一个交易日当日止	40%
第二个行权期/解锁期	自首次授予日起 24 个月后的首个交易日起至首次授予日起 36 个月内的最后一个交易日当日止	30%
第三个行权期/解锁期	自首次授予日起 36 个月后的首个交易日起至首次授予日起 48 个月内的最后一个交易日当日止	30%

4. 禁售期

A 公司第二次激励计划的禁售规定按照《中华人民共和国公司法》《中华人民共和国证券法》等相关法律、法规、规范性文件和《公司章程》执行，激励对象为公司董事和高级管理人员，其在任职期间每年转让的股份不得超过其所持有公司股份总数的 25%，在离职后半年内，不得转让其所持有的公司股份；若将其持有的公司股票在买入后 6 个月内卖出，或者在卖出后 6 个月内又买入，由此所得收益归公司所有，公司董事会将收回其所得收益。

（三）行权价格

按照《上市公司股权激励管理办法》的相关要求，股权激励计划首次授予的股票期权的行权价格不可低于股票票面金额，也不可低于下列价格较高者：激励计划公告前 1 个交易日公司股票交易均价；激励计划公告前 20 个交易日、60 个交易日或 120 个交易日的公司股票交易均价之一。所以，A 公司首次授予的股票期权的行权价格为 4.57 元/股。

同样按照要求，限制性股票的授予价格不可低于股票票面金额，也不可低于下列价格较高者：激励计划公告前 1 个交易日公司股票交易均价的 50%，激励计划公告前 20

个交易日、60 个交易日或 120 个交易日的公司股票交易均价之一的 50%。因此，首次授予的限制性股票的价格为 2.29 元/股。

(四) 考核指标

1. 公司业绩考核指标

A 公司第二次股权激励计划的行权考核年度为 2017—2019 年三个会计年度，每个会计年度考核一次，公司达到业绩考核指标时，激励对象首次获授的股票期权方可行权，考核指标见表 12.3。

表 12.3　A 公司第二次股权激励公司业绩考核指标

行权期/解锁期	业绩考核目标
第一个行权期/解锁期	公司 2017 年度净利润为正，且不低于 2017 年度同行业可比公司平均净利润
第二个行权期/解锁期	公司 2018 年度净利润为正，且较 2017 年度增长 10%或以上
第三个行权期/解锁期	公司 2019 年度净利润为正，且较 2018 年度增长 10%或以上

上述各年度净利润指归属于母公司所有者的净利润；同行业指公司所处的工程机械行业；可比公司平均净利润指工程机械行业上市公司公开披露的 2017 年年度报告中，归属于母公司所有者的净利润排名前五名的公司（不含本公司）的净利润的简单算术平均值。

2. 个人业绩考核指标

公司按照相关制度，从业绩、效能等方面对激励对象个人年度绩效进行综合考核，年度考核指标见表 12.4。

表 12.4　A 公司第二次股权激励个人业绩考核指标

考核等级	定义	系数
优秀	年度考核得分≥90	100%
良好	80≤年度考核得分<90	100%
称职	70≤年度考核得分<80	70%（股票期权） 100%（限制性股票）
待改进	年度考核得分<70	0

若各年度公司层面业绩考核达标，则激励对象个人当年实际可行权额度＝系数×激

励对象个人在该行权期内全部可行权额度。

四、乘风而上：股权激励初显成效

2018 年 11 月 6 日，A 公司第五届董事会第八次临时会议审议通过了《关于公司 2017 年股票期权与限制性股票激励计划首次授予部分权益第一次行权并解除限售相关事项的议案》，公告 A 公司在第二次股权激励第一个行权期顺利行权。

（一）市场反应

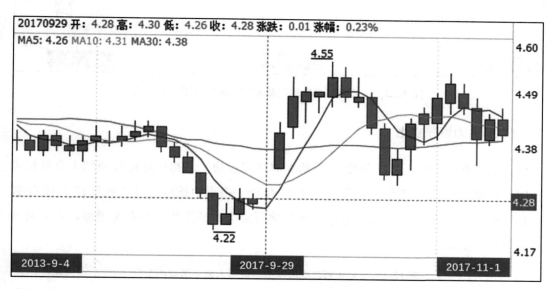

图 12.2　A 公司第二次股权激励实施前后短期市场反应

A 公司第二次股权激励公告日 2017 年 9 月 30 日为非交易日，图中标记点日期为 2017 年 9 月 29 日，即距离公告日最近的前一个交易日。A 公司公布第二次股权激励方案的短期市场反应如图 12.2 所示，其股价在 9 月 29 日之后约半个月的时间内持续上扬，之后虽有所波动，但也一直高于 9 月 29 日当日的收盘价 4.48 元/股，直至 2017 年 11 月 1 日股东大会审议通过股权激励计划当天，收盘价为 4.61 元/股。

A 公司公布第二次股权激励方案的长期市场反应如图 12.3 所示，在首次授予部分权益第一次行权并解除限售的公告日，A 公司股价仅为每股 3.44 元，一定程度上受到了宏观经济以及股市大盘的消极影响，直到 2019 年 4 月，A 公司 2018 年度财务报告披露之后，A 公司的股价才稳定在每股 4.5 元以上。也就是说在第一个等待期期满当日，被激励对象行使期权获得公司股票的价格高于直接从二级市场购入的价格。

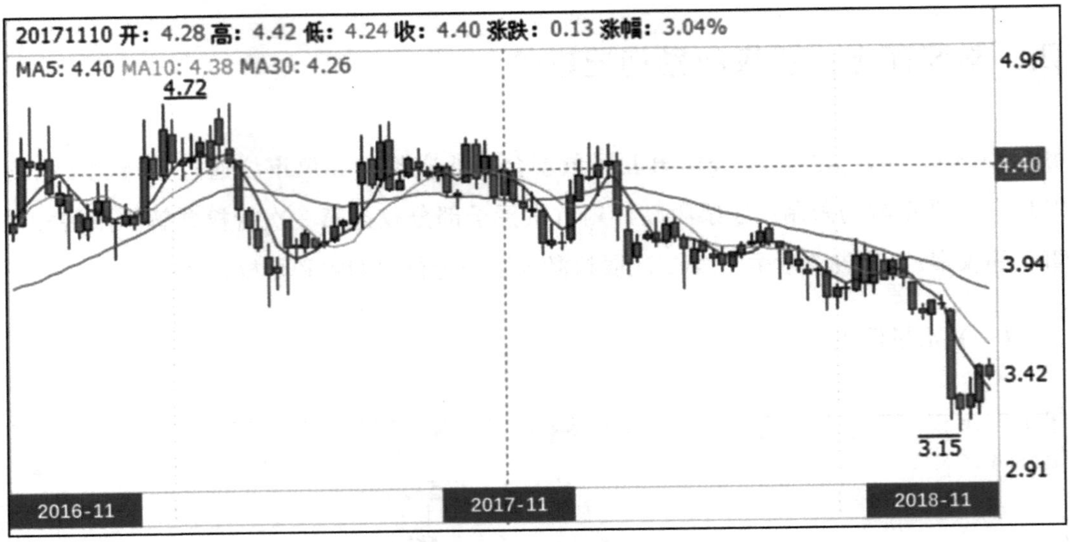

图 12.3   A公司第二次股权激励实施前后长期市场反应

(二) 人力资源变化

在人力资源方面，2017年度A公司剥离环境板块，不再将环境板块纳入合并报表范围，因此，如表12.5所示，A公司2017年合并报表中披露的员工数量较2016年有大幅下滑。而在2018年，员工总数以及各学历层次的员工数量都有所增加，A公司的员工团队不断壮大。

表 12.5   A公司第二次股权激励前后人力资源结构变化   （单位：人）

学历	2016 年	2017 年	2018 年
研究生	807	674	849
本科生	4 639	4 048	4 764
专科生	4 282	3 667	4 122
其他学历	5 426	5 072	5 386

同时在股权激励计划实施期间，1 192名激励对象中有31名离职，离职率为2.6%。这31名离职的被激励对象，并不属于公司高管，而是属于受激励力度相对较小的核心骨干。其中除31名离职人员外，1 161名激励对象中402名考核等级为"优秀"，704名考核等级为"良好"，55名考核等级为"称职"，无考核等级为"待改进"的激励对象，55名考核等级为"称职"的激励对象所持有的合计40.64万份股票期权不满足

行权条件。A 公司内部考核评级的强制划分比例为：优秀（10%）、良好（20%）、称职（60%）、待改进（10%）。

（三）财务业绩表现

第二次股权激励计划发布后，A 公司财务业绩出现了一定程度的提升。如表 12.6 所示，2017 年实现营业总收入 232.73 亿元，比 2016 年增加 16.23%；归属于母公司股东的净利润达 13.32 亿元，实现"净利润为正"的业绩考核指标。到 2018 年，业绩持续上升，2018 年的营业总收入和净利润相较于 2017 年，分别增加了 23.31% 和 56.81%。

表 12.6 A 公司第二次股权激励前后财务业绩表现

项目	2016 年	2017 年	2018 年
营业总收入（亿元）	200.23	232.73	286.97
营业利润（亿元）	−18.03	12.18	26.01
净利润（亿元）	−9.05	12.48	19.57
归属母公司股东的净利润（亿元）	−9.34	13.32	20.20
EBIT（亿元）	3.63	24.63	39.66
每股收益（元）	−0.12	0.17	0.26
净资产收益率（%）	−2.44	3.57	5.33
销售净利率（%）	−4.52	5.36	6.82
资产合计（亿元）	891.41	831.49	934.57
负债合计（亿元）	513.46	449.22	546.88
经营活动产生的现金流量（亿元）	21.69	28.51	50.64

表 12.7 2017 年度 A 公司与工程机械行业排名前五公司规模和利润数据表

（单位：亿元）

公司名	归属于母公司所有者的净利润	资产总计	净资产
A 公司	13.32	831.49	371.04
B 公司	20.92	582.38	207.48
C 公司	10.21	497.70	194.76
D 公司	3.23	216.58	88.21

续表

公司名	归属于母公司 所有者的净利润	资产总计	净资产
E公司	2.41	135.79	62.69
F公司	1.62	122.88	46.02

与同行业相比，B公司等同行业可比公司 2017 年归属于母公司所有者净利润的简单算术平均值为 7.68 亿元，A公司归属于母公司股东的净利润远高于行业排名前五公司的平均值，基于此，股权激励计划的第一个行权期的业绩考核条件"公司 2017 年度净利润为正，且不低于 2017 年度同行业可比公司平均净利润"已达成。具体见表 12.7。

值得关注的是，2017 年 A公司进行了重大战略调整，聚焦工程机械板块，于 2017 年 5 月 20 日发布《关于出售 A公司环境产业有限公司控股权暨关联交易的公告》，宣布以 116 亿元现金的价格出让环境板块，该项交易为 A公司实现了 91.31 亿元税前利润。

2017 年 8 月 31 日，A公司发布了《A公司关于 2017 年半年度计提资产减值准备的公告》，公告中披露了 A公司各项减值准备：2017 年上半年合计计提 87.51 亿元，较往年大幅度提升，剔除外币报表折算差异影响，上半年发生的资产减值准备影响当期损益（税前）共计 87.33 亿元。管理层的这两次举动均对公司财务业绩产生了较大的影响。

五、尾声

2018 年 11 月 9 日，A公司第二次股权激励第一个行权期已满，激励方案设定的考核指标已经达到，激励对象顺利获得激励标的。公告发布后的周一，董秘像往常一样打开股吧，发现股民们对于股权激励的争议此起彼伏。

"激励方案第一期的业绩考核针对的是公司 2017 年的业绩，为何年报披露半年之后股价还是不温不火？这样拿到激励标的的员工也不能获利。"

"2017 年业绩提升分明靠的是出售环境资产带来的 116 亿的投资收益，管理层还趁机计提减值损失给以后年度清理盈利空间，这很明显是盈余管理。"

"业绩提升根本不是他们努力工作的结果，这样的奖励无异于给高管发福利。"

……

董秘感到一阵头疼，暗忖道："股权激励确实不简单，上一次激励失败造成了负面影响，这次顺利实施了还是有如此多的问题。长此以往，恐对公司不利，得想办法引导舆论的风向。看来想要好好运用股权激励这个工具，还真需要多花些心思。"

附　录

附录1：

表 12.8　A公司第一次股权激励方案

项目	内容
激励方式	限制性股票与股票期权的混合模式
激励对象	本计划涉及的股票期权激励对象共计 1 543 人，其中公司高级管理人员 20 人，核心关键技术及中级管理人员 1 523 人。限制性股票激励对象共计 121 人，其中公司高级管理人员 20 人，核心关键技术及中级管理人员 101 人
授予数量	授予 7 397.72 万股限制性股票，授予 15 720.15 万份股票期权，总计 23 117.86 万份，约占本激励计划签署时公司股本总额 770 595.4 万股的 3%
股票来源	定向发行人民币 A 股普通股
授予价格	股票期权的行权价格为每股 8.90 元，限制性股票的授予价格为每股 4.28 元
有效期	有效期为 5 年，自首次授予股票期权的授权日起计算
等待期	本激励计划授予的股票期权的等待期为 12 个月
锁定期	限制性股票授予后即行锁定，获授的全部限制性股票的锁定期为 1 年
股票期权行权期	第一个行权期：自首次授予日起 12 月后的首个交易日起至首次授予日起 24 个月内的最后一个交易日当日止。可行权比例：33% 第二个行权期：自首次授予日起 24 个月后的首个交易日起至首次授予日起 36 个月内的最后一个交易日当日止。可行权比例：33% 第三个行权期：自首次授予日起 36 个月后的首个交易日起至首次授予日起 48 个月内的最后一个交易日当日止。可行权比例：34% 预留部分的期权行权期及各期行权时间与首次授予安排相同
限制性股票解锁期	期限及比例同上
股票期权行权条件	第一个行权期：2013 年度净利润相比 2012 年度增长不低于 12% 第二个行权期：2014 年度净利润相比 2013 年度增长不低于 12%，且较 2012 年度增长不低于 25.4% 第三个行权期：2015 年度净利润相比 2014 年度增长不低于 12%，且较 2012 年度增长不低于 40.5%

续表

项目	内容
限制性股票解锁条件	解锁期及解锁条件同上

附录 2:

表 12.9 A 公司 2016—2018 年度资产负债表（简表）   （单位：百万元）

项目	2016.12.31	2017.12.31	2018.12.31
流动资产：			
货币资金	8 193.69	8 255.92	10 068.01
应收票据及应收账款	32 313.22	23 868.32	24 311.99
存货	12 770.07	8 885.79	9 550.65
其他流动资产	15 642.79	21 031.53	26 438.26
流动资产合计	68 919.77	62 041.56	70 368.91
非流动资产：			
非流动资产合计	20 221.25	21 107.52	23 087.74
资产总计	89 141.02	83 149.08	93 456.65
流动负债：			
短期借款	4 911.54	5 417.35	8 325.50
应付票据及应付账款	12 190.81	9 122.45	10 810.65
一年内到期的非流动负债	3 228.36	3 803.27	13 687.56
其他流动负债	6 568.50	6 127.02	6 804.67
流动负债合计	26 899.21	24 470.09	39 628.38
非流动负债：			
长期借款	10 099.56	6 535.17	5 539.00
其他非流动负债	14 347.29	13 916.53	9 520.81
非流动负债合计	24 446.85	20 451.70	15 059.81
负债合计	51 346.06	44 921.79	54 688.19
所有者权益（或股东权益）：			
所有者权益合计	37 794.96	38 227.29	38 768.46
负债和所有者权益总计	89 141.02	83 149.08	93 456.65

附录 3：

表 12.10　A 公司 2016—2018 年度利润表（简表）　　　　（单位：百万元）

项目	2016 年度	2017 年度	2018 年度
一、营业总收入	20 022.52	23 272.89	28 696.54
其中：营业收入	20 022.52	23 272.89	28 696.54
二、营业总成本	21 825.97	22 055.12	26 095.39
其中：营业成本	15 244.69	18 304.12	20 923.08
营业税金及附加	225.40	301.08	251.05
销售费用	2 445.96	2 451.32	2 379.41
管理费用	1 733.99	1 768.77	1 459.27
研发费用	—	—	580.85
财务费用	1 035.46	1 504.02	1 243.98
资产减值损失	1 271.77	8 792.52	86.58
信用减值损失	—	—	282.56
加：公允价值变动收益	155.79	−65.85	32.65
投资收益	−24.49	10 950.11	871.10
资产处置收益	—	24.32	4.30
其他收益	—	158.13	203.34
三、营业利润	−1 803.45	1 217.77	2 601.15
加：营业外收入	938.91	127.88	99.33
减：营业外支出	150.68	104.24	61.96
四、利润总额	−1 015.22	1 241.41	2 638.52
减：所得税费用	−110.42	−6.56	681.89
五、净利润	−904.80	1 247.97	1 956.63
归属于母公司所有者的净利润	−933.70	1 331.92	2 019.86
少数股东损益	28.90	−83.95	−63.23

附录 4：

表 12.11　2017 年度工程机械行业前六公司财务指标

	A公司	B公司	C公司	D公司	E公司	F公司
净资产收益率（%）	3.58	8.68	4.59	3.60	6.92	4.69
总资产报酬率（%）	2.86	5.75	2.65	2.40	9.71	3.54
销售净利率（%）	5.36	5.81	3.53	2.86	8.30	5.18
营业收入同比增长率（%）	16.23	64.67	72.46	60.79	39.17	98.43
净利润同比增长率（%）	237.93	1 259.65	374.98	577.43	4.81	117.31
流动比率	2.54	1.58	1.73	1.32	2.38	1.43
速动比率	1.63	1.14	1.23	0.68	1.92	0.84
资产负债率（%）	54.03	54.71	51.67	57.90	34.72	61.21
存货周转天数	212.95	93.08	122.00	139.93	126.46	239.46
应收账款周转天数	400.22	171.15	184.75	86.68	34.53	241.82
总资产周转天数	1 332.35	562.50	579.24	675.04	499.45	1 023.02

【讨论题】

1. A 公司实施股权激励的动机是什么？

2. 在不同的行业走势下，上市公司应该如何设计股权激励方案？

3. 请分析 A 公司第二次股权激励的实施效果。

4. 如何从考核指标设计上抑制股权激励中的管理层短期行为？

5. 如果你是投资者，怎样理性看待股权激励顺利运行传递出来的消息？

【案例说明书】

一、分析思路

分析思路如图 12.4 所示。

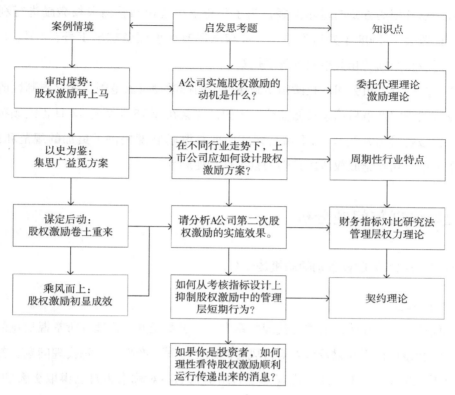

图 12.4　案例分析思路图

二、背景信息

　　股权激励作为一种长期激励制度最早产生于美国，这种激励机制通过向高层管理者分享剩余收益，将高层管理者与企业所有者之间的利益目标有机地结合在一起，有效缓解了现代企业的委托代理问题，也对推动 20 世纪 90 年代美国经济的持续高速发展发挥了重要作用。然而，世界通信、施乐公司等财务欺诈事件的爆发也暴露了股权激励制度存在的潜在问题。美国政府和国会于 2002 年颁布了《萨班斯-奥克斯利法案》，该项法案在证券市场监管、会计职业监管以及公司治理等方面做出了许多新的规定，旨在通过强化信息披露、加强会计监督进一步推动上市公司治理机制的完善。

　　中国实施股权激励制度相对较晚，直到 2006 年以后，随着新修订的《中华人民共和国公司法》放松了对股票回购制度的限制，特别是股权分置改革这一制度性变革的完成，监管部门才陆续出台了有关上市公司股权激励的一系列法律法规，确立了上市公司实施股权激励计划的方式与基本路径。为了防止上市公司高管借股权激励进行利益输送，中国证监会于 2008 年先后发布了《股权激励有关事项备忘录 1 号、2 号、3 号》，对上市公司股权激励的相关事项进行了规范。

为进一步完善上市公司股权激励实施条件、明确激励对象范围、强化限制性股票和股票期权相关规定及事后信息披露监管，中国证监会在 2016 年 7 月 13 日正式颁布《上市公司股权激励管理办法》，为上市公司实施股权激励制度提供了更加的规范和指导，也提高了上市公司实施股权激励计划的自主性和便利性。

三、理论依据与问题分析

（一）A 公司实施股权激励的动机是什么？

1. 理论依据

委托代理理论：在传统的委托代理关系中，由于委托方与代理方所掌握信息的不对称、追求的利益目标不同以及双方对待风险的态度不同，产生了委托代理问题。其中最突出的问题是双方利益不一致，代理方会利用信息的不对称来为自己谋取更大的利益，从而产生不可避免的道德风险。委托方为了减少利益受损，会采取许多措施来制约代理方，因此而产生的成本就是委托代理成本。本案例中，A 公司的股权激励可以为解决委托代理问题服务，通过让渡股东的部分权益给经理人以及基层员工，让管理人员也成为公司的股东，这样能够较好地使企业所有者与管理层达成一致目标，降低代理成本，提高企业生产经营效率。

激励理论：根据激励效果公式"激励力量＝期望值×效价"，激励力量通过激发员工个人潜能，调动工作积极性来实现，期望值是员工达到预期目标的可能性，而效价则体现了达到目标对于个人价值的要求。个人对于完成目标的把握越大或是达成目标后对于个人价值影响越大，激励效力会越强，个人积极性会得到显著增加。本案例中，A 公司通过股票期权来实现管理层对期望理论的实际应用，在股权期权与薪酬制度紧密联系的同时，管理者通过其自身能力，使得公司经营效率提高，股价上涨，在购入股票时，也会获得更高收益。除此之外，经理人拥有一定的公司股份，有助于让经理人提高公司归属感，将更多的精力投入到公司管理中，促使他们更加关心公司的发展前景。

2. 分析思路

根据 A 公司在两次股权激励计划中披露的激励目的，其主要动机有两个：一是实现被激励对象与股东的利益一致，使得经营者更加关注企业的长远利益；二是为企业的发展奠定人才基础，用激励的方式留住被激励对象。

3. 问题解决

首先，股权激励的激励形式将激励对象获取收益的前提建立在完成公司业绩条件之上，当激励对象获得激励标的，成为公司的所有者之后，经营者和所有者之间的委托代理问题能得到一定程度上的解决，公司的长期绩效也能够得到一定的保证。

其次，面对工程机械行业变化莫测的市场需求，技术人才是 A 公司迎接挑战的重要力量，而且公司的系列战略举措也需要高质量核心管理团队的长期持续高效运营。

（二）在不同的行业走势下，上市公司应该如何设计股权激励方案？

1. 理论依据

周期性行业：它是指与宏观经济周期密切相关的行业，其周期长，投资规模巨大，项目建设不确定性大，行业内企业的经营业绩波动与宏观经济周期波动之间存在较强的相关性。案例中 A 公司就是工程机械这一强周期性行业中的领先企业，工程机械行业的周期性与房地产、基础设施建设投资关系较大，而在中国，房地产和基础设施建设都受政府政策影响较大。因而，政策走向、宏观经济表现都可以成为企业判断行业走势的依据，从而及时调整自身的竞争战略和经营目标。

2. 分析思路

在设计股权激励方案之前，上市公司首先要判断行业发展的趋势，可以通过细分市场需求，从市场重要组成部分的需求变化来预测市场需求的变动；然后要正确地判断企业的长期目标，将其与股权激励时间点的行业发展趋势相结合，提出适宜的短期经营目标，再将其融入股权激励方案的设计之中。

3. 问题解决

具体可从激励对象、激励标的的选择，业绩条件的设计等方面着手。股权激励作为一种长效的激励工具，在兼顾企业短期目标的同时，选择激励对象应该判断哪些员工构成了公司的核心竞争力，并将其纳入激励对象之中。A 公司两次股权激励计划的实施时点恰好都位于行业发展的拐点，但却是截然相反的两个拐点，对此 A 公司均采用净利润增长作为行权条件，在不同的行业走势下，业绩条件的导向应该有所不同。

譬如行业发展较为明朗时，企业以开拓市场为目标，可以加大对销售人员和核心技术人员的激励力度；在对激励标的的选择上，可以侧重限制性股票；同时以新开市场占有率、技术领先率等指标作为业绩条件。

当行业出现收缩迹象时，企业以稳固市场、提高效率为目标，可以加大对基层管理人员的激励力度，在激励标的的选择上应该侧重股票期权，并以成本费用率等指标作为业绩条件。

（三）请分析 A 公司第二次股权激励的实施效果。

1. 理论依据

财务指标对比研究法：以企业财务信息为基础，从盈利能力、营运能力、偿债能力和发展能力等方面进行定量研究，并与同行业可比公司进行对比分析，可以衡量 A 公司实施股权激励前后经营业绩的表现情况，以此评价实施股权激励对 A 公司财务绩效的影响。

管理层权力理论：在管理层权力理论假说下，股权激励并非缓解代理问题的治理机制，反而会沦为管理层实施自利行为的工具。由于管理者权力的存在，董事会被管理者所俘获，董事们会支持令管理者满意的薪酬契约；且由于管理者与股东之间的信息不对称问题，管理者拥有公司经营管理信息的天然优势，股东更多的关注点在管理者已经实现的经营绩效，而不是管理者利用其权力实现的自利行为，使得股东权益受到一定程度上的损害。在案例中 A 公司管理层在第二次股权激励期间计提了大额的资产减值损失，且通过出售环境产业获得了巨额的投资收益，对公司当年业绩表现产生了较大影响，所以第二次股权激励虽然实现了首次行权，但管理层行为对股权激励的实施效果产生了怎样的影响，仍需要进行进一步的分析。

2. 分析思路

A 公司 2017 年的业绩情况得到了极大的改善，股权激励对象成功完成了第一个行权/解锁期的业绩考核指标，但业绩考核的达标并不意味着股权激励目的的实现，2017 年行业复苏、公司战略转型都对公司业绩产生了很大的影响，分析股权激励方案的实施效果，可以从股票市场反应、人力资源变化、财务业绩表现三方面进行。

3. 问题解决

首先，分析 A 公司公布股权激励的短期及长期市场反应，股权激励方案行权条件达标只是方案成功的第一步，激励对象能否成功行权还受股价的影响，在股价低于行权价格的时候，激励对象不会选择行权。

其次，分析 A 公司实施股权激励前后的人力资源变化情况及员工个人考核情况。

判断本次股权激励是否起到了留住人才、改进员工业绩表现的作用。

最后，分析 A 公司实施股权激励前后的财务业绩表现，一方面要分析业绩表现是否受到行业整体走势的影响，选取同行业可比公司，剔除行业整体走势的影响，分析 A 公司的盈利能力、营运能力、偿债能力和发展能力是否仍处于行业领先水平。另一方面要分析 A 公司业绩表现是否受到管理层行为的影响，分析 A 公司 2014—2017 年非经常性损益的变动及扣除非经常性损益的净利润的变动，判断 A 公司管理层出售环境产业以及大量计提资产减值损失的行为是否帮助其完成本年度的考核要求，或者为后续年度的利润增长留下了空间。

（四）如何从考核指标设计上抑制股权激励中的管理层短期行为？

1. **理论依据**

契约理论：契约理论认为，企业是一种契约的组合。现代契约理论解决了如何避免代理中的道德风险或者说是如何降低代理成本的问题，即通过与代理人签订或明或暗的契约，以此来约束代理人的机会主义行为。A 公司通过股权激励与管理层签订契约可以一定程度上解决委托代理问题，但股权激励的契约要素设计及其实施应该满足以下两个条件：其一，最大程度将高管薪酬跟公司业绩挂钩，让两者有机结合起来，让高管以股东的利益最大化为行动准则，从事经营管理活动，实现公司价值最大化；其二，应对管理者进行严格的监督管理，以达到所有者与管理者利益保持高度一致性的目的。

2. **分析思路**

根据契约理论，最优的股权激励计划应该是股东能够从自身利益出发，设计出符合自身利益最大化的股权激励方案，并能有效激励、监督管理层的行为，进而有效解决委托代理问题。所以抑制股权激励中的管理层短期行为，需要上市公司和监管者的共同努力。

3. **问题解决**

首先，业绩条件作为股权激励重要的契约要素，上市公司应选择多维度的指标构成全面的指标体系，不能仅对经营业绩提升的量提出要求，更应对经营业绩提升的方式做出限制，防止或减少管理层盈余管理等短视行为的发生。业绩条件指标设计可以从扣非净利润、市场表现、产品利润率、成本费用率等多方面进行考察。

其次，监管层应该要求上市公司进行更加深入的信息披露，对于一些重大行为给予充分的解释，而不仅仅是简单的描述性的公告，使财务信息的使用者能够对公司经营业绩的可持续性进行充分分析。上市公司董事会自身也应该对管理层行为进行严格的监督管理。

（五）如果你是投资者，怎样理性看待股权激励顺利运行传递出来的消息？

A公司公告达成股权激励第一个行权/解除限售期行权/解除限售条件后，其股价有一定程度的提升，投资者较看好A公司这次股权激励，也有投资者关注到了管理层的一系列举措。作为一名理性投资者，不应只看到上市公司股权激励计划成功解锁了部分激励标的，还应该关注股权激励计划业绩考核达标背后的原因，股权激励计划起到的是短期还是长期激励作用，其中是否存在管理层行为操控，这是投资者应该关注的。中小投资者在信息获取方面处于劣势地位，广大投资者应调整投资心态，不盲目跟风，将关注点放在公司的长期发展上。

【参考文献】

[1] 周建波，孙菊生. 经营者股权激励的治理效应研究——来自中国上市公司的经验证据 [J]. 经济研究，2003（05）：74-82＋93.

[2] 李维安，李汉军. 股权结构、高管持股与公司绩效——来自民营上市公司的证据 [J]. 南开管理评论，2006（05）：4-10.

[3] 吕长江，郑慧莲，严明珠，等. 上市公司股权激励制度设计：是激励还是福利？[J]. 管理世界，2009（09）：133-147＋188.

[4] 吕长江，严明珠，郑慧莲，等. 为什么上市公司选择股权激励计划？[J]. 会计研究，2011（01）：68-75＋96.

[5] 吕长江，张海平. 上市公司股权激励计划对股利分配政策的影响 [J]. 管理世界，2012（11）：133-143.

[6] 肖淑芳，刘颖，刘洋. 股票期权实施中经理人盈余管理行为研究——行权业绩考核指标设置角度 [J]. 会计研究，2013（12）：40-46＋96.

本案例资料来源于A公司官方网站、相关新闻报道以及学术论文等。感谢皖沣葆、谢烨飞等为本案例提供的支持，同时，感谢参与案例撰写的成员，他们是王宇峰和刘桂良等。特别感谢徐宁、陈胜军、吕思莹、郑君君、谭旭和范文涛等，为案例撰写提供了线索与参考资料。

事项会计：
拓展商业报告语言与业财融合

案例十三

XBRL 实习奇幻之旅

【案例背景】

　　LS 集团是一家 2018 年在上交所上市的盐业企业，作为参与省财政厅 2013 年 XBRL 试点的三家企业之一，系省人民政府管理的国有大型企业集团。案例从一个 LS 集团实习生的角度，通过介绍其对 XBRL 认识的变化，剖析了现有的 XBRL 技术框架、财政部 XBRL 试点项目工作、软件开发工作以及试点企业的 XBRL 开展工作，以挖掘推动中国 XBRL 进程的内在因素和外在因素，实现中国会计信息的"数出一门、资源共享"。

【学习目的】

　　通过对本案例的学习和讨论，掌握 XBRL 的实务操作和发展前景，从而为政府、软件提供商和实施企业的 XBRL 进程提供指导。

【知识要点】

　　会计信息化；可拓展商业语言；供需主体

【案例正文】

小皮，23 岁，某高校专业型硕士研究生一年级学生。学期即将结束，他打算前往海南找一份工作或者实习。去海南的前晚，看到导师在群里发了一则消息"LS 集团现急需两名电算化财务实习生，明天就要去参加培训"。"这不就是我苦苦寻找的实习机会吗？"小皮心想，正所谓"踏破铁鞋无觅处，得来全不费工夫"呀。联系到 LS 集团财务部部长陈总并说明实习意向后，陈总让小皮第二天直接到公司报道，参加财政部的 XBRL 培训，负责公司的 XBRL 试点项目工作。小皮缓缓神，思考着是导师太强大，还是真的自己很优秀？竟然不用考察就直接录用了。第二天小皮退了去海南的火车票，与同门小郭一起前往 LS 集团。

一、公司简介

"LS 集团是什么企业呀？怎么突然跟 XBRL 挂上钩了？"小皮边手机百度边问小郭。"LS 集团，我也不熟啊，今天早上导师打电话让我去实习的，还没有来得及了解呢。""看来还是得靠'度娘'。"

LS 集团全称为省 LS 集团有限责任公司，其前身为省轻工业厅，于 1994 年建制转体，组建省 L 集团总公司。2002 年 7 月 1 日，省 L 集团总公司与其下属的 S 集团有限公司实行机构合并，组建省 LS 集团有限公司。LS 集团注册资金为 2.31 亿元，主要从事普通碘食盐和工业盐的生产、加工和经营。除拥有 S 股份有限公司及其分公司 80 余家之外，集团还拥有房地产公司、物业管理公司、创业投资公司、代理公司等多家营利性企业以及轻纺设计院、轻工研究院、后勤中心、技工学校等事业组织。是一家提出IPO 上市战略，正在以盐产品生产与批发、塑料制品业为主，并从事房地产、建筑安装、流通贸易、资本运营、科技开发、勘察设计、职业教育等业务的省属国有大型企业，目前集团在职员工 9 000 余人，其中各类技术人员 1 300 余人，高级职称 136 人，享受特殊津贴的专家 6 人。

作为省人民政府国有资产监督管理委员会下的一家资源垄断型企业，2012 年 LS 集团总资产规模达到了 47.65 亿元，实现了销售收入 23.1 亿元，创造了 1.67 亿元的净利润，同比增长 23%。至 2013 年 6 月底，集团未经合并计算的总资产的规模达到了91.18 亿元，其中商贸流通领域的资产份额最大；整体收入水平达到 16.57 亿元，创造利润 1.55 亿元，完成集团预算目标的 56.90%。

  小皮和小郭看着百度出来的结果，认为 LS 集团被选为 XBRL 试点单位的原因一目了然：一是作为具有代表性的资源垄断型国企，需要向财政部报告其经营状况和盈利水平；二是拥有即将上市的子公司，提前进行股市的 XBRL 披露辅导还是很有必要的；三是 LS 集团资金雄厚，绝对不差钱。

  进入集团后，陈总很客气地接待了小皮和小郭，并介绍了集团财务部副部长文姐给俩人认识。陈总很急迫地说："现在我们公司是参加省财政厅 XBRL 试点的三家企业之一，我们这边人手不够，这个项目就交给你们两个人了。现在财政厅安排了软件公司的人在我们这边培训，今天是第三天，你们赶紧过去听听。"

二、初识 XBRL

  真的是 XBRL 呀！小皮快速扫描了下自己大脑的内存，发现存储几乎为零。既来之则安之，半路参加培训的小皮对着"负值标签""精度""标色版"迷糊了一天。培训结束后，财政厅的刘处长与 LS 集团负责本次项目的小胡沟通企业的准备工作："你们的人手到齐了吗？"小胡忙不迭地回答："我们集团财务部长副部长一起就四个人，实在是没有空闲人员来参加这次试点了。但是我们将提供两名全日制实习生，保证完成任务！"

  小胡领着小皮和小郭认识了项目组的成员们。这次项目试点工作主要是为了财政部对 XBRL 的全面推行做铺垫。软件供应商为北京的 DH 软件，并由本地 HR 软件提供协助指导。这次试点主要工作是完成 XBRL 财务软件的初始化和 2012 年财务报告的 XBRL 披露。轻盐的项目组成员除了小皮和小郭之外，还有 HR 公司的小陈和小雷，DH 公司的明明哥提供技术指导。

  经过一番大侃之后，小皮基本上已经摸清了新同事的基本情况。小陈，在 HR 工作 3 年，主要负责事业单位的财务软件推广和问题解决，首次接触 XBRL。小雷，前不久刚从另一家软件公司跳槽来 HR，负责项目跟进，首次接触 XBRL。明明哥，去年空降到 DH 负责 XBRL 项目，参与了分类标准拓展工具的开发和推广，目前是公司项目经理。鉴于明明哥需要在全国进行业务指导，项目组成员都是首次接触 XBRL，小皮只好自己先去弄懂 XBRL 为何方神圣了。

（一）XBRL 国际发展现状

XBRL（Extensibe business reporting language），即可拓展商业报告语言，是一种

基于互联网来生成和传输商业报告的语言标准。1998 年由美国华盛顿州的注册会计师 Charles Hoffman 提出。目前已经在全世界范围内得到了广泛的应用和发展。XBRL 提供一组标准化的标记，给各项数据元素打上"标签"和"记号"，使得不同的计算机系统能够以统一的方式自动识别、处理、分析、比较这些商业信息。它一方面减少了传统做法中费时费力的重复性手工数据录入，另一方面也降低了从不同数据源提取相关商业数据的困难，显著提高了数据的可靠性和数据处理、利用的效率。

在美国，目前 XBRL 的应用已经取得长足进展。在数据报送方面，从外挂实施方式逐步发展到内嵌式报送，XBRL 数据质量显著提升；在数据分析方面，越来越多的 XBRL 数据分析软件不断涌现，对 XBRL 数据的分析能力不断提升；在政府推进方面，联邦政府准备使用 XBRL 来全面提升信息透明度，提高企业报送效率和问责能力；在审计方面，基于 XBRL 全球账簿的审计数据标准为公司内部和外部审计提供了一种标准化的数据访问方式。

日本是亚洲地区最先应用 XBRL 技术的国家，早在 2001 年就建立了 XBRL 地区组织。2001 年 6 月日本金融服务厅启动了 EDINET 信息披露报送平台。2008 年 4 月新启动的 EDINET 能够向公众提供约 5 000 家公司及 3 000 家投资基金的 XBRL 格式的财务信息。目前，新 EDINET 已成为世界上最大的 XBRL 系统之一。

（二）XBRL 中国发展现状

为贯彻国家信息化发展战略，2009 年 4 月，财政部发布的《关于全面推进我国会计信息化工作的指导意见》，明确了 XBRL 在中国会计信息化发展中的重要地位和作用。2010 年 10 月 19 日，在北京召开的第 21 届国际可扩展商业报告语言（XBRL）大会上，国家标准化管理委员会和财政部共同发布了《企业会计准则通用分类标准》和《可扩展商业报告语言（XBRL）技术规范系列国家标准》。这两套标准的发布是继《企业会计准则》《企业内部控制基本规范》发布之后会计史上又一重大的里程碑，标志着后危机时代中国以 XBRL 应用为先导的会计信息化时代的来临，为中国会计理论研究增添了更加绚丽的色彩。

截至 2011 年 12 月份，《可扩展商业报告语言（XBRL）技术规范系列国家标准》《企业会计准则通用分类标准》《石油和天然气行业扩展分类标准》《银行业扩展分类标准》均已发布。银监会与财政部发布了在通用分类标准基础上制定的《银行监管报表 XBRL 扩展分类标准》。国资委准备启动以通用分类标准为基础的扩展分类标准的研究制定工作。证监会也决定在证券监管领域应用通用分类标准。

2012 年 XBRL 实施企业包括 18 家银行、5 家保险公司、11 家大型企业以及 100 多家地方国有大中型企业。这些实施企业中，不乏中石油、中石化、中国移动、工商银行、中国人寿等世界 500 强公司。参与实施的 18 家银行也涵盖了所有上市银行，其资产规模占中国银行业总资产的 70%。

"原来 XBRL 是目前会计实务的国际趋势呀！看来这次实习是挖到金了。"小皮心中暗喜，"我的实习工作还配合着财政部'数出一门、资源共享'的伟大目标呢。"小皮又浏览了一下 XBRL 中国的官方网站，发现里面有不少企业提交了 2012 年试点工作的总结报告，还有余蔚平等人在第四届可扩展商业报告语言（XBRL）亚洲圆桌论坛上的讲稿，算是基本上了解 XBRL 的前世今生了。

三、XBRL 实务操作

（一）工作流程

7 月 4 日，小皮正式入驻 LS 集团，开始了她的 XBRL 奇幻旅程。小胡作为项目的主要负责人，主导本次项目工作。首日的工作便是研究财务报告、进行分工，小皮感到不知所措，于是很茫然地咨询小胡："整个项目的流程是怎么样的？"小胡翻出培训的PPT，介绍了一下基本工作流程。

XBRL 的技术架构如图 13.1 所示。本项目主要负责生成实例文档。

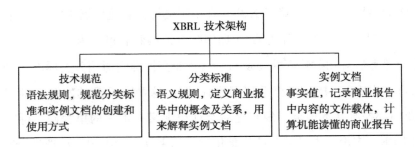

图 13.1 XBRL 技术架构

通用分类标准实施工作内容（见表 13.1）主要包括四个部分，即元素梳理、创建拓展分类标准、创建实例文档和校验。项目组计划在未来的六个星期内完成项目工作，其中前两项工作计划各在两星期内完成，后面两项工作每项预计需要一个星期。

表 13.1　通用分类标准实施工作内容

基于通用分类标准的元素梳理	创建拓展分类标准
·分类财务报告结构 ·提取财务报告元素 ·映射通用分类标准	·确定元素及其属性 ·确定元素标签 ·确定列报关系 ·确定定义关系 ·确定计算关系
创建实例文档	校验扩展分类标准与实例文档
·创建上下文 ·创建单位 ·赋予事实值	·基于 XBRL 技术规范系列国家标准的校验 ·基于通用分类标准的校验 ·基于通用分类标准编报规范的校验

此外，财务报告标记层级指四个标记级别名称，其中一级为 Statements，二级为 Notes，三级为 Policies，四级为 Details。对于国内的财务报告来说，八张主表是一级披露；附注中的会计科目下的每一个详细说明作为一项二级披露，如"存货"的整个附注内容；每一项会计政策和会计估计作为一项三级披露；而每一个详细的表格或者带重要会计数据的文本作为一项四级披露，如"存货"下有"存货分类""存货跌价准备"等详细表格，对每一个表格都予以四级披露。

(二) 元素梳理

第一、二周的主要工作就是进行元素梳理。元素梳理是最为基础的工作，也是最繁杂的工作。这个工作需要工作人员一边分析企业的财务报表，一边核对通用分类标准元素清单，后者就是小皮口中天天念叨的"国标"。进行元素梳理时，需要鉴别企业自身财务报表中的会计科目是否与国标规定的元素内涵一致、借贷关系相同、时间时点属性一致，因此需要反复琢磨和理解。小皮作为四人中间唯一学会计出身的成员，纠结的最多。

有一天，小陈问小皮："小皮，你看下附注中的应收账款坏账准备，'单项金额重大并单项计提坏账准备的应收账款'和'单项金额虽不重大但单项计提坏账准备的应收账款'，这两个科目应该怎么跟国标匹配呢？"小皮翻出国标，查找发现上面只有三个科目，分别是"单项金额重大""单项金额不重大但按信用风险特征组合后该组合的风险较大""其他不重大"三个元素。这三个元素到底能不能与企业的财务报告相匹配呢，小皮也觉得疑惑，"单项金额重大"和"单项金额重大并单项计提坏账准备的应收账款"

可以匹配，但是"单项金额虽不重大但单项计提坏账准备的应收账款"和"其他不重大"的匹配关系似乎不明显。经过一番讨论之后，他们还是决定新拓展元素。

没过几分钟，小雷又提出了问题："小皮，你看这个应收账款坏账准备附注中的'比例'是不是跟国标中'应收账款占坏账准备总额比例'是一致的？"小皮很惊讶"呃，'应收账款占坏账准备总额比例'？我还是头一次听说这个名词呢！你确定这是国标中的吗？""是啊，你自己看看国标，就是这么写的。""啊，国标是不是也有出错的时候呀？应收账款不是必然会比坏账准备多吗？'应收账款占坏账准备总额比例'的值不就永远都是大于等于1了？看来是翻译错误，小雷，新拓展一个元素吧。"

小皮对国标中存在差错感到有点小沮丧，天天"爱不释手"的国标是小皮开展项目工作的标杆之所在，小皮不禁怀疑是否自己的判断有错误。但是，随后小皮在自己的元素梳理工作中论证了国标也有可能存在不完善之处的基本观点。在利润表项目营业税金及附加的元素梳理中，小皮惊讶地发现国标中给出的"城市建设维护税"竟然是"应交税费，城市维护建设税"。利润表项目的披露中竟然来了个资产负债表的项目，让小皮纠结了很久。到底是应该"将错就错"，还是应该自行拓展呢？但是编报手册中又要求国标中有的项目企业不得自行拓展。幸亏后来小皮发现了国标的其他项目中有"城市建设维护税"，就直接引用了"城市建设维护税"，终结了自己的纠结。

除了要匹配国标的标准标签外，他们还得思考企业财务报告中的空格部分是否应该增添财务数据。例如，在"按成本计量的投资性房地产"的附注披露中（见表13.2），其中账面净值和账面价值的"本年增加"和"本年减少"的财务数据未予披露，意味着在转置之后，该行项目后面将没有任何财务数值。根据XBRL编报规则，对没有财务数据的行项目，不能将其披露。一般为了保存整个报表的结构，允许对空值进行加零处理。问题是在该项目中，"本年增加"和"本年减少"的财务数据并不显著为零。小皮就此问题咨询了DH软件的明明哥和LS集团的相关人员。明明哥给的答复是："看企业需要。如果企业觉得必须披露，那就只能添零；否则就不予披露。"而LS集团的答复是："让软件公司去解决，我们企业必须要披露这个结构，但是数据我们没有归集，因而没有数据披露。他们是做试点工作的，如果这是软件的问题，让他们提供技术解决。"

表 13.2　企业财务报告披露　　　　　　　　　　　（单位：元）

项目	年初金额	本年增加	本年减少	年末金额
原价	66 948 246.99	8 670 206.00	—	75 618 452.99

续表

项目	年初金额	本年增加	本年减少	年末金额
房屋及建筑物	66 948 246.99	6 296 748.00	—	73 244 994.99
土地使用权	—	2 373 458.00		2 373 458.00
累计折旧和累计摊销	27 533 668.38	9 885 384.17	—	37 419 052.55
房屋及建筑物	27 533 668.38	9 088 292.91	—	36 621 961.29
土地使用权	—	797 091.26		797 091.26
账面净值	39 414 578.61	—	—	38 199 400.44
房屋及建筑物	39 414 578.61	—	—	36 623 033.70
土地使用权	—	—	—	1 576 366.74
减值准备	—	—	—	
房屋及建筑物				
土地使用权				
账面价值	39 414 578.61	—	—	38 199 400.44
房屋及建筑物	39 414 578.61			36 623 033.70
土地使用权	—			1 576 366.74

最后，为了保持披露后企业财务报告框架结构的完整性和会计信息的相对准确性，项目组假设期初和期末之间差额的正值全为本期增加额，负值全为本期减少额，添加财务数据进行披露（见表 13.3）。另外，会计人员在向财务部报送财务报告的同时应报送说明文稿。

表 13.3　XBRL 财务报告披露　　　　　　　　　　　　　（单位：元）

项目	房屋及建筑物	土地使用权	合计	时间
投资性房地产原价	66 948 246.99	0.00	66 948 246.99	2011/12/31
投资性房地产本年增加	6 298 748.00	2 373 458.00	8 672 206.00	2012
投资性房地产本年减少	0.00	0.00	0.00	2012
投资性房地产原价	73 246 994.99	2 373 458.00	75 620 452.99	2012/12/31
投资性房地产的折旧及摊销	27 533 668.38	0.00	27 533 668.38	2011/12/31
投资性房地产的折旧及摊销，本期计提	9 088 292.91	797 091.26	9 885 384.17	2012/12/31
投资性房地产的折旧及摊销，本期减少	0.00	0.00	0.00	2012

续表

项目	房屋及建筑物	土地使用权	合计	时间
投资性房地产的折旧及摊销	36 621 961.29	797 091.26	37 419 052.55	2012
投资性房地产账面净值	39 414 578.61	0.00	39 414 578.61	2011/12/31
投资性房地产账面净值本年增加	0.00	1 576 366.74	1 576 366.74	2012
投资性房地产账面净值本年减少	2 789 544.91	0.00	2 789 544.91	2012
投资性房地产账面净值	36 625 033.70	1 576 366.74	38 201 400.44	2012/12/31
投资性房地产减值准备	0.00	0.00	0.00	2011/12/31
投资性房地产减值准备，本期计提	0.00	0.00	0.00	2012
投资性房地产减值准备，本期减少	0.00	0.00	0.00	2012
投资性房地产减值准备	0.00	0.00	0.00	2012/12/31
投资性房地产账面价值	39 414 578.61	0.00	39 414 578.61	2011/12/31
投资性房地产账面价值本年增加	0.00	1 576 366.74	1 576 366.74	2012
投资性房地产账面净值本年减少	2 789 544.91	0.00	2 789 544.91	2012
投资性房地产账面价值	36 625 033.70	1 576 366.74	38 201 400.44	2012/12/31

（三）创建拓展分类标准

经过层层审批后，项目所需的服务器终于在第三周快要结束的时候装好了。为方便数据存储，公司还配置了一台全新的电脑供项目组使用。小皮知道，公司在主观上虽然不怎么关心项目的进度，但是在硬件配置上还是很大方的。第四周开始，小皮的项目组就进入到本项目的第二阶段——创建拓展分类标准。

创建拓展分类标准主要包括以下步骤：

（1）对自行拓展的元素定义英文标签，英文标签采用驼峰命名法，中间不能含有冠词和空格。

（2）定义自行拓展元素的属性。属性包括 ID、数据类型（见表 13.4）、XBRL 中的组别、是否允许空值等。

表 13.4　元素数据类型及示例

元素数据类型		举例
dataItemType	日期项类型	应付债券到期日
decimalItemType	小数项类型	天然起源的生物资产数量
domainItemType	域项类型	固定资产（member）
escapedItemType	文本块项类型	固定资产信息披露（text block）
monetaryItemType	货币项类型	资产
percentItemType	百分比项类型	坏账准备占应收账款账面余额的比例
pureItemType	纯数项类型	汇率
shareItemType	股份项类型	股份数量
stringItemType	字符串项类型	存货减值准备的计提说明

（3）确定元素的标签类型。元素的标签类型包括期初标签、期末标签、合计标签、负值标签、净值标签、长标签、短标签等。

（4）确定定义关系。主要是确定维度成员和行项目之后，定义行项目的列报链接库和定义链接库。

（5）确定计算关系。即确定行项目中的计算链接库。

小皮一直认为英文翻译是一件痛苦的事情，尤其是定义元素的英文标签。由于英文标签中不得含有数字、标点符号，对一些在建工程及长期股权投资的名词无法准确定义其英文标签，如"矿区 1♯、3♯、5♯泵房改造工程""怀化三产""广西皇城"这样的名词，需要对其内涵进行深入研究，然后再结合英语的习惯进行翻译。

项目组在梳理元素清单时，发现对于同一元素只需要输入一次就可以了，因此小雷将去重的元素清单导入分类拓展标准工具中，开始搭建链接库。由于只有一个客户端口连接到服务器，于是只能通过一台电脑录入链接库。在大家搭建链接库的时候，小皮在自己的电脑上尝试导入了三个二级披露工作表和三个四级披露工作表，试验之后发现去重的元素清单会影响后面的自动映射环节。

小皮向明明哥请教了分类拓展标准工具的基本原理和流程，才认识到以前项目组对该软件的认识是错误的。之前项目组成员一致认为，只有在导入二级披露和四级披露的工作表之后，才能生成元素清单，然后才是创建连接角色和链接库，等链接库创建完毕之后才开始自动映射，生成实例文档并进行校验。但实际上，拓展分类标准的创建过程应该是两条线的。第一条线是拓展元素，根据企业财务报告创建列报链接库，根据国标创建定义链接库，对其中的计算关系创建计算链接库；第二条线是将二级披露和四级披露的工作表导入 XBRL 软件，然后将软件自动导出的元素清单重新导入软件。这两条线是独立的，互不干涉。在完成以上工作后，将元素清单与链接库进行自动映射，映射成功后，便可生成实例文档。

项目组兴致勃勃地在客户端忙活了一天。第二天早上，小郭刚到办公室打开电脑，就发出一声惨叫："链接库中的二级披露的链接结构怎么都没有了！"小雷也赶过去，发现所有链接库中的二级披露的链接结构真的都不翼而飞了。"如果是没有保存的问题，那为什么链接库中的四级披露的链接结构都还在呢？"小皮很纳闷，也不知道是哪里出现了问题。请教项目指导人员明明哥，得知需要在二级披露的链接结构中添加一个虚元素，将两者定义成为上下级关系，该链接结构才能保存。小皮觉得这个问题是软件的缺陷，但是又不好明说。

项目组忙活了两周之后，基本上把所有的连接角色、链接库都已经创建完毕了。

（四）自动映射、实例文档和校验

所谓的分类拓展标准软件，其实是一个仅仅为了披露财务报告而开发的一款"外挂式"的财务报告形式转换软件。"外挂式"是小皮的新发明，并且对这个名词爱不释手。其实耗时三个星期的元素梳理，只是为了将原有的财务报表转换到可以输入这个"外挂式"软件的财务报表，即 XLM 格式的财务报表。对于真正全面使用 XBRL 软件的企业来说，披露财务报表只是瞬间的事情，而项目组在这个事情上已经花费了一个多月了，预计至少还需要半个月才能完工。这就是"外挂式"软件最大的缺点：耗时！到现在，小皮才明白，项目组并不是在从事电算化会计工作或者是 XBRL 财务软件应用工作，而是将传统的财务报表转换成 XBRL 财务报表的工作。从本质上来说项目组的工作只是文字处理工作而已。

到了第六周，明明哥终于入驻 LS 集团全面指导工作，协助项目组完成后续工作。进行自动映射的 235 张工作表，在第一次映射中就有 30 多张无法通过。最让人措手不及的是，拓展分类标准系统只会告诉他们结果——映射不上，原因是什么，需要他们自己冥思苦想。项目组成员花了三天的时间来挖掘错误的原因和解决的办法，终于在第六周结束之前使所有的工作表自动映射成功。

由于"外挂式"软件目前还不具备软件校验的功能，自动校验的工作都是交给 GWI 公司的一个信息技术员完成的。首次校验之后，小皮将软件校验后发现的错误归为三类：第一类是项目组自身工作中的错误，第二类是财务报告自身的错误，第三类是国标中的一些错误。项目组需要一个个地修正第一类错误（见表 13.5）。经过反复校验和修正，基本上在一周之内完成了校验工作。

表 13.5 XBRL 校验错误汇总

WARNING	VA_1011	elementID＝cas_ASharTradingRightsInExchangesOfShenzhenStockExchangeIncrease，label(en)＝A share trading rights in exchanges of Shenzhen Stock Exchange，increase in current period
ERROR	VA_1002	elementID＝cas_ChangesForYearUseToRepresentDecrease，label(zh)＝本年增减变动金额(减少以"－"号填列)
WARNING	VA_1025	elementID＝hnsalt：SecondaryMember
WARNING	VA_1038	roleURI＝http://www.hnsalt.com.cn/role/cas/813100/000000/109012，Definition＝[109012]Notes-Contingencies
ERROR	VA_1002	elementID＝cas_DiscureOfFinancialLiabilitiesAtFairValueThroughProfitOrLossRecognitionAndMeasurementExplanatory，label(zh)＝以公允价值计量且其变动计入当期损益的金融负债的确认和计量方法
ERROR	VA_1002	elementID＝cas_CategoriesOfGovernmentGrantsMember，label(en)＝Categories of government grants[member]
WARNING	VA_1006	elementID＝cas_AccumulatedAmortizationOfAShareTradingRightsOfShenzhenStockExchangeBalance，label(en)＝Accumulated amortization of A Share trading rights of Shenzhen Stock Exchange，balance
ERROR	VA_1002	elementID＝cas_CarryingValueOfTradeAcceptanceBalance，label(zh)＝商业承兑汇票账面余额
ERROR	VA_1002	elementID＝cas_DiscureOfFinancialLiabilitiesAtFairValueThroughProfitOrLossRecognitionAndMeasurementExplanatory，label(zh)＝以公允价值计量且其变动计入当期损益的金融负债的确认和计量方法

四、再识 XBRL

第七周结束以后，小皮趁着周末返校，跟导师汇报了下自己的实习情况，顺便谈了几点自己的看法。小皮觉得现在的 XBRL 还存在不少需要完善的地方，主要包括三个方面。

第一，从国标的角度来看，分类拓展标准元素与中国现有的会计概念还有很多不一致的地方，使中国会计科目披露的规范工作容易出现误差；分类拓展标准元素设置过于注重与国际接轨，而忽略了保持中国本土企业的一些特有会计科目。

第二，从软件开发的角度来看，大部分企业已建立了自己的财务管理系统，且很多企业也有很完善的管理信息系统。如果要实行 XBRL 财务软件，企业必须从细枝末节处开始改革，这对于很多企业来说是人力、物力、财力的大量投入。现行推广的 XBRL 财务软件对操作者的要求很高。操作者不仅要有扎实的会计知识，还要有一定的英语功底和较高的软件操作能力。除了有国家政策支持，XBRL 财务软件目前还没有其他显著性优势可以打败用友和金蝶等国内常用的财务软件。

第三，从企业的角度来看，企业作为一个营利单位，更加看重效益。只有投入没有产出的事情一般不会被企业重视。目前的 XBRL 软件是一种"外挂式"的软件，根本就没有嵌入企业的财务管理系统，除了能够应对财政部的财务报告披露要求之外，对企业来说基本上是没有意义的。哪个企业愿意花大量的人力、物力和财力来做这个事情呢？即使 XBRL 财务软件具有很强的优越性，但现有的"外挂式"软件根本无法发挥 XBRL 的优越性。

导师听完小皮的汇报后，认为小皮对 XBRL 的认识还不够全面，建议她阅读国际上目前通行的 XBRL 规范和其他外文文献，加深其对 XBRL 的了解，再运用相关理论用来分析所遇到的问题，最好能够写出一篇论文。走出导师办公室，小皮微微叹气：看来 XBRL 之路还有很多值得探寻的地方呢！

五、项目总结报告会

一直没有来检查过工作的陈总，在了解到项目工作已基本结束，正等财政部通知上报之后，安排文姐组织召开 XBRL 项目总结报告会。文姐让小皮和小郭准备一个项目总结报告，并说到时候财政厅的刘处长也会过来听报告。小皮想："这次刘处长过来，我们是不是可以对国标提提建议呢？"小皮在实习过程中，加入了 XBRL 通用分类标准实施的 QQ 群。在这个 QQ 群里，她发现了很多 XBRL 方面的专家，很想跟他们探讨下国标尚需完善的地方。但是考虑到自己的专业知识不如专家们，并且她现在代表企业，实在是不太好意思给企业丢脸，于是未能与专家们进行交流。这次刘处长过来听报告，也许她能够向刘处长说一下自己的想法。

XBRL 项目总结报告会安排在第八周周二下午两点半。由于文姐忘记邀请刘处长出席会议，小皮向刘处长探讨国标的期望还是落空了。除了代表软件公司的明明哥和小陈、实习生小皮和小郭，只有 LS 集团财务部长陈总、文姐和负责本次项目的小胡参加了总结报告会。小陈大致介绍了本次项目的主要工作流程，并归纳了项目过程中遇到的问题。小皮和小郭则从政府、软件开发和应用企业三个方面做了汇报。

（一）对政府的几点建议

中国财政部为了促进 XBRL 试点工作的顺利开展，投入了大量的人力、物力和财力。一批优秀的软件开发公司通过竞标参与 XBRL 的推广工作。但是小皮和小郭发现 XBRL 在中国推广的过程中存在着一些问题，并从政府的角度提出了一些建议。

1. 试点项目中的主体选择有待商榷

财政部选择从大型的银行、国企开始着手 XBRL 的推广工作，并试图将其应用到会计信息化领域、财务管理信息领域甚至是管理信息系统中，这并不是十分科学的。这些企业结构复杂、业务多元，并且拥有庞大的分、子公司体系，它们的财务报告涉及面广，处理复杂。

2. 以行政手段推广的效益不高

运用行政手段强制性推广，虽然能够达到数量上的效果，却无法达到质量要求。国有企业和商业银行往往都是迫于无奈、应付式地参与 XBRL 推广工作，并没有真正思考如何推进 XBRL 在企业内部的实务应用。

3. 鼓励企业制定更为详细的分类标准

为了满足所有企业的披露要求，国标只能从宏观方面对企业的财务数据披露进行规范。根据国标进行的 XBRL 披露，在很多方面无法满足信息共享的需求。应鼓励企业更多地参与行业分类拓展标准和企业内部分类拓展标准的制定工作。

（二）对软件开发商的几点建议

小皮和小郭在汇报中提到，现有 DH 软件公司开发的"外挂式"软件，基本上满足了本次财政部提出的报送要求，但是从未来 XBRL 推广的角度来看，仍然存在下面几个有待完善的地方。

1. 基础数据的采集效率不高

现行的 XBRL 软件要求企业手工录入财务报表及附注的财务数据，结合国标，将其转换 XLM 格式。虽然人工录入数据的实施成本较低，但是不能充分发挥 XBRL 技术的优势，而且数据的重复录入容易产生误差，降低数据处理的效率及数据的可靠性，未能实现降低会计信息成本、提高信息共享的效果。

2. 元素匹配的条件过于单一

目前基础数据中所标注的行项目和域成员必须与国标中的标准标签进行唯一匹配，而无法与该标准标签下已经定义的期初标签、期末标签、净值标签或合计标签相匹配，因此在进行基础数据整理和定义链接库搭建时，工作烦琐反复，工作效率低。

3. 自动映射的报错功能过于简洁

目前软件能完成手工映射和自动映射，并且能够将基础数据与定义链接库无法匹配的工作表反馈给用户，但无法给出两者无法匹配的具体原因。即使基础数据中一张表的某一个扩展元素的一个标点符号与定义链接库无法匹配，软件都会显示整张表都不能与系统完成自动映射。企业只能通过全面检查和多次试错来检查两者无法匹配的原因，其工作效率被大大地降低。

4. 校验报告的可理解性有待提高

目前 DH 软件公司提供给 LS 集团的分类拓展标准工具暂时不具备软件校验的功能，本次项目的软件校验是借助外部软件完成的。此外，外部软件生成的校验报告为全英文版本，不利于用户对校验报告的理解。该软件对用户的计算机基础和英语基础都提出了较高的要求，影响该软件的全面推广。

（三）对应用企业的几点建议

XBRL 应用企业 LS 集团积极地配合了这次 XBRL 试点工作，投入大量财力购置服务器和电脑等硬件设施，保证了本次项目的推进和完成。小皮和小郭认为企业应该还可以从以下几点出发，加强 XBRL 的应用。

1. 从成本效益原则出发，综合考虑 XBRL 在企业的应用

目前，只有在企业传统财务报告生成以后，才能完成财务报告的 XBRL 披露，导致了财务数据的滞后。这种一年只使用一次的现象，也大大降低了软件的使用效益。企业应该积极探索 XBRL 在企业内部的有效应用，充分发挥 XBRL 的管理作用，为企业带来更多的经济效益。

2. 加强 XBRL 学习，灵活运用通用分类标准

在现有对 XBRL 认识的基础上，加强学习、深化理解，全面掌握分类标准元素清单

中各元素的会计内涵，减少对元素把握不足而新建元素的情况。当企业会计实务中涉及的会计科目与通用分类标准定义不一致时，要学会如何灵活运用分类标准实现会计科目的 XBRL 披露。

3. 密切关注软件升级及财政部新要求

作为 XBRL 试点实施企业，应密切关注相关软件的升级情况，及时掌握软件升级后的新增功能及要求，同时积极适应财政部对 XBRL 应用的新指示和新要求，进行软件报错跟踪管理。

4. 保持录入财务数据的一致性

对于同一会计科目，在基础工作过程里的不同表格中，应该将其定义为完全一样的货币属性、借贷属性和时间属性，否则在自动映射中将出现无法映射的情况。同时对于重复出现在元素列表中的企业扩展元素，应该只保留一个。

(四) 企业的反馈意见

听完小皮和小郭的汇报，陈总提醒小胡，以后 XBRL 的事情就交给他了，让他多了解了解。小胡却有他自己的想法。他向软件公司的人员抱怨道："像我们这种国有企业，既要向财政厅汇报，又要向国资委汇报，同时集团内部又有一套完整的财务报表系统。每个月度、季度和年度，我都要按照每个部门的要求报送不同的财务资料，还要向上面的两个政府部门报送符合他们要求的财务报告。而现在要求 XBRL 操作人员既要有计算机能力，又要有英语水平，我真的很难应付。一个财务报告，项目组四个人做了两个月才基本上做完，我一个人平时基本上是没有时间忙这个的。你们的软件如果要想成功推广，就要做成像用友、金蝶一样的"傻瓜式"财务软件。会计人员即使没有很丰富的财务会计知识，也能在短暂的培训后上岗操作。"

小胡越说越激动，声调提高了一些："一是我们公司没有人力来做这个事情，二是从效益的角度来讲，使用 XBRL 软件也不合理。我们现在花钱买了你们公司的软件，这个软件除了可以满足财政部 XBRL 报送要求外，对我们单位基本上没有用，既不能进行账务处理，又无法进行数据提取。并且，软件生成的什么实例文档，对于企业来说，根本就用不到。那你们说我干吗没事自己讨苦吃呢？"

实习结束后，小皮回到学校，想起明明哥曾经跟她说过，未来财务软件市场将发生翻天覆地的变化："这次财政部抛弃用友和金蝶，联合我们这些软件公司开发 XBRL。

一旦 XBRL 成熟，用友和金蝶几乎没有用武之地了。"小皮不禁揣测，这个未来到底将会要多久才能到来呢？

六、后记

通过新闻和企业公开披露的处罚书等渠道获知，自 2018 年 3 月 26 日 LS 集团上市以来，从未收到关于财务报表信息披露的相关处罚，据此可以证明 XBRL 财务软件在 LS 集团中得到了充分的运用，并保证了企业的财务报表的信息披露质量。从相关的新闻报道中可以关注到 LS 集团在 2021 年预计实现归属于上市公司股东的净利润 3.8 亿元～4.3 亿元，与 2020 年同期相比增加约 2.35 亿元～2.85 亿元，同比增长 161%～196%。截止到目前，LS 集团以 19.28 亿元与湘渝盐化进行了重大资产重组；与加加食品集团实现战略合作；与新农垦（上海）农业发展有限公司签订合作探索复合调味品新领域。综合来看，LS 集团的发展势头强劲。

【讨论题】

1. 结合案例，你认为 XBRL 目前的供需主体分别是谁？是否为 XBRL 真正的供需主体？

2. 你认为 XBRL 的会计理论基础是什么？

3. 现有的 XBRL 财务软件能否真正引发财务软件市场的变革？为什么？

4. 本案例中 LS 集团对应用 XBRL 的态度是什么样的？为什么会有这样的态度？

5. 小皮认为 XBRL 不应该从大型的银行和国企开始推广，你是否认同她的看法？为什么？

【案例说明书】

一、背景信息

（一）理论背景

XBRL 的理论基础是事项会计理论。事项会计起源于 20 世纪 60 年代末期，由美国会计学家索特在 1969 年明确提出。索特认为财务会计目标在于提供与各种可能的决策模型相关的经济事项信息，与决策相关的时间信息应该尽量以其原始的形式保存。事项会计以及基于事项会计的实时报告系统不仅改变了会计信息生成和传递的途径，而且给会计基本理论带来一系列挑战。

（二）企业背景

LS 集团是一家从计划经济体制内脱钩改制的资源垄断型国有企业，与 GWI 公司、XEMC 公司共同作为试点企业参加了省财政厅 2013 年 XBRL 项目试点推广项目。其主要从事盐产品的生产、加工和经营，除普通碘食盐和工业盐外，还开发了高附加值的多品种系列特色产品。"雪人"牌商标为中国驰名商标。LS 集团坚持做强主业、稳健发展的理念，积极拓展经营领域，在产品包装、精细化工、工程陶瓷等产品的开发和经营方面取得一定的成绩，形成了一批名优产品。

二、问题分析

1. 结合案例，你认为 XBRL 目前的供需主体分别是谁？是否为 XBRL 真正的供需主体？

财政部是本案例中 XBRL 财务报告的需求方，软件开发商是本案例中 XBRL 软件的供应方，而试点企业只作为 XBRL 信息提供第三方。软件开发商根据财政部 XBRL 的转换需求开发软件，投入企业进行调试和应用，最终将所有的 XBRL 软件下生成的实例文档保送给财政部。

作为一个财务软件，XBRL 的真正的供应方可以是软件开发商也可以是企业自身，企业可以运用自身的技术人员开发出适合自身特色的 XBRL 管理信息系统，也可以聘用外部的软件开发商入驻企业进行系统设计。XBRL 的需求方应该包括企业及其相关利益者。企业会计信息的外部使用者可以通过 XBRL 系统掌握企业的财务数据，并且可以在系统中完成同行业的财务数据对比，更便于外部使用者做出决策。企业信息的外部监督人员也是 XBRL 的需求方，如证监会、财政部等部门，可以直接在披露系统中提取数据，发现问题。XBRL 最主要的需求方应该是企业自身，通过高效率的数据提取和分析，全面掌握企业的财务状况、盈利水平和成本数据，更好地进行管理决策。

2. 你认为 XBRL 的会计理论基础是什么？

XBRL 的会计理论基础是事项会计理论。

基于事项会计理念，企业的"实时报告系统"必须建立一个经济事项信息数据库，该数据库以各类经济活动事项为重心，并独立于应用程序。企业的经济事项信息数据库储存了企业各种经济事项的不同属性特征。财务管理系统通过对该数据库的实时访问及时作出必要的会计处理，提供实时财务信息。企业外部信息使用者通过访问企业数据库，获得有关企业以其原始的形式保存的第一手资料，从而提高了其决策的相关性。XBRL 是一种基于互联网来生成和传输商业报告的语言标准，使得不同的计算机系统能够以统一的方式自动识别、处理、分析、比较这些商业信息。这正符合了事项会计的理念。

基于事项会计理念，事项是会计主体的各种经济活动，它与信息使用者的决策相关。信息使用者可以从不同角度直接观察经济活动，每一个可被观察的方面就是该项经济活动的一种属性特征。这些属性特征既可以用货币计量尺度计量，也可以用某种易于理解的方式描述。这些属性特征的集合完整地表达出某种经济活动的事项信息。

3. 现有的 XBRL 财务软件能否真正引发财务软件市场的变革？为什么？

就现有的 XBRL 财务软件来看，它并不能真正引发财务软件市场的变革。原因如下：

（1）目前已经流行的财务会计软件已基本上实现了"傻瓜式"的操作流程，然而 XBRL 对操作者提出了广泛的要求，包括财务会计水平、计算机水平和英语水平，使得其可操作性下降。

（2）XBRL 的操作软件仍然存在软件漏洞。比如现有的软件无法实现在线校验，同时在录入财务数据时也存在偏差。

（3）XBRL 的效益性不高。对于试点企业来说，XBRL 只给他们带来了成本的支出，并没有实现利润的增加。

（4）XBRL 软件在企业的全面推广阻碍重重。对于已经设计好管理信息系统的企业，如果需要将 XBRL 软件镶嵌在企业的系统中，必须从细枝末节处开始改革，阻力较大。

可提供其他答案，言之有理即可。

4. 本案例中 LS 集团对应用 XBRL 的态度是什么样的？为什么会有这样的态度？

从本案例可以看出 LS 集团对 XBRL 的推广不重视，具体的表现有：

（1）在企业管理层次上，集团财务并不关心本次 XBRL 的推广工作，对于项目组的工作也并没有跟进。

（2）从人力资源投入的角度来看，集团仅仅派出了两名对 XBRL 一无所知的实习生参加了项目推广，内部员工根本就没有接触。

（3）从员工的角度来看，员工小胡对 XBRL 的试点工作是极其抵触的，根本就无心接任 XBRL 的后续工作。

产生这种现象的根本原因在于：LS 集团作为一个营利性质的企业，管理层最为关注的是投入产出的效益关系。XBRL 在短期内并不能为企业带来收益，因而无法引起企业的兴趣。此外，对于国企的管理层来说，他们根本就不需要运用 XBRL 软件来进行财务数据的提取，XBRL 未来的收益对他们来说也不具有吸引力。

5. 小皮认为 XBRL 不应该从大型的银行和国企开始推广，你是否认同她的看法？为什么？

该问题为开放性问题，读者可根据自身理解作答，言之有理即可。基本倾向为 XBRL 不适合从大型银行和国企开始推广。原因如下：

（1）这些企业结构复杂、业务多元，并且拥有庞大的分、子公司体系，他们的财务报告涉及面广，处理复杂，无法单靠国标来进行业务规范。

（2）从企业利益来说，他们根本就不需要运用 XBRL 软件来进行财务数据的提取和分析，传统的财务软件可以满足他们的要求。

（3）在财政部的 XBRL 推广中，真正的需求者是财政部等政府机构，目的是保障国有资产的保值增值，加强政府审计。企业并不是真心愿意配合。

【参考文献】

［1］Robert E. Jensen，肖泽忠. 论互联网条件下的按需报告模式［J］. 南开管理评论，2004（01）：82-87.

［2］张天西. 网络财务报告：XBRL 标准的理论基础研究［J］. 会计研究，2006（09）：56-63＋96.

［3］高锦萍，张天西. XBRL 财务报告分类标准评价——基于财务报告分类与公司偏好的报告实务的匹配性研究［J］. 会计研究，2006（11）：24-29＋96.

［4］刘玉廷. 推广应用 XBRL 推进会计信息化建设［J］. 会计研究，2010（11）：3-9.

［5］杨周南，朱建国，刘锋，等. XBRL 分类标准认证的理论基础和方法学体系研究 ［J］. 会计研究，2010（11）：10-15＋96.

［6］应唯，王丁，黄敏，等. XBRL 财务报告分类标准的架构模型研究 ［J］. 会计研究，2013（08）：3-9＋96.

本案例资料来源于 XBRL 中国网站、LS 集团 2012 年年度财务报告以及学术论文等。感谢罗暄为本案例提供的支持，同时，感谢参与案例撰写的成员。特别感谢陈应白、李辉、吴忠生、张旺军、刘梅玲、瞿晓龙和胡国强等，为案例撰写提供了线索与参考资料。

案例十四

战略财务筑凌云，
云上共享入华天

【案例背景】

　　华天酒店作为中西部酒店龙头企业，于二十世纪九十年代末期成功上市，2015 年开始实施财务共享。随着互联网经济和共享经济的兴起，华天酒店现有的盈利模式受到挑战，希望通过财务共享服务中心的升级，重新定位企业战略，寻找新的盈利模式。案例分析了华天酒店财务共享的历史与现状，得出了华天酒店未来发展战略与财务需求，构想了华天酒店未来的财务共享方案，提出华天酒店基于酒店分时的新零售模式下的战略财务展望，为同行业企业的战略财务发展提供思路借鉴。

【学习目的】

　　关注集团财务共享服务中心的优化设计问题，从而为集团的可持续发展战略提供保障和支持。思考集团如何通过共享财务降本增效；如何实施业财融合共享服务中心；如何实现业务标准化；如何进行战略财务共享中心要素规划设计及风险防控。最后对财务共享服务中心未来的发展趋势进行展望。

【知识要点】

　　战略定位；盈利模式；云上共享

【案例正文】

2018 年 4 月 16 日，天色已晚，新绿的树叶在头顶随着和煦春风沙沙作响，然而，有的人却没心情欣赏。华天酒店计划财务部的分管副总、财务总监郭总皱着眉头急匆匆地走着，忽的一瞥，堵塞的道路上红色汽车尾灯忽闪忽闪，此起彼伏，像极了波澜壮阔的红海……

"小郭啊，互联网经济和共享经济兴起以后，传统酒店行业已经是一片红海，我们公司也不例外，现有的盈利模式受到了巨大的挑战，你一定要想想办法啊！"总经理的嘱咐言犹在耳，郭总也在心里做了盘算。华天酒店难逃大环境下高端酒店业的衰败趋势，2013 年起，公司营业收入连续 5 年下滑，在归属于母公司净利润方面，除 2015 年和 2017 年通过出售资产确保盈利外，其余几年均为亏损。华天酒店的经营状况已经到了必须做出改变的时候了，这也就意味着：公司的财务共享中心也是时候进行"版本更新"了！这几年，财务共享中心的发展中还存在一些急需解决的问题，在共享财务 1.0 阶段，华天酒店通过构建集中处理系统实现财务内部共享，达到降本增效的目的，但没有解决财务系统与业务部门对接的问题；在业财融合 2.0 阶段，华天酒店通过构建业财共享系统形成部门集成效益，但未能满足集团战略决策的需求。

想到这里，郭总拿出手机，拨打了为华天酒店财务共享提供咨询服务的 NL 网络科技公司的王总的电话号码……

一、企业概况

华天酒店是湖南省国资委控股下的子公司，以酒店客房、餐饮为主要业务。自成立以来，集团坚持酒店主业，已发展成为拥有 20 家自营酒店、5 家承包酒店和 25 家托管酒店的大型酒店集团。截至 2017 年底，其酒店已遍布湖南省 14 个市州以及北京、长春、武汉、南京、深圳等全国中心城市。集团拥有员工 5 298 人，资产总额逾 90 亿元。

近年来，在旅游业成为国家"战略性支柱产业"，以及各级政府的大力支持与强力推进下，华天酒店积极抢抓发展机遇，创新产业发展模式，大力推进"酒店旅游＋"发展战略。根据集团最新制定的"十三五"战略发展规划，华天酒店将坚持"服务为基、产业多元、相关一体、产融联动、协调发展"方针，完成酒店的战略转型。

2017 年，华天酒店重新梳理了公司的各业务板块，减少了管理层级。华天酒店调整后的组织架构如图 14.1 所示。

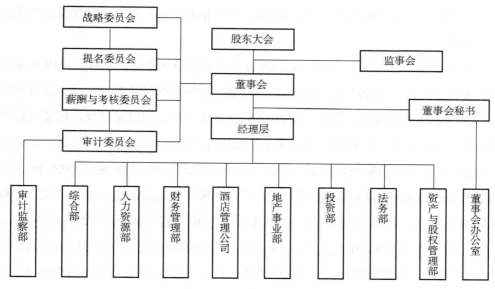

图 14.1　华天酒店的组织架构

华天酒店财务共享系统采用了集团自主构建的模式。2014 年底，华天酒店通过招投标的方式选定本地一家从事咨询服务、系统集成、软件产品等多项业务的公司为其财务共享系统的构建提供咨询服务。经过 5 个月的讨论和商定，华天酒店财务共享系统建设方案落地。2015 年 5 月，华天酒店实施集中账务处理系统和集中费用报销系统；2015 年 9 月，集中支付系统上线，并在其系统中搭建了银企互联平台；2017 年伊始，华天酒店开始对业务流程的管理；2017 年 5 月，华天酒店的集中采购系统开始测用；2017 年 11 月，华天酒店优化资金管理，建立资金管理系统；2018 年 1 月，人力资源系统开始试运营。

二、行业分析

截至 2020 年底，国内 A 股上市酒店企业共有 7 家，分别为华天酒店（000428）、锦江酒店（600754）、首旅酒店（600258）、君亭酒店（301073）、大东海 A（000613）、岭南控股（000524）和金陵饭店（601007）。根据 2021 年 5 月 7 日中华人民共和国文化和旅游部市场管理局发布《2020 年度全国星级饭店统计报告》，数据显示 2020 年全国星级酒店统计管理系统共有星级酒店 8 423 家，而成功上市的酒店却只有寥寥数家。

上市的这 7 家酒店企业，为确保公司持续的盈利能力，逐步改变单一的以追求酒店经营业绩为主的局面，积极挖掘酒店附加值，有效地拓展了"酒店＋餐饮"的业务发展模式。其中大东海 A、锦江酒店、金陵饭店和华天酒店一样，将酒店和餐饮服务作为公司主营业务。

2020 年 8 月 14 日，中华人民共和国文化和旅游部市场管理司发布《2019 年度全国星级饭店统计报告》，报告显示，截至 2019 年底，全国星级饭店管理系统中共有星级饭店 10 003 家，营业总收入达到 1 907.77 亿元。2019 年底新冠疫情暴发，国家对外出旅游的管控进一步升级，对酒店行业造成了巨大冲击。根据 2021 年 5 月 7 日中华人民共和国文化和旅游部市场管理司发布《2020 年度全国星级饭店统计报告》，数据显示 2020 年全国星级酒店统计管理系统共有星级酒店 8 423 家，营业总收入 1 221.53 亿元，对比发现，2020 年关停酒店数量达到 1 580 家，2020 年的营业收入相较于 2019 年减少 686.24 亿元。从营业收入组成上看，2020 年客房占营业收入比重由 2019 年的 42.49% 下降到 39.92%，与此同时餐饮在营业收入中的比重却有所上升，由 2019 年的 38.19% 上升到 41.63%，对比 2019 年和 2020 年两年营业收入组成可以看出，酒店逐渐将业务重心向餐饮迁移。

三、历史版本

2018 年 4 月 17 日上午十点，一个昨天晚上才约好的会议召开了。除了郭总和王总，与会人还有华天酒店的事业部部长和人力资源部部长，以及华天酒店具有财务方面专业知识的独立董事。座谈会一开就是一上午，严肃的气氛甚至吓到了来送会议资料的财务实习生。实习生送来的资料，正是公司财务共享中心的发展历程。

(一) 共享财务：华天酒店财务共享中心 1.0

作为本省国有酒店业企业龙头，华天酒店在 1996 年上市，备受关注。2014 年度，业绩一度良好的华天酒店出现亏损，集团管理层逐渐意识到财务管控在企业发展中的重要作用，开始着手集团财务共享中心的构想。华天酒店在 2015 年 5 月实行共享财务的构建前已经具有一定的信息化基础，如酒店电子设备系统、前后台业务系统以及财务系统，然而，据财务部反映，集团内存在大量财务处理上的重复劳动，并且由于分、子公司数量较多，分、子公司作为独立核算的主体，其上报集团的会计数据往往需要集团再次进行统一。

在业务流程方面，华天酒店以实现效率的优化和成本的控制为目的，通过对当时的业务流程进行改进或重造，设计了财务共享服务中心的流程框架，并建立持续的流程优化体制，对财务共享服务中心的运营管理进行持续的评估、改进和提升；在组织人力方面，华天酒店根据企业现有的组织人力和财务共享服务中心的功能设计其组织架构，根据相关部门的意见与需求招募人员，建立起一套系统的人员培训体系，为财务共享服务中心的员工设定清晰可行的发展通道；在信息系统方面，财务共享信息系统的设计主要包括应收账款模块（AR）、应付账款模块（AP）、资产管理模块（AM）和总账模块（GL）。此外，还设置了影像管理系统，对企业票据进行扫描和电子化的传输与管理；在制度设计方面，华天酒店基于企业的最佳实践设计了财务共享服务中心运营管理制度框架，并在框架基础上创建了核心制度样例、其他制度的关键要素提纲以及各种管理规范。

在财务共享初期的系统构建中，华天酒店上线了四个子系统，对账务处理、支付管理、费用报销和资金管理进行了集团集中处理设计。在集中账务处理系统中，华天酒店对标准化的财务业务进行业务流程再造与优化，实现了从业务发起到报表出具的财务核算过程全自动处理；在集中支付系统中，华天酒店通过银企互联系统实现了企业的财务系统与网上银行系统的有机互联，加强集团对资金的控制；在集中费用报销系统中，华天酒店将分、子公司的费用报销业务纳入财务共享中心统一的支出账户进行支付，有效减少资金沉淀，进一步加强资金风险管理。在集中采购系统中，华天酒店对酒店分公司采购业务订单实行共享。

除了财务共享中心的总体规范制度，华天酒店还根据各系统的特点设计了相应的制度，对于集中账务处理系统，华天酒店统一了各分、子公司的核算准则，制定了一系列的管理制度如财务集中核算内控管理制度、财务结算中心核算管理制度等，规范财务核算操作流程，并建立了实施财务共享服务后的集中账务处理系统在现场管理和时效管理方面的配套制度，保证共享服务中心高效且有秩序地运行；对于集中支付系统，华天酒店对银企互联系统流程进行了制度规范；对于集中费用报销系统，华天酒店对费用报销的授权管理进行了制度规范；对于集中采购系统，华天酒店设计了与财务共享系统的对接制度，对采购的全过程进行有效的控制和跟踪，控制采购成本，提高采购效率。

（二）业财融合：华天酒店财务共享中心 2.0

华天酒店通过初期财务共享的实施，集中了分、子公司的业务处理，提高了运营效率，降低了管理成本，然而系统之间的对接程度有限，财务与业务处于分离状态，同时，财务共享的实施还带来了一定的税务风险，发票管理问题日益显著。对此，华天酒店再一次对集团财务管理进行改进筹划。

在业务流程方面，华天酒店对集中费用报销系统和集中采购系统流程进行了进一步的优化；在组织人力方面，华天酒店对人员进行"按需定制 2.0 版本"改进，即根据新的"业财融合"要求进行人员定制。以业务部门的需求为向导，对财务共享流程工作中工作高频、时间冗长且附加值低的员工进行改进培训；在信息流程方面，华天酒店通过第三方数据转换平台对业务数据和财务数据进行交接，在两者之间建立"中间库"，对数据进行整合、分析，得出执行命令，实现财务和业务的数据交换。

为使集团财务与业务进一步地融合，华天酒店上线了四个系统对财务共享服务中心的功能进行优化，通过业务共享系统对财务与业务的对接进行改进，把业务活动各环节的数据及时准确地传递到财务系统，使得业务系统的单据能自动转成财务系统的凭证，并通过 EAS 系统建造一个大数据共享中心，将各个业务系统中的数据储存起来，再由财务系统、人力资源系统等对特定数据进行提取，完成财务预算、决算、费用管理、会员管理、分级营销体系、绩效评价等目标。此外，还对人力资源系统的组织、绩效和制度进行优化，构建资金集中管理系统和税务集中管理系统，增强资金管控，防范税务风险。

在制度设计方面，华天酒店为业务共享系统建立了一套业务与财务规则转换标准，开发会计引擎即中间库，对前台反馈的业务数据进行转换，将业务数据转换成财务系统能够识别的数据和字段，建立一套业务账本；在人力资源系统中加入了科学的绩效考评制度和培训制度；在资金集中管理系统中加入了资金收付管理、资金计划管理和司库管理制度；在税务集中管理系统中制定了电子发票管理制度。

在看过上述资料之后，郭总和与会人员都肯定，进一步的财务共享优化设计让华天酒店的业务与财务得到了一定的融合，实现了部门之间的集成效益。但是，当提及华天酒店现阶段面临的问题，几位领导便开始争相发言。

事业部部长提出："我们现在实施的是高度集权的财务管理模式，但是没有找到集权与放权的平衡点。比如说有的员工连 2 000 块钱的使用权限都没有，还得找部长审批，这导致大家的积极性不高。现在的问题是怎样将当前的这种高度集权的财务管理模式转变为利用大数据和系统集成的财务管理方式。但是我们还不具备实施的前提条件。"

财务总监郭总回应道："的确如此。我们的系统虽然都上了，审批也比以前科学、方便了很多，但是过于集权了，这样的管理模式是缺乏激励的。"人力资源部部长也表示赞同："并且，我们的操作人员还不具备应有的素质。改变人们长时期以来形成的习惯是非常困难的。"

"另外，集团缺乏从预算到核算到绩效考评的整体对接，管理者无法通过现有的财务报表为业务提供决策信息，由于集团处于转型扩张的时期，事业部迫切需要财务的支持。"事业部部长说道。财务总监郭总也表示集团现有的财务无法满足集团实行更精准的成本管控需求："比如说我们的餐饮业务和分、子公司各自是独立的核算单位，采购投入大，又难以管控。"

……

座谈会结束后，郭总终于能坐在办公椅上沉沉地睡上一个午觉。毕竟，现在摆在郭总眼前的，是集团鲜活的历史与紧迫的当下，还有那描绘的美好的未来。

四、版本升级构想

2018年5月2日，一个绝好的消息传到了本市高新技术园A栋的NL网络科技公司内——王总所在的公司通过招投标得到了华天酒店财务共享中心3.0版本的设计权。然而任务越大，工作也越重，王总高兴一阵后，就马不停蹄地开始构建集团3.0阶段"战略财务"的初步设计设想。

（一）战略财务设计方案

战略财务，即财务为战略决策提供支持。在战略财务阶段，实现财务职能的重心向决策支持转移。华天酒店应基于其战略规划，改变现有部分的业务模式，比如在酒店管理方面，应继续降低管理成本、如将酒店系统标准化、颗粒化，在细分的管理模式下，防止浪费；让业务人员直接参与经营管理，提高责任感，人人当家作主的情形之下，采购成本有待降低。除此之外，餐饮部门的采购管理上，由于食物的采购具有很强的可操作性会引起采购成本虚高，加之华天酒店分、子公司多，地域分布广，而食物受季节性影响大、再加上地方厨师手艺的不同引起的食物口感的差别等问题，可将各临近区域餐饮进行集中采购，批量采购下既可以加大监督，又可以减少浪费；其次，可对厨师进行统一集中管理，消除因地域性导致的口味的变化。

设计需要组织，需要人员。有组织、有人的地方就需要保障，华天酒店在优化财务共享系统的同时，也可在采购等方面的预算、采购等业务人员的绩效考评方面进行管理制度上的修改，以便进行相关风险分析和防控。

设计以上相关方案，最终的目的是要打破传统，制定并出具属于财务共享之财务阶段的经营管理报表，报表设计完毕后，要继续进行制度、信息系统、人力以及业务流程的优化以助力财务战略的实施。

在进行制度优化设计时，需考虑集团的财务共享中心的战略职能定位，优化职能设计的主体制度，佐以相关财务配套制度。当下中国正处于大数据时代的高速发展期，信息系统的优化重要性不言而喻，再次是人力优化设计，不仅要设立科学的人员管理制度，还需在原有组织架构和岗位上进行战略财务的优化设计，如在人员的安置上，需在明确各岗位职责的同时，注重员工岗位与技能的匹配、岗位与能力匹配以及岗位与空间的匹配。业务是执行 3.0 战略财务任务的工作信息流，所以还需对业务流程进行更加优化设计。

（二）战略财务风险分析

当前，由于华天酒店信息化管理水平的不足、相关财务控制制度不健全以及业财融合下人员和业务的"必然"矛盾等风险，防范和杜绝财务风险诱因不可或缺。应重点防范集团财务共享中心开展战略财务实施阶段依赖度高的监管体制，如费用报销、采购业务等可能出现的流程风险，以及相关统筹和配套风险，避免"制度有新规，对策有新法"因制度的不明确给集团带来损失风险。

在财务共享的 1.0 和 2.0 阶段中，由于对业务部的系统要求不高，造成了业务和财务的系统差异以及数据差异，所以战略财务阶段，需防范系统差异、数据不兼容等"尴尬状况"，还需防范业务流程和数据流程后期优化带来的风险。财务共享的战略财务实施阶段，不仅仅是人与人、部门与部门之间的交流与合作，更要上升到集团发展战略的规划部署中来，但战略的部署需要打破传统，因此需注重管理层、业务层的协调风险防控。

（三）关于财务共享服务中心的展望

华天酒店实施财务管理模式、方法、手段等的创新旨在于提升其财务管理能力，最终为集团的可持续发展战略提供保障和支持。但是，未来华天酒店财务共享中心的构建也并非仅仅停留在战略财务的阶段，预计在 2020 年，华天酒店完成战略财务转型，基于酒店管理财务共享更高阶段，即利用财务机器人流程自动化技术、众包模式、以"存量"模式为基础的酒店分时入住系统，实现门店商务电子化的普及，移动端 APP、PC 端等程序与财务共享平台共同形成云共享 4.0 阶段，建设智慧酒店，实现智能服务。

五、发展战略研究

（一）股权变动对华天酒店发展战略影响

华天酒店是由华天实业控股集团发起的国有企业，其控股方为湖南省人民政府国有资产监督管理委员会，其股权变动前结构如图 14.2 所示。湖南省国资委为深化国企改革，加速整合国有资产，将兴湘集团与华天集团进行改革重组。2021 年 3 月 13 日，华天酒店发布公告称公司实际控制人湖南省国资委将所持公司控股股东华天集团 90% 股权，无偿划转给湖南兴湘投资控股集团有限公司。兴湘集团成立于 2006 年 9 月，为湖南省属唯一国有资本运营平台，由湖南省国资委 100% 控股。截至 2020 年底，兴湘集团总资产 576 亿元，净资产 396 亿元。

不仅如此，华天酒店在经历直接控制人改变后，公司管理层也经历了大规模变动。2021 年 3 月 16 日，华天酒店集团股份有限公司发布公告宣布，公司董事长蒋利亚、董事李征兵提交了书面辞职报告。2021 年 4 月 14 日，华天酒店宣布兴湘集团党委书记、董事长杨国平接任公司董事长以及法定代表人。同时选举任晓波为新一任会副董事长、总裁，聘任侯涯宾、刘胜、丁伟民、邓永平为公司副总裁，聘任刘胜为公司董事会秘书。至此，兴湘集团入主华天酒店后的高层换血尘埃落定。2021 年 5 月 18 日，华天实业控股集团有限公司已将其持有的华天酒店全部股份过户至湖南兴湘投资控股集团有限公司，公司控股股东正式由华天集团变更为兴湘集团，股权转化后股权结构图如图 14.3 所示。华天集团不再持有华天酒店股份，华天酒店控股股东由华天集团变更为兴湘集团，而实际控制人仍为湖南省人民政府国有资产监督管理委员会。

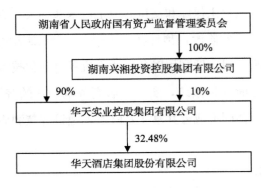

图 14.2　股权转化前股权结构图

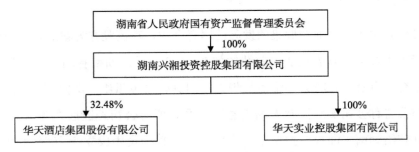

图 14.3　股权转化后股权结构图

　　兴湘集团入主华天酒店后，对华天酒店重新制定了发展战略。2021 年 08 月 28 日，华天酒店发布《2021—2023 三年行动计划》，公告中显示公司将立足做优做强酒店主业，大力发展酒店商贸及洗涤、家政、物业、安保等生活服务业，加快处置盘活重资产，退出房地产业，强化资本运作与市值管理，通过轻资产化运营、品牌驱动、人才强企、信息化赋能等战略，推动公司高质量可持续发展。

表 14.1　华天酒店 2021 年前三季度营业总收入情况表

项目	2021-03-31	2021-06-30	2021-09-30
营业总收入（亿元）	1.27	3.05	4.66
营业总收入同比增长率	89.55％	77.33％	40.79％

　　根据表 14.1 的数据，华天酒店 2021 年前三季度的营业总收入确实在逐渐攀升，但由于酒店收入受季节影响变化十分巨大，为除去此因素的影响，用营业收入同比增长率的变化表示华天酒店的盈利能力的变化，从表中可以看出华天酒店在兴湘集团变为实际控制人后，盈利能力增长态势有所减弱，由一季度的 89.55％ 下降到第三季度

的 40.79%。

（二）同行业发展战略对比分析

1. 锦江酒店文旅主题有声有色

根据迈点研究院发布的《2021 年上半年全国中高端酒店开业统计报告》显示，2021 年全国上半年新开业的中高端酒店共 94 家，同比增长 135%；新增客房量 2021 年上半年共 23 453 间，同比增长 193.57%。另浩华发布的《2021 年上半年中国大陆地区中档及以上品牌酒店签约报告》同步显示，中高档酒店签约量已赶超 2019 年同期，较 2020 年同期增长了 63%。而在刚过去的 10 月份，中高端酒店依然是签约主力。锦江股份更是牢牢把握这一机遇，将中高端酒店作为发展重心。锦江酒店（中国区）旗下中高端酒店品牌"锦江都城酒店"在 2021 年 4 月一举斩获第十六届中国酒店星光奖"中国杰出中高端投资酒店品牌"称号。截至 2021 年 12 月，锦江都城酒店已经在 32 个省份 120 个城市签约多个项目，成功将品牌规模拓展到 322 家。

2018 年锦江都城酒店经过重新定位和设计，选择将酒店打造成中西文化融合的文旅酒店。据锦江酒店（中国区）副总裁兼锦江都城品牌总裁虞瑜女士介绍，锦江都城酒店将继续迎合新生代的思想，融入数字化变革，全方位展现多元文化。此外，锦江都城酒店聚焦疫后酒店复苏助推手的餐饮，研发了五谷杂粮吧、文化餐饮以及茶饮轻食品牌。其中，"五谷杂粮吧"是锦江都城酒店的一大特色，通过各地的杂粮食品，为旅客带来味蕾上的不同体验。锦江都城仍然将餐饮作为酒店增值业务主要发展方向，实现盈利多样化。

2. 金陵饭店养老产业如火如荼

据国家统计局发布的数据资料显示（表 14.2），最近三年内我国 65 岁以上人口的比例正在逐渐增多，2020 年底，65 岁以上的人口已经达到 1.91 亿，在总人口比重中占到 13.50%。据预测 2030 年我国老年人口总数将达到 4 亿，人口老龄化压力剧增。

表 14.2　我国人口年龄结构

指标	2020 年末		2019 年末		2018 年末	
	年末人数（万人）	比重	年末人数（万人）	比重	年末人数（万人）	比重
全国总人口	141 212	100.00%	141 008	100.00%	140 540	100.00%
0—14 岁	25 277	17.90%	23 689	16.80%	23 751	16.90%

续表

指标	2020 年末		2019 年末		2018 年末	
	年末人数（万人）	比重	年末人数（万人）	比重	年末人数（万人）	比重
15—64 岁	96 871	68.60%	99 552	70.60%	100 065	71.20%
65 岁以上	19 064	13.50%	17 767	12.60%	16 724	11.90%

老年人口的增加带来养老公寓市场广阔的市场前景和良好的发展机遇。金陵饭店集团敏锐捕捉到人口老龄化时代到来带来的广阔的康养市场需求，集聚酒店、地产、旅游等行业的资源优势，融合中外养生养老文化理念，率先进军健康养老业。金陵饭店集团积极将国企社会责任和市场需求有机结合，依托金陵饭店品牌影响，结合盱眙天泉湖区域得天独厚的原始自然生态，于 2008 年 3 月份，与盱眙县政府合作成立了江苏天泉湖开发建设有限公司，进行新产业布局，深耕养老产业。天泉湖大型养老中心旨在打造全国一流的生态旅游度假区和养生养老示范区。2016 年 4 月，金陵饭店与江苏省财政厅共同发起设立"江苏省养老产业投资基金"并成立国内首家养老资源综合交易机构，构建养老产品、养老服务、养老金融三位一体的产业链。

2021 年 11 月，金陵饭店联合苏州康养集团展开深层合作。苏州康养集团是长三角乃至全国首个由地方政府组建的专注发展养老健康产业的国有企业集团，深耕健康养老产业多年，打造出了精品康养标杆项目，在康养产业做了多业态布局，实现了全方位综合发展，品牌知名度和行业影响力大幅提升。合作双方拟在宁、苏两地以存量酒店资源为载体，通过适老化改造、完善康养基础设施配套、嵌入康养综合服务，打造精品健康养老公寓和健康管理中心。与此同时，探索合作开发康养旅居项目，发挥双方在人才、旅游、康养服务和项目运营等方面的资源优势，打造精品标杆康养旅居项目；合作成立康养产业基金，共同投资健康养老和相关产业。金陵饭店携手苏州康养集团积极寻求合作共赢，加强省市之间的国企深度合作，整合双方优质资源，实现双向赋能，共探康养产业高质量发展新路径。

3. 东方宾馆会展餐饮齐头并进

广州市东方宾馆股份有限公司在 2014 年完成了对岭南酒管 100% 股权的收购，并在 2015 年将公司名称改为"广州岭南国际酒店管理有限公司"。通过收购控股股东的酒管公司，培育酒店管理业务，对公司主业方向进行转变，东方宾馆原来是一家单体酒店，通过股权收购后，走集团化、品牌化的发展道路。

广州是我国重要的会展举办城市，每年会展的举办会为当地酒店市场带来大量的商务客源。东方宾馆作为"岭南东方酒店"品牌旗舰店，多次承担国宴级接待，拥有亚运会、国际泳联冠军赛、奥运会国家跳水队等丰富的国际大型体育赛事接待经验。东方宾馆充分利用地理优势和品牌优势，抓住商务、会议、会展行业迅猛发展的时代机遇，将自身打造成为广州城央最大酒店内会展中心。同时紧跟科技创新的步伐，积极引进先进多功能会议设备、全区域覆盖 5G 极速网络、升级 4K 智慧酒店高清电视，实现多种场景的高清音视频实时交互，以"云会议＋云直播"会议方式为酒店承接商务会议业务打下硬件基础。2021 年，以高质量的出品与服务接待中超联赛广州赛区的八支球队及媒体裁判等工作人员，两期超 60 天的闭环管理，让东方酒店品牌通过软实力保障大型体育赛事成功举办的能力，得到了有力的验证。中超联赛第三阶段球队及工作人员的食宿将于 2021 年底继续"落户"东方宾馆。东方宾馆积极利用自身在会展设施的优势，大力拓展商务客源，并与旅行社携手不断开辟散客市场，进一步提升品牌力和获客力。

除了积极开展会展业务，作为一家有 60 年历史的综合型高端酒店，东方宾馆的餐饮也是酒店的核心竞争力之一，其对粤菜文化的传承和发扬，不断擦亮"食在广州"的金字招牌。东方名菜"东方佛跳墙""东方市师鸡""东方八仁月饼"等早已成为食客们口中的经典之作，同时，东方宾馆把握市场需求，加快餐饮社会化步伐，通过上线特色外卖、联合打造的航食、移动宴会服务……让东方美食不断突破地域限制，以多种姿态满足客人对高品质粤菜的追求。

（三）华天酒店发展战略方案设计

酒店业态形成的基础是消费需求，而消费需求的变化又与生活方式改变有着密切联系，因而生活方式的改变在很大程度上影响着酒店业态的发展。根据 2020 年湖南省第七次人口普查结果显示，湖南省常住人口中，0—14 岁人口为 12 969 522 人，占 19.52%；15—59 岁人口为 40 264 061 人，占 60.60%；60 岁及以上人口为 13 211 281 人，占 19.88%；其中 65 岁及以上人口为 9 842 067 人，占 14.81%。数据还显示，80 岁及以上老年人超过 150 万，失能老年人超 200 万，这些老人对养老有着极高的需求。随着家庭养老的压力越来越大大，养老问题成为家庭、社会、国家讨论的重点问题对华天酒店而言，养老需求的增长带来的是广阔的市场前景和良好的发展机遇。一方面养老需求的多元化，使得老有所养的问题在政府的单方面努力下难以得到解决，养老问题必须得到社会各方面的关注，加入市场的考虑因素；另一方面老年人对养老问题的看法有了变化，过去老人都习惯在自己的家中养老，排斥去养老院这些地方，而现在老年人观念更加开放，更加关注一些高档的养老机构。随着家庭中年轻人外出工作，空巢老人的数量增多，空巢老人在生活中遇到的困难越来越多，因而对养老公寓市场的需求也在迫切增加。

通过金陵饭店涉足养生养老产业可以看出，养老型酒店作为一种新型的养老模式正在逐步建立和发展起来。面对中国日益加剧的老龄化趋势，"老有所居"是一个迫切需要解决的社会问题，而高端养老酒店越来越成为中产阶级以上家庭喜欢的养老方式，养老市场发展空间大，发展前景好。在酒店供应过量和经济紧缩的背景下，将酒店转作他用，培育成养老项目是一种全新的尝试。

2015 年，华天酒店出资人民币 1 000 万元全资设立华天养老健康有限公司，开展健康养老项目建设及运营，进军健康养老市场。与金陵饭店集中建设大型养老社区不同，华天酒店没有选择斥巨资打造养老配套设施，而是依托现有的房地产、酒店与旅游资源进行延伸。华天酒店选择依托目前已投资建成的华天城项目发展健康养老行业，其中具有代表性的为灰汤镇华天城项目。灰汤镇地处长沙市宁乡县，不仅是国家级旅游景区，而且拥有丰富的地热资源，为我国三大高温温泉区之一，因其具有独特而显著的疗养保健效果，中国各地都有游客到此休闲疗养，是我国中部知名的温泉旅游、休闲、度假、养生圣地。

华天酒店投入巨资建设的宁乡灰汤华天城和张家界华天城，也让公司背上了沉重的包袱。公司 2018 年年报称，由于灰汤华天体育公园高尔夫球场存在新建、扩建、球场坐标范围与实际范围差异较大问题，被长沙市发改委、国土局予以取缔，并责令进行整改。灰汤华天城高尔夫项目报损、资产实际减值的则有 2.16 亿元，该部分损失占 2017年亏损总额的 45.15%。此外，投资额达到 4.06 亿元的张家界华天酒店 2017 年亏损1 892万元。2019 年 9 月，张家界华天城购物中心物业也被宣布以 2.64 亿元的价格转让。

在对养老产业的规划上，金陵饭店与美国养老机构合作成立专业化的服务公司，采用国际先进的管理技术与管理理念，进行连锁经营，提升养老服务运营品质。由此可见，虽然湖南省养老市场发展前景良好，但华天酒店在拓宽养老业务时需要结合市场需求，将养老产业专精发展。2022 年 1 月 21 日，华天酒店与北京像数健康管理有限公司在湘签署战略合作协议。像数健康以智慧中医为企业定位，致力于将传统中医与现代科技结合，通过"AI＋红外医学＋特色中医"为客户提供全生命周期一站式医疗级健康管理。双方合作开设了15家"华天像数健康管理中心"，入住华天股份旗下酒店的客人，除了能够在"吃""睡""动"上获得健康体验之外，还可享受到由像数健康提供的专业健康体检、健康评估、健康咨询、中医调理等个性化定制服务。

未来华天酒店可以与更多健康管理服务机构合作，并将华天像数健康管理中心各项服务拓展到华天城养老产业中来。双方可以进一步深化合作，促进各方业务的深度融合，并充分发挥各自优势，共同打造健康管理品牌，推动产业发展，共同探索并开启中国酒店行业与健康医疗行业跨界合作新模式。以华天酒店和各地华天城作为发展的核心、最终辐射全国，为客户打造一站式、医疗级的健康管理服务，为酒店服务模式注入更多新生动力，为酒店与健康医疗行业创造全新的合作模式，开启"酒店＋康养"养老新时代。

【讨论题】

1. 酒店业信息化普遍处于什么状态？包含哪些系统？
2. 在经历了两次财务管理变革后，华天酒店基于什么样的战略需求筹划第三次变革？
3. 华天酒店应如何对现有的分部报告进行改进来满足管理层的经营决策需要？
4. 华天酒店财务共享的实施有何风险？应该如何防控？
5. 财务共享未来的发展趋势是什么？能够实现哪些功能的完善？
6. 共享酒店业的经营模式如何创新？

【案例说明书】

一、基础知识

随着互联网信息技术的发展，企业的信息系统也日趋完善及丰富化。企业一般常用的财务类信息系统有 Oracle、SAP、用友、金蝶等；除此之外，还有人力资源系统 PeopleSoft、ERP 系统、合同管理系统 SRM、客户关系管理系统 CRM、资金管理系统 EAS、邮件系统 SMS、预算系统 Hyperion 等。

相比上述的信息系统而言，财务共享服务中心能够整合业务申请系统、费用报销系统、商旅系统、商务卡系统、影像管控系统、银企互联系统，实现操作模式标准化、业务流程标准化、财务标准统一化；将企业的财务控制前移至业务前端，强化了事前的预算控制和业务控制；数据真实性和业务全程透明化得到真正的保障，加强集团管控和决策支持；减少了人为的判断和控制，提高效率、降低成本并提升了财务质量。

财务共享服务中心模式起源于20世纪80年代，其发展历程大致可以分为三个主要阶段——初步运用阶段、逐渐成熟阶段以及成熟和持续发展阶段，三个发展时期各自的目标为成本降低、服务质量提高和企业集团战略支持。

（一）初步运用阶段——成本降低

从20世纪80年代中期开始，共享服务被大型企业集团广泛应用在IT、财务和采购领域，以实现成本降低。20世纪80年代初，福特就在欧洲成立了财务服务共享中心。随后，杜邦和通用电气也在20世纪80年代后期建立了相似的机构。这一阶段的集团共享财务服务主要通过把重复率高、内容相对单一的业务集中到财务共享中心统一办理，通过扩展规模经济的手段达到低成本的目标。

（二）逐渐成熟阶段——服务质量提高

第二阶段是追求流程的优化管理阶段。在规模经济发展到一定阶段后，再一味扩大业务量已经不再能明显地降低成本。因此，要开展以提高工作效率为导向的流程优化。

20世纪90年代后期到21世纪初，可以视为财务共享服务中心（FSSC）的逐渐成熟时期。20世纪90年代后期，共享服务被广泛应用于众多的财富500强企业。惠普、道尔、IBM和AlliedSignal公司都相继采用了共享服务。财务共享服务被广泛应用于应收账款管理、应付账款管理、差旅管理、财务核算与披露管理等功能。FSSC的业务范围也从最简单的合并重复业务拓展到了更加广泛的财务工作范围，同时，比起成本节约，管理层也更加看重中心服务质量的提高。

（三）成熟和持续发展阶段——企业集团战略支持

21世纪以来，财务共享服务中心模式可以说进入了成熟及持续发展的时期。在共享财务服务中心自身运转成熟后，各大集团开始追求资金流、供应链、物流等的全面对接，以实现资金流的全面和最大化运用。

跨入21世纪，关于共享服务的挑战主要集中在如何使它们具有盈利性。目前多数大型企业已经建立了自己的共享服务中心，美国大部分财富500强、欧洲多数跨国企业、中国的如中兴通讯一些企业已经将共享服务中心作为了独立的利润中心，并将该服务销售给其他企业（如 GE 的简柏特）。财务共享服务中心模式的功能已经不仅仅是进行简单的会计处理，而开始向财务咨询和战略支持的角度转变。

2005 年以来，财务共享概念逐渐被引入国内，2006 年越来越多的知名企业在中国设立财务共享中心。例如：2011 年，澳新银行、ANZ 继班加罗尔和马尼拉之后在成都设立了第三个共享服务中心。同时，海尔、苏宁、华为、中兴等一批中国企业也开始实践财务共享。近几年，以云计算、大数据、物联网、人工智能等为代表的新 IT 正在快速发展，引领人类社会进入数字经济时代。政府也在全国范围内加大推行财务共享服务。2013 年 12 月底，财政部下发的《企业会计信息化工作规范》明确指出分公司、子公司数量多、分布广的大型企业、企业集团应当探索利用新 IT 技术促进会计工作的集中，逐步建立财务共享中心。财政部在 2014 年发布的《关于全面推进管理会计体系建设的指导意见》中，明确指出"建立财务共享服务中心，加快会计职能从重核算到重管理决策的拓展"。另外十九大报告提出，"加快建设制造强国，加快发展先进制造业，推动互联网、大数据、人工智能和实体经济的深度融合"，"坚持质量第一、效益优先，以供给侧结构改革为主线，推动经济发展质量变革、效率变革、动力变革"。中国政策的推动加速了财务共享在中国的发展。

二、其他资料

本案例除了前面案例正文中提供的背景资料以外，可参考的其他有关主要资料如下。

（一）调查问卷

2018 年 4 月 25 日，为了解华天酒店未来的战略发展与财务转型的需求，调研小组设计了一份线上调查问卷。

该调查问卷的内容主要从以下几个方面设计：

（1）对财务共享中心的流程管理现状的满意程度进行调查，包括费用、采购、资金、税务、账务处理等企业已实现的财务共享中心模块的管理现状。

（2）对目前财务职能发挥的满意程度进行调查，包括战略家、推动者、管控家、操作者四个方面的财务职能发挥满意程度。

（3）对未来财务职能的改善以及公司经营的改进方向进行调查，了解企业各部门对财务共享中心的需求，包括经营决策需求、成本控制需求等。

经过调查，问卷结果分为以下三个方面：

（1）财务共享流程管理满意度方面。

调查结果显示：各公司高管对集中支付系统、集中采购系统、资金管理系统的评分基本上在 4 分左右（满分为 5 分）；对预算管理、成本管理、总账及报告的管理评分在 2.3 上下波动。因此，调研小组推测出公司的财务共享信息系统还只是达到业务财务标准化、一体化，还不能为公司的经营管理提供服务。

（2）财务职能发挥满意度方面。

华天酒店各部门人员普遍认为财务共享中心在对战略目标测算、重大决策支持与税收筹划方面，没有做到应有的支持；在风险管理、全面预算管理以及成本管理方面管控不深。但对财务共享中心的基础功能比如财务分析，财务管控、财务信息质量、工作效率等方面，各部门高管都较为满意。可见，公司的财务共享基本做到公司推动者及操作者的角色，对战略家以及管控家的角色涉及不深。

（3）公司未来改进方向方面。

在财务职能的未来改善方面，公司人员主要希望在未来几年财务共享中心可以在战略目标预测、重大决策支持、全面预算管理、业绩考核分析、管理报表建设等模块加以改进。而在公司经营的改进方向上，大部分管理层认为在客房的成本管理、采购管理和餐饮部门的采购管理上有较大的改善空间。

（二）报表分析

从企业近几年利润表出发进行分析，研究企业的收入成本控制状况，并通过对各部门的收入成本分部报告进行分析，了解企业近几年盈利状况不佳的原因所在。以此基础，确定华天酒店财务共享中心 3.0 阶段的改进方向。

通过之前对华天酒店的了解，调研小组对华天酒店近几年利润表进行了分析，对企业的基本经营情况有了大致的了解。华天酒店难逃大环境下高端酒店业的衰败趋势，2013 年起，公司营业收入连续 5 年下滑，归属母公司所有者的净利润方面，只有 2015 年和 2017 年通过出售资产确保盈利，其余几年均为亏损，华天酒店经营状况不佳。公司利润表对比如表 14.3 所示。

表 14.3 华天酒店近 5 年利润对比 （单位：万元）

项目	2017 年	2016 年	2015 年	2014 年	2013 年
一、营业总收入	106 309.44	100 377.65	119 459.47	151 437.45	178 099.14
营业收入	106 309.44	100 377.65	119 459.47	151 437.45	178 099.14
二、营业总成本	187 891.15	142 030.17	141997.11	162 874.07	159 435.69
营业成本	47 623.70	43 612.73	54 641.72	73 957.55	64 602.20
营业税金及附加	5 619.18	5 157.01	7 241.95	8 653.57	13 073.07
销售费用	3 325.57	2 284.81	2 402.27	2 952.43	3 381.69
管理费用	60 696.44	59 504.46	62 433.89	63 347.40	66 743.39
财务费用	27 505.56	27 664.48	13 450.25	12 743.54	10 800.31
资产减值损失	43 120.69	3 806.68	1 827.04	1 219.58	835.03
公允价值变动收益	—	—	—	—	—
投资收益	85 954.12	−158.61	24 012.79	−4.28	55.66
其中：对联营企业和合营企业的投资收益	−569.22	−158.61	−36.01	−4.60	0.30
汇兑收益					
三、营业利润	6 234.58	−41 81113	1 475.15	−11 440.90	18 719.12
加：营业外收入	61.38	1 350.15	2 876.60	7 284.83	529.51
减：营业外支出	385.16	2 251.51	3 736.89	4 907.49	261.24
其中：非流动资产处置损失	—	24.25	9.18	1 334.36	14.35
四、利润总额	5 910.80	−42 712.49	614.86	−9 063.56	18 987.39
减：所得税费用	12 980.34	1 068.11	4 114.09	533.02	7 854.15
五、净利润	−7 069.54	−43 780.60	−3 499.23	−9 596.58	11 133.24
归属于母公司所有者的净利润	10 896.21	−28 854.88	1 282.61	−9 884.15	11 925.76
少数股东损益	−17 965.75	−14 925.72	−4 781.84	287.57	−792.52
六、每股收益					
基本每股收益（元/股）	0.11	−0.28	0.02	−0.14	0.17
稀释每股收益（元/股）	0.11	−0.28	0.02	−0.14	0.17
七、其他综合收益	—	—	—	—	—
八、综合收益总额	−7 069.54	−43 780.60	−3 499.23	−9 596.58	11 133.24

续表

项目	2017 年	2016 年	2015 年	2014 年	2013 年
归属于母公司所有者的综合收益总额	10 896.21	−28 854.88	1 282.61	−9 884.15	11 925.76
归属于少数股东的综合收益总额	−17 965.75	−14 925.72	−4 781.84	287.57	−792.52

从华天酒店业务部门的分部报告来看,其客房部门业务与餐饮部门业务依然是华天酒店主要利润贡献者,其毛利率一直分别保持在 70% 与 40% 左右,但一直处于下降趋势。可见,公司实行财务共享之后,对公司的成本控制起效不大,特别是在客房部门成本的控制方面,其营业成本反而上升。可见,财务共享中心的建设对成本控制的效果有限,华天酒店需要通过经营管理模式的创新来从根源上解决成本控制问题。

表 14.4 餐饮部门营业收入成本对比

项目	2013 年	2014 年	2015 年	2016 年	2017 年
营业收入	594 283 057.30	444 932 315.67	400 886 261.68	350 946 625.18	355 623 758.77
营业成本	323 751 271.73	262 595 874.89	235 107 552.58	204 017 629.88	211 715 671.52
毛利润	270 531 785.57	182 336 440.78	165 778 709.10	146 928 995.30	143 908 087.25
毛利率	45.52%	40.98%	41.35%	41.87%	40.47%

表 14.5 客房部门营业收入成本对比

项目	2013 年	2014 年	2015 年	2016 年	2017 年
营业收入	492 950 839.34	442 761 673.30	437 186 628.51	417 663 426.44	440 325 474.61
营业成本	121 418 710.26	121 044 635.93	130 228 879.60	134 822 277.64	142 200 083.58
毛利润	371 532 129.08	321 717 037.37	306 957 748.91	282 841 148.80	298 125 391.03
毛利率	45.52%	72.66%	70.21%	67.72%	67.71%

由表 14.4 及表 14.5 可见,公司的业务部门毛利率很高,但华天酒店却一直处于亏损状态,公司现有的分部报告无法准确核算出各部门的经营成本与营收状况,管理层无法根据现有的报表做出正确的经营管理决策。因此,华天酒店需要对其现有报表进行改革来满足企业的经营管理需求。

三、问题分析

1. *酒店业信息化普遍处于什么状态？包含哪些系统？*

酒店行业自 20 世纪 80 年代末就开始进行了初步的管理信息系统的建设。第一套酒店信息管理系统在杭州香格里拉饭店试用，其功能主要为客房入住的办理。2001 年一些高端酒店如上海瑞吉红塔大酒店为了改善经营管理，提高工作效率，降低人工成本，开始建设包括办公、消防、楼宇、通信、安保五个方面于一体的"5A"自动化控制系统以及卫星接收系统、广播音响系统、车库管理系统、VAV 控制系统等。2012 年锦江集团与 IBM 合作，成为国内首家上线世界级 ERP 系统的连锁酒店。2015 年南京金陵酒店管理公司分两期建设财务共享中心，一期项目主要集中精力将各类基础应用建设完善，并形成完整的建设方法；二期将项目推广到集团本部及各主要分子公司，逐渐构成完善的数据上报网络体系，最终将推广到全集团所有分子公司及各职能部门，形成完整的、上通下达的数据平台。

酒店行业信息化虽经历了多年的发展，但目前酒店行业的信息化仍然停留在前后台系统中，没有统一的行业标准；单体酒店应用水平尚可，缺乏信息集团化；对信息化缺乏统一认识，重视度不够；信息系统缺乏长期规划；酒店管理分散，呈条块投入，大量重复建设；信息系统的建设只是停留在"记账"层面，没有在战略层应用。

中国酒店信息化经历了 30 余年的发展，主要从标准化酒店运营管理、完整客户资料的建立与保存、满足客户人性化需求、酒店高层决策支撑管理这四个方面对酒店运营进行支撑，按照信息化系统特征划分为两个主要阶段：

第一阶段是会计电算化阶段。这一阶段的酒店信息化管理主要集中在酒店前后台系统的建设。酒店前台系统包括中央预订系统（CRS）、客户关系管理系统（CRM）、以及酒店前台管理系统（PMS）等。其中，PMS 普及最早，应用程度最高，早在 1980 年底，全国就已超过 30 家酒店安装该系统。酒店后台系统即支撑酒店整体运营的系统，例如安保系统、消防警报与控制系统、电梯控制系统、数字变频系统、内部通信系统等。此外，酒店的其他部门如人事、采购、安全、工程等部门也纷纷引入信息化系统管理。这一阶段的信息化在整个酒店运营管理中作用不大，还停留在单个系统的电算化阶段。

第二阶段是财务共享阶段。这一阶段的信息化得益于 21 世纪互联网技术的迅猛发展，国内领先酒店以财务系统为基点，开始搭建强有力的信息平台，糅合前面阶段应用的业务系统以及人力资源系统、资金系统等集团的多个系统，将酒店内外部各方面的信息进行整合，来实现优势互补、资源共享与产业互动，从而为酒店的成本控制、业务提升、绩效考核、投融资决策等提供更有力的支撑。

2. 在经历了两次财务管理变革后，华天酒店基于什么样的战略需求筹划第三次变革？

战略决策滞后。在业财融合阶段实施后，华天酒店的经营得到了较大改善，集团的收入开始扭亏为盈。但是，这一阶段的财务共享也仅仅停留在业务管理层面。财务共享的成果虽然被公司的管理层所使用，但却缺乏为战略层服务的功能，缺乏相应的管理会计报表来支撑企业的战略制定，以至于财务、业务信息没有上传到公司战略决策方面，导致集团战略层与集团实际信息相对脱离，进而造成了华天酒店战略相对滞后的状况。

盈利模式守旧。随着近年来互联网的飞速发展，带动了共享经济的进步，互联网上的 airbnb、小猪短租、途家等共享租住平台纷纷出现，导致传统酒店业的市场地位遭受挑战，酒店经济下滑趋势明显。在完成财务共享的业财融合阶段改造之后，华天酒店的盈利模式却没有改变，这就导致了华天酒店在运用业财融合后财务状况并没有得到较大改善，还是无法完好地应对互联网经济带来的冲击。

3. 华天酒店如何对现有的分部报告进行改进来满足管理层的经营决策需要？

在华天酒店财务共享 3.0 阶段即战略财务阶段下，华天酒店基于其战略规划改变主要经营部门经营管理模式，同时优化财务共享系统来支撑战略发展，并根据新的业务模式创立新的管理报表以支撑企业经营决策的需要。

除了财务共享中心的总体规范制度，华天酒店还根据各系统的特点设计了相应的制度，对于集中账务处理系统，华天酒店统一了各分、子公司的核算准则，制定了一系列的管理制度如财务集中核算内控管理制度、财务结算中心核算管理制度等，规范财务核算操作流程，并建立了实施财务共享服务后的集中账务处理系统在现场管理和时效管理方面的配套制度，保证共享服务中心高效且有秩序地运行；对于集中支付系统，华天酒店对银企互联系统流程进行了制度规范；对于集中费用报销系统，华天酒店对费用报销的授权管理进行了制度规范；对于集中采购系统，华天酒店设计了与财务共享系统的对接制度，对采购的全过程进行有效的控制和跟踪，控制采购成本，提高采购效率。

4. 华天酒店财务共享的实施有何风险？应该如何防控？

统筹制度风险。众所周知，集团的可持续发展离不开明确的战略目标，财务共享中心的战略财务实施阶段能否顺利开展，在很大程度上依赖于集团的监管体制，因此华天酒店流程制度缺乏统筹，导致了共享中心财务与非共享中心业务出现断层等，统筹集团内部监督管理问题亟待解决。如集团可以出台并贯彻落实类似《华天酒店共享中心财务业务处理流程》《华天酒店战略财务实施细则》这一系列的规章制度，这些规章制度既受管理层的宏观战略和顶层设计的制约，也对基层业务微小细节进行了把控。科学的监督管理体制在战略财务的财务信息系统方面体现得尤为明显，制度的设计要根据集团自身情况实事求是制定，不可生搬硬套其他获得成功的模式，应选择自身的内部监管体制，在探索的过程中适当进行调整。如华天酒店在战略财务阶段要解决业财融合阶段之前缺乏统筹的问题，即企业新、旧流程在交接过程中由于规定不明确、新流程无明确指南，出现了"骑驴找马"的现象，或者出现问题时会互相推诿。

流程制度风险。业财融合下的财务共享模式打破了以前"业财分离"的格局，但其标准却没跟上流程业务的不断再造速度，仍然停留在原来的要求，对新流程没有明确指南导致信息未能及时反馈。同时，华天酒店管理部门没起到桥梁的作用，导致各部门沟通不及时，出现流程整合缓慢、流程制度不规范等棘手问题。如费用报销制度，实施财务共享中心后，费用报销流程发生改变，因此费用报销管理随之变动，又由于财务审批制度无明确的规范，缺乏各层级之间的稽核机制。财务共享服务中心对业务的审批不再是以前"面对面"审批，而是线上审批，审批过程中既不知道审批人是谁，也不知道申请人是谁，这样虽然避免了人情化的情况出现，但是并没有明确的审批细则与规范，出现了"上有政策，下有对策"现象。因此财务审批流程需制定新规来适应战略财务，首先是采用随机方式选取财务共享服务中心的专业审核人员，这样既避免了人情化又保证了审批审核的公正。其次是对审核通过和未通过的业务进行差额复核审批，如果两次审批人员的审批结果相同，则审批通过，若两次审批结果不同，这笔业务就会转向审批负责人审批，审批负责人再进行终审，这样一来，经过两次或三次的审批程序，审批结果更具有说服力。

相关配套制度风险。为保证财务共享中心有效运行，只包括财务共享中心制度建设与财务有关的制度是远远不够的，与之相配套的制度也不容忽视。首先，在服务管理方面，企业集团可以建立首问责任制、咨询规范、双向评估、客户追踪等制度，通过设定目标展开评估，如时效指标、时长指标、服务质量指标、客户满意度指标等，最终实现"准确答复、回复详细、数据充分、口径统一"的服务目的。其次，在质量管理方面，企业加强质量宣传，开展员工培训，强化员工的质量意识。可通过交叉审核制度、定期检测、定期报告等制度加强质量方面的控制。再次，在现场、时效管理方面，现场管理可以通过指导员工爱护酒店公共工作环境、定期清扫前台、办公桌、会议厅等，培养员工的良好习惯，保持集团良好的外部形象。用定量制度分析时效管理，从共享平台的员工业务处理数量、处理流程、财务管理等多纬度确定时效的"瓶颈"，并定期统计时效报告，保证共享服务中心高效秩序运行。最后，在会计档案管理办法方面，基于档案环境的变化，在财务共享服务中心的每个环节制定标准化的档案留存制度，降低档案管理成本；建立健全会计档案和电子档案制度，防范档案形成过程中的风险因素。

5. 财务共享未来的发展趋势是什么？能够实现哪些功能的完善？

未来华天酒店财务共享中心的构建也并非仅仅停留在战略财务的阶段，在之后的几年，华天酒店将建设基于酒店管理的财务共享4.0版本，移动手机端、PC端与财务共享平台共同形成云共享平台，参与者可随时随地加入共享服务中的任何一个环节，财务机器人和众包模式将共同被应用，财务共享云呈现出虚拟化和智能化的特征。

随着机器人流程自动化技术日益成熟，许多公司的共享服务走向智能机器人时代，如2017年德勤研发的财务机器人"小勤人"、浪潮财务机器人"Sara"等。华天酒店未来的财务机器人将部署在服务器或计算机的应用程序，其主要功能将涉及集团的各个系统并与外部系统连接，成为共享中心的枢纽，帮助建设智慧酒店。具体功能主要包括：

财务系统。替代财务流程中的手工操作；电子发票自动生成进入发票池；专票管理和纳税申报、往来结转和开票；利用超强的计算能力进行增值税自动抵扣、智能记账、自动生成管理会计报表等。

业务系统。代替前台实现用户自主办理入住和退房操作；酒店自住消费；智能派单、自动开票；自动收集供应商信息，实现供应商与内部采购智能对接；餐饮自动下单与中央厨房对接等。

人力资源系统。云端服务自动打卡；自动分类员工服务时长、量化考核；自动生成工资单、智能筛选简历、智能联系员工候选人等。

6. 共享酒店业的经营模式如何创新？

(1) 云上共享之业务外包模式。

华天酒店目前已经将业务拓展到全国各大城市，并在2013年就开始拓展海外业务，在欧洲等地建成酒店，在公司未来发展战略中也提到企业将持续拓展酒店业务。因此在未来的共享中心实现云共享之后，集团可以采取众包模式，将各地的酒店与餐饮业务中低价值的简单重复作业，例如将酒店房间的清理等分包给大众群体，兼顾PC端和移动端参与众包的用户，一类是以此为主要收入来源的固定用户，他们每天会处理大量任务，极其追求作业效率，此类用户适合使用 PC 端作业；另一类是以娱乐和赚取零花钱的心态参与众包的非固定用户，这类用户更适合使用基于 APP 或微信小程序的移动端作业，降低人力成本和实现资源共享。

众包模式具有任务颗粒化、时间碎片化、组织网络化和收益实时化的特征。任务颗粒化众包即劳动分工达到更细的颗粒度，例如阿米巴管理模式将任务颗粒分解到房间，将一个房间的管理外包给通过认证的接包方，接包方的要求不高，并不需要掌握复杂技能，只需通过一定的认证标准考核即可。时间碎片化即在众包模式下，任务更小颗粒化后，参与众包的工作人员不需要持续性的工作，因此可以由互联网上的众多个体在同一时间并发完成多种类型的任务。组织网络化是指，众包会导致社会资源的重新优化配置，共享中心通过将任务拆分和组装形成网状任务交付结构，再经过多人作业核验。收益实时化指的是，由于参与众包个体的工作量颗粒小，因此实现实时收益是云端工作者持续参与众包的动力。

（2）云上共享之酒店分时系统。

根据目前国内酒店销售渠道来看，主要有 4 种客户来源，分别是在线预订（OTA）、自来客、酒店的会员、协议单位。据 2017 年的数据表明，酒店客户 78.7% 来自 OTA 平台，中国的酒店销售渠道严重依赖于 OTA，许多高端酒店，如万豪、喜来登等为避免 OTA 绑架，已经开始自建客户渠道。开设酒店分时系统，即酒店自己在软件后台设置好房间价格，通过共享中心发布给大众，消费者通过二维码等进行酒店入住时长的购买，在消费者本次入住未满购买时长的情况下，可以在办理退房时继续留存等待下次使用。在此基础上，酒店分时系统可以将各个渠道的访客进行固化，为每一位访客建立时间库存，从而大大提高了顾客二次消费、三次消费的可能性，将这些客户变为酒店的忠实客户和口碑传播者。而当分时会员达到一定数量，消费者分时入住习惯养成，酒店可以实现自主溢价，满足复住率、房间利用率、满房率拥有自主定价权和独立的营销渠道。

分时入住导致的入住时间的零碎化意味着需要更高的房间管理和清扫成本，在华天酒店财务共享的 4.0 阶段，通过酒店的众包模式，将房间的清理分包给网络另一端的人员，实现客户、酒店系统、员工三者呈线性延伸，这样因众包模式带来成本的降低与酒店因分时住宿带来清理成本的提升形成了对冲，同时 3.0 阶段已经实施的客房阿米巴管理也为酒店分时系统的运营提供保障。

【参考文献】

［1］何瑛，周访. 我国企业集团实施财务共享服务的关键因素的实证研究［J］. 会计研究，2013（10）：59-66＋97.

［2］李闻一，朱媛媛，刘梅玲. 财务共享服务中心服务质量研究［J］. 会计研究，2017（04）：59-65＋96.

［3］闫华红，孙塱君. 构建财务共享服务中心　提升企业财务管理水平——基于蒙牛集团的案例分析［J］. 财务与会计，2016（12）：28-29.

本案例资料来源于华天酒店官方网站、新闻报道以及学术论文等。感谢叶馨宜、谢烨飞等为本案例提供的支持，同时，感谢参与案例撰写的成员，他们是李培培、全永婷、秧诗雨、张淑淇。特别感谢郭立华、张锦奎、谢伊恬、毛华扬、刘毓君等，为案例撰写提供了线索与参考资料。